●自然災害伝承碑から十津川村の歴史を探る

地理院地図
（電子国土Web）

地図の種類

トップ > 標高・土地の凹凸

色別標高図	
自分で作る色別標高図	
■デジタル標高地形図	
デジタル標高地形図（全球版）	
陰影起伏図	
陰影起伏図（全球版）	
傾斜量図	
全国傾斜量区分図（雪崩関連）	
アナグリフ（カラー）	

選択中の地図　　　　　　リセット

● 自然災害伝承碑（すべて）
● 自分で作る色別標高図
● 標準地図

3 km

標高：175.4m（データソース：DEMSA）

表示値の説明

奈良県十津川村は、紀伊半島の中央部に位置する人口約2,900人の日本一広い村である。地理院地図でこの村の自然災害伝承碑を表示させると、その多さがわかる。このうち地図中央下の「十津川温泉」の表記の西側にあるマークをクリックすると、明治22（1889）年8月の十津川大水害のものであることがわかる。十津川大水害では、台風によって24時間に1,000mmを超える雨が降り、山地斜面が深層崩壊を起こすなどの大規模な土砂災害が発生した結果、奈良県で死者249名、全壊した家屋が565棟にのぼるなど甚大な被害が出た。また「十津川温泉」の南の碑は、平成23（2011）年9月の紀伊半島大水害のものである。台風の接近に伴う長雨により、奈良県では南部で深層崩壊が発生するなどの大規模な土砂災害が発生し、全国で死者82人、行方不明者16人の犠牲者が出た。**リンク** p.12, 16, 132, 133, 142

明治22年の大水害 → 再建の話し合い
北海道へ移住し開墾 → 稲作が始まり現在へ

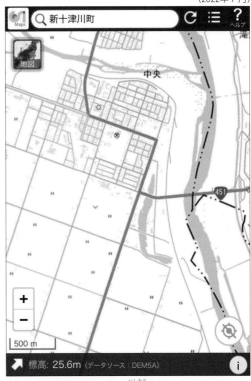

新十津川町

中央

451

標高：25.6m（データソース：DEM5A）

500 m

⚓被災者の北海道への移住　明治22年の大水害で、十津川村は壊滅的な被害を受けた。ブルドーザーもパワーショベルもなかったこの時代の復興は極めて困難であり、600戸、2,489人の村人は現地での復興をあきらめ、当時開拓が奨励されていた北海道への移住を決意した。寒冷地での開拓は困難を極めたが、住民は故郷のことを忘れず、新天地は新十津川町と名付けられた。平成23年の大水害の際には、新十津川町の住民から十津川村に多くの義援金が送られるなど、現在でも住民同士の絆が結ばれ、交流が続いている。

⚓現在の北海道新十津川町　石狩平野に位置する新十津川町は道内有数の米どころとしても有名で、開拓地のため宅地と農地が直線的に区分けされていることがわかる。2020年までは札沼線が新十津川駅まで運行していたが、現在は廃止されている。

目　次

●要点の整理

単元で扱う学習内容をわかりやすくまとめ，重要語句を赤字で示しました。また，個別資料との関連を資料番号で示し，要点の整理と個別資料を対応させながら学習できるようにしています。

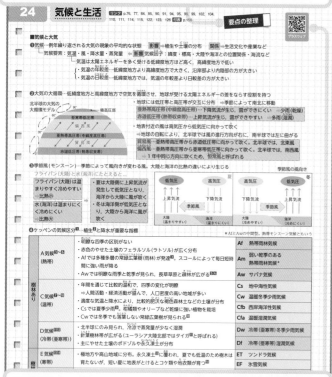

●プラスウェブ

https://dg-w.jp/b/2a50036

二次元コードを読み取ることで，関連リンクやオリジナルコンテンツを収録した「プラスウェブ」にアクセスできます。右の二次元コードは，「プラスウェブ」のトップページにリンクしています。

※個別資料に付された ● は，プラスウェブにオリジナルコンテンツが収録されていることを示しています。

本書の特色

①完全分野別構成

1つの分野を同じ色で示しているため，どこに何が収録されているかがわかりやすくなっています。

②リンク機能の充実 リンク 統計 付表

該当の資料に関連するページを示しています。

③コラムの充実

見開きの内容に関連した よりみちnavi や日本と世界の諸地域とのかかわりにクローズアップした 日本とのつながり を掲載。

④巻末資料の充実

地域調査の手引きや，自然環境，人口，農林水産業，エネルギー・鉱産資源，工業，貿易に関する主要統計，本文の内容に関連したまとめの表を収録。

●個別資料

写真や図を用いて学習内容を解説しています。各資料には「読み取り **!**」を設け，資料を読み解くための着眼点を示しています。また，各資料の最後に置いた「問い **?**」を通して考察を深めることができます。

15 日干しレンガの家（アラブ首長国連邦，2020年）　強い日差しで50℃近くにまでなる乾燥した気候下で，粘土と藁を混ぜて干すことでレンガをつくる。西アジアやアフリカで広く見られる。 リンク p.37, 42

! 地図帳でラスベガスの位置を確認し，海からの距離と周辺の地形を確認しよう。

16 ステップ（BS）気候の肥沃な土壌 **!** 土の色に着目しよう。

ウクライナの小麦畑（2014年）　ステップとは，ロシア語で「平らな乾燥した土地」を意味し，年降水量は250～500mm程度と比較的少ない。ウクライナから西シベリアにかけて，チェルノーゼムと呼ばれる肥沃な黒色の土壌が広がり，小麦やトウモロコシなどが栽培されている。ステップの中では比較的降水量の多い地域で，雨季に育った草が乾季に枯れてゆっくりと分解が進むため，地表付近の腐植層が厚く，世界の中でも特に肥沃な土地であることから「土の皇帝」ともいわれる。しかし，表土を守る防風林の手入れや，植林地で綿花の表土流出防止策が不十分な地域も見られ，近年はチェルノーゼム地帯の土壌の劣化が懸念されている。 リンク p.111, 112

? なぜBS気候下では，チェルノーゼムのような肥沃な土壌が形成されるのだろうか。

よりみちnavi
厳しい自然環境を利用した道

砂漠気候下では，普段は流水が見られず，ごくまれに豪雨に見舞われたときのみ水が流れるワジ（涸れ谷）が見られる。流路のため起伏が少なく，古くから隊商路（キャラバンルート）として利用されてきた。また，冷帯や寒帯で冬季に凍結する大河川も，道路としても利用されている。河川は河川の流路であるため，障害物などがなく走りやすい。どちらも日本では見慣れない光景だが，自然環境を上手く利用した道である。

◀ワジを歩く人々（エジプト，2010年）

◀凍結したレナ川を走る自動車（ロシア，2014年）

自分のことばで あらわそう

● 熱帯気候下の住居にはどのような工夫があるだろうか。p.37を参考にしながら，工夫とその理由を説明しよう。

② 夏季と冬季の気温と降水量に着目して，地中海性（Cs）気候の特徴を説明しよう。

③ 永久凍土の融解は，私たちの生活にどのような影響を与えると考えられるか説明しよう。

④ 私たちの生活の中に取り入れてみたい，世界のさまざまな気候条件に対する工夫を1つ挙げてみよう。

●自分のことばであらわそう

各単元の最後に，思考力や表現力を養う問題を掲載しています。

●コラム「よりみちnavi」

見開きに関連した興味深い話題を取り扱っています。

本書学習上の留意点

地図における国境線と本文中の国名は2023年11月現在の情勢で示しています（年度が限定されたものを除く）。また，ほとんどの国名は略称を用いています。

本書で使用した主な国名

韓国（大韓民国）/北朝鮮（朝鮮民主主義人民共和国）/中国（中華人民共和国）/ロシア（ロシア連邦）/ソ連（ソビエト社会主義共和国連邦）/イギリス（グレートブリテン及び北アイルランド連合王国）/アメリカ（アメリカ合衆国）

※二次元コードご利用の際の通信料は利用者の負担となります。

写真から地理情報を読み取る

1枚の写真がその土地の自然環境や生活文化など，さまざまな情報を与えてくれることがある。多様な視点を持って，写真からその土地の地理情報を読み取れるようになろう。

💡 住居や建物，街並みに着目しよう。集落にある高い建物は何だろうか。また，集落はどのような場所に立地しているだろうか。

💡 地形や土地利用に着目しよう。水はけのよい傾斜地ではブドウが栽培されている。この地域の主な産業は何だと考えられるだろうか。

▲❶ドイツの農村

💡 人々の服装に着目しよう。この地域では，どのような宗教を信仰している人が多いと考えられるだろうか。

💡 売られている商品に着目しよう。この地域はどのような気候であると考えられるだろうか。

◀❷インドネシアの市場

💡 複数の写真を比較することで，その地域の特徴を読み取ることや，理解を深めることができる。

▲❹サーミの移動式テント（ノルウェー，2011年）

▲❸ベドウィンの移動式テント（モロッコ，2020年）

✏ 作業

写真❸❹を比較して，気候や植生，人々の服装，住居などに着目し，共通点や相違点を探してみよう。

解答

さまざまな統計グラフ

統計データをグラフ化することで，数字だけではわかりにくい情報を視覚的に読み取りやすくすることができる。グラフには多様な表現方法があり，目的に応じてグラフを使い分けることが重要である。右の統計データをさまざまなグラフであらわしてみよう。

主な国の二酸化炭素排出量の推移

年	中国	アメリカ	EU	インド	ロシア	日本	韓国	世界計
1990	23.2	49.7	43.5	6.0	22.3	10.9	2.4	213.3
1995	30.3	52.3	40.7	7.7	16.2	11.9	3.7	219.8
2000	33.6	57.4	40.8	9.6	14.5	12.4	4.4	236.8
2005	61.0	58.7	42.6	12.0	14.7	13.0	5.0	281.9
2010	81.4	54.9	39.2	16.6	14.9	12.0	5.9	310.9
2015	91.9	51.4	34.9	21.5	14.9	12.1	6.2	327.9
2020	99.7	44.2	25.6	22.8	14.6	10.3	5.9	320.8

（億t, BP資料）

棒グラフ　主に数値の大小を比較するのに用いられる。

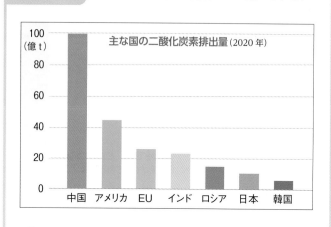

💡 基本的に数量の多いデータから順に並べよう。データによっては棒が2本以上になる場合もある。

折れ線グラフ　主に時系列のデータを示すのに用いられる。

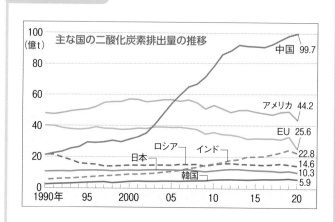

💡 棒グラフでも経年変化をあらわすことは可能だが，複数のデータを同時に示す場合は折れ線グラフを使うとよい。

円グラフ・帯グラフ　各項目の構成比を示すのに用いられる。

円グラフ

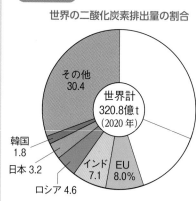

💡 「その他」以外の割合の多いデータから順に並べ，グラフの合計が100％になるよう注意しよう。

✏ 作業

上の表を参考に，円グラフの空欄を埋めてみよう。

帯グラフ（100％積み上げ棒グラフ）

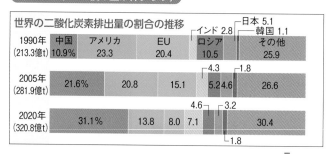

💡 割合の経年変化を示す場合は，円グラフよりも帯グラフが適している。

帯グラフに各項目の構成比を示すと，積み上げ（横棒）グラフになる。

積み上げグラフ

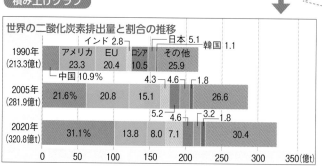

💡 積み上げグラフでは，全体量の変化と割合の変化を同時にあらわすことができる。

複合グラフ
棒グラフと折れ線グラフなど，異なる種類のグラフを組み合わせたグラフ。

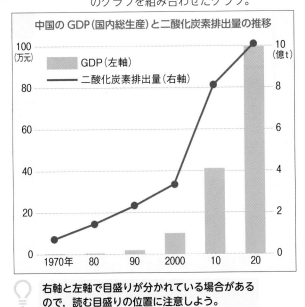

中国のGDP（国内総生産）と二酸化炭素排出量の推移

💡 右軸と左軸で目盛りが分かれている場合があるので，読む目盛りの位置に注意しよう。

散布図
縦軸と横軸で異なるデータを点で示したグラフ。

GDPと二酸化炭素排出量の関係（2020年）

💡 異なる2つのデータの関係性をあらわすのに用いられる。

面グラフ
2つ以上の構成要素を持った時系列のデータに用いられる。

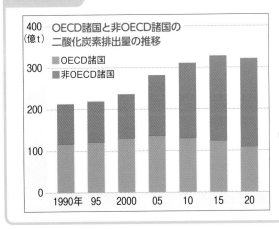

OECD諸国と非OECD諸国の二酸化炭素排出量の推移

面グラフで表現すると

💡 積み上げグラフを面グラフであらわすことで，変化がよりわかりやすくなる。

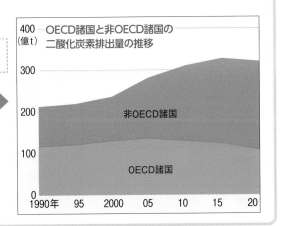

OECD諸国と非OECD諸国の二酸化炭素排出量の推移

三角グラフ
3つの要素で構成されるデータの比率をあらわすのに用いられる。

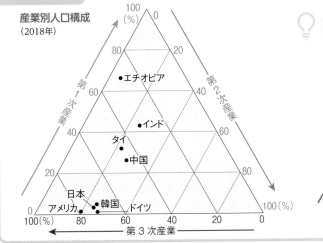

産業別人口構成（2018年）

💡 3つのデータの合計は100％になる。読む目盛りの位置に注意しよう。

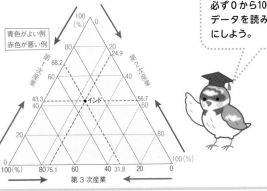

三角グラフには矢印がない場合があるので，必ず0から100の方向にデータを読み取るようにしよう。

解答

学習の手引き

一般図と主題図

地図には**一般図**と**主題図**がある。一般図は地形や交通路などのさまざまな情報を網羅的にあらわした地図で，国土地理院が発行する**地形図**がその代表である。一方，主題図は統計地図や土地条件図など，利用目的に応じて特定の内容をあらわした地図である。

主題図

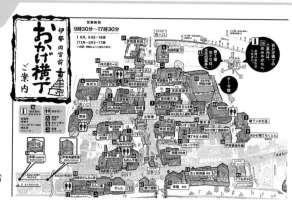

▶**観光地図**
（伊勢市，おかげ横丁）

▲**土砂災害ハザードマップ**（伊勢市宇治館町・宇治今在家町・宇治中之切町・宇治浦田町）

一般図

�‬**地形図**（1/25,000「伊勢」，2016年調製）

地形図の読み方

2万5千分の1

```
0          500m          1000m
```

5万分の1

```
0    500m   1000m
```

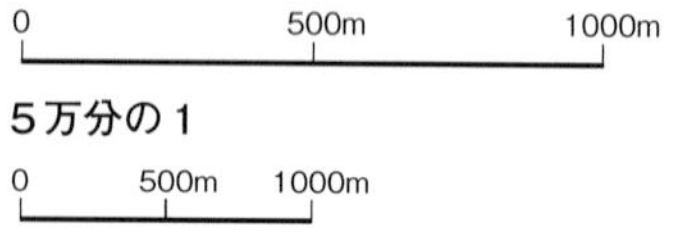

◉**縮尺**

＊2.5mの補助曲線には数字がしるされる。

種類	縮尺 1/50,000	1/25,000	あらわし方
計曲線	100mごと	50mごと	
主曲線	20mごと	10mごと	
第一次補助曲線（間曲線）	10mごと	2.5*,5mごと	
第二次補助曲線（助曲線）	5mごと		

◉**等高線の種類**

◉**等高線の間隔**

急な傾斜　ゆるやかな傾斜

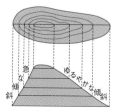

▶**谷線と尾根線**

山頂

谷線　尾根線

◉**地図記号**（2万5千分の1，平成25年図式）

═══トンネル═══ 4車線以上の道路	単線 駅 複線以上 普通鉄道JR線	△52.3 三角点
═══════ 2車線幅員13m以上	側線	▲74.8 電子基準点
───────── 2車線幅員13m未満	地下駅 普通鉄道JR線以外	☐21.7 水準点
═══════ 1車線の道路	地下の鉄道	─52─ 水面標高
───────── 幅員3m未満の道路	路面鉄道	・124.7 現地測量 標高点
┈┈┈┈┈ 徒歩道	リフト等	・125 写真測量
───────── 高速道路	特殊鉄道	◎ 市役所 特別区の区役所
〔241〕国道・国道番号	送電線	○ 町村役場 政令指定都市の区役所
───────── 都道府県道	━・━・ 都府県界	〶 官公署
═══════ 有料道路・料金所	北海道総合振興局・振興局界	〤 裁判所
┈┈┈┈┈ 庭園路	━━━ 市区町村界	◇ 税務署
石段	─・─・ 所属界	⊗ 警察署
橋・高架	┈┈┈┈ 特定地区界	Ⅹ 交番
雪覆い等（道路）		
切取部・盛土部		

Ⴁ 消防署	⌂ 記念碑	田
⊞ 病院	⛫ 自然災害伝承碑	畑
⊕ 保健所	⛭ 煙突	果樹園
〶 郵便局	⌘ 電波塔	茶畑
血 図書館	⛏ 油井・ガス井	広葉樹林
血 博物館	☼ 灯台	針葉樹林
血 老人ホーム	⌒ 坑口	ハイマツ地
⚘ 風車	⊔ 城跡	竹林
⚙ 発電所等	∴ 史跡・名勝・天然記念物	笹地
✕ 小・中学校	噴火口・噴気口	荒地
⊗ 高等学校	温泉	ヤシ科樹林
鳥居 神社	⚒ 採鉱地	
卍 寺院	⚓ 港湾	
⊥ 墓地	⚓ 漁港	
〼 高塔		

統計データを記号や色彩を用いて、地図上にあらわしたものを**統計地図**という。統計地図を用いることで、空間的な分布や傾向がわかりやすくなり、対象地域の比較や分析などに役立つ。統計地図にはさまざまな表現方法があり、扱うデータや目的に応じて使い分ける必要がある。

ドットマップ

佐賀県の学校の分布
※学校基本法に定める学校

0　　　20km

分布をドット（点）であらわしたもの。正積図法の地図を用いれば密度をあらわせる。

等値線図

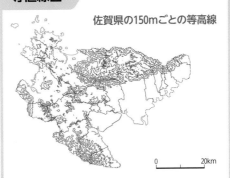

佐賀県の150mごとの等高線

0　　　20km

同じ値の地点を線で結んだもの。等値帯ごとに彩色する場合もある。

流線図

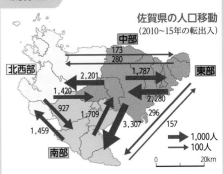

佐賀県の人口移動
（2010～15年の転出入）

中部
173
280
北西部
2,201　　1,787　　東部
1,420
927　　2,280
1,709　　296
3,307　　157
1,459
南部

→ 1,000人
→ 100人

0　　　20km

モノや人の移動を矢印であらわしたもの。矢印の太さが数量をあらわす。

図形表現図

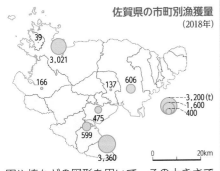

佐賀県の市町別漁獲量
（2018年）

39
3,021
166
137　　606
475
599
3,360

3,200(t)
1,600
400

0　　　20km

円や棒などの図形を用いて、その大きさで数量をあらわす。

階級区分図

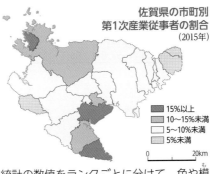

佐賀県の市町別
第1次産業従事者の割合
（2015年）

■ 15%以上
▨ 10～15%未満
□ 5～10%未満
▦ 5%未満

0　　　20km

統計の数値をランクごとに分けて、色や模様などであらわす。

メッシュマップ

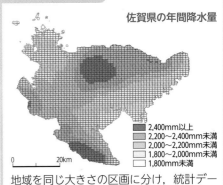

佐賀県の年間降水量

0　　　20km

■ 2,400mm以上
▨ 2,200～2,400mm未満
▨ 2,000～2,200mm未満
□ 1,800～2,000mm未満
□ 1,800mm未満

地域を同じ大きさの区画に分け、統計データの数値を階級区分したもの。

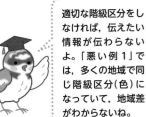

階級区分図を作成する際は、階級のつけ方や色づかいに注意しよう。

適切な階級区分をしなければ、伝えたい情報が伝わらないよ。「悪い例1」では、多くの地域で同じ階級区分（色）になっていて、地域差がわからないね。

適切な色を使わないと、受け手に誤ったイメージを与えるよ。「悪い例2」では、数が多いとイメージされる色の方が、実際には少ない値を示しているね。

悪い例1
佐賀県の市町別
第1次産業従事者の割合
（2015年）

■ 30%以上
▨ 20～30%未満
□ 10～20%未満
▦ 10%未満

0　　　20km

悪い例2
佐賀県の市町別
第1次産業従事者の割合
（2015年）

□ 15%以上
▨ 10～15%未満
▨ 5～10%未満
■ 5%未満

0　　　20km

✎ **作業**　💡を参考にして、表をもとに統計地図を作成しよう。

佐賀県の市町別第3次産業従事者の割合

(%)
| ｜　　　以上 |
| ｜　～　｜　未満 |
| ｜　～　｜　未満 |
| ｜　　　未満 |

市町	(%)	市町	(%)
佐賀市	74.6	嬉野市	65.9
唐津市	64.5	神埼市	63.4
鳥栖市	73.6	吉野ヶ里町	66.5
多久市	63.1	基山町	73.1
伊万里市	58.7	上峰町	65.6
武雄市	65.4	みやき町	65.2
鹿島市	60.1	玄海町	53.9
小城市	68.0	有田町	61.2

(%, 2015年)

玄海町
吉野ヶ里町　基山町
唐津市
鳥栖市
伊万里市　佐賀市　神埼市　みやき町
多久市　小城市　上峰町
有田町　大町町
武雄市　江北町
白石町
鹿島市　嬉野市
太良町

町	(%)
大町町	65.6
江北町	60.8
白石町	52.8
太良町	45.6

解答

学習の手引き

雨温図

ある地点の月ごとの平均気温と降水量を組み合わせたものが雨温図である。雨温図を作成することで，その土地がどのような気候なのか，簡潔に表現することができる。

💡 最も気温の高い月を最暖月，最も気温の低い月を最寒月という。最暖月と最寒月の差を気温の年較差といい，一般に赤道近くの低緯度地域では気温の年較差が小さく，高緯度地域では大きくなる。

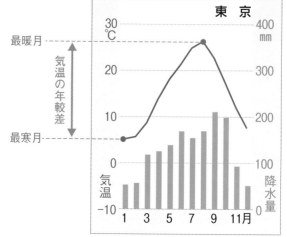

💡 北半球と南半球では季節が逆になる。

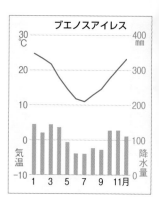

各都市の月平均気温と月降水量

		1月	2月	3月	4月	5月	6月	7月	8月	9月	10月	11月	12月	年
東京	平均気温(℃)	5.2	5.7	8.7	13.9	18.2	21.4	25.0	26.4	22.8	17.5	12.1	7.6	15.4
(日本)	降水量(mm)	52.3	56.1	117.5	124.5	137.8	167.7	153.5	168.2	209.9	197.8	92.5	51.0	1,528.8
ブエノスアイレス	平均気温(℃)	24.8	23.4	21.8	17.8	14.6	11.8	11.0	12.9	14.6	17.7	20.5	23.2	17.8
(アルゼンチン)	降水量(mm)	144.7	120.5	144.2	136.0	93.8	60.8	59.9	76.2	71.6	127.1	127.4	110.6	1,272.8
ダーウィン	平均気温(℃)	28.2	28.0	28.1	28.2	27.0	25.1	24.7	25.6	27.7	29.0	29.2	28.8	27.5
(オーストラリア)	降水量(mm)	449.6	386.5	311.3	112.8	22.6	0.6	0.2	4.6	13.6	67.8	138.0	281.8	1,789.4
シカゴ	平均気温(℃)	−4.6	−2.4	3.2	9.3	15.0	20.5	23.3	22.4	18.2	11.4	4.6	−2.3	9.9
(アメリカ)	降水量(mm)	44.3	44.9	63.8	81.3	92.9	86.7	91.7	123.2	82.5	80.8	79.9	55.5	927.5

（『理科年表』2021年版）

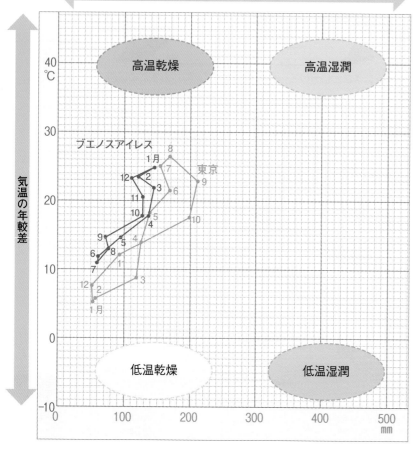

ハイサーグラフ

ハイサーグラフとは，縦軸に月平均気温，横軸に月降水量を示す12の点をしるし，1月から順に直線で結んであらわした図である。縦軸の差が大きいほど気温の年較差が大きいことを示し，横軸の差が大きいほど月ごとの降水量の差が大きいことを示している。

🖊作業

(1) 上の「各都市の月平均気温と月降水量」の表を参考に，ダーウィンとシカゴのハイサーグラフを完成させよう。

(2) ダーウィンとシカゴの気候の特徴を述べた下の文章について，❶〜❹にあてはまるものを，次のA，Bから選ぼう。

A. 気温の年較差　B. 月ごとの降水量の差

ダーウィンは❶＿＿＿が小さいが，❷＿＿＿が大きい気候である。シカゴは❸＿＿＿は小さいが，❹＿＿＿が大きい気候である。

解答

世界の時差

地球は24時間で1回転しており，経度15度につき1時間の時差が生じる。世界各国の標準時は，イギリスの旧グリニッジ天文台を通る経度0度の線（本初子午線）を基準にして設定されている。アメリカやロシアのように，国土が東西に長い国の中には，国内に複数の標準時を設定しているところもある。

💡 日本は兵庫県明石市などを通る東経135度の経線を標準時子午線に設定している。そのため，GMT（グリニッジ標準時）との時差は，135(度)÷15(度)＝＋9(時間)と計算できる。

✏作業 ロンドンが正午のとき，ニューヨークとロサンゼルスの時刻はそれぞれ何時だろうか。東京を例に，右の図に時刻と時計の針を書き込もう。

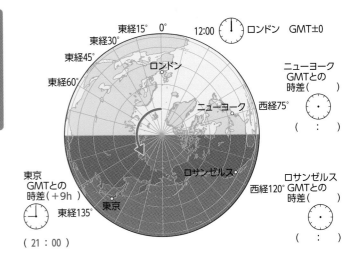

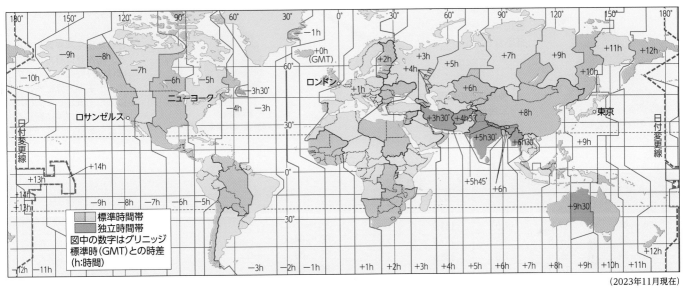

（2023年11月現在）

サマータイム

緯度の高い国々の中には，サマータイム（デイライト・セービング・タイム）制を導入している国もある。サマータイム制が導入されている期間は，人々は時計の針を一定時間（主に1時間）進めて生活する。サマータイム制を導入することで，夏の長い日照時間を有効活用できる一方，生活リズムの変化による交通事故や健康へのリスクなど，負の側面もある。

サマータイム制を導入した場合の例

✏作業 オリンピックをテレビで生中継したとき，各都市の開始時間は何時になるだろうか。サマータイムに注意して，下の表に書き込もう。

大会	東京 GMT( )	ロンドン GMT±0	ニューヨーク GMT( )
2012年 ロンドン大会	7月___日___：___	7月 27日 21：00	7月___日___：___
2021年 東京大会	7月 23日 20：00	7月___日___：___	7月___日___：___

※この時期，ロンドンとニューヨークはサマータイムを導入しているため，時刻は1時間早まっている。

解答

学習の手引き

人口ピラミッドの読み取り

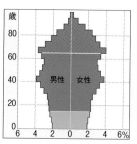

日本の人口
ピラミッド
（2015年）

人口ピラミッド

人口ピラミッドは，縦軸に年齢，横軸に各年齢の人口比率を男女別に示したものである。0〜14歳を**年少人口**，15〜64歳を**生産年齢人口**，65歳以上を**老年人口**と区分する。出生率と死亡率が変化することで，人口ピラミッドの形も変化していく。

人口ピラミッドの種類

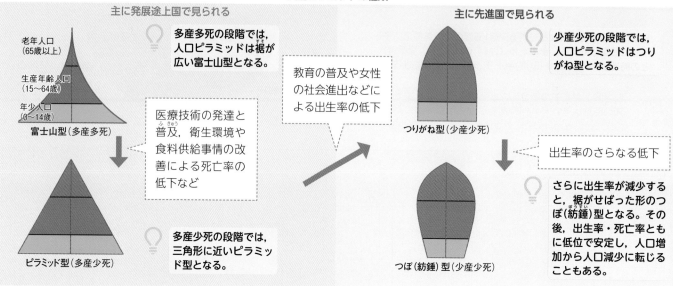

主に発展途上国で見られる

老年人口
（65歳以上）
生産年齢人口
（15〜64歳）
年少人口
（0〜14歳）
富士山型（多産多死）

多産多死の段階では，人口ピラミッドは裾が広い富士山型となる。

医療技術の発達と普及，衛生環境や食料供給事情の改善による死亡率の低下など

ピラミッド型（多産少死）

多産少死の段階では，三角形に近いピラミッド型となる。

教育の普及や女性の社会進出などによる出生率の低下

主に先進国で見られる

つりがね型（少産少死）

少産少死の段階では，人口ピラミッドはつりがね型となる。

出生率のさらなる低下

つぼ（紡錘）型（少産少死）

さらに出生率が減少すると，裾がせばった形のつぼ（紡錘）型となる。その後，出生率・死亡率ともに低位で安定し，人口増加から人口減少に転じることもある。

日本の2050年の推計人口

年齢	男性		女性	
	万人	%	万人	%
95歳以上	48.1	0.5	154.2	1.5
90〜94	97.7	1.0	193.9	1.9
85〜89	187.8	1.8	282.7	2.8
80〜84	283.8	2.8	358.6	3.5
75〜79	378.2	3.7	432.0	4.2
70〜74	357.3	3.5	384.6	3.8
65〜69	334.8	3.3	346.8	3.4
60〜64	310.9	3.1	310.2	3.0
55〜59	304.0	3.0	295.2	2.9
50〜54	313.4	3.1	301.2	3.0
45〜49	295.5	2.9	284.6	2.8
40〜44	282.9	2.8	271.3	2.7
35〜39	267.7	2.6	256.7	2.5
30〜34	255.4	2.5	243.3	2.4
25〜29	232.0	2.3	221.1	2.2
20〜24	218.5	2.1	209.2	2.1
15〜19	205.8	2.0	196.1	1.9
10〜14	194.9	1.9	185.5	1.8
5〜9	184.1	1.8	175.1	1.7
0〜4	172.9	1.7	164.3	1.6
総数	4,925.7	48.3	5,266.7	51.7

（国立社会保障・人口問題研究所資料）

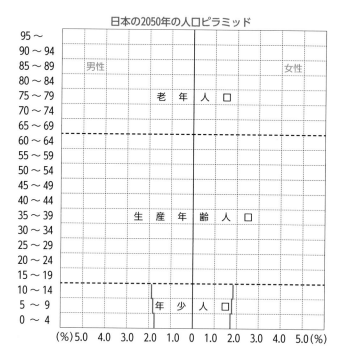

日本の2050年の人口ピラミッド

 作業　(1)上の「2050年の推計人口」の表を参考に，2050年の人口ピラミッドを完成させよう。
(2)2050年の全人口に占める老年人口の割合（高齢化率）を計算して，右の（　　）に書き込もう。

高齢化率（　　　　）%

思考ツールは，自分の頭の中にある考えを視覚的にあらわしてくれるものである。思考ツールを用いることで，わかりやすくまとめたり，グループ学習の際にみんなの意見や考えを比較したりすることができる。さまざまな思考ツールがあるため，使う目的に合わせて適切な思考ツールを選択することが大切である。わかりやすいノートの作成や，活発なグループ学習ができるよう，上手に使いこなそう。

💡 思考ツールを使う目的は主に6つに分けられる。それぞれの思考ツールには得意・不得意があるので，目的に合わせた思考ツールを選ぼう。

比較する
・複数の国や地域を比較する
・2つの宗教の特徴を比較する　など

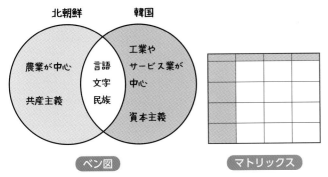

分類する
・地域調査で得た結果を整理する
・観光の形態を分類する　など

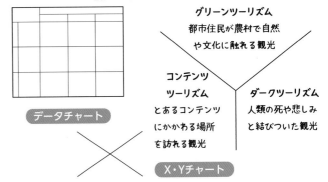

多面的に見る
・社会事象が起こる要因を分析する
・環境問題が起こる要因をまとめる　など

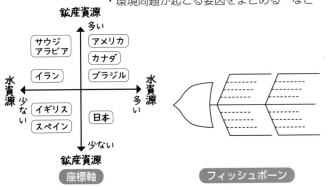

関連づける
・都市が発展した理由をまとめる
・特徴的な住居ができた理由をまとめる　など

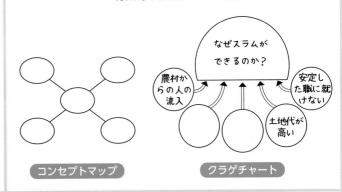

構造化する
・自分の意見や主張をまとめる　など

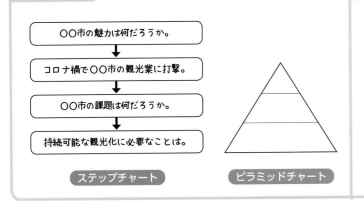

評価する
・他者の発表や政策のポイントをまとめる　など

EUについて

PLUS（よい点）	MINUS（改善点）	INTERESTING（おもしろい点）
・パスポートが不要 ・通貨が共通	・加盟国間で格差がある	・キリスト教信者が多いが宗派は異なる

PMIシート

深めよう 思考ツールには，上に挙げた以外にもさらに多くの種類がある。右の二次元コードを読み取って，そのほかの思考ツールを確認しよう。また，普段の学習で利用できそうなものはないか考えよう。

プラスウェブ

学習の手引き

■球面上の位置 リンク p.9

❶地球上における位置は，南北方向の位置を示す緯度と，東西方向の位置を示す経度によってあらわされる❷

視点を変えて見る緯線と経線 (図の中心の緯度・経度)	赤道上空から見る (緯度0度・経度0度)	北極上空から見る (北緯90度)	北緯30度上空から見る (北緯30度・東経60度)
緯線 ・0度の基準は赤道で，1周約40,075km。地球を北半球と南半球に二等分する ・緯線の長さは緯度によって異なり，極に近いほど短く，60度の線は赤道の半分の長さ。赤道を除き，緯線は東西をあらわさない			
経線 ・0度の基準は本初子午線。すべての経線が北極と南極を結ぶ。南北方向を示すため子午線ともいう。長さはすべて同じ。経線間隔は赤道上が最も広く，極に近いほど狭くなり，北極点と南極点で1点に集約する			

※経緯線は15度間隔。赤道は赤，本初子午線は緑，60度の緯線は青で示している。

❷本初子午線…経度の基準となる0度の線。1884年に開催された国際子午線会議で，イギリスのロンドン郊外にある旧グリニッジ天文台を通る線に定められた

❸時差❹…各地点での時刻の差。本初子午線の時刻をグリニッジ標準時(GMT)とし，経度差15度ごとに1時間の時差が生じる

■地図投影法

●地図の4要素…距離・方位・角度・面積 ➡ 1枚の地図上ですべての要素を正しくあらわすことはできない❼
➡用途に応じて適切な図法を選ぶことが重要

正角図法	メルカトル図法❽は緯線と経線が直交し，任意の2点間の等角航路が直線で描かれる
正距方位図法❾	中心から任意の地点への距離と方位が正しい。中心から任意の地点の大圏航路が直線で描かれる
正積図法❿	すべての範囲で面積が正しい比率で描かれる。地図の周辺では形のひずみが大きくなるものが多い

■地理情報システム リンク 巻頭特集, p.22

❶GIS⓫(地理情報システム：Geographic Information System)

…緯度や経度などの位置情報をもとに，地球上に存在する事物や事象の位置をコンピュータの地図上にあらわして，相互関係や傾向などを地理的に考察するしくみ。スマートフォンを使った道案内もGISの一種

> 例：地理院地図⓬…国土地理院が提供する地形図や空中写真をウェブ上で閲覧できるサービス。標高・地形分類・災害情報など日本の国土情報が配信され，地形断面図の作製や新旧空中写真の比較などもできる

❷GNSS (全球測位衛星システム：Global Navigation Satellite System)

…人工衛星から発信される信号を利用して，地上の現在位置を取得する技術

日本は，アメリカが運用しているGPS (Global Positioning System)を主に利用しているが，安定した位置情報を得るために，より高精度の測位が可能な準天頂衛星システム「みちびき」の運用を2018年度から開始

1 地球の自転と公転　❗地軸の傾きに着目しよう。

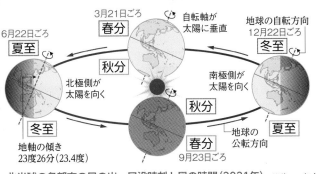

6月22日ごろ **夏至**
3月21日ごろ **春分**
自転軸が太陽に垂直
地球の自転方向
12月22日ごろ **冬至**
北極側が太陽を向く
秋分
南極側が太陽を向く
冬至
秋分
夏至
地球の公転方向
春分
9月23日ごろ
地軸の傾き 23度26分(23.4度)

地球は，ほぼ24時間に1回の周期で**自転**しながら，太陽のまわりを1年かけて**公転**している。自転軸(地軸)が公転軌道面の垂線に対して23度26分(23.4度)傾いているため，地球上から見た太陽の位置は半年ごとに北半球側と南半球側に入れ替わる。太陽の南中高度が90度になるのは，春分の日と秋分の日は赤道上，北半球の夏至(南半球では冬至)の日は北回帰線上，冬至(南半球では夏至)の日は南回帰線上となる。日の出から日没までの時間は緯度が高いほど変化が大きく，極圏(北緯66度34分以北，南緯66度34分以南)では，夏の**白夜**は太陽が沈まず，冬の**極夜**は太陽が昇らない。**リンク** p.104

冬の太陽や高緯度地方
=太陽高度が低い
=広い面積に熱が分散して低温

夏の太陽や低緯度地方
=太陽高度が高い
=狭い面積に熱が集中して高温

北半球の各都市の日の出・日没時刻と昼の時間(2021年) ※サマータイムは考慮しない。

春分 (3月20日)

	日の出	昼	日没
ヘルシンキ	6:19	12時間16分	18:35
東京	5:44	12時間8分	17:52
シンガポール	7:08	12時間7分	19:15

夏至 (6月21日) 22:50

	日の出	昼	日没
ヘルシンキ	3:54	18時間56分	
東京	4:25	14時間35分	19:00
シンガポール	7:00	12時間12分	19:12

秋分 (9月23日)

	日の出	昼	日没
ヘルシンキ	7:08	12時間8分	19:16
東京	5:29	12時間8分	17:37
シンガポール	6:53	12時間7分	19:00

冬至 (12月22日) 5時間49分

	日の出	昼	日没
ヘルシンキ	9:24		15:13
東京	6:47	9時間45分	16:32
シンガポール	7:01	12時間3分	19:04

❓ 赤道上で太陽の南中高度が90度になるのはいつだろうか。

2 緯度と経度　❗0度の基準に着目しよう。

赤道と**本初子午線**をもとにした球面上の座標によって，地球上における位置をあらわす。角度を用いるため，23度26分21秒(1度は60分，1分は60秒)のように60進法であらわされるが，23.4度のように小数を用いてあらわされることもある。GPSやGISの普及によって，スマートフォンで電子地図上に現在地を表示したり，写真に撮影地の位置情報をひもづけたりと身近に使われるようになった。**リンク** 巻頭特集，p.16

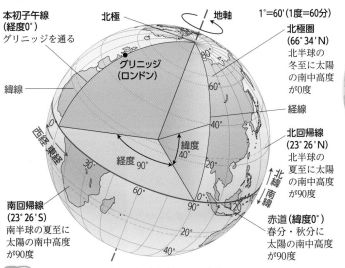

本初子午線 (経度0°) グリニッジを通る

北極

地軸

1°=60'(1度=60分)

北極圏 (66°34'N) 北半球の冬至に太陽の南中高度が0度

緯線

グリニッジ (ロンドン)

80°
60°
40°

経線

北回帰線 (23°26'N) 北半球の夏至に太陽の南中高度が90度

西経 東経

緯度40°
経度90°
30°
60°
90°
120°
北緯 南緯
0°
20°
40°

赤道(緯度0°) 春分・秋分に太陽の南中高度が90度

南回帰線 (23°26'S) 南半球の夏至に太陽の南中高度が90度

❓ あなたの学校の緯度と経度を調べてみよう。

出発地(ロンドン)の時刻に合わせて出港

出発地(ロンドン)の時計で16時に南中 +4時間×15度 =西経60度

❹ 経度の測り方　かつて北半球では，観測地点から見た北極星の高度となる緯度は容易に計測できたが，航海時に不可欠な経度の測定は難しかった。太陽が南中する時間の差で2点間の経度差を求められることは考えられていたが，18世紀後半にクロノメーター(狂いの少ない時計)が普及したことにより，ようやく正確な計測が可能になった。

3 地球儀と方位　❗地球儀を用いた距離の測り方に着目しよう。

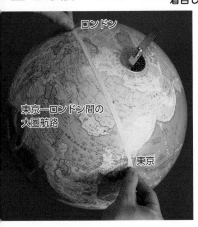

ロンドン
東京—ロンドン間の大圏航路
東京

地球儀は球体である地球を縮小したもので，球面上の形・距離・方位・面積のすべてが正しく表現される。地球上の任意の2点間の距離・方位・経路なども測定でき，自転と昼夜の関係や季節変化，時差などを理解するのにも役立つ。写真は地球儀を用いて，東京—ロンドン間の大圏航路の経路を調べて距離を計測しているところ。

❓ 東京から見たロンドンの方角を答えよう。

よりみち navi

昼と夜の長さが同じにならない

「暑さ寒さも彼岸まで」という言葉がある。彼岸は，昼と夜の長さが同じになる春分と秋分をそれぞれ中日とした7日間を指し，気候のよい時季にお墓参りに行く風習がある。仏教では，死者が三途の川を渡っていくあの世(悟りの世界，極楽浄土)である「彼岸」は西に，私たちのいる現世であるこの世「此岸」は東にあるとされ，太陽が真東から昇り，真西に沈む春分と秋分は彼岸と此岸が最も通じやすくなる日として，先祖供養をするようになったとされる。春分・秋分では，太陽の中心が真東で地平線と重なってから，沈む太陽の中心が真西で地平線と重なるまでが12時間となるが，日の出は太陽の頭が出たとき，日没は太陽すべてが沈んだときを指すため，昼の時間は12時間より長くなり，日の出・日没の位置も真東・真西から若干ずれる。

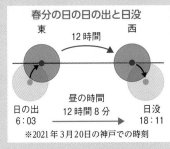

春分の日の日の出と日没

東　12時間　西

日の出 6:03　昼の時間 12時間8分　日没 18:11

※2021年3月20日の神戸での時刻

4 時差の原理 ❗ 経度と時差の関係に着目しよう。

地球は地軸を中心に24時間で1回転するため，同一経線上は同時に南中を迎え，24時間後に再び南中する。たとえば図中の赤い経線上が正午のとき，経度差45度の緑の経線は3時間前に南中しており午後3時となる。3時間後には，地軸を中心に東へ45度回転しているため，赤の経線は午後3時，緑の経線は午後6時となる。**グリニッジ標準時（GMT）**は本初子午線の時刻で，各国・地域は時差が1時間単位となる15の倍数の経線に標準時を合わせていることが多い。**日本標準時**は，兵庫県明石市を通る東経135度線に合わせて指定されている（GMT＋9）。 リンク p.9

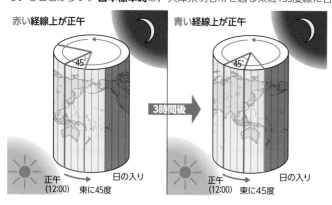

赤い経線上が正午　　　　青い経線上が正午

45°　　　　3時間後→　　　45°

正午　　　日の入り　　　　正午　　　日の入り
(12:00)　東に45度　　　(12:00)　東に45度

▶**国内に時差がある国（アメリカ）** アメリカやカナダ，ロシアのように国土が東西に広い国では，国内に複数の標準時が設けられており，同じ国の中でも時差が生じる。写真はアメリカのユタ州とネヴァダ州の境界で，**等時帯（タイムゾーン）**が変わることを案内する標識。

❓ 東京が午後10時のとき，サマータイム期間外のロンドンとニューヨークはそれぞれ何時になるだろうか。

5 眠らない金融市場

❗ 各国の取引時間の違いに着目しよう。

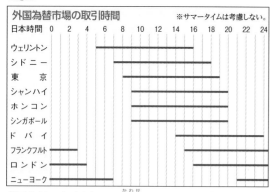

外国為替市場の取引時間　　　※サマータイムは考慮しない。

日本時間 0　2　4　6　8　10　12　14　16　18　20　22　24
ウェリントン
シドニー
東　京
シャンハイ
ホンコン
シンガポール
ド バ イ
フランクフルト
ロンドン
ニューヨーク

世界各地の金融市場で，為替や株式の取引が行われており，その変動が国の経済や企業に与える影響は大きい。国際的な金融市場は，ニューヨーク・ロンドン・東京のほか，フランクフルト・ホンコン・シャンハイ・シンガポール・ドバイなどにある。24時間いつでも取引ができるように，必ず世界のどこかの金融市場が開かれている。

❓ 東京の市場が開かれている時刻はいつだろうか。

6 サマータイム

❗ サマータイム期間中は，時計の針が1時間進められることに着目しよう。

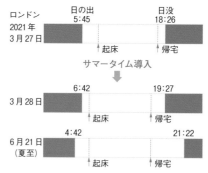

ロンドン　　　日の出　　　　　　日没
2021年　　　5:45　　　　　　18:26
3月27日

　　　　　　　起床　　　　　　帰宅

サマータイム導入 ⬇

　　　　　6:42　　　　　　　19:27
3月28日

　　　　　起床　　　　　　帰宅

　　　　　4:42　　　　　　　　　21:22
6月21日
（夏至）

　　　　　起床　　　　　　帰宅

高緯度地域では，昼の時間が長い夏の間だけ時計の針を1時間進めて生活する**サマータイム**（デイライト・セービング・タイム）制度が見られる。イギリスでは，毎年3月の最終日曜日の午前1時になった瞬間にサマータイムが始まり，瞬時に午前2時となる。終了は10月の最終日曜日で，午前2時になった瞬間に午前1時に戻る。イギリスはGMT±0だが，サマータイム中は+1となる。

▶**サマータイムに合わせて時計の針を進める人**（イギリス，2019年） 早い日の出に合わせて生活すれば，遅い時間まで日が沈まないため，夜の余暇時間の延長による消費拡大や，照明の節約による省エネ効果が期待できる。一方で，生活リズムの変化による交通事故や健康へのリスクが問題視されており，EUやアメリカではサマータイムを廃止する動きがある。 リンク p.9

❓ 北極点における昼の時間は，1年間でどのように変化するだろうか。

よりみち navi

時差ボケがつらいのは東向きか西向きか

　海外旅行をしたときに，現地に到着してから，あるいは帰国後に起こる，「夜になっても寝られない」「日中に眠くなる」などの不調を時差ボケと呼ぶ。だいたい4〜5時間以上の時差がある地域へ飛行機で移動をしたときに，出発地の時刻に合った体内時計が，到着地の時刻と大きくずれてしまうことで起こるといわれる。実は人間の体内時計の周期は約25時間で，生体リズムを遅らせるほうが同調させやすいことから，遅寝遅起きの傾向となる西向き飛行では症状は軽く，早寝早起きを強いられる東向き飛行の方が症状が強く出ることが多いとされる。夜間便で日本からヨーロッパに行くときには，フライトの前半はできるだけ起きて後半で寝ると，目覚めたときに朝の到着となる。日本からハワイやアメリカへ向かう場合は，出発の数日前から早寝早起きをし，徐々に慣らしていくなどの対策が有効とされる。

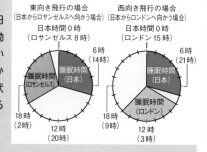

日本とロサンゼルス・ロンドンの睡眠時間のずれ

東向き飛行の場合　　　　西向き飛行の場合
（日本からロサンゼルスへ向かう場合）（日本からロンドンへ向かう場合）

日本時間 0時　　　　　　　日本時間 0時
（ロサンゼルス 8時）　　　（ロンドン 15時）

6時　　　　　　　　　　　6時
（14時）　　　　　　　　（21時）

睡眠時間（日本）　　　　睡眠時間（日本）
睡眠時間（ロサンゼルス）　睡眠時間（ロンドン）

18時　　　　　　　　　　18時
（2時）　　　　　　　　　（9時）

12時　　　　　　　　　　12時
（20時）　　　　　　　　（3時）

7 地球儀を経線に沿って切り開いた地図

! 経線の間隔に着目しよう。

平面な紙から球体をつくることができないように，球面から平面をつくることはできない。右図のように経線と経線の間を舟形に切り開いた地図は，球面の様子を平面であらわした状態に近いが，断裂している地図は見にくく使いづらい。高緯度側を横方向に引きのばすことで経線が平行な直線であらわされる，円筒に投影した図法がよく使われるが，極に近づくほど距離や陸地の形が南北方向に拡大される。? 資料8〜10のうち，円筒図法はどれだろうか。

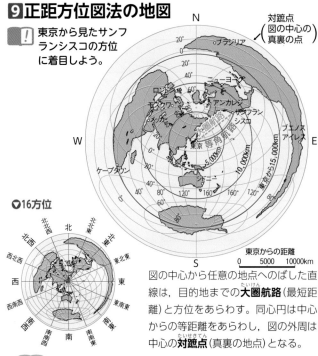

8 メルカトル図法の地図

! 等角航路は方位を示していないことに着目しよう。

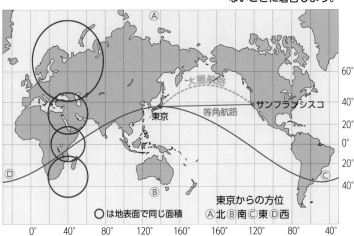

○は地表面で同じ面積

東京からの方位 Ⓐ北Ⓑ南Ⓒ東Ⓓ西

メルカトル図法の経緯線は，すべて直交する直線で描かれる。**正角図法**の一種で，任意の2点を結ぶ直線が2点間の**等角航路**をあらわし，羅針盤を使って船の舵角を合わせれば目的地に到達できるため，航海図に用いられた。高緯度ほど緯線の間隔が広がるため，面積や距離，方位を正しく測ることはできない。地球に横向きにかぶせた円筒に投影する**ユニバーサル横メルカトル（UTM）図法**は，地形図に用いられる。リンク p.17 ? メルカトル図法のデメリットは何だろうか。

9 正距方位図法の地図

! 東京から見たサンフランシスコの方位に着目しよう。

対蹠点（図の中心の真裏の点）

○16方位

図の中心から任意の地点へのばした直線は，目的地までの**大圏航路**（最短距離）と方位をあらわす。同心円は中心からの等距離をあらわし，図の外周は中心の**対蹠点**（真裏の地点）となる。

? 上の地図中で，日本から最も遠い都市はどこだろうか。

10 正積図法の地図

! 各地図での大陸の形のひずみに着目しよう。

サンソン図法

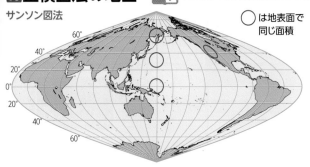

○は地表面で同じ面積

統計地図では，分布や密度が正しく認識できるよう面積を正しく示した地図が用いられる。正積図法には，すべての緯線を正しい長さで描いたサンソン図法や，経線を楕円にして高緯度地方を見やすくしたモルワイデ図法，両者を結合させて海洋部を断裂することで大陸の形のひずみを小さくしたホモロサイン（グード）図法などがある。

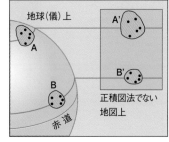

? 3つの正積図法のメリットとデメリットは何だろうか。

モルワイデ図法

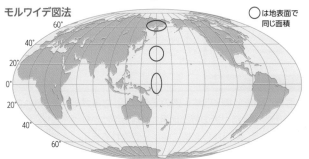

○は地表面で同じ面積

ホモロサイン（グード）図法

○は球面上で同じ面積

| モルワイデ図法 |
| サンソン図法 |
| モルワイデ図法 |

11 GISとレイヤー構造　❗ GISのしくみに着目しよう。

GIS（地理情報システム）は，**レイヤー**（層）構造を特徴とする。地物（河川・道路や鉄道・建物など）や事象（人口分布・気象状況・標高など），統計などのような異なる情報の地図を何枚も準備し，必要なものを重ね合わせていくシステムである。地図の組み合わせ方によって，「どのようなところに何があるか」「どこがどうなっているか」といった分析ができ，地理的な考察をするうえで非常に有用なツールである。たとえば洪水**ハザードマップ**は，土地の起伏をもとにした河川氾濫時の予想浸水深を地図に重ねたものであり，早めの避難が必要となる場所の特定や安全な避難経路の策定などのシミュレーションができる。

リンク 巻頭特集

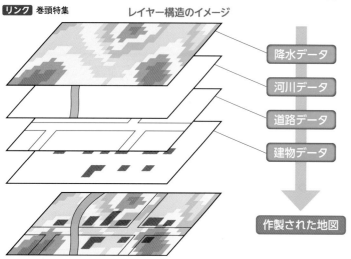

レイヤー構造のイメージ

降水データ

河川データ

道路データ

建物データ

作製された地図

◯雨雲レーダー　雨雲レーダーは，アンテナから放射した電磁波で半径数百km圏内に降っている雨や雪を観測するシステムである。観測データは電子地図上に重ね合わせて表現されるため，どこにどのくらいの雨量があるかがすぐにわかる。上図では，広島県南部で帯状に降水が見られ，局地的に1時間に50mm以上という滝のような雨が降っており，低い場所の浸水や土砂災害の危険性が高まっていると考えられる。1時間先までの気象状況を予測する気象庁のナウキャスト（短時間予報をあらわす造語）では，雨雲の動きやアメダスの10分間降水量，雷や竜巻の情報なども見ることができ，災害予測に活用されている。

リンク p.133, 138

❓ **レイヤー構造には，どのようなメリットがあるだろうか。**

12 地理院地図の活用　❗ 地図の中央を流れる川の両岸の地形に着目しよう。

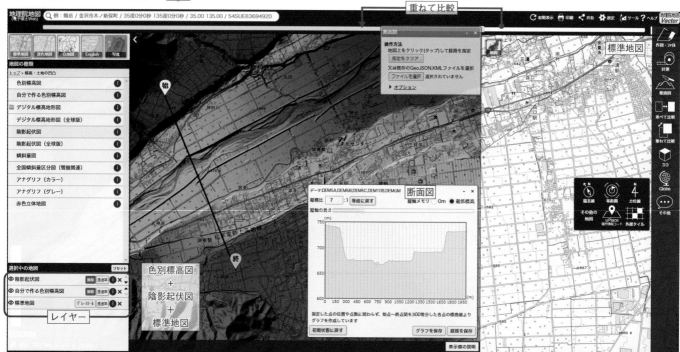

重ねて比較

レイヤー

色別標高図
＋
陰影起伏図
＋
標準地図

地理院地図は，国土交通省の**国土地理院**が提供しているウェブ地図である。地形図・写真・地形分類・自然災害の記録など，さまざまな表現で国土の様子を眺めることができ，地図上で距離や面積の計測もできる。上図は長野県松本市付近の標準地図に，地形がわかりやすいよう標高別に着色した色別標高図と陰影起伏図を重ね，さらに**断面図**を作成したものである。南西から北東に向かって流れる梓川に沿って，台地と崖が階段状に交互にあらわれる河岸段丘が形成されていることがよくわかる。**リンク** 巻頭特集，p.142　**付表** p.155

地理院地図

古代の地図

水が得られる場所や獲物が集まる場所，危険な地域などの情報は，安定した生活を営むために重要である。地図の歴史は文字よりも古いといわれ，人々は図化することで地域の情報を共有し，交流が広がるにつれて伝わった未知の地域の情報が地図に書き加えられていった。当時の地図には，人々が想像も交えてつくり上げた世界観が残されている。

▶バビロニアの世界図

紀元前700年ごろにつくられたとされる，現存する世界最古の世界図。首都バビロンを中心に，現在のトルコからペルシア湾岸にあたる範囲の河川や都市の位置が粘土板に描かれている。

バビロン
小都市
海
ペルシア湾
湿地帯
ユーフラテス川

▶プトレマイオスの地図

ローマ時代の2世紀に，天文学や幾何学が発達した古代ギリシャで作成された。緯線や経線を用いた円錐図法で描かれており，私たちの生活の舞台が球面上であることがすでに把握されていた。インド以東やアフリカ南部は未知の土地であり，インド洋が内海として描かれている。

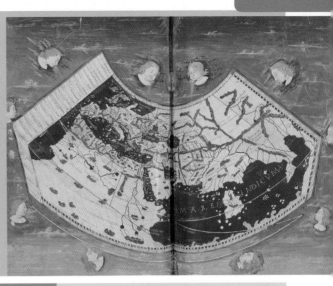

中世の地図

西ローマ帝国滅亡後の中世ヨーロッパでは，教会が勢力を強めた。聖書が唯一絶対の真理であり，地球球体説は否定されるなど，自然科学は停滞の時代を迎えた。一方，西アジアを中心とするイスラーム社会では，ギリシャやローマの文化がイランやインドの文化と融合したイスラーム文化が誕生し，商人の交易ネットワークが構築されて多くの地図がつくられた。

◀TOマップ

キリスト教の世界観でつくられた地図で，聖地エルサレムを中心に，地中海とタナイス川（現在のドン川）がTの字を，周囲を囲む海（オケアノス）がOの字をなす。東の方にあるとされるエデンの園が最上部に描かれており，東が上となっている。なお，イスラームの地図にはメッカを中心に南が上に描かれたものもあり，どの方位を地図の上に描くかは時代や文化によってさまざまである。

大航海時代の地図

レコンキスタ（国土回復運動）でイスラーム勢力から国土を取り戻したポルトガルやスペインは，アジアとの交易を目指して積極的に新航路開拓に乗り出した。西回り航路の発見とともにアメリカ大陸へ到達すると，大洋を航海するための地図がつくられ，正しい経緯度が測定されると，球面を平面にあらわすためのさまざまな地図投影法が考案された。

▶メルカトルの地図

オランダ人のメルカトルが1569年に発表した正角円筒図法の地図は，大洋上での舵角がわかる地図として，一般にメルカトル図法と呼ばれる。図は16世紀版の複製に見る日本付近の地図である。

❓ 古い地図に表現されている情報は，どのような意味を持つだろうか。

よりみち navi ∞

日本地図の歴史

奈良時代の僧・行基が作成したとされる山城（現京都府南東部）を中心に五畿七道の諸国の位置をあらわした地図（行基図）が，日本地図の原型として江戸時代初期まで使われた。1717年に水戸藩赤浜村（現茨城県高萩市）の農家に生まれた長久保赤水は，漢学や地理学，天文学などを学び，東北地方や長崎への旅行経験や伝聞などで入手した情報から緯線・経線をもとにした地図を完成させ，1779年に修正を加えた『改正日本輿地路程全図（赤水図）』が大坂で発行された。その約半世紀後，伊能忠敬が日本全国を測量して作成した『大日本沿海輿地全図』を完成させたが，あまりに詳細であることから幕府が非公開としたため，明治時代初期まで赤水図が広く使用された。

🔻大日本沿海輿地全図（中図）

自分のことばであらわそう

❶ 地球上の東西南北は，どのようにしてあらわされるだろうか。

❷ 世界地図を使うときに注意すべきことは何だろうか。

❸ 現在の地図と比較すると，古代や中世の地図からはどのようなことがわかるだろうか。

プラスウェブ

■国家と国境

❶国家の三要素…領域・国民・主権

❷領域❶…国家の主権が及ぶ範囲 ➡領土❹・領海・領空

  - 領海…基線(低潮線)から12海里以内 ※1海里は1,852m＝緯度1分(1/60度)の子午線の長さ
    ➡排他的経済水域(EEZ)…基線から200海里以内(約370km)。日本の水域面積❸(領海＋EEZ)は約447万㎢
        水産資源や地下資源に関する主権的権利,環境保全の管轄権を持つ
  - 領空…領土と領海の上空。宇宙空間までは及ばない

❸国民…国家を構成する人々 ➡複数の民族で構成されることが多く,厳密には単一民族国家は存在しない

❹国家の分類

統治形態	君主国：世襲的な君主(国王や皇帝)が存在〔例：イギリス・オランダ・タイ・サウジアラビア〕	共和国：君主は存在せず,元首は大統領など〔例：アメリカ・フランス・イタリア・中国〕
組　織	中央集権国家：1つの中央政府が直接統治	連邦国家：複数の州・国家が連邦政府に一部の権限を委任

❺国境❷…国家の領域が接する境界。自由な出入りを防ぐ隔絶性と,経済活動のための交流性が求められる

自然的国境…河川・山脈・海洋・砂漠などを利用
人為的国境…人工物(万里の長城やベルリンの壁など)や経緯線(数理的国境)などを利用

■国家群 リンク p.87, 108, 109 付表 p.158

●国家群❺…地理的な位置関係,政治や経済の体制,歴史的経緯などによって,利害の一致や協力関係の必要性などから国・地域が結成した国際組織

主に軍事的な結びつき	加盟国間の集団安全保障を目的とする 〔例：NATO(北大西洋条約機構)〕
主に政治的な結びつき	地域の協力体制の構築や民主化・独立を守る 〔例：AU(アフリカ連合)・アラブ連盟・CIS(独立国家共同体)〕
主に経済的な結びつき	資源産出国間の生産調整や価格維持を行う 〔例：OPEC(石油輸出国機構)〕
主に経済的な結びつき	経済協力を進める 〔例：APEC(アジア太平洋経済協力)・OECD(経済協力開発機構)〕
主に地域的な結びつき	経済的な統合を進める 〔例：EU(ヨーロッパ連合)・USMCA(米国・メキシコ・カナダ協定)・ASEAN(東南アジア諸国連合)・MERCOSUR(南米南部共同市場)〕

■グローバル化

❶交通❻❼…交通機関ごとに長所・短所があり,客貨・距離・速度・コストなどにより利用手段が変わる。機材やインフラの発達も影響

自動車：小回りが利き利便性が高い ➡通信販売や宅配便の増加により,高速道路沿いに設けられる物流センターが増加
鉄　道：大量輸送が可能 ➡日本では大都市圏の通勤・通学客輸送に,国土の広い国では内陸の貨物輸送に使用
船　舶：貨物輸送の主流 ➡用途に応じた船(専用船)が使われ,貿易の拡大で大型化。運河の拡張工事や港湾の整備なども進む
航空機：高運賃だが高速度 ➡ICT機器や生鮮品などの貨物輸送に利用。格安航空会社(LCC)の就航は観光業にも影響

❷情報・通信❾～⓫

インターネットの普及と,ICT技術の発展がさらに進み,生活や産業に大きな変化をもたらす ➡高度情報社会
➡あらゆる情報がビッグデータとして商取引の材料に。利便性が高まる一方,デジタル・デバイド(情報格差)の拡大や個人情報の保護などが課題

❸貿易

- 発展途上国の工業化と経済発展 ➡世界的な物流の拡大を促し,貿易額は年々増加。特に発展途上国の輸出額の比率が上昇⓬
- コンテナ取扱量 ➡貨物輸送の主流であるコンテナの取扱量はアジア,特に中国で多い❽

❹観光⓭⓮

インバウンド(「外から中へ」の意)…日本政府は外国人観光客数増加と消費拡大を目指し,ビザ発給の緩和など訪問客誘致を推進
➡観光業は地域経済の活性化にもつながり,主要産業として考えられるようになったが,新型コロナウイルス感染症の流行で打撃

1 国家の領域 ❗ 国家の領域として認められる範囲に着目しよう。

宇宙空間（大気圏外）
国家の主権に服さない自由な国際的空間

領空（上空100km程度までの大気圏内）

（1海里は約1,852m）

（200海里以内）

領土

領海
（12海里以内）

接続水域

排他的経済水域（EEZ）

公海

（24海里以内）

基
潮低線
（潮低線）

地理学上の大陸棚
（水深200m以内）

大陸斜面

国際条約上の大陸棚
（原則として基線から200海里、最大350海里まで）

延長
大陸棚

深海底

国家の主権の及ぶ範囲を**領域**といい、**領土・領海**とその上空の**領空**からなる。かつて、領海は3海里までとされ、その外側はどこの国にも属さない公海として自由な経済活動が営まれていた。1982年に採択された国連海洋法条約により**排他的経済水域（EEZ）**が設定され、200海里までの地下資源や漁業資源の調査・利用などの主権が沿岸国に認められるようになり、公海で操業していた日本の遠洋漁業は衰退した。領海（基線から12海里）の外側24海里までは接続水域として設定され、関税・財政・出入国管理・衛生上の管轄権が及ぶ。大陸棚条約では、地形的・地質的に連続性があれば排他的経済水域の外でも資源採掘権を持つ大陸棚（延長大陸棚）として国連委員会から承認される。 **リンク** p.20

❓ 沿岸国が排他的経済水域で認められている権利は、どのようなものだろうか。

2 世界の主な国境 ❗ 経緯線がもととなる国境の、周囲の自然環境に着目しよう。

国境には、自由な出入りを制限する隔絶性が求められるが、他国との人やモノの往来は欠かせないため交流性も重要となる。通過性の低い国境は壁や柵で囲われており、特定の検問所でしか出入りが認められない。国際空港や港湾も、出入国管理や検疫が行われる他国との出入口である。隔絶性と交流性をあわせ持つ山脈や河川を使った**自然的国境**は各地で見られるが、河川の蛇行で流路の位置が変わることにより領土問題に発展することもある。他国との境界に砂漠や森林が広がる地域では、経緯線が国境に定められる例もある。障壁をなくした開かれた国境も増加しており、**シェンゲン協定**を締結したヨーロッパの国家間は自由な往来が認められているが、新型コロナウイルス感染症が世界的に大流行した際には国境封鎖が行われた。 **リンク** p.73

🔵中国とロシアの国境を走り抜ける貨物列車

ピレネー山脈
アルプス山脈
ライン川
スカンディナヴィア山脈
西経141度
アムール川
テンシャン山脈
北緯49度
五大湖
北緯45度
ドナウ川
プルト川
大インド
砂漠
ヒマラヤ
山脈
ウスリー川
東経25度
北緯22度
ルブアルハリ
砂漠
リオグランデ川
コンゴ川
メコン川
東経141度
オレンジ川
アンデス山脈
タンガニーカ湖

―― 自然的国境　----- 人為的国境

アメリカ
カナダ

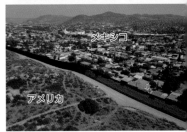

メキシコ
アメリカ

🔵**アメリカの国境** アメリカは、北のカナダとの国境は開かれている（写真上）が、南のメキシコとの国境は閉ざされている（写真下）。

❓ アメリカがメキシコとの国境に壁をつくるのはなぜだろうか。

よりみち

🚲 navi 🚲

ヨーロッパの三国国境

　オランダ南部のマーストリヒトは、EU創設の条約が調印された都市として知られるが、ここから東に約25kmにあるファールス山中に、ベルギー・ドイツとの国境が接する場所がある（写真）。この三国国境の中央には記念碑が立ち、境を示す線が3本引かれるが、いずれもシェンゲン協定の加盟国のため国境の往来に制約はなく、片足をドイツ、もう片方をベルギーに置いてオランダをまたぐこともできる。小国の多いヨーロッパには、48か所もの三国国境がある。モーゼル川に臨むルクセンブルク・フランス・ドイツの三国国境では、投錨した船上でヨーロッパの国境検査を撤廃する署名がされた。この街がシェンゲンである。日本では、甲武信ケ岳（標高2,475m）が甲州（山梨県）・武州（埼玉県）・信州（長野県）の3県の境として有名である。

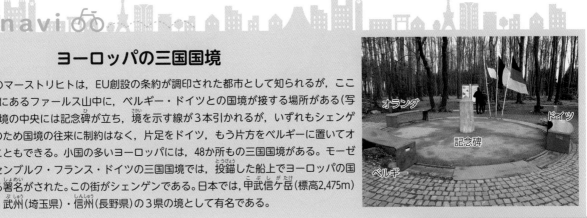

オランダ
ドイツ
記念碑
ベルギー

❸日本の領域

⚠️ 日本の領域と近隣諸国の位置に着目しよう。

四方を海に囲まれた日本には，陸上の国境は存在しない。海上に国境線は引けないが，基線から12海里までが領海となり，対岸の国までの距離が24海里に満たない場合は，中間線などに国境が設定される。日本の領海を含めた排他的経済水域の面積は世界6位の広さで，国土面積の11倍以上に相当する。最南端の**沖ノ鳥島**は，波による侵食が激しかったが，水没すると国土面積より広い約40万㎢の経済水域を失うこととなるため，1987年から約300億円をかけて鉄製の消波ブロックとコンクリートによる護岸工事が行われた。

❓ 日本の最南端と最西端はどこだろうか。

▶沖ノ鳥島

東小島
北小島

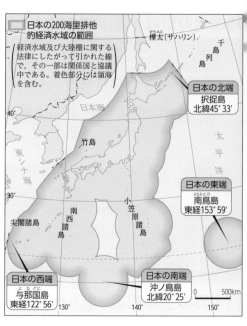
日本の200海里排他的経済水域の範囲
経済水域及び大陸棚に関する法律にしたがって引かれた線で，その一部は関係国と協議中である。着色部分には領海を含む。

日本の北端
択捉島
北緯45°33'

日本の東端
南鳥島
東経153°59'

日本の西端
与那国島
東経122°56'

日本の南端
沖ノ鳥島
北緯20°25'

❹北方領土問題

⚠️ 日本とロシアの国境線の位置に着目しよう。

日本は，かつてのロシア帝国との間で何度か国境線の変更を行っている。日露和親条約では択捉島とウルップ島の間に国境を定め，以降北方四島は常に日本の領土であった。サンフランシスコ平和条約により日本は千島列島を放棄したが，北方四島はここに含まれていない日本固有の領土である。1956年の日ソ共同宣言で国交を回復したが，ソ連解体後も法的根拠のない占領を継続するロシアに対して，日本は北方領土の返還と平和条約の締結を求め続けている。

付表 p.158

❓ 日本の最北端はどこだろうか。

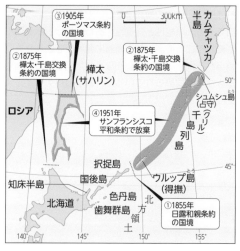
③1905年ポーツマス条約の国境
②1875年樺太・千島交換条約の国境
④1951年サンフランシスコ平和条約で放棄
①1855年日露和親条約の国境
カムチャツカ半島
樺太（サハリン）
ロシア
シュムシュ島（占守）
千島列島
択捉島
国後島
知床半島
色丹島
歯舞群島
北海道
ウルップ島（得撫）
北方領土

▶択捉島の街並み（2018年）

▶知床半島から見た国後島（2015年）

❺世界の主な国家群

⚠️ 地域ごとに経済連携が存在することに着目しよう。

現在，世界で190以上の独立国が承認されている。それぞれの国は，地理的な位置関係や歴史的経緯，政治や経済の体制などから，協調と協力に基づくさまざまな国際組織を形成している。東西冷戦期にはアメリカとソ連の緊張が国際社会に影響を与え，激しい軍拡競争が起こった。1980年代末，ソ連のアフガニスタン撤退と東欧諸国の民主化により「冷戦終結」が宣言され，国際社会の枠組みは大きく変化した。加盟国数が増え連携が深まる**EU**や**ASEAN**，広範囲で経済的に結びつく**CPTPP（環太平洋パートナーシップに関する包括的及び先進的な協定）**など，国際情勢の中で国際組織は常に変化している。

リンク p.87，108，129 **付表** p.158

❓ 経済的な結びつきが規模・数ともに拡大傾向にあるのはなぜだろうか。

※CPTPPについて，イギリスは国内及び各加盟国での批准待ち。

経済的つながり
- EU（ヨーロッパ連合）
- APEC（アジア太平洋経済協力）
- ASEAN（東南アジア諸国連合）
- OPEC（石油輸出国機構）
- USMCA（米国・メキシコ・カナダ協定）
- MERCOSUR（南米南部共同市場）
- CPTPP

政治・軍事的つながり
- NATO（北大西洋条約機構）
- AU（アフリカ連合）
- アラブ連盟
- CIS（独立国家共同体）

（2023年11月現在）

ASEAN, USMCA, EU, 中国の比較

人口	ASEAN	6.7（億人）
	USMCA	5.0
	EU	4.5
	中国	14.3
GDP	ASEAN	33,403（億ドル）
	USMCA	265,763
	EU	171,778
	中国	177,341

（2021年，『世界国勢図会』2023/24年版ほか）

6 さまざまな旅客・貨物輸送

！ 交通機関によって適する用途が異なることに着目しよう。

	長所	短所や課題
自動車	戸口輸送が可能で、時間や経路の制約がない。モータリゼーションの進展により地位が向上	車両の大型化や高速道路の整備により効率や輸送速度が向上したが、交通渋滞や環境問題、運転手不足などが課題
鉄道	運行の時間が正確。輸送量が多く、高速性にもすぐれる。エネルギー効率がよいため、環境面でも評価される	路線の敷設や維持に多額の経費がかかる。輸送密度が低いと採算が合わず、急な輸送量の変化への対応が難しい
船舶	輸送単位が大きく、安価な費用で大量輸送が可能で、貨物輸送の中心。運河や河港の整備により内陸水運も発達	速度が遅い。貿易の拡大で船舶は大型化しているが、運河や港湾には利用できる船体の幅や深さに制限がある
航空機	地形に左右されずに最短距離を高速移動できる。大型機の登場で、人員や貨物の大量輸送が進んだ	輸送コストが高く、重量物の輸送には不向き。貨物輸送は、軽薄短小で単価の高い工業製品や生鮮品が主となる

自動車が普及するまで、陸上交通の主役は鉄道であった。現在も、輸送効率や安全性、環境面から日本の新幹線など高速鉄道の整備が各国で進むほか、都市内交通機関として路面電車も見直されている。貨物輸送には、輸送量が大きい鉄道と船舶が主に使われる。航空機は高速性にすぐれるが重量に制限がある。日本からホンコンに500kgの貨物を送ると、海上輸送は所要10〜14日で1〜2万円、航空輸送では5日で10〜15万円かかる。半導体やスマートフォン、鮮度が求められる食品や切り花、緊急を要する医薬品などは航空輸送されるが、低温輸送技術の発達により、船舶で輸送される生鮮食品も増えている。日本では、貨物輸送をトラックから環境負荷の小さい鉄道や船舶に切り替える**モーダルシフト**が進められている。 リンク p.33, 47, 105, 125, 128, 129

？ 海上輸送よりも航空輸送に適する品目はどのようなものだろうか。

○LRT（Light Rail Transit） 乗降が楽な低床の次世代車両の登場により、路面電車が見直されている。

○エアカーゴへの搬入 航空貨物輸送は頻繁に行われており、日本で貿易額が最大の港は成田国際空港である。

○コンテナ船 扱いが容易な規格化された箱（コンテナ）で貨物を運ぶ。現在、貨物輸送の主流となっている。

○バルクキャリア 鉱物や穀物はコンテナを使わず、ばら積み貨物（バルク）として運ばれる。

7 主な国の旅客・貨物輸送

！ 各国の輸送手段の違いに着目しよう。

旅客輸送

日本（2009年）13,710：鉄道28.7%／自動車65.6／船舶0.2／航空5.5

アメリカ（2010年）77,496：鉄道-0.1%／自動車88.1／11.7

中国（2019年）35,349：41.6%／25.1／33.1／船舶0.2

イギリス（2009年）7,895：鉄道-7.9%／91.0／1.1

ドイツ（2009年）10,546：9.4%／90.0／船舶0.6

（億人・km）

貨物輸送

日本 5,236：自動車63.9／鉄道3.9%／水運32.0／航空0.2

アメリカ（2009年）57,162：39.1%／32.3／12.2／16.1／航空0.3／パイプライン

中国 1,994：15.1%／29.9／52.1／2.7／航空0.1

イギリス 1,638：12.9%／80.3／6.2／航空0.4／水運0.1

ドイツ 4,137：23.2%／59.4／13.5／航空0.1／3.9

（億t・km）

※アメリカの貨物輸送の自動車は2003年、パイプラインは2008年が最新年（『交通関連統計資料集』ほか）

モータリゼーションの進んだ国では、旅客・貨物輸送とも自動車の割合が高い。アメリカは特に自動車文化が発達した国だが、国土が広く移動距離が大きいため、旅客は速達性にすぐれた航空が主となる。また、大陸横断鉄道が支えている鉄道は、貨物輸送が多い一方で旅客輸送は非常に少ない。中国では鉄道の果たす役割が大きく、「一帯一路」によって特に中央アジアやヨーロッパとの貿易で利用が増加している。日本は、新幹線による都市間移動と大都市圏の通勤で旅客の鉄道利用が目立つ。しかし、貨物輸送では自動車の普及とともに利便性が優先され、鉄道輸送は極端に小さくなった。欧米などでは、石油やガスなど液体や気体の輸送に**パイプライン**が大きな役割を果たす。 リンク p.79, 95, 112, 117

？ 日本の旅客輸送・貨物輸送の特徴は何だろうか。

8 港湾別コンテナ取扱量

！ コンテナ取扱量上位の港湾がある場所に着目しよう。

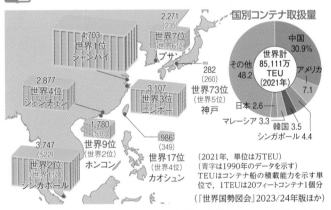

4,703 世界1位 シャンハイ
2,271（235） 世界7位（世界6位）プサン
2,877 世界4位 シェンチェン
3,107 世界3位 ニンポー
282（260）世界73位 神戸（世界5位）
1,780（510）
986（349）世界17位 カオシュン
3,747（522）世界2位（世界1位）シンガポール
世界9位 ホンコン

国別コンテナ取扱量
世界計 85,111万TEU（2021年）
中国30.9／アメリカ7.1／日本2.6／マレーシア3.3／韓国3.5／シンガポール4.4／その他48.2

（2021年、単位は万TEU）
（青字は1990年のデータを示す）
TEUはコンテナ船の積載能力を示す単位で、1TEUは20フィートコンテナ1個分
（『世界国勢図会』2023/24年版ほか）

貿易の拡大とともに世界のコンテナ取扱量は急増している。2000年に0.7億TEUであった世界のコンテナ取扱量は2021年には8億TEUを突破した。大型船化も進み、最大級のものは長さ400m、積載量は2万TEUをこえる。2021年の港湾別取扱量では、上位10港のうち、東南アジア・東アジア・ヨーロッパのハブ港湾となっているシンガポール・プサン・ロッテルダムを除く7港を、すべて中国が占めている。日本の港湾は、1980年には神戸（4位）、横浜（12位）、東京（18位）と上位を占めていたが、製造業の衰退や大型船を着岸させるための港湾整備が遅れたことなどを理由に上位の座を明け渡した。

？ なぜ中国のコンテナ取扱量が多いのだろうか。

9 インターネットで結ばれる世界

⚠ 各国・地域のインターネット普及率に着目しよう。

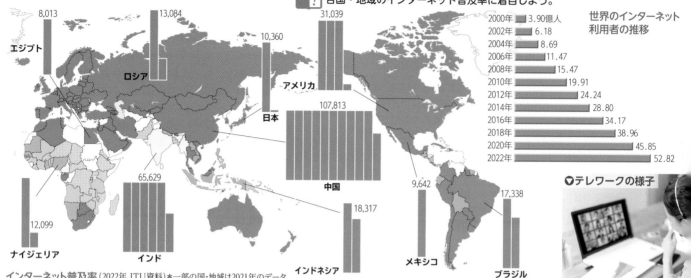

世界のインターネット
利用者の推移

2000年	3.90億人
2002年	6.18
2004年	8.69
2006年	11.47
2008年	15.47
2010年	19.91
2012年	24.24
2014年	28.80
2016年	34.17
2018年	38.96
2020年	45.85
2022年	52.82

エジプト 8,013
ロシア 13,084
10,360
アメリカ 31,039
日本
中国 107,813
ナイジェリア 12,099
インド 65,629
インドネシア 18,317
メキシコ 9,642
ブラジル 17,338

❻テレワークの様子

インターネット普及率 (2022年, ITU資料) ＊一部の国・地域は2021年のデータ
- 70%以上
- 60～70%未満
- 50～60%未満
- 40～50%未満
- 30～40%未満
- 30%未満
- データなし

棒グラフはインターネット
利用者数の上位10か国
(2022年, 万人)

リンク p.47, 61, 80, 120

インターネットのルーツは，アメリカ国防総省が1969年にアメリカ国内の4つの大学や研究機関を電話回線で接続したARPANETと呼ばれる軍事用コンピュータシステムとされる。その後，世界各地の研究機関や大学でネットワークが次々と構築され，これらが相互に接続されて世界中に張りめぐらされたインターネットへと発展した。1990年代に商用目的での利用が開始され，パソコンの性能向上と低価格化，大容量のデータ送信が可能なブロードバンドの普及などを背景に，2018年にはインターネット利用者数が世界人口の50％をこえた。普及率には地域差があり，**デジタル・デバイド(情報格差)**が問題となっているが，低価格スマートフォンの登場がアフリカの利用者数を急増させている。インターネットとあらゆるモノがつながるIoTや膨大な統計情報(ビッグデータ)の活用，電子マネーやテレワークの普及など，私たちの生活は日々変化している。

❓ インターネット利用者が多い10か国を順に並べてみよう。

10 自動運転車を支えるGNSS

⚠ 自動運転車の位置情報獲得手段に着目しよう。

🔺スーチョウ市の自動運転バス(中国，2020年)

人間が運転操作をしなくても目的地まで到達する自動運転車の開発が進んでいる。自律的な走行には，周囲の状況を解析する認識技術とともに，車両の現在位置を正確に特定することが重要である。日本では衛星測位システム「**みちびき**」の高精度測位サービスが活かされ，誤差数10cmの測位により走行している車線まで認識できる。交通事故の減少や渋滞緩和が見込まれているほか，高齢者の移動手段の確保，ドライバーの高齢化が進むバスやトラックなどに代わる新しい交通サービスとして，産業や地域の活性化も期待される。2020年に中国のスーチョウ(蘇州)市で自動運転路線バスの営業が開始されたほか，世界各地で自動運転車の実証実験や導入が進められている。

リンク p.46 ❓ 自動運転車が社会に与えるメリットは何だろうか。

11 空飛ぶ血液

⚠ ドローンの活用方法に着目しよう。

🔺ドローンによる血液の輸送(ルワンダ，2018年)

バッテリーの小型化などの技術進歩により，動画の空撮や自然災害発生時の復興支援など，無人航空機ドローンの活用の場が広がっている。アフリカのルワンダでは，2016年よりドローンによる血液輸送が行われている。1回の充電で約75kmを飛べる固定翼型のドローンは，プロペラ型よりも悪天候にも強く，最大1.5kgの運搬が可能とされる。提携する病院から注文を受けると，血液を載せたドローンが倉庫から時速100kmで飛び出し，目的地に着くとパラシュートで物資を地面に降下させて戻ってくる。交通インフラが未整備なためバイクで4時間かかっていた道のりが，最短15分で届けられるようになった。

❓ アフリカでドローン輸送の実用化が進むのはなぜだろうか。

12 世界の貿易額の推移　❗先進国と発展途上国の比率の変化に着目しよう。

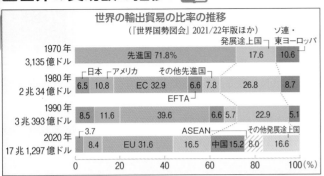

世界の輸出貿易の比率の推移
（『世界国勢図会』2021/22年版ほか）

1970年 3,135億ドル	先進国 71.8%		発展途上国 17.6	ソ連・ 東ヨーロッパ 10.6	
1980年 2兆34億ドル	日本 6.5　アメリカ 10.8　EC 32.9　その他先進国 6.6　7.8 EFTA		26.8	8.7	
1990年 3兆393億ドル	8.5　11.6　39.6　6.6　5.7		22.9	5.1	
2020年 17兆1,297億ドル	3.7 8.4　EU 31.6　16.5　中国 15.2　8.0 ASEAN		その他発展途上国 16.6		

0　20　40　60　80　100(%)

1970年は、世界の輸出額における先進国と発展途上国の比率が約7：2（その他1）で、工業製品を輸出する先進国が圧倒的に多かったが、オイルショック後は原油価格が高騰し、産油国の輸出額が大きくなった。2020年の世界の輸出額は1970年の55倍にもなり、貿易なくして世界経済は成り立たないことがわかる。先進国と発展途上国の比率はほぼ6：4に近づいており、輸出指向型工業を推進する新興国で増加している。一方で、日本やアメリカの世界の輸出に占める相対的な地位は低下している。

❓ 輸出額に占める先進国と発展途上国の比率は、どのように変化してきただろうか。

13 観光収支　❗観光収入が黒字の国と赤字の国に着目しよう。

外国人訪問者数世界1位はフランスだが、観光収支は客単価の違いによっても変わるため、観光客数が単純に観光収入につながるとは限らない。滞在期間が長くなりがちな遠隔地からの観光客は支出額が大きくなり、またビジネス客は観光客よりも単価が高いため、国際会議が開催される数も収支に影響を与える。観光収支は、モノの貿易と同じ意味を持つため、外国人観光客の誘致に力を注いでいる国は多い。ヨーロッパでは、バカンス客の多い地中海沿岸の南ヨーロッパは黒字、国外にバカンスに出かける人の多い北ヨーロッパは赤字となる傾向がある。 リンク p.107

❓ ヨーロッパの中で観光収支が黒字の国には、どのような特徴があるだろうか。

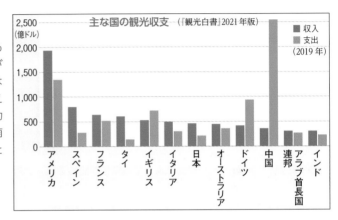

主な国の観光収支（『観光白書』2021年版）
（2019年）　■収入　■支出
2,500（億ドル）
アメリカ／スペイン／フランス／タイ／イギリス／イタリア／日本／オーストラリア／ドイツ／中国／アラブ首長国連邦／インド

14 海外旅行者と訪日外国人　❗日本人海外旅行者に人気の行先に着目しよう。

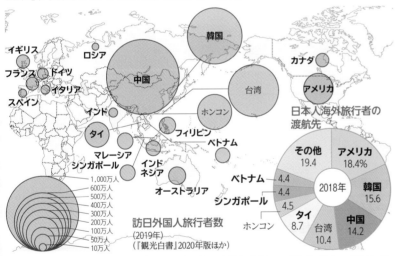

訪日外国人旅行者数
（2019年）
（『観光白書』2020年版ほか）
1,000万人　600万人　500万人　400万人　300万人　200万人　100万人　50万人　10万人

日本人海外旅行者の渡航先
2018年
アメリカ 18.4%／韓国 15.6／中国 14.2／台湾 10.4／タイ 8.7／ホンコン 4.5／シンガポール 4.4／ベトナム 4.4／その他 19.4

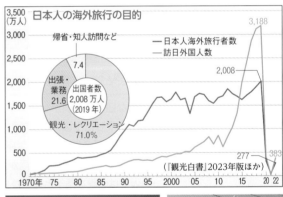

日本人の海外旅行の目的
3,500（万人）
帰省・知人訪問など 7.4
出張・業務 21.6
観光・レクリエーション 71.0%
出国者数 2,008万人（2019年）
ー 日本人海外旅行者数
ー 訪日外国人数
3,188
2,008
277　383
（『観光白書』2023年版ほか）
1970年　75　80　85　90　95　2000　05　10　15　20 22

日本人海外旅行者は、1970年ごろから訪日外国人数を上回って増加し始め、1980年代後半の円高の時期に急増した。現在の訪問先は、経済・文化の面で関係の深い近隣アジア諸国や、ハワイなどが多い。訪日外国人は2013年に1,000万人をこえると、2016年に2,000万人、2018年には3,000万人をこえた。その背景にはアジア諸国の経済成長に加え、ビザ発給要件の緩和など日本政府による積極的な誘致政策がある。インバウンド景気に支えられてきた観光地では、新型コロナウイルス感染症の影響による観光客の激減が大きな打撃となった。 リンク p.88, 121　統計 p.152

△2017年（左）と2020年3月（右）のトレヴィの泉（イタリア）

❓ 訪日外国人の出身国上位5か国・地域はどこだろうか。

自分のことばであらわそう
① 日本とアメリカの輸送手段の違いは何だろうか。旅客輸送と貨物輸送に分けて説明しよう。
② ICTの発展によって、社会はどのように変化しているだろうか。
③ 訪日外国人数が急増した理由は何だろうか。

■**気候と大気** リンク p.76, 77, 84, 85, 90, 91, 94, 95, 98, 99, 102, 104, 110, 111, 114, 115, 122, 123, 126 付表 p.156

❶**気候**…例年繰り返される大気の現象の平均的な状態 影響➡植生や土壌の分布 関係➡生活文化や産業など
└気候要素：気温・風・降水量・蒸発量 ⟵ 影響 気候因子：緯度・標高・大陸や海洋との位置関係・海流など
　　　　└気温は太陽エネルギーを多く受ける低緯度地方ほど高く, 高緯度地方で低い
　　　　　{ ・気温の年較差…低緯度地方より高緯度地方で大きく, 沿岸部より内陸部の方が大きい
　　　　　{ ・気温の日較差…低緯度地方では, 気温の年較差より日較差の方が大きい

❷**大気の大循環**…低緯度地方と高緯度地方で空気を循環させ, 地球が受ける太陽エネルギーの差をならす役割を持つ

北半球の大気の
大循環モデル

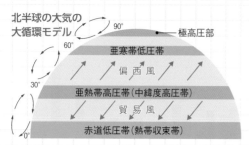

・地球には低圧帯と高圧帯が交互に分布 ➡季節によって南北に移動
亜熱帯高圧帯(中緯度高圧帯)…下降気流が生じ, 雲ができにくい ➡少雨(乾燥)
赤道低圧帯(熱帯収束帯)…上昇気流が生じ, 雲ができやすい ➡多雨(湿潤)
・地表付近の風は高気圧から低気圧に向かって吹く
➡地球の自転により, 北半球では風の進行方向が右に, 南半球では左に曲がる
貿易風…亜熱帯高圧帯から赤道低圧帯に向かって吹く。北半球では, 北東風
偏西風…亜熱帯高圧帯から亜寒帯低圧帯に向かって吹く。北半球では, 南西風
➡1年中同じ方向に吹くため, 恒常風と呼ばれる

❸**季節風(モンスーン)**…季節によって風向きが変わる風。大陸と海洋の比熱の違いにより生じる

フライパン(大陸)と水(海洋)にたとえると...

| フライパン(大陸)は温まりやすく冷めやすい ➡比熱小 | ➡ | ・夏は大陸側に上昇気流が発生して低気圧となり, 海洋から大陸に風が吹く |
| 水(海洋)は温まりにくく冷めにくい ➡比熱大 | | ・冬は海洋側が低気圧となり, 大陸から海洋に風が吹く |

季節風の風向き

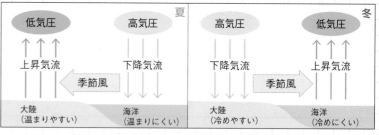

❹**ケッペンの気候区分❶**…植生❷と降水が重要な指標

＊AfとAwの中間型。熱帯モンスーン気候ともいう

樹林あり	A気候❸〜❻ (熱帯)	・明瞭な四季の区別がない ・赤色のやせた土壌のフェラルソル(ラトソル)が広く分布 ・Afでは多種多層の常緑広葉樹(雨林)が発達❸。ほぼ毎日, 午後にスコールが発生し, 短時間に強い雨が降る ・Awでは明瞭な雨季と乾季が見られ, 長草草原と疎林が広がる❺❻	Af	熱帯雨林気候
			Am	弱い乾季のある熱帯雨林気候＊
			Aw	サバナ気候
	C気候❼〜❿ (温帯)	・年間を通じて比較的温和で, 四季の変化が明瞭 　➡人間活動・経済活動が盛んで, 人口密度の高い地域が多い ・適度な気温と降水により, 比較的肥沃な褐色森林土などの土壌が分布 ・Csでは夏季少雨❾。ブドウや柑橘類, オリーブなど乾燥に強い植物を栽培 ・Cwでは冬季でも落葉しない常緑広葉樹が見られる❿	Cs	地中海性気候
			Cw	温暖冬季少雨気候
			Cfb	西岸海洋性気候
			Cfa	温暖湿潤気候
	D気候⓫⓬ (冷帯〈亜寒帯〉)	・北半球にのみ見られ, 冷涼で蒸発量が少なく湿潤 ・針葉樹林帯が広がる(ユーラシア大陸北部ではタイガ⓫と呼ばれる) ・主にやせた土壌のポドゾルや永久凍土が分布	Dw	冷帯(亜寒帯)冬季少雨気候
			Df	冷帯(亜寒帯)湿潤気候
樹林なし	E気候⓭⓮ (寒帯)	・極地方や高山地域に分布。永久凍土⓭に覆われ, 夏でも低温のため樹木は育たないが, 短い夏に地表がとけるとコケ類や地衣類が育つ⓮	ET	ツンドラ気候
			EF	氷雪気候
	B気候⓯⓰ (乾燥帯)	・蒸発量にくらべて, 降水量が少ないため樹木が育ちにくい ・BSでは, 丈の短い草原(ステップ)が広がり, チェルノーゼムなどの肥沃な土壌も見られる⓯	BW	砂漠気候
			BS	ステップ気候

1 ケッペンの気候区分

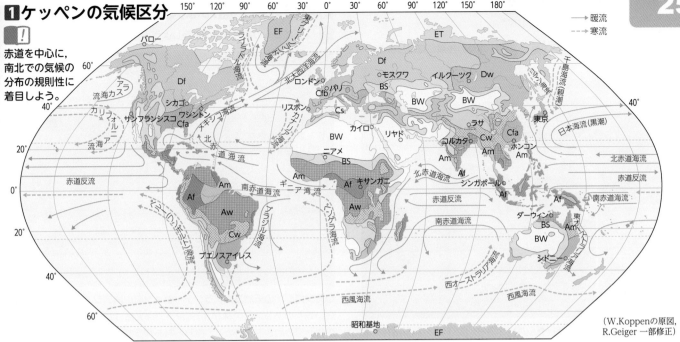

!
赤道を中心に，南北での気候の分布の規則性に着目しよう。

→ 暖流
--→ 寒流

(W.Koppenの原図, R.Geiger 一部修正)

ドイツの気候学者ケッペンは，約100年前に植物の分布に着目して，気温と降水量から世界の気候を区分した。年間を通じて日射量が多い赤道付近は，**赤道低圧帯（熱帯収束帯）** に覆われ高温多湿になる。一方，中緯度は**亜熱帯高圧帯（中緯度高圧帯）** に覆われ乾燥する。また，高緯度になるにつれて気候は寒冷になるが，ヨーロッパなどでは暖流の影響で同緯度の他地域より温暖となる地域もある。**偏西風** が卓越する地域では，風上である西側の影響を受けやすいため，西岸では温まりにくく冷めにくい海洋の影響により気温の年較差が小さく，東岸では温まりやすく冷めやすい大陸の影響により気温の年較差が大きい。リンク p.95, 104 付表 p.156　　? なぜ多くの大陸の中緯度付近では，同じ緯度でも東西で気候区分が異なるのだろうか。

2 各気候区の植生　! 植生の特徴と気候の関係に着目しよう。

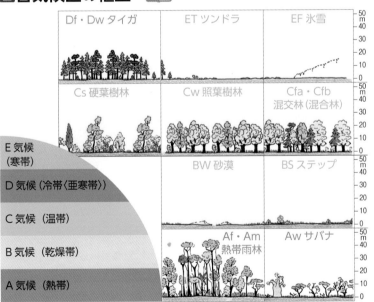

低緯度の熱帯雨林気候では，高温多湿な気候のもとで密林が形成され，樹木は太陽光を求めて樹高が高くなる。雨季と乾季が明瞭なサバナ気候では，樹木がまばらに生育する疎林が見られる。B（乾燥帯）気候では，砂漠と短草草原（ステップ）が見られる。中・高緯度のC（温帯）気候では，広葉樹を中心に樹林が広がる。高緯度のD（冷帯〈亜寒帯〉）気候では，寒さに強く，樹種の少ない針葉樹林帯が広がる。さらに高緯度のツンドラでは樹木は見られず，コケ類や地衣類のみが生育する。リンク p.77, 111 付表 p.156

? なぜAf・Am気候の地域では樹木が高くなるのだろうか。

よりみち navi

風を使い分けたコロンブス

初めて帆船で大西洋を横断したことで知られるコロンブスは，それまで大西洋を横断しようとした船乗りが，ヨーロッパから大西洋を西に進んで失敗していることに気がついた。そこで，大西洋を横断するためにあえて南下してから，西を目指したのである。この結果，往路は貿易風を，復路は偏西風を利用することで航海を成功させ，コロンブスの航海以後，帆船でヨーロッパとアメリカを航海する際はこのルートが多く用いられた。一方，貿易風と偏西風の間の高圧帯に覆われる北緯30度付近は風が弱く，航海に予想以上の時間を要することもあった。食料が尽き，積み荷の馬を船員が食べることもあったため，この緯度帯は当時ホース・ラティテュード（馬の緯度）と呼ばれていた。

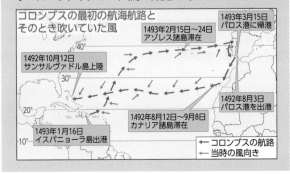

3 熱帯雨林(Af)気候

📖 ❗ 木々の種類に着目しよう。

🔺**アマゾン川流域の熱帯雨林(セルバ)**(ペルー，2011年)　**熱帯雨林**は地表に光が届かないため薄暗く，高さ50m以上になる樹木もある。こうした高木は幹の上部にある葉まで水を吸い上げる力が強かったり，板根と呼ばれる板状の根を持ったりするなどの特徴がある。熱帯雨林は生物多様性の要でもあり，医薬品や工業製品，食品の開発に応用可能な遺伝資源の供給地として世界中から注目されている。

リンク p.70，71，123，124　　❓ 地図帳でアマゾン川をたどり，流域の地形や緯度を確認しよう。

5 サバナ(Aw)気候の植生

📖 ❗ 樹木の密度に着目しよう。

🔺**草を求めて移動するヌーの群れ**(ケニア・タンザニア，2015年10月)
サバナ気候では，赤道低圧帯と亜熱帯高圧帯が季節によって南北に移動することで**雨季**と**乾季**が生じる。サバナは丈の長い草原に樹木がまばらに生える植生で，アフリカのサバナには，ライオン・シマウマ・ハイエナ・ヌーなどのさまざまな野生動物が生息しており，映画『ライオン・キング』の舞台にもなった。乾季には長草が枯れ，樹木は落葉するため，シマウマやヌーなどの大型の草食動物はエサとなる草を求め，群れをなして移動をする。雨季になると草木が生え，緑の大地となる。

❓ なぜ写真のような野生動物の大移動が見られるのだろうか。

4 熱帯気候で盛んな天然ゴム生産

❗ 天然ゴムの栽培方法に着目しよう。

🔺樹液の採取

🔺**カンボジアの天然ゴムプランテーション**　東南アジアの熱帯雨林気候や弱い乾季のある熱帯雨林(Am)気候下では天然ゴムの生産が盛んで，世界の生産量の約8割を占める。原料となるパラゴムノキは高温多湿な環境を好み，その樹液から採れる成分を凝固させてつくる天然ゴムは，タイヤなどの工業製品に多く使われ，世界の自動車需要の増加に応じて生産量が増えている。1990年ごろまではマレーシアが天然ゴムの生産大国だったが，現在はアブラヤシ農園に切り替わったため，タイやインドネシアなどが生産の中心地となっている。リンク p.86　統計 p.148

❓ 世界中の人々が利用していて，熱帯で多く栽培される植物には，ほかに何があるだろうか。

6 サバナ気候の雨季と乾季

❗ 雨季と乾季の類似点と相違点に着目しよう。

雨季(2018年10月)

乾季(2019年2月)

🔺**トンレサップ湖の雨季と乾季**(カンボジア)　雨季と乾季が明瞭なサバナ気候下では，同じ場所でも季節によって異なる景観が見られる場合がある。東南・南アジアでは，**季節風(モンスーン)**の影響で，5〜10月ごろの雨季には降水量が多く，11〜4月ごろの乾季には降水量が少なくなる。季節変化は産業とも結びつき，カンボジアなどでは雨季は漁業に，乾季は農業に従事する人々もいる。またタイでは，乾季の終わりにあたる旧正月の4月に，次の雨季に十分な降水があることを願って人々が水を掛け合うソンクラーン祭りが行われる。リンク p.85

❓ なぜAw気候では，写真のような季節変化が見られるのだろうか。

7 西岸海洋性 (Cfb) 気候の田園風景

!! 草原の利用方法に着目しよう。

イギリスの田園風景 西岸海洋性気候は**偏西風**と付近を流れる**暖流**の影響を受けて，気温と降水量の年較差が比較的小さい。イギリスは，北緯50度の樺太（サハリン）よりも北に位置しているが，北大西洋海流（暖流）と偏西風により，高緯度のわりに冬も温暖で，年間を通して降水が見られる。イギリスでは，人々から募金を募り，自然環境や歴史的景観・文化財などを保護するナショナル・トラスト運動によって，牧草地が広がる貴重な田園風景を守る活動が行われている。**リンク** p.104, 105, 128

? 羊や牛の放牧・酪農で知られるニュージーランドの気候とイギリスの気候には，どのような共通性があるだろうか。

8 温暖湿潤 (Cfa) 気候の桜

!! 日本の桜の楽しみ方に着目しよう。

花見を楽しむ人々（東京都，2019年）

温暖湿潤気候は主に大陸東岸に分布し，季節風の影響を強く受ける地域も多い。四季が明瞭で，日本のほかアメリカ東部などでも見られる。1912年には，日本からアメリカの首都ワシントンD.C.に桜（ソメイヨシノ）が贈られ，100年以上経った現在でも，春に花を咲かせている。

ポトマック河畔の桜並木（アメリカ・ワシントンD.C.，2008年）

? ソメイヨシノが咲く時期は，鹿児島県と北海道ではどれくらい違うか調べてみよう。

9 地中海性 (Cs) 気候 !! 建物の色に着目しよう。

エーゲ海に位置するミコノス島（ギリシャ） 地中海沿岸は，夏季に亜熱帯高圧帯に覆われて乾燥し，強い日差しを求めてヨーロッパ中から観光客がバカンスに訪れる保養地でもある。南ヨーロッパ産の石灰が塗られた白い壁は太陽光を反射する役割を果たし，イタリア南部のトゥルッリと呼ばれる伝統的な家屋では，夏季の暑さを避けるため，外気を取り込まないように出入口や窓を小さくする工夫が見られる。また，乾燥に強く，十分な日照が必要なオリーブは，地中海沿岸で多く生産されている。**リンク** p.43, 104, 107 **統計** p.147

? 地中海沿岸と日本では，夏の湿度はどのように異なるだろうか。

10 温暖冬季少雨 (Cw) 気候の常緑広葉樹

!! 葉の形状に着目しよう。

紅茶　ウーロン茶　緑茶

中国での茶摘み風景（フーナン〈湖南〉省，2021年） 主に大陸の東岸に分布し，夏季に多雨，冬季に乾燥する温暖冬季少雨気候では，カシ・クス・シイ・ツバキなどの常緑で葉に光沢がある照葉樹が見られる。ツバキの実からとれる椿油は，調髪材や食用など幅広く利用される。また，ツバキ科に分類される茶は，発酵の度合いによって，紅茶・ウーロン茶・緑茶に大きく分かれる。中国中南部は茶の大産地で，水はけのよい台地や丘陵地で栽培されている。**リンク** p.92, 99 **統計** p.147

? 紅茶・ウーロン茶・緑茶の違いは何だろうか。

⑪冷帯湿潤(Df)気候の針葉樹林

> ⚠ 樹木の種類に着目しよう。

▶カナダの針葉樹林帯　国土の大部分が冷帯であるカナダには，針葉樹林が広がる。ロシア・ブラジルに次ぐ世界3位の森林面積を持ち，木材やパルプ・紙製品の生産・輸出が盛んである。太平洋とロッキー山脈に挟まれた西部のブリティッシュコロンビア州では，州の規則で1本の伐採につき平均3本の苗木の植林が義務づけられており，持続可能な産業化が図られている。

リンク p.111　統計 p.148, 151

❓ 針葉樹林を木材として利用する際のメリットは何だろうか。

⑫北半球の寒極が存在する冷帯冬季少雨(Dw)気候

> ⚠ 魚の陳列方法に着目しよう。

◗ヤクーツクの魚市場(ロシア，2013年)　気温の年較差が大きく，大陸性気候となる冷帯冬季少雨気候は，中国北部からシベリア地域に分布する。冬季は高気圧の影響により降水が少なく，気温が著しく下がる。ロシア東部のオイミャコンやヴェルホヤンスクは，北半球の寒極（最も寒い地点）であり，どちらも最低気温の記録が−67℃を下回る。1月の平均気温が−50℃にもなるオイミャコンでは，洗濯物を外に干すと数分で凍結するため，その氷を払い落とすことで洗濯物を乾燥させている。

❓ 北半球において，北極点と寒極が異なるのはなぜだろうか。

⑬ツンドラ(ET)気候の永久凍土

> ⚠ 地表面と地下の様子の違いに着目しよう。

◔融解した永久凍土(アメリカ・アラスカ州，2019年)　永久凍土とは，2年以上にわたって地温0℃未満が保たれている土壌のことで，冷帯や寒帯に分布する。近年，気温の上昇によって永久凍土の融解が進んでいる。永久凍土がとけると，単に土壌が水分を多く含んでぬかるむだけでなく，長きにわたって永久凍土に閉じ込められてきたメタンなどの温室効果ガスが空気中に放出され，地球温暖化に拍車をかけてしまうという悪循環が懸念されており，地球規模の課題となっている。リンク p.37, 69, 111

❓ 永久凍土の融解は，地球温暖化にどのような影響を与えるだろうか。

⑭ツンドラ気候の植生

> ⚠ 植物の丈や生え方に着目しよう。

◔ハナゴケ

◔コケを食べるトナカイ(ノルウェー)　ツンドラ気候では，短い夏に地表面の凍土がとけて草やコケが生え，トナカイの貴重な食料となっている。トナカイは寒冷な気候に強いため，この地域に暮らす先住民の中には，トナカイの遊牧を行う人もいる。トナカイのミルクを飲用するほか，氷雪に覆われる長い冬においては肉が貴重な栄養源となる。また，皮革は靴や防寒着，住居の材料として利用されるなど，北方に暮らす人々にとって重要な家畜となっている。

リンク p.31, 35, 43　❓ ET気候の地域では，トナカイのほかに，どのような動物の皮革が利用されているだろうか。

🔟砂漠(BW)気候の人々の工夫

⚠️ 都市周辺の自然環境に着目しよう。

▶ラスヴェガス(アメリカ, 2019年) カジノの街として知られるアメリカ西部のラスヴェガスは, 砂漠気候下に位置しており, 年間降水量は100mm前後である。約150年前, ゴールドラッシュにわくカリフォルニアを目指す労働者や鉄道の中継地として, 砂漠の中のくぼ地のオアシスに形成された。1936年に開業したフーヴァーダムから水と電力の供給を受け, 恐慌時に経済の立て直しのために州が賭博を合法化したことでカジノの街となった。リンク p.42

◀日干しレンガの家(アラブ首長国連邦, 2020年) 強い日差しで50℃近くにまでなる乾燥した気候下で, 粘土と藁を混ぜて干すことでレンガをつくる。西アジアやアフリカで広く見られる。リンク p.37

❓ 地図帳でラスヴェガスの位置を確認し, 海からの距離と周囲の地形を確認しよう。

1️⃣6️⃣ステップ(BS)気候の肥沃な土壌

⚠️ 土の色に着目しよう。

◀ウクライナの小麦畑(2014年) **ステップ**とは, ロシア語で「平らな乾燥した土地」を意味し, 年間降水量は250～500mm程度と比較的少ない。ウクライナから西シベリアにかけて, **チェルノーゼム**と呼ばれる肥沃な黒色の土壌が広がり, 小麦やトウモロコシなどが栽培されている。ステップ気候の中では比較的降水量の多い地域で, 雨季に育った草が乾季に枯れてゆっくりと分解が進むため, 地表付近の腐植層が厚く, 世界の中でも特に肥沃な土であることから「土の皇帝」ともいわれる。しかし, 表土を守る防風林の手入れや, 傾斜地での耕地の表土流出防止策が不十分な地域も見られ, 近年はチェルノーゼム地帯の土壌の劣化が懸念されている。リンク p.111, 112 統計 p.146

❓ なぜBS気候下では, チェルノーゼムのような肥沃な土壌が形成されるのだろうか。

よりみち navi🚲

厳しい自然環境を利用した道

砂漠気候下では, 普段は流水が見られず, ごくまれに豪雨に見舞われたときにのみ水が流れるワジ(涸れ谷)が見られる。流路のため起伏が小さく, 古くから隊商路(キャラバンルート)として利用されてきた。また, 冷帯や寒帯下で冬季に凍結する大河川も, 道路として利用されている。夏季は河川の流路であるため, 障害物などがなく走りやすい。どちらも日本では見慣れない光景だが, 自然環境を上手く利用した道である。

◉ワジを歩く人々(エジプト, 2010年)

◉凍結したレナ川を走る自動車(ロシア, 2014年)

自分のことばであらわそう

① 熱帯気候下の住居にはどのような工夫があるだろうか。p.37を参考にしながら, 工夫とその理由を説明しよう。

② 夏季と冬季の気温と降水量に着目して, 地中海性(Cs)気候の特徴を説明しよう。

③ 永久凍土の融解は, 私たちの生活にどのような悪影響を及ぼすと考えられるか説明しよう。

④ 私たちの生活の中に取り入れてみたい, 世界のさまざまな気候条件に対する工夫を1つ挙げてみよう。

要点の整理

プラスウェブ

■世界の特色ある生活文化

自然環境(地形・気候・植生など) + 社会環境(政治・経済・文化など) = 地理的環境 で特色づけられる

■世界のさまざまな「食」 リンク p.40, 41, 78, 89, 92, 95, 99, 104, 105, 113, 125

❶世界の主食❶…自然環境の影響を強く受け，その地域の気候で栽培できる農作物が主食となる

例：乾燥帯から冷帯まで広く栽培される麦類，熱帯から温帯の高温多湿な環境を好む稲

❷食べ方…ヨーロッパから広がったスプーン・フォーク，アジアから広がった箸

手を使う場合，ヒンドゥー教徒のように左手を不浄なものとして食事に使わない場合も

❸調理方法❷…穀類だけを見ても，水と一緒に煮る，粉末状にしてお湯で練る，粉末状にして焼くなど，地域によってさまざま

❹保存方法…日持ちをよくするために，冷凍・乾燥・塩漬け・燻製・発酵❸などが伝統的に行われ，

19世紀初めになるとさらに日持ちのよい瓶詰・缶詰が誕生

❺社会環境の影響を受ける食…宗教や人の移動，地域の結びつきによる影響

例：宗教の影響も受ける食肉消費の地域性❹，植民地の拡大とともに南北アメリカ大陸から広がったジャガイモやトウモロコシ❺，プランテーション作物として広がったサトウキビやコーヒー❻，他地域との交流から生まれた長崎県の大皿料理❼

❻技術の進歩・グローバル化がもたらす恩恵と課題

恩恵：アグリビジネス❽による大量生産，コールドチェーン❾など輸送技術の進歩　など

課題：生産地における環境問題，輸送時のCO₂(二酸化炭素)排出，食料自給率の低下❿，産地・原材料の偽装，食の画一化⓫　など

さまざまな対策 ⟶ バーチャルウォーター(仮想水)やフードマイレージの考え方の普及，地産地消⓬，食品トレーサビリティ，地理的表示(GI)保護制度⓭，観光への活用⓮　など

■世界のさまざまな「衣」 リンク p.42, 91, 123

❶自然環境の影響を受ける伝統的衣服⓯…その地域の気候や植生から得られる素材を使い，自然環境に適応

例：高温多湿な熱帯の風通しのよい木綿や麻，植物が育ちにくい寒冷な気候のトナカイなど動物の皮革や毛皮，

日差しが強く砂ぼこりもある乾燥帯の全身を覆う衣服，気温の日較差の大きいアンデス地方のポンチョ

❷社会環境の影響を受ける伝統的衣服…その地域の宗教や産業に影響を受けたり，政策として取り入れられたりしたもの

例：イスラームの戒律の影響を受けるヒジャブやニカブ，農作業用の衣類から発展したアルプス東部の伝統的衣服⓰，

身分や階級を示すブータンの伝統的衣服⓱

❸技術の進歩やグローバル化で変わる衣服…化学繊維や高機能繊維の登場⓲，ジーンズやスーツ⓳など欧米のファッションの浸透

⟶ 伝統的衣服を身につける機会の減少⓴，衣服の大量生産と画一化，労働環境の悪化や自然環境への負担㉑などが発生　一方 ⟷ 伝統的衣服を観光資源として利用する地域も

■世界のさまざまな「住」 リンク p.43, 66, 67, 77, 95

❶世界の伝統的家屋㉒…自然環境の影響を強く受け，その地域で得られる素材を使い，気候に適応できるように工夫

例：乾燥帯の日干しレンガ，森林の豊富な温帯や冷帯の木材，

寒帯や乾燥帯のような植生に乏しい地域での家畜の皮革や毛皮，熱帯や冷帯・寒帯の高床式の家屋㉓

❷家屋の構造…自然環境とともに，生業などの社会環境にも影響を受ける

例：低平な地域における水屋㉔，地震が多い変動帯における耐震構造㉕，沿岸地域における水上集落㉖，

日本における養蚕と関係した合掌造り㉗，農作業に用いる役畜に配慮した曲屋

❸社会環境の変化と「住」…人口の変化，都市機能の変化，価値観の変化による影響

例：発展途上国の都市におけるスラム，郊外にベッドタウンとしてつくられた日本のニュータウン，空き家の再利用㉘，

古い街並みの保全(日本の重要伝統的建造物群保存地区など)，伝統的家屋の保存や観光資源化㉙

①世界の主食地域と農産物の原産地　⚠気候との関係に着目しよう。

トナカイ・アザラシ・セイウチ
トナカイ・馬・羊・魚　ムース
トナカイ
カリブー
ムース
羊
クジラ
タラ　アザラシ
ニシン　サケ
カリブー・ムース
サケ・マス・スズキ
カスピ海南岸
長江
中・下流域
遊牧民はラクダ乳と
ナツメヤシの実(デーツ)
キャッサバ
中央アメリカ
イモ類
(タロイモ・ヤムイモ)
アンデス地方
ジャガイモ
キャッサバ

プラスウェブ

凡例

- 米
- 麦類(小麦・大麦)
- イモ類(ジャガイモ・タロイモなど)
- 雑穀(トウモロコシ・モロコシなど)
- 肉類(トナカイ・アザラシなど)
- 麦類+イモ類
- 肉類(羊など)+乳
- 麦類+肉類(豚・牛・羊など)
- 麦類+乳
- 麦類+肉類(豚・牛・羊など)+乳

各農産物の原産地
- 米
- 小麦
- トウモロコシ
- ジャガイモ

農産物の生育条件には気候が大きく影響しており，赤道に近い高温多湿の地域では米やイモ類，半乾燥地域や冷涼な地域では麦類が主食として食べられている。植物の生育が難しい環境では，肉類を主食とする地域もある。世界で広く利用されている小麦は，西アジアで栽培化が始まり，似た気候環境である地中海地域でも栽培され，キリスト教の拡大とパン食の普及によって北ヨーロッパへ，そして新大陸の植民地化を経て世界中に広がった。[リンク] p.25, 40, 41, 92, 99, 113 [付表] p.157　❓**イモ類を主食としているのはどのような気候の地域だろうか。**

❖**中国の粥**　米は，温暖湿潤な南アジアから東アジアを中心に栽培されている。中国や東南アジアでは，朝食に粥を食べる文化もある。

❖**タンザニアのウガリ**　東アフリカでは，トウモロコシなどの穀物を粉末にして湯で練り，肉や魚などと一緒に食べる。スワヒリ語でウガリと呼ばれる。

②主食のさまざまな調理方法　⚠麦が主食として食べられている地域に着目しよう。

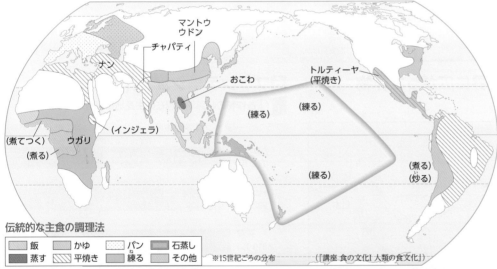

マントウ
ウドン
チャパティ
ナン
おこわ
トルティーヤ
(平焼き)
(練る)
(練る)
(煮てつく)　ウガリ
(煮る)
(インジェラ)
(練る)
(練る)
(煮る)
(炒る)

伝統的な主食の調理法

- 飯
- 蒸す
- かゆ
- 平焼き
- パン
- 練る
- 石蒸し
- その他

※15世紀ごろの分布　　　(『講座 食の文化I 人類の食文化』)

東アジアや東南アジアでは，粒状の米を煮たり炊いたり，煮た後につぶしたりして食べているが，粒の中央に固い筋がある麦類は，粒状では食べにくく，煮るのにも時間がかかる。そのため砕いたり，粉末にしたりして食べられている。粉末にしてから練って焼いたものには，パンやナン，チャパティなどがある。また，スプーンは，砕いて煮た麦を食べやすくするために生まれた道具といわれる。

❓**ヨーロッパでスプーンを使う文化があるのはなぜだろうか。**

❖**ヨーロッパのパン**　冷涼な東ヨーロッパではライ麦の栽培が多い。そのため，小麦からつくる白パンよりも，ライ麦からつくる固く酸味のある黒パンが主に食べられている。[リンク] p.113

❖**インドのチャパティ**　インド北部でカレーとともに食べられるチャパティは，小麦の殻も含めて砕いた全粒粉の生地を薄くのばして，フライパンなどで焼いたものである。[リンク] p.92

❖**中国の饅頭**　冷涼で降水量の少ない中国北部では，小麦粉を練って蒸した饅頭が主食となっている。小麦粉の生地で具を包む餃子もこの地域の伝統的な料理である。[リンク] p.78

微生物の働きを利用した発酵は，食材の保存方法の1つで，日本で親しまれているピクルスやメンマなども発酵食品である。高温多湿で食料が傷みやすい低緯度地域や，冬季に食料の確保が難しくなる高緯度地域に多い。いまや世界中に広く浸透している寿司も元は発酵食品で，滋賀県のふなずしのように郷土料理として原型を残しているものもある。

リンク p.40

❓ 身近にある伝統的な発酵食品を探してみよう。

3 世界の発酵食品

❗ 食材を発酵させる理由に着目しよう。

キビヤック（カナダ）
ザワークラウト（ドイツ）
シュールストレミング（スウェーデン）
キムチ（韓国）
ピクルス（ヨーロッパ）
メンマ（中国）
ヨーグルト（ヨーロッパ）
ふなずし（日本）
テキーラ（メキシコ）
ナタデココ（フィリピン）
インジェラ（エチオピア）
ナンプラー（タイ）
ベジマイト（オーストラリア）

動物性の食品
植物性の食品

世界の発酵食品の例

△タイ料理に欠かせないナンプラー（魚醤）

▽オーストラリアのベジマイト

4 食肉消費の地域性

❗ 豚肉の消費の割合に着目しよう。

羊は乾燥に強く，遊牧の家畜にもなることから，エチオピアやカザフスタンのような乾燥地では他地域とくらべて羊肉の消費割合が高い。また，イスラームの戒律では豚肉を食べることが禁忌とされているため，トルコやエジプトなどでは鶏肉や牛肉の消費割合が高い。インドでは，牛を神聖視するヒンドゥー教徒が多いことから鶏肉の消費割合が最も高く，近年の鶏肉の増産は「ピンクの革命」とも呼ばれている。 リンク p.49，50，92，97

❓ イランで豚肉の消費量がなく，羊肉の消費量が比較的多いのはなぜだろうか。

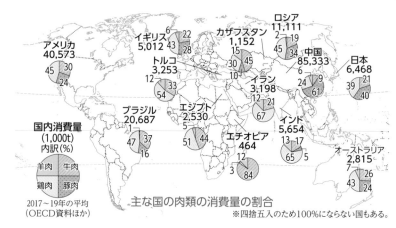

国内消費量（1,000t）内訳（%）

羊肉　牛肉
鶏肉　豚肉

2017〜19年の平均（OECD資料ほか）

主な国の肉類の消費量の割合

※四捨五入のため100%にならない国もある。

5 南北アメリカ大陸から世界に広がった作物

❗ それぞれの作物の伝播に着目しよう。

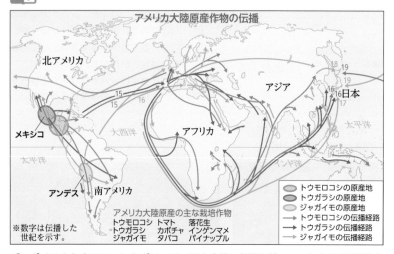

アメリカ大陸原産作物の伝播

北アメリカ
アジア
日本
メキシコ
アフリカ
アンデス
南アメリカ

アメリカ大陸原産の主な栽培作物
トウモロコシ　トマト　落花生
トウガラシ　カボチャ　インゲンマメ
ジャガイモ　タバコ　パイナップル

※数字は伝播した世紀を示す。

トウモロコシの原産地
トウガラシの原産地
ジャガイモの原産地
→ トウモロコシの伝播経路
→ トウガラシの伝播経路
→ ジャガイモの伝播経路

ジャガイモやトウモロコシなどは，アメリカ大陸に起源を持つ。これらは15世紀以降，ヨーロッパ諸国を経由して世界に広まった。ジャガイモは，寒冷で養分の乏しい土壌でも栽培できたため，ヨーロッパで重宝された。トウモロコシは奴隷貿易とともにアフリカに広がり，主食にもなっている。また，現在では家畜の飼料やバイオマスエネルギーの原料としても栽培されている。 リンク p.65，100 付表 p.157

❓ ジャガイモとトウモロコシは，日本へはどのような経緯で入ってきたのか調べてみよう。

6 プランテーション作物

❗ 各作物の起源地と現在の生産地に着目しよう。

プランテーション作物の生産　（2021年，FAO資料）

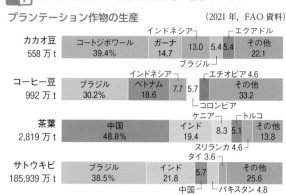

カカオ豆 558万t	コートジボワール 39.4%	ガーナ 14.7	インドネシア 13.0	ブラジル 5.4 エクアドル 5.4 その他 22.1
コーヒー豆 992万t	ブラジル 30.2%	ベトナム 18.6	インドネシア 7.7	コロンビア 5.7 エチオピア 4.6 その他 33.2
茶葉 2,819万t	中国 48.8%	インド 19.4	ケニア 8.3	スリランカ 4.6 トルコ 5.1 その他 13.8
サトウキビ 185,939万t	ブラジル 38.5%	インド 21.8	中国 5.7	タイ 3.6 パキスタン 4.8 その他 25.6

15世紀以降のヨーロッパの植民地政策により，熱帯地域に**プランテーション（大農園）**が拡大した。カカオ豆は，中央アメリカからヨーロッパへ持ち出された16世紀ごろは，甘くない飲み物として飲用されていた。その後，サトウキビプランテーションが中央アメリカ以南に広がり砂糖の生産量が増加したことなどを背景に，甘い飲み物としてヨーロッパに広まった。19世紀には現在のチョコレートの姿となり，西アフリカでのカカオ豆の生産量も増加した。 リンク p.99，100，125 統計 p.147 付表 p.157

❓ 主な食べ物の伝播にはどのような背景があるだろうか。

7 長崎県の大皿料理　❗料理に着目しよう。

長崎県は古くから海外との交流が盛んで，食文化もその影響を受けている。写真は卓袱料理（和華蘭料理）と呼ばれるもので，円卓に大皿で提供されるスタイルは，現在の中国の影響を受けたものである。また，角煮のような豚肉料理は中国，ハムやスープの上にパイ生地をのせて焼いた料理はヨーロッパの影響を受けたものといわれる。

❓ 長崎県の卓袱料理に影響を与えた地域はどこだろうか。

8 アグリビジネス　❗運転席に着目しよう。

🔺GPS を活用した無人コンバインによる稲刈り（埼玉県，2019 年）

アグリビジネスとは，農作物の流通から加工品の販売，農業機械・化学肥料・種子の開発，人工衛星やICTを用いた効率化などの農業関連事業を指す。アメリカやカナダなどでは企業的農業にかかわっており，穀物に関しては**穀物メジャー**と呼ばれる少数の巨大企業の影響がきわめて大きい。日本でも近年，ICT技術を活用した**スマート農業**の取り組みが広がっており，人手不足の解消や収量の増加，管理の効率化などが期待される。 **リンク** p.22, 116

❓ 身近なところにアグリビジネスが関係するものはないだろうか。

9 コールドチェーン

❗アスパラガスの入荷地の違いに着目しよう。

コールドチェーンとは，保冷トラックや冷蔵倉庫などを活用し，生産地から消費地まで低温を保ったまま農畜産物を輸送する物流システムのことである。野菜や水産物，畜産物，花卉など，鮮度が重視される品物の遠距離輸送を可能にした。メキシコのアスパラガス栽培は，アメリカへの輸出を目的に始まったが，コールドチェーンの確立によって日本へも輸出されるようになった。日本の端境期となる冬から春にかけての入荷量が多い。

メキシコ産アスパラガスの輸入過程の例

1日目	・メキシコの農場で収穫後，選別・箱詰め ・保冷トラックでアメリカに向け出荷
2日目	・アメリカ国内の冷凍倉庫に搬入し，出荷地域ごとに仕分け ・保冷トラックで空港の冷蔵庫に搬入
3日目	・出発時間に合わせて航空機に搬入・出荷
4日目	・成田空港に到着 ・保冷トラックで空港の冷蔵庫に搬入
5日目	・植物検疫後，出荷まで冷蔵保管

（農畜産業振興機構資料）

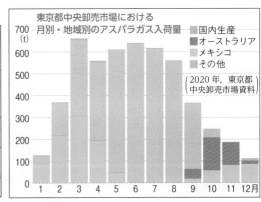
東京都中央卸売市場における
月別・地域別のアスパラガス入荷量
■国内生産
■オーストラリア
■メキシコ
■その他
（2020 年，東京都中央卸売市場資料）

❓ なぜ，海外産のアスパラガスは，冬から春の入荷量が多いのだろうか。

10 天ぷらそばの原材料　❗輸入量の多い国に着目しよう。

ソバ
国内生産量 48.8
その他 11.8
アメリカ 15.7%
ロシア 9.9
中国 7.5
インド 6.3
輸入量 4.2 万t

エビ
国内生産量 7.6
その他 24.1
インド 21.7%
ベトナム 16.0
インドネシア 15.2
タイ 9.7
アルゼンチン 5.7
輸入量 15.7 万t

小麦
国内生産量 15.7
オーストラリア 20.6
カナダ 29.7
アメリカ 34.0%
その他 0.1
輸入量 534.6 万t

醤油（大豆）
国内生産量 6.5
カナダ 8.2
ブラジル 15.9
その他 0.6
アメリカ 68.8%
輸入量 350.3 万t

（2022 年，財務省資料ほか）

日本独自の料理の１つである天ぷらそばの原材料を調べると，そば粉をはじめ，天ぷらに使用するエビや小麦粉，醤油や油の原料となる大豆など，その多くを海外からの輸入に依存していることがわかる。特に，エビの輸入額は魚介類全体の輸入額の約２割を占めており，アジアの国々からの輸入が多い。日本の食料自給率は低く，日本料理であっても原材料の多くを海外に依存している場合が多い。 **統計** p.146, 147, 153

❓ 日本の食料自給率の低さは，どのような問題につながるだろうか。

11 スターバックスの拡大　❗店舗が増加している地域に着目しよう。

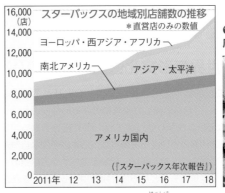
スターバックスの地域別店舗数の推移
＊直営店のみの数値
ヨーロッパ・西アジア・アフリカ
南北アメリカ
アジア・太平洋
アメリカ国内
（『スターバックス年次報告』）

🔺地域景観に配慮した店舗（京都府）

ファストフードなど，アメリカ発祥の食文化は世界中に広がっている。コーヒーチェーンもその１つで，シアトルで誕生したスターバックスは，2010年以降，茶の文化圏にあるアジア地域で店舗数をのばしている。地域独自の食文化を取り入れたメニューや，地域の景観に配慮した店舗も増えている。 ❓ アジアでのコーヒーチェーンの増加は，地域の食文化にどのような影響を与えるだろうか。

⓬地産地消 ❗ 品物や出品者に着目しよう。

🔺道の駅での野菜の販売(秋田県, 2015年) 同じ地域内で生産と消費が行われることを**地産地消**という。地元の野菜などが農家の無人販売所や道の駅などで販売されてきたが, 最近ではスーパーマーケットで地元産の生鮮品を扱うこともある。地産地消には, 地域の農業の維持や長距離輸送にともなう環境負荷の削減, 消費者は生産者の顔が見える商品を購入できるなどのメリットがある。

❓ 写真のような販売方法は, 生産者にとってどのようなメリットがあるだろうか。

⓭地理的表示(GI)保護制度

❗ GIマークに着目しよう。

▶EUにおけるGI保護制度の認証マーク

🔺夕張メロンとGIマーク

地理的表示(GI)保護制度とは, 世界貿易機関(WTO)の協定の中で認められた知的財産権に関する権利で, 日本では2015年に成立した。名前から産地がわかり, 地域独自の製法や品質が確保できるものを認定している。偽装などの不正の取り締まりや, 輸出も含めた需要の拡大につなげることが目的で, 日本では但馬牛や夕張メロンなど129件が登録されている(2023年7月現在)。EUとの間にはこれらを相互に保護する協定があり, 日本で同様の製品を生産してもその名称を使うことはできない。 リンク p.45, 104

❓ 地域のブランド産品を保護することのメリットは何だろうか。

⓮移牧と観光

アルプスの移牧

🔺アルプの放牧

放牧
アルプ(高山放牧地)
舎飼い
舎飼い
舎飼い
舎飼い
舎飼い

土地利用の限界(3,000〜3,200m)
高地では委託された牧夫が家族と離れて牛を放牧している。
森林限界(2,100〜2,200m)
中間居住地(1,500〜1,600m)
本村(1,000〜1,300m)
夏の間, 谷底では穀物や牧草がつくられている。

| 1月 | 2月 | 3月 | 4月 | 5月 | 6月 | 7月 | 8月 | 9月 | 10月 | 11月 | 12月 |

❗ 季節と標高の関係に着目しよう。

移牧は, 季節変化に応じて牛や羊などの家畜を飼育する場所の標高を変える牧畜の形態で, ヨーロッパのアルプスでも伝統的に行われてきた。冬季は暖かい低地で舎飼いし, 夏季は高地のアルプと呼ばれる牧草の豊富な場所で放牧を行う。家畜の移動には大変な労力が必要だが, 年2回の移動の光景やアルプでの牧畜景観を目的に訪れる観光客もおり, 農山村の景観を楽しむ**グリーンツーリズム**としての側面も持っている。 リンク p.107

❓ なぜ夏は標高の高いところに家畜を移動させるのだろうか。

よりみち navi

世界無形文化遺産としての「WASYOKU」と日本各地のお雑煮

2013年, ユネスコの世界無形文化遺産に「WASYOKU」が登録された。特定の料理ではなく, 「自然の美しさや季節の移ろいの表現」, 「正月などの年中行事との密接なかかわり」などの4つの特徴からなる和食文化が評価された。この代表ともいえるお雑煮は, 日本の多様な自然環境のもと, 地域によって異なる。たとえば, 新潟県のサケや広島県のカキなど, 沿岸部ではその地域で多くとれる魚介類が用いられる。また, 内陸部にも奈良県のきなこ雑煮のような特徴的なお雑煮がある。長野県のブリ雑煮は, 海に面していない長野県ではブリが贅沢な食材だったため, 正月に用いられたといわれている。さらに, 味つけもすましだけでなく, 近畿・四国地方の白みそや山陰地方のあずきなどがあり, 餅の形にも西日本は丸, 東日本は四角といった地域差が見られる。このように, 伝統料理から地域の特徴などを発見することもできる。

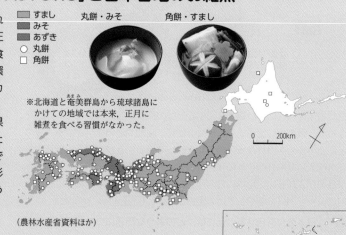

すまし
みそ
あずき
○ 丸餅
□ 角餅

丸餅・みそ
角餅・すまし

※北海道と奄美群島から琉球諸島にかけての地域では本来, 正月に雑煮を食べる習慣がなかった。

0 200km

(農林水産省資料ほか)

⓯伝統的衣服の衣料圏

!気候との関係に着目しよう。

リンク p.25, 42, 91, 123

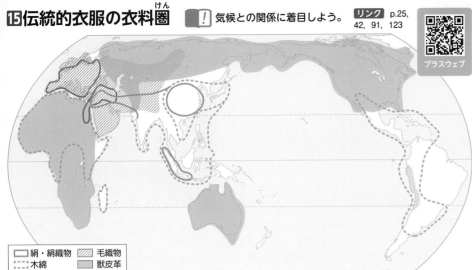

- ▭ 絹・絹織物
- ⌇ 木綿
- ▭ 麻
- ▨ 毛織物
- ▧ 獣皮革

▲イヌイットの防寒着（グリーンランド）

▲ガンドゥーラ（アラブ首長国連邦）

▲ハワイのムームー

世界各地の伝統的衣服は，気候環境などから身を守る意味を持ち，身近で入手できる材料からつくられるため，気候との関係が深い。温帯や熱帯などでは，木綿や麻などの植物の繊維を，乾燥帯や寒帯のような植物の生育が難しい地域では家畜を含む動物の毛皮を利用している。現在では，化学繊維による衣服の画一化も見られ，観光用としてしか伝統的衣服が着られなくなった地域もある。

？ツンドラ気候では，伝統的衣服にどのような素材が使われているだろうか。

⓰アルプス東部の民族衣装

!民族衣装に着目しよう。

ドイツ・オーストリア・スイスにまたがるアルプス地方には，山岳地帯の農夫たちの作業着から発展した民族衣装がある。女性の衣服は，ディアンドルと呼ばれる，ブラウス・スカート・エプロンを基本としたもので，男性の衣服は，皮（レーダー）でできたパンツ（ホーゼン）とシャツが基本となっている。農村出身者が町に出稼ぎに来ることで広まったといわれ，現在では結婚式などの行事で着られることが多い。

？なぜ現在では普段着として着られていないのだろうか。

⓱ブータンの民族衣装

!民族衣装を着ている場面に着目しよう。

ブータンの民族衣装は，男性は「ゴ」，女性は「キラ」と呼ばれ，男性は公式な場所を訪問する際に「カムニ」と呼ばれる布をかける。ブータンでは，国家の文化的なアイデンティティを確立させるため，1989年から公の場で民族衣装を着用することが義務づけられている。

？ブータンでは，なぜ民族衣装の着用が義務づけられているのだろうか。

⓲高機能繊維

!生産地に着目しよう。

▶保温性などにすぐれた衣服　科学技術の進歩により，水蒸気だけを通過させたり，薄くても高い保温性を持たせたりする高機能繊維が次々と生み出されている。付加価値が高く，開発には高い技術力が必要なため，生産コスト面で海外に劣る日本のメーカーは，新素材の開発に力を入れている。付加価値が高いわりに安価に購入できるのは，人件費の安いアジア地域で生産して縫製にかかるコストを抑えているためである。リンク p.92

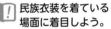

？身近な高機能繊維の衣服がどこでつくられたものか調べてみよう。

生活文化の多様性と国際理解

⑲スーツとクールビズ

❗東京とロンドンの夏の気温と降水量に着目しよう。

⬆イギリスの8月のビジネス街(2016年)

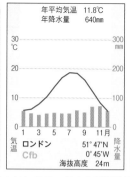
| 年平均気温 | 11.8℃ |
| 年降水量 | 640mm |

気温 ロンドン　51°47′N
　　　Cfb　　0°45′W
降水量　海抜高度 24m

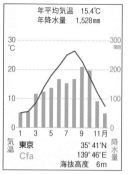
| 年平均気温 | 15.4℃ |
| 年降水量 | 1,528mm |

気温 東京　35°41′N
　　　Cfa　139°46′E
降水量　海抜高度 6m

⬆日本のクールビズ(東京都, 2019年)

スーツスタイルの始まりは, 19世紀のイギリスといわれる。日本には明治以降に流入し, ビジネスマンの衣服として広く普及した。しかし, 夏も冷涼なイギリスに対して日本の夏は蒸し暑く, スーツを着る環境に適していない。2000年以降に日本で定着した上着とネクタイを着用しないクールビズは, 夏のエアコンにかかる電力消費の削減がCO$_2$排出の抑制にもつながることから進められたが, 両地域の気候の違いにより生じる矛盾を解消するものともいえる。 **リンク** p.25, 27, 132

❓クールビズの普及には, 気温以外に日本の夏のどのような気象条件が影響しただろうか。

⑳日本の着物と観光

❗写真の人物に着目しよう。

▶着物を楽しむ外国人観光客(兵庫県, 2019年)　着物は絹や綿, 麻などを素材とし, 日本では古くから日常的に着用されてきたが, 明治以降は洋装が流入し, 現在では式典など以外では着用の機会が減っている。洋装にくらべて着用の方法(着つけ)が難しいことも要因の1つとされる。しかし, 海外では日本の典型的なイメージとして浸透しており, 日本を訪れる外国人観光客には着物を着用して観光地を歩く体験が人気で, 着物が土産物に選ばれることもある。

❓私たちはどのような機会に着物を着るだろうか。

㉑カシミヤヤギの過放牧

❗周囲の自然環境に着目しよう。

⬆カシミヤヤギの放牧(モンゴル, 2019年)　軽くやわらかな質感のカシミヤヤギの毛は, 1頭から少量しか取れないため, 高級衣料品に使用されてきたが, 近年はファストファッションにも使用されるようになっている。この背景には, モンゴルや中国の内モンゴル自治区におけるカシミヤヤギの大量飼育があり, これにより安価に確保することが可能になった。しかし, カシミヤヤギは草の根まで食べてしまう習性があるため, 草原の荒廃や砂漠化が懸念されている。

リンク p.70　❓モンゴルや内モンゴル自治区の砂漠化は, 私たちとどのような関係があるだろうか。

よりみち navi

ポロシャツの歴史

ポロシャツは, スポーツとの関係が深い。ポロは, 馬に乗ってスティックで球を打ち合うスポーツで, 騎馬民族の文化が19世紀にイギリスでスポーツ化されたものといわれる。テニスではかつて, ワイシャツのようなスポーツでは機能的とはいえないウェアが着用されていたが, 20世紀初め, ポロで着用するウェアを「LACOSTE」の創業者がテニスで着用したことで, テニスウェアとして, さらには一般にも普及していった。

現在でも, ポロシャツの着用を義務づけているテニスの大会がある。中でも, イギリスで毎年6〜7月に行われるウィンブルドン選手権では, 選手はウェアからシューズまで白で統一しなければならない。19世紀のイギリスでは, テニスは富裕層の社交場としての役割が強く, 汗の目立たない白を着用するようになったことが影響しているといわれる。

▶ウィンブルドン選手権(イギリス, ロンドン)
▼ポロ(フランス)

22 世界の家屋

! 気候との関係に着目しよう。

リンク p.25, 27, 29, 43, 77, 95

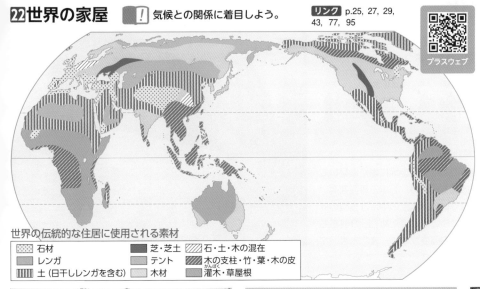

世界の伝統的な住居に使用される素材

- 石材
- レンガ
- 土（日干しレンガを含む）
- 芝・芝土
- テント
- 木材
- 石・土・木の混在
- 木の支柱・竹・葉・木の皮
- 灌木・草屋根

熱帯から冷帯にかけての樹木が生育しやすい地域では、家屋に木材が用いられる場合が多い。一方、木材を得にくい乾燥帯では、土に藁を混ぜて乾燥させた日干しレンガが用いられている。また、植生が乏しく農業に適さない地域では、遊牧のための移動に適したテントが使われ、その素材には動物の毛皮や皮革が用いられる。このように、伝統的な家屋の素材には、その地域で入手できるものを用いることが多く、自然環境の影響を大きく受けている。

？ 土（日干しレンガを含む）を家屋の素材に使っているのは、どのような気候の地域だろうか。

◎フィンランドのログハウス　ログハウスは、木材の豊富な北ヨーロッパなどに見られる丸太を組んでつくられた家屋で、「ログ」は丸太を意味する。木材は、室内の温度や湿度の変化を小さくする効果を持っている。

◎モロッコのテント　乾燥地域では、遊牧生活をともにする家畜の毛皮や皮革を用いたテントが見られる。写真のテントは、強い日差しを防ぐため遮光性にすぐれたヤギの皮が使われており、床には絨毯が敷かれる。

◎ニジェールの日干しレンガの家屋　乾燥地域であってもオアシスのように人々が定住する場所では、日干しレンガを積んでつくった家屋が見られる。昼夜の室温差を少なくし、砂ぼこりを防ぐため、窓は小さくつくられている。

23 高床式の家屋

! 建物のつくりに着目しよう。

◎インドネシアの家屋

◎ロシアの家屋

熱帯地域と寒冷地域ではともに高床式の家屋が見られるが、その目的は異なる。熱帯地域では、床下の通気をよくして、湿気や野獣・病害虫の侵入、浸水の被害を防ぐなどの役割がある（写真左上）。一方、寒冷地域では、地下数mに存在する永久凍土層に生活熱が直接届かないようにする役割がある（写真右上）。高床式にしなかった場合、暖房の熱などが地面に伝わり、永久凍土層がとけて家屋が傾くなどの被害が生じる（写真右）。

リンク p.28

？ 熱帯地域と寒冷地域の高床式の家屋において、床を高くする目的の違いはそれぞれ何だろうか。

▶永久凍土の融解によって傾いた家屋（カナダ，2019年）

生活文化の多様性と国際理解

24 輪中集落の家屋 ❗ 家屋の位置に着目しよう。

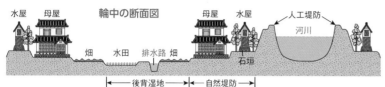

輪中の断面図

水屋　母屋　　　　　　　　　母屋　水屋　　人工堤防
　　　　　　　　　　　　　　　　　　　　　　河川
畑　水田　排水路　畑　　　　　　石垣
←後背湿地→←自然堤防→

▲輪中集落の水屋（岐阜県海津市）

写真は，岐阜県南西部の揖斐川と長良川下流の地域で，低平な土地に堤防を築いてつくった**輪中集落**に見られる家屋である。水害が頻発するため，石垣で母屋を高い場所につくり，さらに高い場所には水屋がつくられている。水屋の中には食料のほか，水害時に使う舟も置かれている。舟は軒下などにつるされるため「上げ舟」とも呼ばれる。水屋の周囲の木々は，根が張ることで石垣の強度が増し，また水害時に舟をつなぎとめる役割もある。 リンク p.133

❓ なぜこのような家屋をつくったのだろうか。

25 クスコの建物 ❗ 建物の石組みに着目しよう。

▲クスコの街並み（ペルー，2016年）

▲インカ時代の石組み（ペルー，2011年）

インカ帝国の首都であったペルーのクスコは，16世紀にスペインに短期間で征服され，カトリック教会を中心にスペイン風の街並みがつくられた。しかし，その建物の土台には，形や大きさの異なる石が接合剤なしでぴたりと精巧に組み合わされた，インカ帝国時代の石組みを現在も見ることができる。これは，**変動帯**に位置するクスコは地震の影響を受けやすく，国の大部分が**安定大陸（安定陸塊）**であるスペインよりもインカ帝国の建物の耐震性に関する技術が高かったためである。インカ帝国とスペインの両方の文化を見ることができるクスコ市街は，1983年に世界文化遺産に登録され，空中都市マチュピチュの玄関口としても多くの観光客が訪れている。 リンク p.49，130　❓ なぜ，インカ帝国時代の石組みが残っているのだろうか。

26 水上集落 ❗ 家屋が立地している場所に着目しよう。

▲サンダカンの水上集落（マレーシア，2014年）

▲バンダルスリブガワンの水上集落（ブルネイ，2016年）

湖岸や海岸の浅瀬に杭を打って建てた家屋が密集する**水上集落**は，世界各地に見られる。水上は，気化熱によって陸地よりも涼しく，船での移動が容易で，土地代がかからないなどのさまざまな利点を持つ。貧困層が集まってスラム化し，近年では取り壊される事例も増えている（写真左）。一方，ブルネイの首都バンダルスリブガワンの水上集落は，インフラが整備され，約3万人が生活している（写真右）。学校や消防署も水上にあり，水上バス停から船に乗り移動する人も多い。 リンク p.85

❓ 水上集落のメリットは何だろう。

27 合掌造りの家屋と養蚕

! 家屋の構造に着目しよう。

▶白川郷の合掌造り（岐阜県，2014年）　茅ぶきで急傾斜の屋根を持つ合掌造りの住居は，生業とのかかわりが強い。居住空間は主に1階で，2階以上では春から秋にかけて養蚕が行われる。暖かい空気は上昇するため，早春や晩秋は低温に弱い蚕が生育しやすい環境となる。さらに，夏の風通しをよくするため窓が大きく設計されている。冬は降雪により屋外での作業が困難になるため，2階以上では和紙の生産も行われていた。

? 合掌造りの家屋において，主に1階が人の生活空間になるのはどうしてだろうか。

28 日本の空き家とその利用　**!** 空き家率の推移に着目しよう。

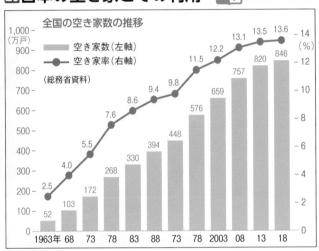

全国の空き家数の推移
- 空き家数（左軸）
- 空き家率（右軸）
（総務省資料）

年	空き家数（万戸）	空き家率（%）
1963年	52	2.5
68	103	4.0
73	172	5.5
78	268	7.6
83	330	8.6
88	394	9.4
73	448	9.8
78	576	11.5
2003	659	12.2
08	757	13.1
13	820	13.5
18	846	13.6

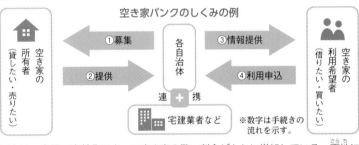

空き家バンクのしくみの例

空き家の所有者（貸したい・売りたい） → ①募集 ②提供 → 各自治体 → ③情報提供 ④利用申込 → 空き家の利用希望者（借りたい・買いたい）

連携　宅建業者など　※数字は手続きの流れを示す。

日本は，少子・高齢化によって空き家の数・割合がともに増加している。更地にする費用が高いことや，更地よりも住宅地のままにした方が税金が安いことなどが要因として挙げられる。空き家の増加により，景観の悪化や倒壊の危険性が発生することなどが指摘されており，自治体が空き家を把握して移住を希望する人などに貸し出すといった「空き家バンク」の試みが進んでいる。リンク p.57

? 空き家をそのままにしておくと，どのような問題が生じるだろうか。

29 韓国の伝統的家屋と観光　**!** 家屋の構造に着目しよう。

家屋の画一化が進む中，世界各地で伝統的家屋の保存や見直しを行う動きがある。韓国の韓屋（ハノク）と呼ばれる家屋は，地面より高い板の間と中庭を持ち，夏に風通しをよくしている。また寒さの厳しい冬には，高い板の間の下にかまどの排煙を通して床暖房のようにしたオンドルの機能も果たしている。韓国では，韓屋の保存やホテルに改装する取り組みが見られ，外国人観光客にも人気である。

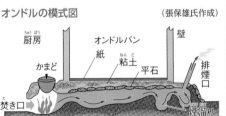

オンドルの模式図　（張保雄氏作成）

厨房　オンドルバン　壁　紙　粘土　平石　排煙口　かまど　焚き口　煙溜り

◆オンドルのかまど

◆韓国のハノク（2013年）

? なぜ伝統的な家屋を保存するのだろうか。

自分のことばであらわそう

❶ 世界の伝統的な衣・食・住に共通して影響を与えているものを挙げよう。

❷ 麦類の伝播について，次の語句を用いて説明しよう。【パン　植民地　起源　乾燥】

❸ 国境をこえた食の流通が生み出す問題と，解決のために行われている取り組みについて説明しよう。

❹ 社会環境の中でも，特に宗教に影響を受けている衣服の例を1つ挙げよう。

❺ 伝統的な衣・食・住のいずれか1つを選び，どのような価値があるか考えよう。

世界の衣食住を見ていくことで，地域の自然環境や文化の多様性を知ることができる。また衣食住には，その地域の自然環境や文化，歴史，他地域との関係，生業，人々の思いなどが反映されている。写真を見ながらそれぞれにどのような背景があるのか考え，ここにはない衣食住の事例についても調べてみよう。

世界のさまざまな 食　●リンク p.31〜34

△❶キムチ（韓国）　韓国の保存食の1つで，秋ごろに漬けられる。元は野菜の塩漬けだったが，16世紀にトウガラシが伝わって以降，現在のような辛いものが広がった。キムチの定番であるハクサイが普及したのは，約100年前である。

△❷いぶりがっこ（秋田県横手市）　豪雪地帯の秋田県南部では，降雪により屋外で大根を乾燥させて保存食にする作業が行えないため，屋内の囲炉裏の上で燻製・乾燥させていた。燻製にすることで風味が増すほか殺菌の作用もあり，「いぶりがっこ（がっこは秋田の方言で漬物の意味）」として地域の名産品となっている。

◁❸生春巻きとフォー（ベトナム）　ベトナムでは，米粉を練って薄く引きのばして野菜などをくるむ生春巻きや，麺にして牛や鶏のスープをかけ，パクチーなどとともに食べるフォーが見られる。牛肉を食べる文化が広がったのは，フランス植民地時代の影響ともいわれる。リンク p.89

▷❹ヨーグルトのソースが添えられた料理（トルコ）　ヨーグルトは，中央ヨーロッパから中央アジアにかけた遊牧民の生活から生まれた保存食で，牛やヤギ，羊などさまざまな家畜の乳からつくられている。トルコではスープやソースなど，料理にもヨーグルトが使われている。

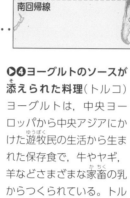

▷❺インジェラ（エチオピア）　小麦の粒の約1/150の大きさであるテフという雑穀（写真左下）を粉末にして水で溶き，1日以上発酵させてできた生地をクレープのように焼いたものである。酸味があり，さまざまな具を包んで食べる。

テフ

△❻タジン料理（モロッコ）　タジンとは，モロッコなど北アフリカで使われる，ふたのとがった鍋を指す。野菜や肉などの食材を火にかけるとその水蒸気が先端まで上がり，水分となって落ちてくる構造で，水が貴重な乾燥地ならではの調理器具である。

△❼ソーセージ（ドイツ） ドイツでは，古くから穀物栽培と家畜の放牧を組み合わせた**混合農業**が行われ，特に雑食性で飼育の簡単な豚が重宝された。豚の腸などを使った保存食のソーセージは，世界中で愛されている。ドイツには約1,500種のソーセージがあるといわれる。**リンク** p.104

△❿トルティーヤ（メキシコ） トウモロコシの粉を練って薄く円形に焼いたもので，メキシコの食事には欠かせない。肉・野菜・豆・チーズなどさまざまな具を挟んで食べるタコス（写真左上）は，メキシコ料理としてよく知られる。

△❽パエリヤ（スペイン） 北イタリアからスペインのバレンシア地方にかけての地中海沿岸は，夏に比較的降水があり，灌漑設備も整えられているため米料理が見られる。パエリヤは，オリーブオイルで魚介・肉・野菜などを炒め米と炊いたもので，元は金属製の鍋のことを指していた。

ボンビージャ
クイア

△⓫マテ茶（アルゼンチン） アルゼンチンは，パンパを中心に牧畜が発展し，肉が主食ともいわれる。クイアと呼ばれる容器に茶葉を詰め，ボンビージャと呼ばれるストローで回し飲みをするマテ茶は，肉中心の食生活の中でビタミン補給の効果も持つ。**リンク** p.123

△❾ホットドッグ（アメリカ） 19世紀，アメリカに渡ったドイツ系移民が手押し車でソーセージを売り歩く際に，熱いソーセージを提供する皿の代わりにパンを使ったことが，ホットドッグの始まりといわれる。路上のホットドッグスタンドは，アメリカのいたるところで見られる。

△⓬ウム（サモア） ココナッツミルクで味つけした肉やタロイモなどをバナナの葉で包み，焼いた石の上にのせ，さらに幾重にもバナナの葉をかぶせて蒸し焼きにする料理である。オセアニアには，焼いた石を使った蒸し焼き料理が広く見られる。

世界のさまざまな 衣 ● リンク p.35～36

△❶デール(モンゴル) モンゴルの伝統衣装であるデールは，丈の長い上着で絹製が多いが，夏用の綿素材のものや，冬用の羊毛素材のものもある。乗馬を意識し，裾はゆったりと広げられ，長い袖は手袋の代わりにもなる。

△❷アオザイ(ベトナム) ベトナムの民族衣装で，高温多湿の気候に合わせて通気性のよい木綿が用いられる。現在のような体にフィットした形やさまざまな色合いが誕生したのは，ヨーロッパ文化の影響といわれる。

◁❸サップ(コンゴ共和国) コンゴ共和国やコンゴ民主共和国では，高級スーツを優雅に着こなす，サップと呼ばれる文化がある。ヨーロッパ列強の植民地支配による混乱の歴史から生まれた平和への強い思いが，このような文化へと発展した。リンク p.100

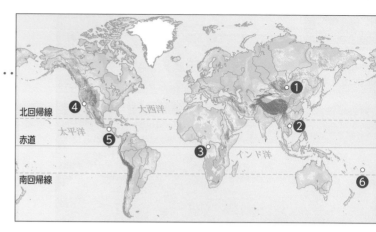

▷❹ジーンズ(アメリカ，1850年) 世界中で着用されているジーンズは，19世紀にアメリカの**ゴールドラッシュ**の作業着として生まれた。過酷な作業にも耐えられる丈夫な素材と，鋲(リベット)で補強されたポケットが労働者たちに好まれた。

▷❺ウィピル(グアテマラ) 中央アメリカで見られる，綿が素材のワンピース型の民族衣装である。アステカ時代から着用され，刺繍は地域や民族によりさまざまで，グアテマラでは普段着とされるほか，お土産としても人気である。

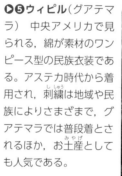

△❻タオバラ(トンガ) 植物の繊維を編み込んでつくる腰巻で，学校の制服や冠婚葬祭の場でも着用される。写真は2021年の東京2020オリンピックの開会式で，トンガ代表選手がタオバラを巻いて入場行進を行った。

世界のさまざまな 住

世界のさまざまな 住 リンク p.37〜39

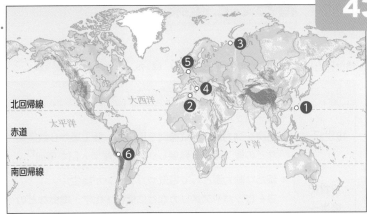

▲❶台風対策を施した伝統的住居（沖縄県竹富町）　台風による強風に備えるため平屋建てで，漆喰で塗り固められた赤瓦が目立つ。住居の周りには，日本では沖縄県が北限の常緑樹であるフクギの防風林や石垣が見られる。

◀内部の様子

▲❷穴居住居（チュニジア）　チュニジア南部の都市マトマタには，地下に穴を掘ってつくられた住居が見られる。窓がないため大きな気温の日較差に対応でき，砂ぼこりも防げる。穴を掘ることで，容易に部屋を増やすことも可能である。

◀❸ネネツのテント（ロシア）　シベリア西部の北極海の沿岸でトナカイの遊牧を営むネネツの人々は，トナカイの毛皮を用いたチュムと呼ばれるテントで移動生活を行う。冬季には，チュムの中でストーブが使われる。

▶❹アルベロベッロのトゥルッリ（イタリア）　夏季に乾燥するヨーロッパの地中海沿岸は樹木が少なく，建材に石が用いられることが多い。家屋が白いのはこの地域に豊富な石灰を利用して，強い日射を防ぐためでもある。トゥルッリは伝統的家屋で，世界文化遺産でもある。リンク p.27

▶❺運河沿いの住居（オランダ）　16世紀以降，貿易港として発展したアムステルダムには，運河沿いに多くの倉庫が建設された。現在，それらは住居としても使われている。間口の広さで税金が変わるため，高さと奥行きのある構造になっている。

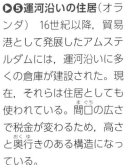

▲❻トトラでつくられた住居（ペルー）　チチカカ湖のペルー側にあるウロス島は葦（トトラ）でできた浮島であり，住居の建材をはじめ，移動手段の船にも葦が利用されている。火事を避けるため，台所は屋外に配置されている。

要点の整理

プラスウェブ

■世界と日本の産業の変化 リンク p.21, 62, 79, 83, 92, 105, 118, 124

時　期	世界の動き	日本の動き
18世紀～	●ヨーロッパの産業革命 石炭を動力源に蒸気機関を用いて，軽工業から鉄鋼業などの重工業へと発展し，第2次産業人口が増加[2]	●家内工業が中心 各地で焼物や漆器，織物など，現代の伝統工芸品[4]につながる工業製品を製造
19世紀後半～	●新たな動力源として電気やガソリンが誕生 ヨーロッパやアメリカなどに機械・化学・電機などの大規模な工業地帯が形成	●明治政府による殖産興業政策による日本の産業革命と，富岡製糸場をはじめとする生糸・紡績といった軽工業の発展 ➡官営事業の民間払い下げと鉄道網の整備
20世紀初め～	●アメリカのフォード社による自動車の大量生産方式の確立 ➡自動車の普及とモータリゼーション(車社会化) ●飛行機の開発と2度の世界大戦にともなう改良	●日露戦争後，重工業が発展 ●豊田・鈴木(のちのトヨタ・スズキ)など，織機メーカーの誕生 ➡第二次世界大戦後，自動車生産が本格化
1960年代～	●エネルギー革命　➡動力源のメインが石炭から石油へ	
1960年代～	●オイルショック(石油危機) 　・新エネルギー開発と省エネルギー政策 　・オイルマネーによる産油国の経済成長 ●国際分業の進展 　機械・電機など工業の発展で，アジアNIEs(韓国・台湾・シンガポール・ホンコン)や新興国の誕生 ●先進国における産業の空洞化	●高度経済成長が起こり，太平洋ベルトに大規模な工業地帯が形成　➡都市への人口移動や第2次産業人口の増加 ●オイルショック ●自動車生産が進展し，世界有数の輸出国に 　➡アメリカとの貿易摩擦が発生[5] ●国際分業の進展　➡アジア諸国への工場移転と産業の空洞化
2000年代～	●先進国における技術革新(イノベーション) 　➡ICT(情報通信技術)・バイオテクノロジー・AI(人工知能)など，先端技術(ハイテク)産業の発展 　　➡第3次産業中心。知的財産権[3]の輸出により製品の製造から研究・開発へ。日本では特にコンテンツ産業[7]が成長 ●国際分業のさらなる進展　➡発展途上国でも産業構造が高度化 　➡BRICS(ブラジル・ロシア・インド・中国・南アフリカ共和国)などの台頭 ●他社に製造を委託し，完成品を自社のブランド名で販売するOEM(Original Equipment Manufacturing)の活発化 　➡先進国で研究・開発を行い，生産コストの低い発展途上国で製造する 　　➡委託された発展途上国の企業において技術力などが向上 　　　➡アジアやアフリカの後発発展途上国(LDC)の経済発展。成長市場とみなし，世界から資金が流入 ●鉄道などの公共交通機関の再評価(モーダルシフト)	

■産業と私たちの生活 リンク p.22, 79

❶自動車生産の移り変わりと生活の変化

アメリカでは，1900年代に流れ作業による大量生産が開始　➡世界でいち早くモータリゼーションが進展

> ドライブスルー，幹線道路沿いの大規模ショッピングセンター[8]，郊外への都市の拡大　など

❷電気自動車へのシフト[6]…電気自動車の部品点数はガソリン自動車の約半分

> 自動車業界における大変革(CASE)　➡　既存の自動車産業を基盤とした産業構造の変化　➡　サプライチェーンの再構築

❸情報通信産業と生活の変化

1990年代以降のインターネットの普及，2010年以降のスマートフォンの普及によるさまざまな変化

> インターネットショッピング(eコマース〈電子商取引〉)[9]，SNS，3Dプリンターによる少量・特殊品の生産，IoT化，ドローンサービス，5G(第5世代移動通信システム)サービス，テレワーク[10]　など

1 世界の第1次産業従事人口の割合

! 第1次産業に従事する人の割合が高い地域に着目しよう。

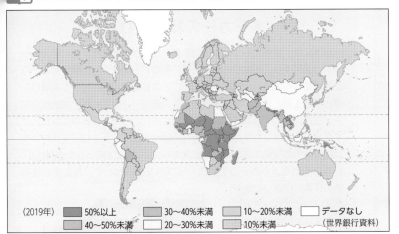

（2019年）
■ 50%以上　■ 30～40%未満　■ 10～20%未満　□ データなし
■ 40～50%未満　□ 20～30%未満　□ 10%未満
（世界銀行資料）

第1次産業とは農業・林業・漁業を指し、アフリカやアジアの発展途上国でその割合が高い。こうした地域では農業分野の機械化があまり進んでおらず、多くの労働力に頼る労働集約的な構造となっている。一方、欧米などの先進国では、機械化によって少人数大規模農業が主流となっているため、第1次産業人口の割合が低い。

? なぜ発展途上国では、第1次産業従事者の割合が高くなるのだろうか。

3 知的財産権収支

! 知的財産の収入が多い国に着目しよう。

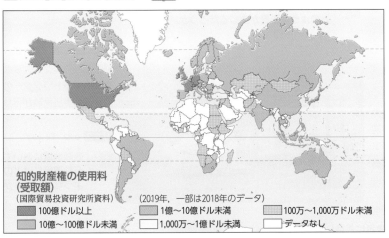

知的財産権の使用料（受取額）
（国際貿易投資研究所資料）
（2019年、一部は2018年のデータ）
■ 100億ドル以上　■ 1億～10億ドル未満　□ 100万～1,000万ドル未満
■ 10億～100億ドル未満　□ 1,000万～1億ドル未満　□ データなし

2 産業別人口構成

! 経済発展の違いに着目しよう。

（2021年、『世界国勢図会』2023/24年版ほか）

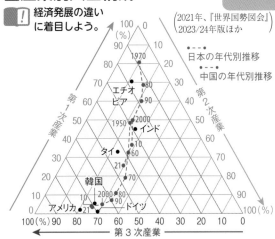

●— 日本の年代別推移
●-- 中国の年代別推移

産業別人口構成は、社会の発達段階を示している。一般に経済が発展するにつれ、グラフ上方の第1次産業から、グラフ下方の**第2次産業**（鉱業・建設業・製造業など）と**第3次産業**（金融業・情報通信業・サービス業など）の比重が高まる（**産業構造の高度化**）。日本では、高度経済成長期に都市化や工業化が進み、またオイルショックをきっかけに省資源・省エネルギー化が進められ、技術革新とともに**先端技術産業**が急成長した。

? タイの産業別人口構成が、今後どのように推移するか予測しよう。

知的財産とは、新たに開発された技術や、音楽や映画といった著作物などにかかわる価値のことで、利用料が課せられるとともに無許可のコピー品には厳しい罰則が設けられている。**知的財産権**の使用料を多く得ているのは先進国であり、国際分業の進展によって先進国は技術開発の分野に力を入れ、製品の製造は安価な労働力が得られる発展途上国で行われている。

? なぜ先進国では知的財産による収入が多くなるのだろうか。

4 日本の伝統工芸品

! 伝統的工芸品の指定が多い地域に着目しよう。

経済産業大臣が指定する**伝統的工芸品**は241品目（2023年10月現在）で、その多くは伝統的な材料と技術を用いて、手作業で製造されている。近年では、その高い技術を活かし、現代的な生活に対応した製品をつくる企業もある。高知県の紙産地では、土佐和紙の技術を応用した日用品などがつくられている。

? 伝統工芸品はどのように応用されているだろうか。

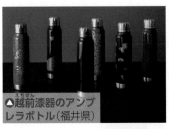
◎越前漆器のアンブレラボトル（福井県）

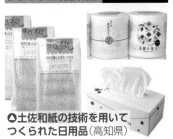
◎土佐和紙の技術を用いてつくられた日用品（高知県）
ⓒいの町紙の博物館

都道府県別伝統的工芸品数
（2022年、経済産業省資料）

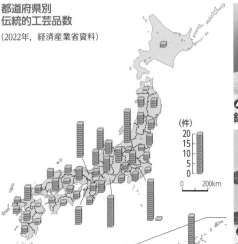
（件）20 15 10 5 0
0 200km

◎カラフルな南部鉄器（岩手県）

◎現代風にアレンジされた江戸切子（東京都）

5 日本の自動車生産 ● ！ 国内生産の比率に着目しよう。

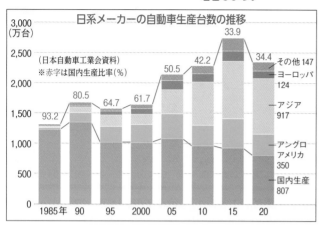

日系メーカーの自動車生産台数の推移

（日本自動車工業会資料）
※赤字は国内生産比率(%)

- 93.2（1985年）
- 80.5（90）
- 64.7（95）
- 61.7（2000）
- 50.5（05）
- 42.2（10）
- 33.9（15）
- 34.4（20）

その他 147
ヨーロッパ 124
アジア 917
アングロアメリカ 350
国内生産 807

高度経済成長期，安価な労働力と高い技術力で競争力を強めた日本の製品は，アメリカの対日貿易赤字を拡大させ，繊維品などで**貿易摩擦**が生じた。またオイルショックをきっかけに，燃費がよく高品質な日本の自動車が評価されてアメリカへの輸出量が急増した。そのため，自動車の貿易摩擦が日米間の政治問題となり，日本企業はアメリカで現地生産を行うようになった。1990年代には，生産コストを抑える目的でアジア各国に工場を建設したため，日本国内の工場閉鎖が相次ぎ，**産業の空洞化**が生じた地域もある。

6 自動車産業の未来 ！ 運転席に着目しよう。

世界の自動車業界には，**C**onnected（インターネット接続），**A**utonomous（自動運転），**S**hared（共有），**E**lectric（電動化）の頭文字をとった「CASE」と呼ばれる大変革が訪れている。CとAはこれまで見られなかったICT企業と自動車産業との共同開発に，Sは生産規模の縮小につながる。またEによって，自動車を構成する部品はガソリン車の半分程度になるともいわれ，自動車産業を支えてきた部品メーカーに打撃を与えることが予想されている。自動車産業を強みにしてきた国・地域の産業構造にも，大きな影響を与える可能性がある。

7 日本のコンテンツ産業 ！ 観光マップの対象者に着目しよう。

よりみち navi

メーカーの移り変わり

日本には，世界に名だたる自動車メーカーが複数存在する。中でもトヨタとスズキは，どちらも自動織機の製造から出発した企業である。両企業の創設者は東海地域の出身だが，この地域は江戸時代から木綿の生産と家内工業としての織物業が盛んな地域で，このことが自動織機の開発と生産，そして自動車生産へと活かされた。戦後は自動車工業が大きく発展し，アメリカをはじめ海外への輸出が増加した。1980年代なかば以降は海外の現地工場での生産が増加し，国内生産は縮小した。しかし，日本の自動車メーカーは世界のトップランナーとして，自動運転技術や，環境に配慮した燃費のよいハイブリッドカーや電気自動車の開発を進め，さらには街づくりなどの他分野にも進出している。

▶豊田佐吉が開発したG型自動織機

トヨタ産業技術記念館提供

？ 国外生産が増加することで，国内の自動車工場が置かれていた地域にはどのような影響が生じるだろうか。

◀自動運転車 2021年，羽田空港でコンテナなどを牽引するトラクターの自動運転実証実験が行われた。

リンク p.22, 79

？ 過疎地域において，自動運転にはどのようなメリットがあるだろうか。

◀アニメ『たまゆら』の外国人観光客向け聖地巡礼マップ 映画・ゲームソフト・音楽など，創作された内容に関連する産業を**コンテンツ産業**という。日本ではアニメ産業が世界的に注目を浴び，海外への輸出をのばしている。その輸出先はアジア・北アメリカ・ヨーロッパが多く，これらの地域ではアニメを入り口として日本に興味を持つ人も少なくない。アニメの聖地をたどる観光（**アニメツーリズム**）は，外国人観光客にも人気がある。

◀『たまゆら』の舞台となった竹原の街並み（広島県）

？ 日本のコンテンツ産業が成長しているのはなぜだろうか。

8 モータリゼーションと 大型ショッピングモール

!> 立地している場所に着目しよう。

▶**工場跡地にできた大型ショッピングモール**（埼玉県入間市）

大型ショッピングモールは，**モータリゼーション**の先進地アメリカから世界に広がった。日本では2000年に大規模小売店舗立地法が施行され，広い駐車場を有したショッピングモールが郊外に誕生した。これにより，古くからある地元商店街から客が遠のき，**シャッター通り**となる場合もある。写真のショッピングモールは，入間市の国道16号沿いに立地し，かつてはガラスメーカーＨＯＹＡの工場があった。このように，大型ショッピングモールが工場移転跡地にできる例もめずらしくない。

リンク p.21

?> ショッピングモールができることで 生じる問題点は何だろうか。

9 変わる小売業

!> 百貨店とスーパーマーケットの増減に着目しよう。

インターネットショッピングは，実店舗に行かなくても豊富な品ぞろえの中から24時間いつでも安く購入できるため，利用が拡大している。百貨店やスーパーマーケットなどの実店舗もインターネット販売を強化しているが，Amazon・楽天・Yahoo!の上位3社の合計は百貨店全体の売り上げを上回る。新型コロナウイルス感染症の影響でキャッシュレス決済の利用が広がり，人々の購買行動はさらに変化すると考えられている。

リンク p.22

?> インターネットの普及は，右のグラフ をどのように変えていくだろうか。

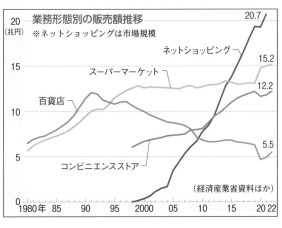

業務形態別の販売額推移
※ネットショッピングは市場規模

20.7 ネットショッピング
15.2 スーパーマーケット
12.2 百貨店
5.5 コンビニエンスストア

（経済産業省資料ほか）

⬤**スマートフォンでのキャッシュレス決済**

10 テレワークの広がりと地域づくり

!> 仕事をしている場所に着目しよう。

新型コロナウイルス感染症の流行により，時間や場所にとらわれずに働く**テレワーク**や，work（働く）とvacation（休暇）をかけ合わせた**ワーケーション**という言葉が広がった。中でも和歌山県は，テレワークの先進地といわれる。南紀白浜空港があり，大都市である大阪にも近く，また海や世界遺産の熊野古道をはじめとする観光地も多いことが企業の進出につながった。ワーケーションのメリットは，雇用の促進や観光業への刺激だけではない。地域のよさや課題の中には，地域の外から来た人の視点だからこそ気づけるものが多く，そのような気づきをこれからの地域づくりに活かすことも期待されている。リンク p.22

?> テレワークの広がりは，生活をどのように変えていくだろうか。

⬤**和歌山県でのワーケーション**　和歌山県は，県としてワーケーションを希望する企業の誘致を図っている。ワークプレイスの情報提供だけでなく，さまざまなイベントも企画されている。

自分のことばで あらわそう

❶ 経済発展と産業構造にはどのような関係があるか，説明しよう。

❷ 日本の自動車メーカーが海外生産を進めた理由について，1980年代と1990年代以降に分け，それぞれに国・地域名を示して説明しよう。

❸ なぜ，電気自動車へのシフトはこれまでの自動車産業を基盤にした地域に打撃を与える可能性があるのか，説明しよう。

❹ 農山漁村地域でのテレワークのメリットを2つ挙げよう。

プラスウェブ

■世界の主な宗教 **リンク** p.88, 93, 97, 107, 113, 125

❶世界宗教…民族の枠をこえて広い地域で信仰される宗教

名　称	キリスト教❷			イスラーム		仏教❽	
宗　派	カトリック	プロテスタント	東方正教会	スンナ派	シーア派	大乗仏教（北伝仏教）	上座仏教（南伝仏教）
分　布	南西ヨーロッパ, ラテンアメリカなど	北西ヨーロッパ, アングロアメリカ, オセアニアなど	東ヨーロッパ, ロシアなど	北アフリカから中央アジア, 東南アジアまで全ムスリムの約90%	イランやイラク南部で多数派	東アジアとベトナムなど	タイ, ミャンマー, ラオス, スリランカなど
戒律など	●日曜日が安息日。教会に礼拝に行き, 家で静かに過ごす ●クリスマス（聖誕祭）やイースター（復活祭）が重要な祝祭日 ●パンとワインをキリストの体と血に見立てて飲食する ●エルサレム❸の聖墳墓教会などが聖地			●さまざまな戒律の中でも特に五行を重視❺❻ ●豚肉や酒類の摂取を禁じる ●女性の髪や肌は露出させない ➡地域や個人の信仰の度合いによって異なり, 一律に生活をしばるものではない❼ ●メッカやメディナ, エルサレム❸の岩のドームが聖地		生きるものすべてを救うこと（衆生救済）を目的に, ほかの人のためにつくすことを重視	まず自らが悟りを開くために修行することを重視
その他	イスラーム, ユダヤ教と同じ一神教❹			キリスト教, ユダヤ教と同じ一神教		●多神教❹ ●モンゴルや中国のチベット自治区では, チベットの自然信仰と結びついたチベット仏教を信仰❾	

❷民族宗教…特定の民族に信徒が集中する宗教

名　称	ユダヤ教❿	ヒンドゥー教❹
分　布	イスラエルなど	インドや印僑⓫の多い東南アジアなど
戒律など	●金曜日が安息日。戒律でしてはならないことを規定 ●コーシャと呼ばれる, 規定に適合したもののみを食べる ●エルサレム❸の嘆きの壁などが聖地	●牛を神聖視し, 牛肉を食べることを禁じる ●不殺生の教えを守る菜食主義者が多い ●左手は不浄とされ, 食事には右手を使う ●ガンジス川を聖なる川とし, 沐浴で身を清める
その他	キリスト教, イスラームと同じ一神教	●多神教 ●信者数は世界宗教の仏教を大きく上回る

❸土着信仰⓯…古くから地域に定着する神を敬うもので, 大木・岩・太陽などの自然物や自然現象に神が宿るとされることが多い

❹さまざまな信仰が混在している地域がほとんどで, 祝祭日・行事・観光など身近なところに宗教が存在

> 例：マレーシアにおける祝祭日⓬, キリスト教のクリスマス・イースター・バレンタイン・カーニバル⓮,
> 　　ハロウィン（古代ケルト人の祭りが起源）, 観光と結びつく巡礼⓭, 日本の七五三や初詣などの伝統行事　など

■言語分布と宗教

●言語分布にも宗教とのかかわりが見られる場合がある⓰　例：アラビア語とイスラーム, スペイン語とカトリック　など

１宗教の分布と伝播 ！世界宗教の広がりに着目しよう。

キリスト教・イスラーム・仏教は広い地域で信仰され，**世界宗教**（三大世界宗教）といわれる。西アジアが起源のキリスト教は，まずヨーロッパへと広がり，大航海時代以降に南北アメリカ，そしてオーストラリアなどへ伝播した。イスラームは7世紀に西アジアで誕生し，中央アジアから北アフリカ，さらにムスリム商人の活躍によって東南アジアへと広がった。仏教は紀元前にインドで誕生し，アジアを中心に信仰されている。いずれの宗教にもいくつかの宗派があり，信仰のしかたなどに違いが見られる。

リンク p.88, 93, 97, 107, 125

凡例：
- キリスト教（カトリック）
- キリスト教（プロテスタント）
- キリスト教（東方正教会）
- ユダヤ教
- 仏教
- ヒンドゥー教
- 自然宗教
- イスラーム（スンナ派）
- イスラーム（シーア派）
- その他

宗教の主な伝播
- →・→ キリスト教
- → イスラーム
- → 仏教

？ なぜキリスト教は広い地域に伝播したのだろうか。

２キリスト教の３つの宗派 ！それぞれの宗派がほかの2つの宗派と異なる点に着目しよう。

⚫カトリックの教会（バチカン市国）

⚫プロテスタントの教会（イギリス）

⚫東方正教会の教会（ロシア）

カトリックは南西ヨーロッパなどに信者が多く，スペインやポルトガルの進出にともなってメキシコ以南に広がった。北ヨーロッパやイギリスの旧植民地を中心に信者の多いプロテスタントよりも，儀礼を重視する傾向にある。東方正教会は11世紀にカトリックと分裂し，ロシアなど東ヨーロッパに信者が多く，聖者の絵画である「**イコン**」，八端十字架と呼ばれるキリストの罪状が書かれた札と足台を表現した十字架に特徴がある。

リンク p.107, 113, 125

？ 東方正教会がカトリックやプロテスタントと異なるところは何だろうか。

３３つの宗教の聖地，エルサレム ！宗教施設に着目しよう。

エルサレムは，キリスト教・イスラーム・ユダヤ教の3つの宗教の聖地である。**聖墳墓教会**はキリスト教の聖地で，イエス＝キリストが処刑され，埋葬された場所とされる。イスラームの聖地である**岩のドーム**は，ムハンマドが昇天し，神（**アッラー**）に会ったとされる場所である。ユダヤ教の聖地である**嘆きの壁**は，古くからこの地域に多かったユダヤ教徒の神殿が置かれていた場所とされるが，神殿自体は紀元70年ごろにローマ軍によって破壊されたといわれる。

リンク p.51, 73

？ エルサレムを聖地とする3つの宗教の共通点は何だろうか。

▲聖墳墓教会

凡例：
- † キリスト教会
- ⌒ モスク
- ✡ シナゴーグ
- ■ 城門
- 宗教施設
- 文化・教育施設

キリスト教徒地区
ムスリム地区
城壁
ヴィア・ドロローサ（悲しみの道）
神殿の丘
岩のドーム
嘆きの壁
ゴルゴダの丘
聖墳墓教会
アル・アクサー・モスク
アルメニア人地区
ユダヤ教徒地区

0 500m

◢十字架を持って悲しみの道を歩く巡礼者

⚫岩のドーム

生活文化の多様性と国際理解

４ 一神教と多神教　❗彫刻に着目しよう。

▶無数の神々の彫刻が施されたヒンドゥー教寺院（インド）　ヒンドゥー教は多くの神々の存在を信じる**多神教**で，主神の１柱であるシヴァが牛に乗っていることから，牛を神の使いとみなしている。日本の七福神もヒンドゥー教の影響を受けているとされる。仏教も多神教であるが，キリスト教・イスラーム・ユダヤ教は**一神教**で，唯一神の存在しか認めていない。聖地エルサレムをめぐって対立しているように見えるが，元をたどれば同じ神を信仰している。**リンク** p.49, 73, 93

❓キリスト教・イスラーム・ユダヤ教では，それぞれ唯一神がどう呼ばれているか調べよう。

５ ラマダンセール　❗人々の様子に着目しよう。

🔵ラマダンセール（インドネシア，2014年）　イスラーム暦の９番目の月が**ラマダン**で，断食月として知られる。この期間は日の出から日没まで，病人や妊婦などを除いて飲食をすることができない。しかし，日没後には飲食が可能となり，ラマダンセールも行われ，家族でショッピングを楽しむ人もいる。ラマダン中の善行はほかの月よりも神からの褒美が多くなるといわれ，ラマダンはムスリムにとって重要な期間である。

❓ムスリムはなぜ断食をするのだろうか。

６ ムスリム向けのアプリ　❗アプリの内容に着目しよう。

Hiroshima, Japan
Muslim World League (MWL) (18.0° / 17.0°)

8月25日 水曜日
AH1443年1月17日

Fajr	4:10
日昇	5:38
Dhuhr	12:12
Asr	15:52
Maghrib	18:46
Isha'a	20:09

今日　礼拝　コーラン　キブラ　その他

©2010-2021Copyright Bitsmedia Pte Ltd

ムスリムは戒律を守ることを大切にしており，旅先などでも礼拝の時間やメッカの方向，礼拝所の位置などが確認できるアプリもある。日本でも公共施設内の礼拝所や**ハラール**食品の取扱いを示した飲食店が増えつつあるが，１人ひとりがムスリムの戒律を理解して支援しようとすることが，いわゆる「おもてなし」といえる。**リンク** p.97

❓日本の観光地におけるイスラームの礼拝所を探してみよう。

７ イスラームの女性の「覆い」の違い　❗地域や男女による意識の違いに着目しよう。

各国の男女に聞いた「イスラームの女性の適切な服装」

好ましいと考えている人の割合 ■男性(%) ■女性(%)						
エジプト	1 / 2	9 / 9	19 / 22	52 / 52	14 / 11	5 / 4
イラク	4 / 4	8 / 7	32 / 32	43 / 45	10 / 10	3 / 2
レバノン	3 / 1	1 / 1	2 / 4	28 / 38	13 / 11	52 / 45
パキスタン	5 / 2	37 / 27	30 / 31	20 / 29	6 / 10	1 / 2
サウジアラビア	10 / 11	64 / 63	9 / 7	10 / 10	4 / 6	1 / 3
チュニジア	1 / 1	2 / 2	4 / 2	50 / 61	25 / 20	17 / 13
トルコ	0 / 0	2 / 2	2 / 2	44 / 47	20 / 15	32 / 33

（Michigan Population Studies Center 資料）

コーラン（クルアーン）にある，女性の髪や顔などの美しい部分を隠すことの解釈は，個人や地域によって異なる。左の表からは，パキスタンやサウジアラビアでは，より広い部分をブルカやヒジャブ，ニカブなどの「覆い」によって隠すことが好ましいと考える人が多い一方で，レバノンやトルコでは３割以上の人が隠さなくても構わないと考えていることがわかる。また，男性ばかりでなく，女性自身も髪や顔を隠すことが好ましいと考えていることがわかる。**リンク** p.97

❓私たちがイスラームを信仰する人が多い国を訪れる際に，気をつけなければならないことは何だろうか。

8 大乗仏教と上座仏教 ⚠ 僧侶の数に着目しよう。

🔵寺院での法要（大乗仏教）（日本，2014年）

🔵托鉢を行う僧侶（上座仏教）（ラオス）

インド発祥の仏教は，中国や日本などに伝播した**大乗仏教**と，スリランカや東南アジアに広がった**上座仏教**の2つに大きく分かれる。大乗仏教は生きるものすべてを救うことを説き，上座仏教はまず自らのために修行することを重視する。右の写真は，ラオスの古都ルアンパバーンで，修行僧が人々から食料などをもらう托鉢を行う様子である。人々にとって，食料などの布施を行うことは僧侶の修行を支援することになる。ルアンパバーンには寺院が集中し，托鉢も大規模に行われるため，見学に訪れる欧米からの観光客も多い。**リンク** p.88，93

❓ 東南アジアで大乗仏教の信者が多い国を探してみよう。

9 チベット仏教 ⚠ 祈りの様子に着目しよう。

🔵五体投地しながら巡礼する人々（チベット自治区，2019年）

🔵マニ車（ネパール，2012年）

❓ チベットはどのような地域か，地図帳で調べてみよう。

インドで誕生した仏教は，7世紀ごろにチベット地方で土着の信仰と結びつき，**チベット仏教**として発展した。そのため，独特の信仰の方法が見られる。その1つがマニ車で，中に経典が収められており，1周回すと経典を1回読んだことになるとされる。また，**五体投地**と呼ばれる全身を使った礼拝が行われ，敬虔な信者の中には，聖地ラサまで五体投地しながら巡礼する者もいる。

10 ユダヤ教 ⚠ 祈りの様子に着目しよう。

🔵嘆きの壁で祈る人々（イスラエル，2020年） **ユダヤ教**は紀元前に成立し，キリスト教の成立に大きな影響を与えた。ユダヤ教徒は，聖地**嘆きの壁**の前で聖書（キリスト教の旧約聖書にあたる）を読んで祈りを捧げる。黒い服を着て，もみあげやひげをのばした信者は正統派と呼ばれ，教えを厳格に守って生活している。異教徒も嘆きの壁に近づくことは可能だが，男性は信仰のあかしとされる**キッパ（ヤルムルケ）**と呼ばれる帽子をかぶらなければならない。そのため，近くで無料の貸し出しが行われている。**リンク** p.49，73

🔵キッパ

❓ 私たちが嘆きの壁を訪れる際に，気をつけなければならないことは何だろうか。

アメリカ
(446万人)

カナダ
(169万人)

イギリス
(176万人)

クウェート
(103万人)

アラブ首長国連邦
(343万人)

ミャンマー
(201万人)

マレーシア
(299万人)

スリランカ
(161万人)

南アフリカ
共和国
(156万人)

サウジアラビア
(259万人)

インド系移民の分布 (2018年)

- 100万人以上
- 50～100万人未満
- 10～50万人未満
- 1～10万人未満
- 1万人未満

(インド政府資料)

＊インド国籍を有する者と，インド出身者またはその子孫で
移住先の国籍を有する者との合計

🔟世界に広がる印僑

❗印僑の多い地域に着目しよう。

印僑は，世界各地に渡ったインド系移民を指す。19世紀に奴隷制が各地で廃止されたのち，労働者として世界中のイギリス植民地へ移住し，東南アジアでは天然ゴムプランテーションやすず鉱山など，南太平洋やラテンアメリカではサトウキビプランテーションなどにおける労働を担った。また20世紀後半からは，出稼ぎ労働力として西アジアの産油国に多く渡っている。印僑の多くは，インドから離れてもヒンドゥー教の戒律を大切にしている。

リンク p.89, 96 ❓印僑の分布は，どのような歴史と関係があるだろうか。

🔟マレーシアの祝日

❗宗教とのかかわりに着目しよう。

マレーシアの主な祝日 (2023年)

日 付	祝 日
1月1日	新年＊
1月22日	中国旧正月 (～ 1月23日)
2月18日	ムハンマド昇天祭＊
4月7日	聖金曜日 (キリスト教の復活祭直前の金曜日)＊
4月22日	ハリラヤ・プアサ (ラマダン明けの祭り，～4月23日)
5月4日	ウェサックデー (釈迦の誕生日)
6月5日	国王誕生日
7月19日	イスラーム暦新年
8月31日	独立記念日
9月16日	マレーシア・デー
9月28日	ムハンマド聖誕祭
11月12日	ディーワーリー (ヒンドゥー教の祭り)
12月25日	クリスマス

＊一部の州

マレーシアは13世紀にイスラームが伝来し，14世紀以降はイスラームの勢力下であった歴史を持ち，現在も全人口の約60％がムスリムである。19世紀以降はイギリスの植民地となり，キリスト教徒のほか，すず鉱山や天然ゴムプランテーションの労働力としてインドからの移民も増加した。現在，キリスト教徒は人口の約9％，ヒンドゥー教徒は約6％，さらに仏教を信仰する華人も20％ほどいる。こうした多様な民族構成に合わせて，さまざまな宗教行事にともなう祝日が設定されている。

リンク p.88, 89

❓左の表から，イスラームの行事に関連した祝日を挙げよう。

🔟聖地巡礼と観光

❗巡礼者の様子に着目しよう。

◉巡礼のシンボルであるホタテ貝を掲げた宿

◉サンティアゴ・デ・コンポステーラに続く巡礼路 (スペイン)

スペイン北西部のサンティアゴ・デ・コンポステーラには，イエス＝キリストの使徒をまつるサンティアゴ大聖堂があり，ヨーロッパ各地から巡礼路がのびている。中でも，ピレネー山脈からスペイン北部を通る道は世界文化遺産に指定され，キリスト教徒だけでなく世界中から観光客が訪れ，数日間に渡って巡礼路を歩く。巡礼のシンボルとなるホタテ貝を掲示している宿 (写真左上) では，巡礼手帳を持つ人が割引を受けられることもある。なお，熊野三山の巡礼路である熊野古道とは姉妹道で，共通巡礼手帳も作成されている。**リンク** p.47

◉巡礼手帳

❓巡礼路は，信者以外にとってはどのようなものなのだろうか。

🔟ボリビア・オルロのカーニバル

❗踊り手の仮面に着目しよう。

◉オルロのカーニバルの「悪魔の踊り」 (ボリビア，2016年)　カトリックの謝肉祭に起源を持つカーニバルといえば，ブラジルのリオのカーニバルが有名だが，ボリビアの高山都市オルロでも大規模なカーニバルが行われ，多くの観光客が訪れる。アンデス高地らしくリャマやアルパカも登場するが，写真の「悪魔の踊り」が特に有名である。16世紀にボリビアを植民地にしたスペイン人は銀の大鉱脈を発見し，多くの先住民に過酷な労働を強いた。悪魔は，その際に先住民が抱いた恐怖心や，スペイン人が先住民に対して行った大罪であるといわれ，銀の産出地として発展したオルロの歴史を垣間見ることができる。

リンク p.125 ❓p.125資料🔟も参照して，リオのカーニバルとの共通点と相違点を探そう。

15 土着の信仰と祭り・観光

!　祭りの様子に着目しよう。

△パーントゥ祭り(沖縄県宮古島市，2009年)　日本各地には，仏教とは異なる**土着信仰**が見られる。2018年には，秋田県のなまはげなど10の行事が「来訪神：仮面・仮装の神々」としてユネスコの世界無形文化遺産に登録された。写真のパーントゥ祭りもその1つで，神様が泥を塗ることで厄払いを行う伝統行事だが，観光客の中にはその趣旨を理解せず，単に「汚された」と感じる人もいる。観光に際しても，現地の文化・習慣などをよく理解する必要がある。

?　伝統行事の維持にはどのようなことが必要だろうか。

よりみち navi

バレンタインデー

2月14日のバレンタインデーの名称は，3世紀のキリスト教の司祭ウァレンティヌスが由来といわれる。当時のローマ帝国では，兵士の士気の低下は家庭を持つことに起因するとされ，結婚が禁止されていた。そうした中，ウァレンティヌスは密かに結婚式をとり行っていたために処刑され，彼が処刑された日が現在では「恋人たちの日」となっている。日本では主に，女性から男性にチョコレートを贈る習慣が定着しているが，これは高度経済成長期にチョコレートメーカーがしかけた販売戦略ともいわれており，海外での習慣はさまざまである。宗教上の理由から，そもそもバレンタインデーを祝おうとしない人たちもいる。2月14日に，異文化理解について考えてみるのもよいのではないだろうか。

◁インドでの反バレンタインデーの抗議活動(2016年)　インドでは，ヒンドゥー教の文化に反するものとして，バレンタインデーに否定的な人々もいる。

16 世界の言語分布

!　スペイン語，アラビア語が使われている国・地域に着目しよう。

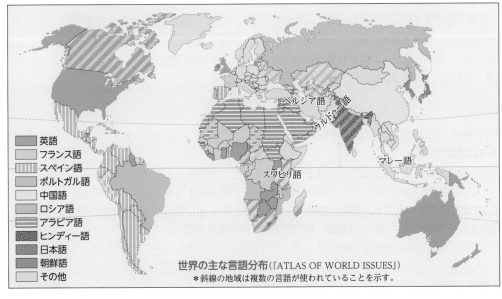

▨	英語
▨	フランス語
▨	スペイン語
▨	ポルトガル語
▨	中国語
▨	ロシア語
▨	アラビア語
▨	ヒンディー語
▨	日本語
▨	朝鮮語
▨	その他

ペルシア語
ウルドゥー語
マレー語
スワヒリ語

世界の主な言語分布(『ATLAS OF WORLD ISSUES』)
*斜線の地域は複数の言語が使われていることを示す。

ラテンアメリカには，15世紀以降スペインとポルトガルが進出し，植民地化の際に住民をカトリックに改宗させた。その教えは宗主国の言語で広まったため，現在も旧宗主国の言語が公用語となっている。一方，北アフリカには19世紀にイギリスやフランスなどの植民地となった国が多いが，広くアラビア語が公用語として使われている。これは，当時すでにイスラームが信仰されており，その戒律をまとめたコーランは，アラビア語以外での翻訳が許されていないためである。

リンク p.97，125

?　スペイン語が使われている地域では，なぜカトリックが広がったのだろうか。

自分のことばであらわそう

❶ 世界宗教の中から1つ選び，宗派による分布の違いについて説明しよう。

❷ キリスト教・イスラーム・ユダヤ教に共通する点を2つ挙げよう。

❸ もし，学校にムスリムの留学生がきたら，どのようなサポートをしてあげたらよいか考えよう。

❹ 宗教と関係のある身近な行事を挙げ，説明しよう。

❺ なぜ，アラビア語を使用する地域とイスラームが信仰されている地域に関係性が見られるのか，説明しよう。

■持続可能な開発目標（SDGs）

❶現代の地球的課題❶…貧困問題，人口問題，食料問題，資源・エネルギー問題，都市・居住問題，地球環境問題，紛争問題など

　➡国や地域によってあらわれ方が異なる　⬅人間活動が影響

　➡地球的課題の解決に向けて，2015年に国連総会で「持続可能な開発目標（SDGs）」を定める❷

　　➡「誰一人取り残さない」世界の実現に向けて，地球市民1人ひとりが自分の問題として取り組む必要

❷SDGsの「17の目標」を分類する「5つのP」

5つのP	目標とする考え	対応する17の目標
People 人間	貧困や飢餓の問題を解決し，すべての人々が互いを大切にし，平等にかつ健康に暮らせる社会を築く	
Prosperity 豊かさ	すべての人々が豊かで充実した生活を送れるようにするとともに，自然と調和した経済や技術革新を目指す	
Planet 地球	持続可能な消費・生産や資源の活用，気候変動への対応などを通して地球の環境を守り，持続可能な社会を築く	
Peace 平和	戦争や紛争，暴力，迫害などの争いがない，平和で公正な社会を実現する	
Partnership パートナーシップ	すべての国，すべての人々が，持続可能な開発目標の達成と持続可能な社会の実現のために，パートナーシップを持って協力する	

■貧困問題，人口問題 　リンク p.81, 92, 100

❶貧困…絶対的貧困と相対的貧困❸

　➡経済的な貧しさのみならず，十分な教育や医療を受けられないことなども貧困問題

❷貧困人口の割合が高い地域…サハラ砂漠以南のサブサハラ・アフリカ　➡発展途上国だけでなく先進国にも貧困は存在❹❺

❸世界の人口…20世紀後半に人口爆発が起こり，現在も増加し続けている❻　➡アジア・アフリカなどの発展途上国で顕著

　➡資源の枯渇や環境破壊，人口増加に対して経済成長やインフラ整備が追いつかないなどの問題が発生

❹日本の人口問題❼❽…人口減少や少子・高齢化，過密と過疎などの問題が発生

■食料問題，水問題

❶世界に約8億人の栄養不足人口が存在　⟷　先進国では食料の廃棄が問題化❾

❷先進国や経済成長する国における食肉消費量の増加

　➡家畜のエサとなる飼料作物の膨大な消費につながり，穀物価格の高騰の原因ともなる❿　➡発展途上国への影響

❸バーチャルウォーター（仮想水）⓫…輸入した農畜産物の生産にかかる水の量を示す　➡水資源の不均衡を拡大するおそれ

❹安全な水へのアクセス⓬…世界には，安全な飲料水の入手や，手洗い施設や安全で衛生的なトイレの利用が困難な国がある

　➡感染症の危険性が高まるため，日本などが上下水道やトイレの整備，井戸掘削などの支援を行う

❺国際河川…複数の国をまたいで流れる河川　➡水資源の管理が問題に⓭　〔例：ナイル川，メコン川，ユーフラテス川〕

■健康・福祉問題，教育・ジェンダー問題 　リンク p.101

❶感染症⓮⓯…エイズ・結核・マラリアの三大感染症のほか，熱帯地域に多く見られる感染症も存在　➡アフリカの感染率が高い

　➡新型コロナウイルス感染症⓰など，グローバル化にともなう人の移動の活発化により，感染症が急速に流行する場合も

❷識字率⓱…識字とは日常生活で必要な文章を理解して読み書きできる能力のこと　➡発展途上国では一般的に女性の方が低い

❸女性の労働…日本は女性の年齢別労働力率が30代で低くなる「M字カーブ」を描く⓲　➡改善傾向にあるが，根本的な解決には至らず

❹ジェンダーギャップ指数⓳…経済・教育・健康・政治の4分野における男女の相対的な格差をあらわす

　➡日本は経済や政治の面で大きく遅れる

　　➡世界でジェンダー平等のための取り組みが行われている

1 相互にかかわり合う地球的課題

! 地球的課題の地域によるあらわれ方の違いに着目しよう。

△肥満解消プログラム（フランス）
△国境なき医師団による予防接種（コンゴ民主共和国）
△タイムススクエア（アメリカ）
△スラム（バングラデシュ）

食べ物が余る地域 ⟷ 飢えと貧困の地域
干ばつが発生する地域 ⟷ 洪水が発生する地域

さまざまな地球的課題

所得が高い地域 ⟷ 所得が低い地域
人口が急増する地域 ⟷ 人口が減少する地域

△干上がった湖（アメリカ）
△住宅地への浸水（ウクライナ）
△人があふれる道路（ベトナム）
△シャッター通り（長野県）

貧困問題や人口問題，食料問題，資源・エネルギー問題，地球環境問題など，私たちはさまざまな地球的課題に直面している。自然環境のみならず，人口や経済の発展状況，資源の保有状況も決して均等ではなく，地域によって大きく異なったり偏ったりしており，上図のように正反対の問題が起きることもある。これらの問題は，地域をまたいで相互に絡み合っていることもあるため，解決は容易ではない。

? あなたが関心のある地球的課題について，地域によるあらわれ方の違いを調べよう。

2 SDGsの17の目標

! SDGsの達成に向けた企業の取り組みに着目しよう。

2015年の国連総会で採択された**持続可能な開発目標（SDGs）**は，17の目標（ゴール）と169のターゲットからなる。前身の**ミレニアム開発目標（MDGs）**が主に発展途上国向けの目標であったのに対し，SDGsは日本などの先進国も含むすべての国が取り組むべき目標となっている。たとえば，目標1「貧困をなくそう」では，経済的な貧困だけでなく「あらゆる形態の貧困」の解決が目標とされ，7つのターゲットが付加されている。また，多くの企業がSDGsに取り組んでおり，その取り組みは多様である。SDGsの目標は市場においても求められていることであり，SDGsに取り組むことで企業の評価や価値を高められるという認識も広まっている。外務省は，毎年「ジャパンSDGsアワード」でSDGsの達成に向けたすぐれた取り組みを行う企業などを表彰している。

SUSTAINABLE DEVELOPMENT G⚪ALS

△TABETEレスキュー直売所（東京都池袋駅）　市や企業，大学などが連携して，埼玉県東松山市周辺の直売所で売れ残った農産物を当日中に電車で輸送し，都心の顧客に再販売している。フードロス削減や農家の所得向上，電車輸送によるCO_2（二酸化炭素）排出削減などに加え，学生が農産物の輸送や販売に携わることで，社会問題の解決について実践的に学ぶ場を創出している。

△ヤクルトの取り組み（インドネシア）　ヤクルトでは，乳酸菌飲料の生産・販売を通じて世界の人々の健康を支えているほか，「ヤクルトレディ」による宅配システムを海外にも導入することにより，現地の女性の雇用創出などにも貢献している。

? 外務省のウェブサイトから，あなたの知っている企業や団体が行っているSDGsへの取り組みを調べよう。

3 各国の貧困率
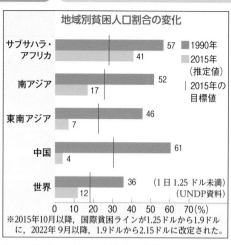

!貧困率が高い地域に着目しよう。

地域別貧困人口割合の変化

地域	1990年	2015年(推定値)
サブサハラ・アフリカ	57	41
南アジア	52	17
東南アジア	46	7
中国	61	4
世界	36	12

(1日1.25ドル未満)(UNDP資料)

※2015年10月以降，国際貧困ラインが1.25ドルから1.9ドルに，2022年9月以降，1.9ドルから2.15ドルに改定された。

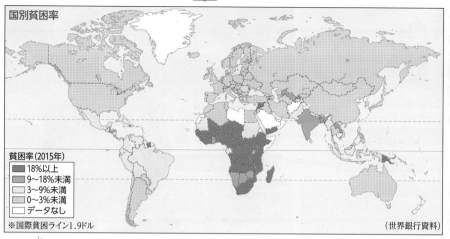

国別貧困率

貧困率(2015年)
- 18%以上
- 9～18%未満
- 3～9%未満
- 0～3%未満
- データなし

※国際貧困ライン1.9ドル

(世界銀行資料)

世界銀行は，1日あたり2.15ドル(約300円)未満での生活を強いられている状態を「**極度の貧困**」と定義している。また，食料など生きるうえで最低限必要な条件が満たされていない状態を**絶対的貧困**という。MDGsの取り組みによって貧困削減に向けた目標値を達成できた地域もあるが，サハラ砂漠以南のサブサハラ・アフリカでは依然として貧困率が高い。また，インド(人口約14.1億人)やインドネシア(同約2.7億人)，ブラジル(同約2.1億人)などは総人口が多いため，貧困率が低下しても貧困人口は多い。一方，貧困率が低い国においても国内の所得格差が大きい場合もあり，実態を詳細に把握する必要がある。

? 貧困率が高くなる要因には，どのようなことが挙げられるだろうか。

4 発展途上国における貧困

! 働いている人々の年齢に着目しよう。

世界の児童労働者(5～17歳)の数は1.6億人と推計され，世界の子どもの10人に1人が働いていることになる(2020年)。また，そのうち約7割が農林水産業に従事している。コーヒー豆や茶，カカオ豆，綿花など，生産に多くの労働力が必要で，かつ商品価格が安い作物は児童労働によって支えられていることが多い。また，金鉱山などの過酷な現場で違法な労働を強いられたり，家計を支えるために児童労働を強いられたりする場合もある。

リンク p.92, 100

? 児童労働を強いられることで，子どもたちができなくなることは何だろうか。

◐花を売る子どもたち(ベトナム，2018年)

◐金鉱山で働く子どもたち(ガーナ，2015年)

5 先進国における貧困

! 日本の状況や貧困の性差に着目しよう。

貧困には，絶対的貧困のほか，ある社会での一般的な水準を下回る**相対的貧困**もある。日本の相対的貧困率はOECD(経済協力開発機構)の平均値よりも高く，特に単身世帯やひとり親世帯での相対的貧困率が高い。2008年のリーマンショックや2020年の新型コロナウイルス感染症の流行，自然災害などによって社会経済活動が打撃を受けるとき，その影響は単身世帯やひとり親世帯などの社会的弱者を直撃する。

? G7の中で相対的貧困率が最も高いのはどの国だろうか。

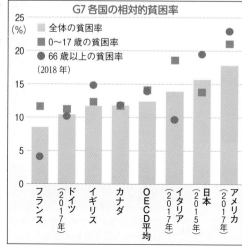

G7各国の相対的貧困率
- 全体の貧困率
- 0～17歳の貧困率
- 66歳以上の貧困率
(2018年)

フランス／ドイツ(2017年)／イギリス／カナダ／OECD平均／イタリア(2017年)／日本(2015年)／アメリカ(2017年)

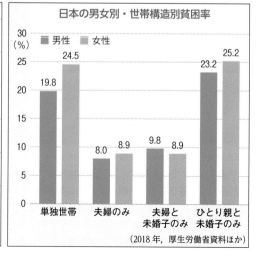

日本の男女別・世帯構造別貧困率

	男性	女性
単独世帯	19.8	24.5
夫婦のみ	8.0	8.9
夫婦と未婚子のみ	9.8	8.9
ひとり親と未婚子のみ	23.2	25.2

(2018年，厚生労働省資料ほか)

6 世界の人口

📖 人口密度が特に高い地域に着目しよう。

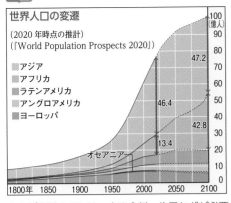

世界人口の変遷
（2020年時点の推計）
（『World Population Prospects 2020』）

- アジア
- アフリカ
- ラテンアメリカ
- アングロアメリカ
- ヨーロッパ

オセアニア

（億人）

47.2
46.4
42.8
13.4

1800年 1850 1900 1950 2000 2050 2100

世界の人口密度

人口密度（人/km²）
- 200人以上
- 100〜200人未満
- 50〜100人未満
- 25〜50人未満
- 10〜25人未満
- 1〜10人未満
- 1未満

○人口1,000万人以上の都市・都市圏　（『Diercke Weltatlas』）

ライン・ルール大都市圏、モスクワ、ロンドン、パリ、ロサンゼルス、ニューヨーク、イスタンブール、テヘラン、ペキン、ソウル、東京・横浜、大阪・神戸・京都、シャンハイ、カイロ、バグダッド、デリー、メキシコシティ、チュー川（珠江）デルタ、マニラ、カラチ、ムンバイ、バンコク、ラゴス、コルカタ、ダッカ、ジャカルタ、キンシャサ・ブラザビル、リオデジャネイロ、サンパウロ、ブエノスアイレス

人々が生活するには，水や食料，住居などが必要であるため，人口密度は植物が生育しにくい乾燥・寒冷地域で低く，温暖で大きな川と平地があり，農業に適した土地が広がる東アジアや南アジアなどで高い。アジアやアフリカでは，20世紀後半に食料事情や医療・衛生環境の改善によって**人口爆発**が起き，今後もさらに増加する見通しである。しかし，農村から都市への人の移動により，都市人口が増加して居住環境が悪化している地域もあり，その地域が食料やインフラ，住居などの面でどのくらいの人口を受け入れられるか（可容人口）を考慮しながら，人口問題を考えることが必要である。リンク p.66　統計 p.145　❓ 南北アメリカ大陸の沿岸部で人口密度が高いのはなぜだろうか。

7 日本の人口問題

📖 あなたが生まれたころと現在の，年少人口と老年人口のバランスに着目しよう。

日本の人口は第二次世界大戦以降増加し続け，1億2千万人をこえたが，2008年をピークに総人口は減少に転じた。**出生率**も減少し続けており，**合計特殊出生率**（1人の女性が一生の間に産む子どもの数）は，1970年代は2.0以上だったが，2020年には1.33となっている。総人口のうち，15歳未満を**年少人口**，15〜64歳を**生産年齢人口**，65歳以上を**老年人口**と分類するが，日本の高齢化率（総人口に占める老年人口の割合）は28.7％と世界で最も高く，世界のどの国も経験したことのない深刻な**少子・高齢化**が進んでいる。老年人口1人あたりの生産年齢人口の数は，2050年には1.3人になると予想されており，持続可能な社会保障制度や介護サービスの拡充などが求められている。リンク p.10　統計 p.145

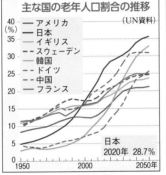

主な国の老年人口割合の推移　（UN資料）

- アメリカ
- 日本
- イギリス
- スウェーデン
- 韓国
- ドイツ
- 中国
- フランス

日本 2020年 28.7％

日本の人口及び人口構成の推移

※2016年以降は推計値（総務省資料）

（万人）

老年人口（65歳以上）
生産年齢人口（15〜64歳）
年少人口（0〜14歳）

1947 50 60 70 80 90 2000 10 20 30 40 50 60年

❓ 少子・高齢化の進行が速いと，どのような課題が生まれるだろうか。

8 人口分布の偏り

📖 同じ都道府県内の人口増減の違いに着目しよう。

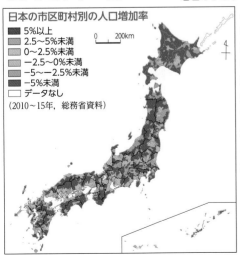

日本の市区町村別の人口増加率

- 5％以上
- 2.5〜5％未満
- 0〜2.5％未満
- −2.5〜0％未満
- −5〜−2.5％未満
- −5％未満
- データなし

（2010〜15年，総務省資料）

0　200km

人口が減少している日本では，進学や就職のため若者を中心に都市に人口が流入して**過密**問題が起き，鉄道の混雑や家賃の高騰が生じている。一方，農山村地域では若者の人口流出によって人口減少が加速して**過疎**問題が起き，公共交通や行政サービスの運営が難しくなったり，地域コミュニティが衰退したりしている。

❓ 過疎問題が発生する背景には，どのようなことがあるだろうか。

よりみち navi 🚴 コンパクトシティ

日本では，特に地方都市の人口減少や住民の高齢化などが進んでいる。自家用車の普及によって拡大した都市圏の中で，インフラなどの公共サービスや医療を拡充させていくのではなく，地方都市の中心部に都市機能を集約して郊外から住民を誘致し，都市圏を縮小（コンパクト化）させて効率よく都市機能を維持しようとする都市計画がある。これをコンパクトシティといい，富山市ではLRT（Light Rail Transit）などの公共交通機関の整備とともにコンパクトシティの形成が進められている。しかし，現在の居住地への愛着や地縁など理由に，郊外から中心部への転居が簡単には進まないことも多い。

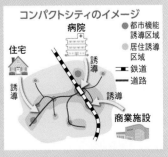

コンパクトシティのイメージ

病院、住宅、商業施設、誘導

- 都市機能誘導区域
- 居住誘導区域
- 鉄道
- 道路

現在，世界人口の約10%に十分な食料が行き届いていないとされる。中国やインドなどは，栄養不足人口の割合が少なくても総人口が多いため，1億人以上が栄養不足からくる，飢餓や発育不良などに苦しんでいる。一方，栄養不足人口の少ない先進国では，食料の廃棄が問題視されている。日本では毎日，国民1人あたり茶碗1杯分（約113g）に相当する食べ物が捨てられており，廃棄食料の削減が求められている。

？ 先進国で廃棄食料が生まれる理由は何だろうか。

❾栄養不足人口の割合

！ 栄養不足人口の割合と総人口の関係に着目しよう。

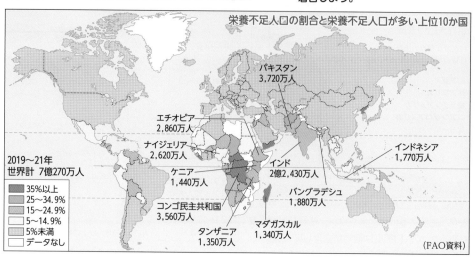

栄養不足人口の割合と栄養不足人口が多い上位10か国

パキスタン 3,720万人
エチオピア 2,860万人
ナイジェリア 2,620万人
ケニア 1,440万人
コンゴ民主共和国 3,560万人
タンザニア 1,350万人
マダガスカル 1,340万人
インド 2億2,430万人
バングラデシュ 1,880万人
インドネシア 1,770万人

2019〜21年
世界計 7億270万人
- 35%以上
- 25〜34.9%
- 15〜24.9%
- 5〜14.9%
- 5%未満
- データなし

(FAO資料)

❿食肉生産と穀物飼料

！ 所得と食肉消費量の関係に着目しよう。

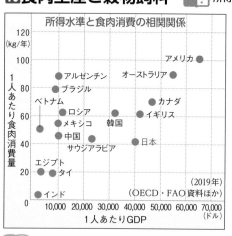

所得水準と食肉消費の相関関係

（縦軸）1人あたり食肉消費量 (kg/年)
（横軸）1人あたりGDP（ドル）

アメリカ
アルゼンチン
オーストラリア
ブラジル
ベトナム
ロシア
メキシコ
中国
カナダ
イギリス
韓国
日本
サウジアラビア
エジプト
タイ
インド

(2019年)(OECD・FAO資料ほか)

畜産物1kgを生産するのに必要な穀物飼料

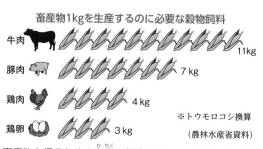

牛肉 11kg
豚肉 7kg
鶏肉 4kg
鶏卵 3kg

※トウモロコシ換算
(農林水産省資料)

◎トウモロコシを使った飼料

畜産物を得るための家畜の飼育において，牛肉1kgを生産するためには11kgの穀物飼料が必要となり，豚肉1kgの生産には7kgの穀物飼料が必要となる。そのため，食肉消費量の多い先進国は膨大な穀物を消費しているに等しい。宗教や生活習慣の違いはあるものの，一般に多くの国では所得が増えると食肉消費量も増える傾向にあることから，今後，中所得国が成長していくにつれて世界の穀物需要も増えることが予想される。**リンク** p.32，92

？ 食肉消費量の増加は，穀物消費量にどのような影響を与えるだろうか。

⓫バーチャルウォーター（仮想水）

！ 輸入先に着目しよう。

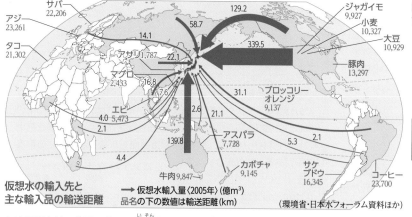

サバ 22,206
アジ 23,261
タコ 21,302
アサリ 1,787
マグロ 2,433
エビ 5,473
ジャガイモ 9,927
小麦 10,327
大豆 10,929
豚肉 13,297
ブロッコリー
オレンジ 9,137
アスパラ 7,728
カボチャ 9,145
サケ
ブドウ 16,345
コーヒー 23,700
牛肉 9,847

129.2
58.7
14.1
339.5
22.1
16.8
31.1
21.1
2.6
2.1
5.3
2.1
139.8
4.4

仮想水の輸入先と主な輸入品の輸送距離
→ 仮想水輸入量〈2005年〉（億m³）
品名の下の数値は輸送距離（km）
(環境省・日本水フォーラム資料ほか)

日本の仮想水輸入品目別割合と100gを生産するのに必要な水の量

牛丼1杯＝約2,300Lの水

豚肉 4.3　590L
牛肉 45.3　2,070L
18.6%
12.4
16.0
小麦 200L
大豆 190L
トウモロコシ 250L
その他 3.4

💧=100L
💧=1,000L

(東京大学 沖大幹教授の試算による)

バーチャルウォーター（仮想水） とは，食料輸入は食料生産に費やした水を輸入するに等しいとする考え方に基づき，食料の輸入量を水の量であらわしたものである。そのため仮想水は，他国の水への依存度を知る手がかりになる。牛丼1杯をつくるための食材には浴槽13杯分の水が使われるといわれ，特に畜産物は重量の数倍の穀物を飼料として消費するため値が大きい。日本は国内の年間水使用量にほぼ相当する，年間800億m³（琵琶湖約3杯分）の仮想水を輸入しており，その約75%をアメリカ・カナダ・オーストラリアが占める。アメリカでは，多くの水を必要とする小麦や大豆，トウモロコシ，肉牛の生産が半乾燥地域のグレートプレーンズを中心に行われているため，この地域の水資源を圧迫することにつながっているとの見方もある。**リンク** p.116

？ 今後も現在と同じように食料輸入を続けることで心配されることは何だろうか。

12 安全な水へのアクセス

!　経済水準との関係に着目しよう。

汚れた水は感染症の原因となり、清潔な飲料水が得られない地域では下痢などにより命を落とす人も多い。安全な飲料水の確保のため、井戸などの給水設備を整備する支援が国際機関などによって行われている。また、感染症対策として手洗いの重要性が説かれているが、世界には

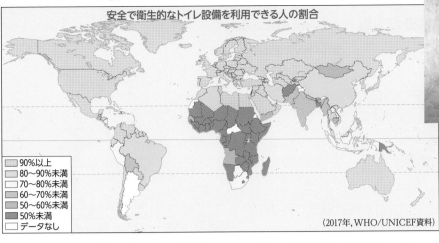
安全で衛生的なトイレ設備を利用できる人の割合

90%以上
80～90%未満
70～80%未満
60～70%未満
50～60%未満
50%未満
データなし

(2017年、WHO/UNICEF資料)

◯衛生環境を改善する取り組み（ウガンダ、2020年）　LIXILが開発した手洗いソリューション「SATO Tap」は、水道が利用できない地域でも手洗いができるように、容易に手に入るペットボトルを使った低価格の製品である。

? 家庭の経済状況以外で、自宅で手洗いができない理由には何があるだろうか。

水不足や水道が通っていないために自宅で手洗いをすることができない人々もいる。特にアフリカ中部では、降水量に恵まれているものの手洗い設備を持てない人が多い。さらに南アメリカやサブサハラ・アフリカでは、安全で衛生的なトイレ設備の普及率が低い。世界には深刻な水不足により水洗トイレ1回に使用する水の量が制限されている地域もあり、乾燥地域の多いオーストラリアでは1回4L以下となっている（日本で主流のトイレは約5L）。

13 国境をこえた水問題

!　ナイル川の流路に着目しよう。

複数の国をまたいで流れる**国際河川**では、水資源の管理が課題となっている。発電や灌漑など、さまざまな役割を果たす河川は、上流地域での使用が下流地域にも影響を及ぼす。アフリカのナイル川では、2011年から上流のエチオピアで大規模なダム建設が行われている。経済成長を支える電力確保のための水力発電所の建設が目的だが、ナイル川中・下流域の水不足を懸念するエジプトとスーダンが反発し、関係国間で協議が続けられている。

? ナイル川流域の国の中で、最も他国の影響を受けやすいのはどの国だろうか。

ナイル川とその周辺諸国

◯大エチオピア・ルネサンスダム（2020年）

よりみち

よきライバルとは

　スポーツや競争の場で、「好敵手」の意味として用いられる「ライバル（rival）」は、ラテン語で「小川」を意味する「rivus」が語源といわれている。水利権を争う人々がライバルになっていったのかもしれない。

　古今東西、私たちは水を求めてきた。日本各地では、農民たちが用水をめぐって幾度となく争いを起こし、犠牲者も出た一方で、適切な水の分け方も模索されてきた。ライバルは競い合える存在であり、天敵のようになくすべき相手ではない。世界各地の降水量や水資源が均一ではない中で、世界中の人々が水をめぐる持続可能な「ライバル」関係であるにはどうしたらよいのだろうか。

▶**東山円筒分水槽**（富山県、2020年）　円筒分水槽は用水を公平に分配する設備である。富山県魚津市にある東山円筒分水槽は、東山地区の天神野用水・青柳用水・東山用水の3か所に適切な配分量で水を供給している。

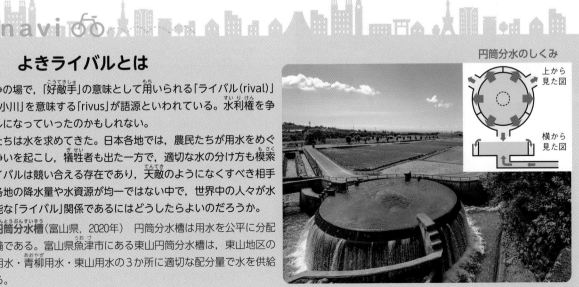
円筒分水のしくみ

上から見た図

横から見た図

⓮人に影響を与える感染症　❗アフリカに着目しよう。

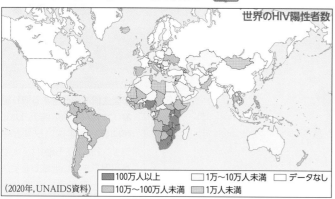

世界のHIV陽性者数

■ 100万人以上　□ 1万～10万人未満　□ データなし
■ 10万～100万人未満　■ 1万人未満
(2020年，UNAIDS資料)

世界のマラリア患者数

■ 1,000万人以上　□ 1万～10万人未満
■ 100万～1,000万人未満　■ 1万人未満
■ 10万～100万人未満　□ 患者なしまたはデータなし
(2020年，WHO資料)

顧みられない熱帯病（NTDs）の分布

□ 1種類の病気　■ 4種類の病気　□ NTDsの
■ 2種類の病気　■ 5種類の病気　　ない地域
■ 3種類の病気　■ 6種類の病気
(David H.Molyneux
ほか2005より作成)

エイズ・結核・マラリアは世界三大**感染症**と呼ばれ，現在も毎年250万人が亡くなっている。これらは世界規模で長期間流行しており，特にアフリカではその影響が大きい。エイズは HIV（ヒト免疫不全ウイルス）への感染にともなう病状の総称である。また，結核は結核菌が体内に入り，増殖することによって引き起こされ，マラリアはマラリア原虫を持ったハマダラ蚊に刺されることで感染する。これらの感染症は予防や治療法が確立されているが，世界全体に行き届いてはいない。さらにWHO（世界保健機関）は，三大感染症よりも十分な対策がとられてこなかった，住血吸虫症やデング熱，狂犬病などの17の病気を「顧みられない熱帯病（NTDs）」として指定している。主に熱帯地域に多く見られるこれらの病気は，住民を貧困に陥れ，回復を難しくしている。スラムや紛争地で発生している場合も多く，複合的な解決策が求められている。 **リンク** p.101

❓ なぜアフリカで感染症の影響が大きいのだろう。

⓯感染症の予防　❗蚊帳の役割に着目しよう。

▼日本の蚊帳

photograph©M.Hallahan/Sumitomo Chemical

◎**防虫成分を備えた蚊帳**（タンザニア）　発展途上国では，治療に必要な設備や医薬品の不足に加え，貧困によって医療機関にかかることができない場合があるため，感染症を予防する方策が重視されている。UNICEF（国連児童基金）やNPO，NGO団体は世界中から寄付を集め，発展途上国で感染症予防のためのワクチンを無償で接種する取り組みを行っている。また，マラリアの感染が広がるアフリカでは，感染源のハマダラ蚊に刺されることを防ぐため，防虫成分が練りこまれた蚊帳の無償配布が進められており，日本企業もこれに貢献している。 **リンク** p.101

❓ 感染症を予防することのメリットは何だろうか。

⓰所得格差と新型コロナウイルス感染者

❗所得格差と感染率の関係性に着目しよう。

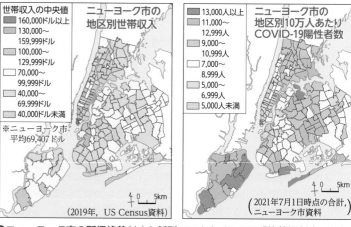

世帯収入の中央値
■ 160,000ドル以上
■ 130,000～
　159,999ドル
■ 100,000～
　129,999ドル
□ 70,000～
　99,999ドル
■ 40,000～
　69,999ドル
▨ 40,000ドル未満

ニューヨーク市の
地区別世帯収入

※ニューヨーク市
平均69,407ドル

(2019年，US Census資料)

13,000人以上
■ 11,000～
　12,999人
■ 9,000～
　10,999人
□ 7,000～
　8,999人
■ 5,000～
　6,999人
▨ 5,000人未満

ニューヨーク市の
地区別10万人あたり
COVID-19陽性者数

(2021年7月1日時点の合計，
ニューヨーク市資料)

◎**ニューヨーク市の所得格差**（左）**と新型コロナウイルスの感染状況**（右）　左右の地図を見くらべると，アメリカ・ニューヨークにおける地区ごとの新型コロナウイルス感染率は，低所得者層が多い地区ほど高い傾向にあることがわかる。これは，低所得者ほどテレワークが困難なサービス業に就業していることが多いことや，医療保険加入率が低いこと，肥満など基礎疾患を持つ人が多いことなどが原因と考えられている。このように，複数の情報を地図化することで見えてくる相関関係もある。 **リンク** p.120

❓ ニューヨークの世帯収入と新型コロナウイルスの感染率には，どのような関係があるだろうか。

17 世界の識字率
！ 識字率が低い地域の特徴に着目しよう。

世界全体の若者(15〜24歳)の**識字率**は,男性が93%,女性が91%(2022年)であるが,地域差が大きい。たとえばアフリカのニジェールの識字率は,男性が51%,女性が36%である。また,たとえ文字が読めたとしても,情報を読み解く力などが身についていなければ複雑な内容を理解することは難しく,教育水準の向上は国力の向上にもつながる。

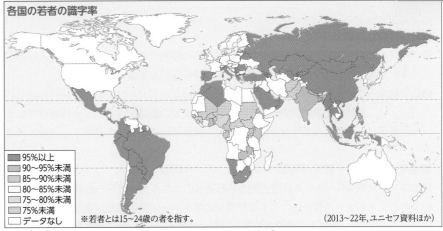

各国の若者の識字率

■	95%以上
■	90〜95%未満
■	85〜90%未満
■	80〜85%未満
□	75〜80%未満
□	75%未満
□	データなし

※若者とは15〜24歳の者を指す。
(2013〜22年,ユニセフ資料ほか)

🔵**ガーナでのパソコンの授業**(2017年) 世界的にICTが普及する中で,文字の読み書きだけでなく,デジタル端末上での情報の受信(読み)や発信(書き)技術も重視されている。写真は,JICA(国際協力機構)の活動の1つであるJICA海外協力隊の隊員が,ガーナの教員養成学校でパソコンインストラクターとして働く様子である。

❓ 文字を読むことができないと,どのような弊害が生じるだろうか。

18 女性の労働
！ 国ごとの特徴に着目しよう。

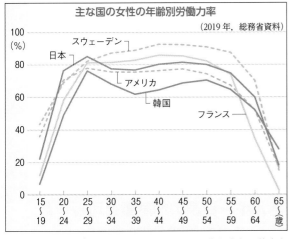

主な国の女性の年齢別労働力率
(2019年,総務省資料)
スウェーデン / 日本 / アメリカ / 韓国 / フランス

日本では,女性が出産や育児を理由として30代を中心に仕事を辞めることにより,年齢別労働力率のグラフが「M字カーブ」を描くことが問題視されてきた。近年はその傾向が弱まりつつあるが,その要因は非正規雇用の増加や晩婚化などによるもので,根本的な解決には至っていない。1986年に男女雇用機会均等法が施行されたが,無意識のうちにある家事分担の性差や職場の意識,育休制度の拡充と周囲の理解不足,保育施設の未整備など,法律以外の障壁が依然として高く,女性の社会進出を促進するための課題は多い。

❓ 女性が出産や育児で一度仕事を辞めてしまうことのデメリットは何だろうか。

19 女性の権利の拡大
！ 写真の閣僚の男女比に着目しよう。

主な国のジェンダーギャップ指数の順位(2023年)

順 位	国 名
1	アイスランド
2	ノルウェー
3	フィンランド
4	ニュージーランド
5	スウェーデン
12	ルワンダ
43	アメリカ
105	韓国
107	中国
124	モルディブ
125	日本
126	ヨルダン
127	インド
131	サウジアラビア
146	アフガニスタン

分野別スコア
経済 / 教育 / 政治 / 健康
日本 / アイスランド / 世界平均
※スコアが1に近いほど,平等であることを示す。

🔵**スウェーデンの首相と閣僚**(2019年) 男女平等がどの程度実現されているかを数値であらわしたものを**ジェンダーギャップ指数**という。2023年のランキングでは,日本は146か国中125位であった。分野別では,特に経済(123位)と政治(138位)の分野で順位が低く,男女の賃金格差や女性議員の少なさが世界的に見ても顕著である。一方,スウェーデンなど議席の一定数を女性とするクオータ制がとられている国では,女性の政治参加が進んでいる。

❓ ランキング上位の国には,どのような共通点があるだろうか。

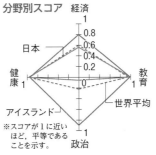

自分のことばであらわそう

❶ 絶対的貧困と相対的貧困との違いは何だろうか。

❷ 世界の国々の経済水準が上がるにつれて食肉の需要が増えると,どのような問題が起きるだろうか。

❸ 感染症の影響が,先進国よりも発展途上国で長期間にわたって深刻になるのはなぜだろうか。

プラスウェブ

■**持続可能な産業化** リンク p.34, 73, 100

❶グリーン経済…持続可能な社会を構築するための経済のあり方。自然環境や人々の生活の質の改善，社会の不平等の解消を目指す
　┗→ 技術革新(イノベーション)が重要 ➡持続可能な産業化につながる

❷認証制度…フェアトレードや，紛争に関与していない(コンフリクトフリー)鉱物などの使用，
　　　　　　農薬・化学肥料の使用を削減した農産物の認証制度など ➡持続可能なライフスタイルに欠かせない
　➡生産者から消費者への十分な情報提供と，持続可能な産業化を理解する消費者の姿勢が必要

■**資源・エネルギー問題** リンク p.100, 106, 127, 139 付表 p.158

❶エネルギー革命❶…1960年代の石炭から石油へのエネルギー資源の転換

❷世界のエネルギー消費…国によって発電やエネルギー消費の傾向は異なる❸ ➡各国の自然環境や政策の影響を受ける

❸資源の偏在❷❹…地球上の資源の分布には偏りがある 〔例：原油埋蔵量の約46％は西アジア〕
　➡資源に恵まれた国では特定の資源に依存したモノカルチャー経済に陥る場合も
　　➡資源の産出だけでなく，加工によって輸出品の付加価値を高める取り組みを行う国もある❺

❹レアメタル(希少金属)❻❼…チタン・リチウム・レアアースなど ➡電気自動車や精密機械，通信機器などに多く使用される

❺再生可能エネルギー❽…自然現象の中で繰り返し生成され，枯渇の心配がないエネルギー
　➡太陽光❿・風力・水力・地熱などの自然の力を利用したものや，生物由来の資源を燃料として利用するバイオマスエネルギー❾など
　➡地球環境への負荷を考慮しながら，必要な分を再生可能エネルギーを用いて確保することが重要

■**都市・居住問題** リンク p.119

❶農村から都市への人口移動⓫…農村部の人口増加により，余剰人口が都市へ流出するpush型と
　　　　　　　　　　　　　　　都市部の経済成長によって労働力が不足し，農村部から人口を吸引するpull型がある
　➡急激な人口増加にインフラ整備が追いつかずスラムが形成されたり，交通渋滞など居住環境の悪化が生じたりする場合も⓬

❷インナーシティ問題⓭…大都市の過密や治安の低下など，悪化した居住環境から逃れるために人口や産業が郊外へ移転し，
　　　　　　　　　　　　都市内部の産業の衰退や人口減少により，さらに居住環境が悪化すること ➡主に大都市で発生
　➡都心周辺地域の再開発や建物の修復により，比較的裕福な人が流入するジェントリフィケーションが起きている地域も

❸日本の都市・居住問題⓮⓯…ニュータウンにおける少子・高齢化やフードデザートの問題など

❹ウォーターフロント開発⓰…水辺の工場跡地などの広大な土地に，住宅やショッピングセンターなどの大規模施設を建設する開発

❶エネルギー生産の推移

⚠️ 中心となるエネルギー資源の変化に着目しよう。

18世紀後半の産業革命以降，エネルギー資源の中心は石炭であったが，油田開発やガソリンエンジンなどの内燃機関の発明によって，エネルギー資源の中心は石油へと移行していった(**エネルギー革命**)。1973年の第1次**オイルショック(石油危機)**以降，各国は省エネルギー政策を進めるとともに，地球温暖化対策として**再生可能エネルギー**や**新エネルギー**の開発に積極的に取り組んでいる。 リンク p.69

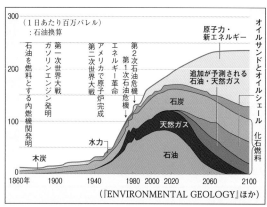

❓ 石油がエネルギー資源の中心になった理由は何だろうか。

❷エネルギー資源の埋蔵量と可採年数

⚠️ 各エネルギー資源の埋蔵量と可採年数に着目しよう。

原油・天然ガス・石炭の埋蔵量

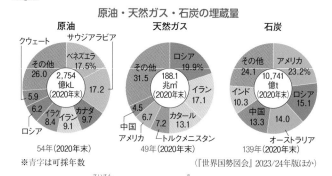

※青字は可採年数
『世界国勢図会』2023/24年版ほか

確認埋蔵量とは，採算が取れる状態で埋まっている量のことで，その時々の資源価格によって変動する。また，年生産量で割ったものを可採年数という。近年は，シェールガスなどの新たな化石燃料が開発されているが，CO_2(二酸化炭素)を排出しない再生可能エネルギーの普及が求められている。 リンク p.79, 95, 112, 117, 124, 128 統計 p.149

❓ 原油の埋蔵量が多い地域はどこだろうか。

3 世界の発電とエネルギー消費 ● ！ 各国のエネルギー消費の内訳に着目しよう。

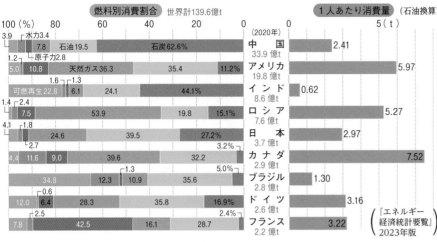

	燃料別消費割合 世界計139.6億t	1人あたり消費量（石油換算）
(2020年)		
中国 33.9億t	水力3.4 石油19.5 石炭62.6% ／3.9 7.8	2.41
アメリカ 19.8億t	原子力2.8／1.2 天然ガス36.3 35.4 11.2% ／5.0 10.8	5.97
インド 8.6億t	可燃再生22.8 6.1 24.1 44.1% ／1.6 1.3	0.62
ロシア 7.6億t	7.5 53.9 19.8 15.1% ／1.4 2.4	5.27
日本 3.7億t	24.6 39.5 27.2% ／4.1 1.8	2.97
カナダ 2.9億t	4.4 11.6 9.0 39.6 32.2 3.2% ／2.7	7.52
ブラジル 2.8億t	34.8 12.3 10.9 35.6 5.0% ／1.3	1.30
ドイツ 2.6億t	12.0 6.4 28.3 35.8 16.9% ／0.6	3.16
フランス 2.2億t	7.8 42.5 16.1 28.7 2.4% ／2.5	3.22

『エネルギー経済統計要覧』2023年版

燃料別消費割合は，各国の自然環境や政策に影響を受ける。たとえばカナダやブラジルは，降水量と一定の高低差のある地形などを活かして大規模な**水力発電**を行っている。**火力発電**は立地の制約が少なく，中国やインドは安価な石炭を多く利用している。しかし，石炭はCO_2排出量が多いため，地球温暖化の原因ともなっている。アメリカやロシアでは，自国で産出される天然ガスも多く利用される。フランスはオイルショック以降，国策として**原子力発電**を推進し，国内発電量の約6割をまかなっており，近隣諸国にも電気を供給している。

リンク p.64, 124, 139 統計 p.150

？ 火力・水力・原子力の各発電のメリットとデメリットを考えてみよう。

4 資源の偏在と移動 ！ 資源の偏在性に着目しよう。

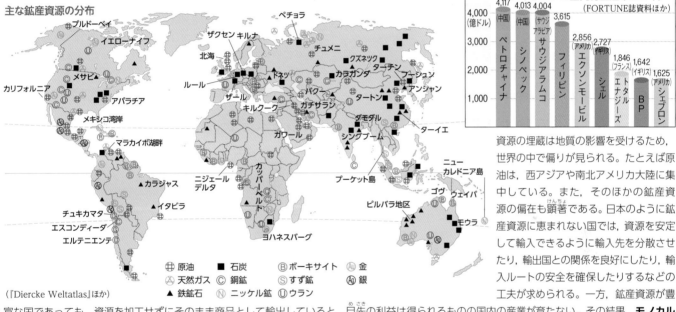

主な鉱産資源の分布

プルドーベイ／イエローナイフ／メサビ／カリフォルニア／アパラチア／メキシコ湾岸／マラカイボ湖畔／ニジェールデルタ／カラジャス／イタビラ／チュキカマタ／エスコンディーダ／エルテニエンテ／ペチョラ／北海／ザクセン キルナ／ルール／ドネツ／ザール／キルクーク／ガチサラン／ガワール／クズネック／カラガンダ／バクー／ダモダル／シングブーム／ターチン／プーシュン／アンシャン／タートン／ターイエ／コッパーベルト／プーケット島／ヨハネスブルグ／ニューカレドニア島／ゴア／ウェイパ／ピルバラ地区／モウラ

⊕ 原油　■ 石炭　Ⓑ ボーキサイト　Ⓐu 金
Ⓧ 天然ガス　Ⓒ 銅鉱　Ⓢ すず鉱　Ⓐg 銀
▲ 鉄鉱石　Ⓝ ニッケル鉱　Ⓤ ウラン

（『Diercke Weltatlas』ほか）

石油メジャーの収益（2021年）とフィリピンの国内総生産（2020年）（FORTUNE誌資料ほか）

	億ドル
ペトロチャイナ（中国）	4,117
シノペック（中国）	4,013
サウジアラムコ（サウジアラビア）	4,004
フィリピン	3,615
エクソンモービル（アメリカ）	2,856
シェル（イギリス）	2,727
トタルエナジーズ（フランス）	1,846
BP（イギリス）	1,642
シェブロン（アメリカ）	1,625

資源の埋蔵は地質の影響を受けるため，世界の中で偏りが見られる。たとえば原油は，西アジアや南北アメリカ大陸に集中している。また，そのほかの鉱産資源の偏在も顕著である。日本のように鉱産資源に恵まれない国では，資源を安定して輸入できるように輸入先を分散させたり，輸出国との関係を良好にしたり，輸入ルートの安全を確保したりするなどの工夫が求められる。一方，鉱産資源が豊富な国であっても，資源を加工せずにそのまま商品として輸出していると，目先の利益は得られるものの国内の産業が育たない。その結果，**モノカルチャー経済**に陥り，国際価格の動向に国の経済状況が翻弄されてしまう。現在，石油は世界のあらゆる場所で使用されているため，それらの取引や油田開発を担う石油メジャーの収益は，1つの国家よりも多くなる場合もある。 リンク p.79, 95, 112, 117, 124, 128 統計 p.149～151 付表 p.157, 158

？ モノカルチャー経済の問題点は何だろうか。

5 採るだけでは終わらせない ！ 作業の様子に着目しよう。

▶**ボツワナのダイヤモンド鉱山**（左）**とダイヤモンドの加工を行う人々**（右） ボツワナは，輸出品の約8割をダイヤモンドが占めるダイヤモンド産出国である。近年は，産出だけでなく加工までを行い，雇用の創出や女性の社会進出，輸出品の付加価値を高める取り組みを行っている。

統計 p.151 付表 p.158

？ 産出国で加工するメリットは何だろうか。

6 レアメタル

❗ レアメタルの産出量が多い地域に着目しよう。

(『世界国勢図会』2023/24年版ほか)

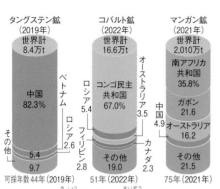

タングステン鉱（2019年）
世界計 8.4万t
中国 82.3%
ベトナム 5.4
ロシア 2.6
その他 9.7
可採年数44年（2019年）

コバルト鉱（2022年）
世界計 16.6万t
コンゴ民主共和国 67.0%
ロシア 5.4
オーストラリア 3.5
フィリピン 2.8
カナダ 2.3
その他 19.0
51年（2022年）

マンガン鉱（2021年）
世界計 2,010万t
南アフリカ共和国 35.8%
ガボン 21.6
中国 4.9
オーストラリア 16.2
その他 21.5
75年（2021年）

クロム鉱（2021年）
世界計 4,220万t
南アフリカ共和国 44.0%
トルコ 16.5
カザフスタン 15.4
インド 10.1
その他 14.0
14年（2021年）

レアアース（2022年）
世界計 29.9万t
中国 70.3%
アメリカ 14.4
オーストラリア 5.3
その他 10.0
421年（2022年）

レアメタル（希少金属） は，埋蔵量が少ないうえ，その分布は偏在している。産出国はロシアや中国のほか，発展途上国，特にサブサハラ・アフリカに多い。レアメタルは電気自動車や，スマートフォンなどの精密機器に使用され，新素材の開発や先端技術産業分野において必要不可欠な資源である。そのため，先進国にとってレアメタルの安定した確保が重要な課題となっており，外交の重要課題ともなる。日本は，ニッケル・クロム・コバルト・タングステン・バナジウム・マンガン・モリブデンについて，国家と民間合わせて60日分の備蓄を行っている。

リンク p.100　統計 p.151　付表 p.158

❓ 身のまわりでレアメタルが使われている製品を調べてみよう。

7 都市鉱山

❗ 埋蔵量の比率に着目しよう。

世界の埋蔵量に対する日本の都市鉱山の比率
（丸数字は埋蔵量の国別順位）

	比率	順位
インジウム	15.5%	②
銀	22.4	①
アンチモン	19.1	③
金	16.4	①
タンタル	10.4	③

（物質・材料研究機構2008年発表資料）

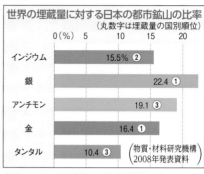

◆都市鉱山でつくられた東京2020オリンピックのメダル

廃棄された家電製品や精密機器には，レアメタルや貴金属が多く使われている。その再利用の可能性と，ICT機器の使用が多い都市部に潜在的に大量に存在することから，鉱山に見たて「**都市鉱山**」と呼ばれている。日本が都市鉱山として保有する鉱物量は多く，東京2020オリンピック・パラリンピックのメダルの材料をすべて都市鉱山でまかなうプロジェクトが実現した。都市鉱山の活用には，廃棄された家電や精密機器を分解してリサイクルする必要があり，コスト面での課題が残る。しかし，2020年の新型コロナウイルス感染症の影響で世界的に鉱山の操業率が下がったため鉱物の市場価値が高まり，注目されている。

❓ 都市鉱山の活用のために必要なことは何だろうか。

8 さまざまな再生可能エネルギー ●

❗ それぞれの発電が行われている場所に着目しよう。

太陽光発電（神奈川県，2019年）

太陽光のエネルギーを電力に変換して発電する。太陽光が当たればよいため，屋根や壁面，人工衛星，携帯電話など設置場所の制約が少なく，発電時にCO_2・騒音・振動などが発生しないといった長所がある。一方，曇天や雨天時には発電効率が落ちてしまう。

リンク p.106

比較的発電コストが低く，建設期間も短いため，需要量の変動に対応しやすい。安定した風が吹く洋上発電所も増えている。一方，不安定な風に頼るため，発電機器の破損や発電効率などに課題が残り，騒音や振動，低周波の問題もある。中国は2004年から導入が進み，2010年には世界最大の導入国となった。リンク p.106

風力発電（中国，2021年）

地熱発電（大分県，2018年）

地熱で熱せられた地下水の水蒸気でタービンを回し，発電する。開発地点が限られるが，太陽光や風力にくらべて常に安定した発電が期待できる。日本の地熱資源量は世界3位で，2,300kWと豊富だが，発電量は国内電力需要の0.3％にとどまる。日本はODA（政府開発援助）の一環として，ケニアなどに技術輸出を行っている。リンク p.127, 139

水が高所から低所に流れるときの位置エネルギーを利用して発電する。ダム式発電や揚水式発電などの発電方法がある。ダム式発電は，川をせき止めて人造湖をつくり，その落差を利用して発電する。揚水式発電は，夜間の余剰電力で水を汲み上げ，昼間の電力需要が多い時間に効率的に発電する方法で，日本に多い。

水力発電（カナダ）

❓ 日本にはどの再生可能エネルギーの発電が適しているだろうか。

⓽カーボンニュートラルとバイオマス発電

⚠️ カーボンニュートラルのしくみに着目しよう。

木材や農業廃棄物などの植物は，**バイオマス**と呼ばれるエネルギー資源として利用される。バイオマスを燃焼させるとCO_2が排出されるが，植物の生育過程でCO_2を吸収するため，全体として見れば大気中のCO_2濃度は増加していないとみなされる。これを**カーボンニュートラル**という。バイオマス発電には，エタノール（バイオマス資源から得られる植物性エチルアルコール）などのバイオ燃料のほか，生ゴミや下水処理の汚泥からメタン（バイオガス）を精製するなどの方法がある。日本では現在，間伐材や製材工場から出る残材を燃やす木質バイオマスに注目が集まっている。生育途中に打ち落とした枝など，従来廃棄されることの多かった間伐材を木質バイオマス（写真のようなペレットにして利用することが多い）として利用することで，林業従事者の収入増加のほか，適切な間伐や森林整備の促進につながるといわれている。**リンク** p.124

▶ペレット
△木質バイオマス発電（長野県，2020年）

❓ バイオマス発電がCO_2の増加にはつながらないとされる理由は何だろうか。

カーボンニュートラル
吸収したCO_2　排出したCO_2
光合成でCO_2吸収　CO_2排出
京都議定書では同量とみなされた。
トウモロコシ・サトウキビ畑
収穫しても種をまけば再生する。
バイオエタノール精製工場　バイオエタノール

◀バイオディーゼルを使用したバス（埼玉県，2020年）　ナタネ油など植物性油脂（日本では廃食用油）を加工した脂肪酸メチルエステルを燃料とし，軽油とくらべてCO_2を約78%低減する効果がある。写真はミドリムシ由来のバイオディーゼルを使用したバス。

❿土地の二重活用〜ソーラーシェアリング〜

⚠️ ソーラーパネルの配置に着目しよう。

◀農地での太陽光発電（滋賀県，2015年）と土砂崩れにより崩壊したメガソーラー（下：兵庫県，2018年）　2011年以降，日本では太陽光発電が増加し，近年では畑や水田の上に太陽光発電施設を設け，農業と発電を同じ場所で行うソーラーシェアリングが注目されている。地面に発電施設を敷き詰める際の土砂流出対策や雑草処理が不要となるため設置の手間が少なく，農家の収入増加やハウス用暖房源の自給につながる。また，耕作放棄地対策としても期待されている。山地の斜面を大規模に開発するメガソーラーもあるが，森林伐採や土砂の流出，大雨による斜面崩壊などの問題も発生している。

❓ ソーラーシェアリングのメリットは何だろうか。

よりみち ✈ navi ∞

1国で脱原発を図っても

ドイツは脱原発政策をとっており，2011年に2022年末までの原発全廃を決定した。その際，原発大国フランスからの電力輸入や再生可能エネルギーのコストの高さなどが指摘されたが，現在のドイツは電力輸出国であり，技術革新によって再生可能エネルギーのコストも下がっている。ロシアのウクライナ侵攻にともなうエネルギー危機によって脱原発は先送りされたが，2023年4月に最後の原発3基を停止し，脱原発が実現した。しかし，送電のしくみとEUの電力市場の特性により，今後も原発でつくられた電力が周辺国からドイツに入ってくる。SDGsの17の目標にもかかわる，電力を「つくる責任」と「使う責任」や，気候変動への具体的な対策は，ドイツだけではなくヨーロッパ全体で考えていく必要がある。

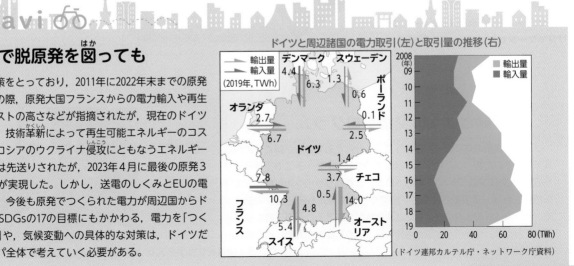

ドイツと周辺諸国の電力取引（左）と取引量の推移（右）
輸出量　輸入量（2019年，TWh）
デンマーク　スウェーデン　ポーランド
4.4　6.3　1.3　0.6　0.1
オランダ　2.7　6.7　2.5
ドイツ　1.4
7.8　3.7　チェコ
フランス　10.3　0.5　14.0　4.8　オーストリア
5.4　スイス
（ドイツ連邦カルテル庁・ネットワーク庁資料）

輸出量　輸入量
2008（年）09 10 11 12 13 14 15 16 17 18 19
0　20　40　60　80（TWh）

⑪都市への人口移動

!｜人口移動の要因が都市と農村のどちらにあるかに着目しよう。

● push（プッシュ）型の人口移動

農村での人口急増による余剰人口の発生と，都市と農村の経済的格差のため，農村から都市へ人口が押し出される

人口急増 / 雇用不足 / 耕地不足 / 食料不足 / 押し出し / スラム / スラム

（都市の過密化と膨張）

● pull（プル）型の人口移動

都市部で商工業が急速に発展したため労働力が不足し，都市が農村から人口を引き抜く

（農村の過疎化）引き抜き / 労働需要急増 / 工業発展

都市への人口移動には，農村でまかなえる耕地や雇用，食料よりも多くの人口が生じた場合，それらが余剰人口として都市へ流出する**push型**の人口移動と，都市での経済成長や工業化によって労働力需要が急増し，農村から人口が流入する**pull型**の人口移動がある。都市部で急激に人口が増加すると，住宅や上下水道，電気・ガスなどのライフラインやゴミ回収の整備が追いつかなくなり，**スラム**が生じることが多い。また，雇用先も不足し，ゴミ拾いなどのインフォーマルセクター（公式に記録されない経済活動）も発生する。

❓ なぜ発展途上国では，農村から都市に人々がやってくるのだろうか。

⑫渋滞問題

!｜車両の種類に着目しよう。

⬆**バンコクの交通渋滞**（タイ，2019年） 発展途上国の中でもタイは特に交通渋滞が深刻で，ピーク時は世界最悪ともいわれる。経済成長により，首都バンコクでは想定の3倍以上の車両が登録され，現状の交通網では抱えきれなくなっている。バンコクの交通渋滞の一因に，警察官の勘と経験に頼った手作業による信号操作があるといわれている。そこで，AIによる信号システムの導入が進められているが，失職する警察官の雇用問題などが心配されている。

❓ 渋滞対策としてどのような解決法があるだろうか。

⑬インナーシティ問題

!｜所得層による都市部への出入りの違いに着目しよう。

都市が発展し拡大すると，住環境が悪化し，従来住んでいた富裕層がよりよい住環境を求めて郊外へと流出する。都市内部では家賃や地価が下がり，低所得者層が流入したり，空いた宅地の不法占拠が起きたりして**スラム**が形成され，治安が悪化することもある。こうした都市内部の問題を**インナーシティ問題**という。一方，写真のブッシュウィック地区は，1970年代以降治安が悪化したが，2000年代になると大規模な再開発や建物の修復が行われ，現在はアーティストが多く移り住み，地価が高騰するといった**ジェントリフィケーション**が起こった。 リンク p.119

アメリカにおけるインナーシティ問題のモデル図

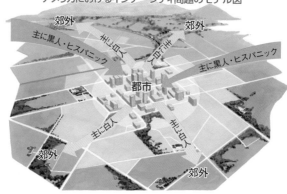

郊外 / 郊外 / 主に黒人・ヒスパニック / 主に黒人・ヒスパニック / 都市 / 主に白人 / 主に白人 / 郊外 / 郊外

⬇**ニューヨークのブッシュウィック地区**（アメリカ，2019年）

❓ なぜ低所得者層が都市部に流入するのだろうか。

よりみち navi∞

緑とゴミの交換プログラム

ブラジル南部のクリチーバ市ではゴミを分別する考え方が薄く，またスラムが多いため，ゴミの回収は困難をきわめていた。そこで，1991年から「緑と交換プログラム」が開始された。これはリサイクル可能なゴミを持参すれば，その重さに応じて野菜などの食料がもらえるシステムで，スラムに住む人々の生活援助と清掃活動ができる，一石二鳥の取り組みであった。住民自らが清掃活動を行うようになったため，市の清掃費用も減った。

ブラジル / ブラジリア / リオデジャネイロ / クリチーバ

▶ゴミと野菜を交換する人々

14 ニュータウン

！ 各年代で人口が多い年齢層に着目しよう。

日本の**ニュータウン**は，都心の住環境の悪化や住宅供給難を背景に，高度経済成長期以降，大都市の郊外につくられてきた。公的資本による中層集合住宅の団地や，鉄道会社を中心とした民間資本による宅地開発も多く見られる。大阪府の千里ニュータウンや泉北ニュータウン，愛知県の高蔵寺ニュータウン，東京都の多摩ニュータウン，神奈川県の港北ニュータウンなどが代表例である。右の人口ピラミッドで10代後半〜20代前半が多いのは，八王子市には多くの大学が立地するためであり，20代後半は激減している。

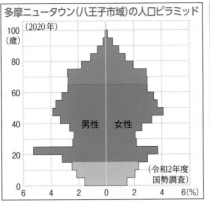

多摩ニュータウン（八王子市域）の人口ピラミッド
（2020年）
男性　女性
（令和2年度国勢調査）

△多摩ニュータウン（東京都，1989年）

? なぜ，左の人口ピラミッドでは，20代後半が激減しているのだろうか。また10年後は，どのような形になり，どういった問題が起きると予想されるだろうか。

15 団地の高齢化とフードデザート

！ フードデザートが深刻な地区に着目しよう。

△団地を巡回する移動販売車（東京都，2018年）

? なぜ，移動販売車が利用されるのだろうか。

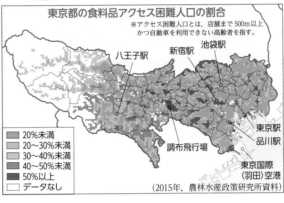

東京都の食料品アクセス困難人口の割合
※アクセス困難人口とは，店舗まで500m以上かつ自動車を利用できない高齢者を指す。
八王子駅　新宿駅　池袋駅
調布飛行場
東京駅　品川駅
東京国際（羽田）空港
20%未満
20〜30%未満
30〜40%未満
40〜50%未満
50%以上
データなし
（2015年，農林水産政策研究所資料）

同世代がいっせいに入居したニュータウンでは，子世代が独立して転出し，親世代が高齢化して人口減少が進んでいる。その結果，ニュータウン内の商店が閉店し，食料品などの最寄りの購入先がなくなってしまい買い物弱者が生まれる，**フードデザート**（食の砂漠）問題が発生することがある。左の地図からは，都市部でもフードデザートが発生していることがわかる。高齢者は利用できる交通手段や徒歩圏が限られることから，近年では団地を巡回する移動販売車などが活躍している。

16 ウォーターフロント開発

！ 建物の高さに着目しよう。

レインボーブリッジ
お台場

◁**開発が進む東京臨海地域**（2019年）　都心部の管理中枢機能集中への対策として，**ウォーターフロント**と呼ばれる水辺・臨海地域の開発・再開発が盛んである。江戸時代初期から始まった東京湾の埋立ては現在まで続いており，その面積は千代田・中央・港・新宿の4区の合計よりも大きい。江戸時代に置かれた石川島造船所（現中央区佃）周辺はマンション群に変化し，お台場地区をはじめとする新たな埋立て地には商業・観光地区や東京2020オリンピック・パラリンピックに向けたスポーツ施設などが立地した。東京港の物流機能を担うコンテナ基地もあり，その機能の拡充に向けた交通網の整備なども進んでいる。また，臨海部には高層マンションが建設され，都心へのアクセスのよさもあってファミリー層の大量入居が進んだ。当初は，増加した子どもに対して保育園や小・中学校が不足したが，将来的に入居者の高齢化が予想され，マンションの修繕や維持管理，自治体の税収の減少，小学校の統廃合などが，ニュータウン同様に懸念されている。

? 地図帳を見て，東京湾の埋立て地にはどのような施設があるか探してみよう。

自分のことばであらわそう
❶ 都市鉱山の活用は，SDGsの視点でどのような利点があるだろうか。
❷ 太陽光発電・風力発電・地熱発電・水力発電から1つ選び，メリットとデメリットを説明しよう。
❸ なぜ都市では，農村には見られないスラムやゴミ問題，渋滞などが顕著にあらわれるのだろうか。

要点の整理

プラスウェブ

■地球温暖化問題 リンク p.91

❶地球温暖化**❶**の要因…産業革命以降の人間活動による温室効果ガス（CO_2〈二酸化炭素〉など）の増加

　➡ IPCC（気候変動に関する政府間パネル）の予測によれば，温暖化は世界均一に進行するのではなく，地域差がある

❷温暖化が進むと予想されること…平均気温が0.3～4.8℃上昇，海面が26～82cm上昇，干ばつや大雨など異常気象頻発のおそれ

❸国際的な取り組み…気候変動枠組条約（気候変動枠組条約締約国会議＝COP）

　➡ 京都議定書（COP3，1997年）…温室効果ガスの削減義務を一部の先進国にのみ課す
　　パリ協定（COP21，2015年）…発展途上国も含め，すべての締約国で温室効果ガス削減目標の策定を義務化
　　　➡ 日本を含む多くの国が，2050年までに温室効果ガスの排出量を実質ゼロにする脱炭素社会の実現を目指す

■大気の環境問題 リンク p.81

❶酸性雨**❷**…pH5.6以下の雨。化石燃料の燃焼時に生じる硫黄酸化物（SOx）や窒素酸化物（NOx）が原因
　　　　　　森林枯死や湖沼の魚の死滅などを引き起こす

❷大気汚染**❷**…工場や自動車の排ガスに含まれる微粒子や有害な気体成分が大気中に増加し，人の健康や環境に悪影響をもたらす

❸オゾン層の破壊**❸**…太陽からの有害な紫外線をやわらげるオゾン層がフロンガス類で破壊され，オゾンホールが生じる

■陸地の環境問題 リンク p.86, 99, 115, 123, 124

❶砂漠化**❹❺**…気候変動や人為的要因によって地力（土地が作物を育てうる能力）が低下し，土地が荒廃すること

砂漠化の主な要因

要　因	特　徴	事　例
過耕作・過放牧・過剰伐採	人口増加にともない，自然再生能力をこえた耕作や家畜の放牧，薪炭材確保のための乱伐が行われ，地力が失われる	サハラ砂漠南縁部のサヘル地域 要因：過放牧と地下水の過剰な汲み上げなど
土壌の塩性化	乾燥地で過度な灌漑農業を行うことなどにより発生。水や土壌に含まれる塩類が蒸発にともなう毛細管現象で地表に蓄積する	エジプトのナイル川下流域 要因：アスワンハイダムの建設や取水量の増加など
土壌侵食	農地に適する表土が雨や洪水などで流出し，表土が削られ基盤がむき出しになることで，再農地化が難しくなる	アメリカのプレーリーやグレートプレーンズ 要因：土地の起伏を無視した，農業の大規模機械化

❷森林の減少…世界　特に熱帯林の減少が顕著**❻**　➡

　要因　・大規模な農地開発や木材輸出のための過剰伐採
　　　　〔例：マレーシアのアブラヤシプランテーション，アマゾン川流域〕
　　　　・マングローブ林の養殖池化　〔例：タイのエビ養殖〕

　　　日本　農山村の里山や雑木林など二次林の荒廃　➡ シカやイノシシなどによる被害（獣害）の発生

■海洋の環境問題 リンク p.81, 127, 134

❶海洋汚染**❼**…工業廃液などによる有害化学物質，海底油田や石油タンカーの事故による原油流出，プラスチック製品などの海洋ゴミ

❷マイクロプラスチック**❽**…海に流れ出たプラスチックゴミが紫外線や波などで破砕され，直径5mm以下になったもの

　➡ 長期間分解されないため，生態系への悪影響が懸念される

❸海洋の生態系の悪化

　…水産資源（魚介類など）の乱獲，バラスト水（船舶の重しとして用いられる海水）による水生生物の移動，サンゴの白化など

　　➡ 関係各国の資源管理や国際条約での規制，海洋保護区の設置などの対策が行われる

■生物多様性

❶生物多様性…人間を含めた動植物や土壌，水中の微生物など，地球上の生物の豊かな個性とつながり

　➡ 空気や水の浄化，医薬品の開発など，人間活動も生物多様性の上に成り立つ

　　➡ 20世紀以降の人間活動によって生物多様性がおびやかされており，その保全が求められる

❷生物多様性を維持する世界的な取り組み…国連環境開発会議（地球サミット，1992年），名古屋議定書（2010年採択）など

1 地球温暖化と温室効果ガス

⚠ 地球温暖化と温室効果ガスの関係性に着目しよう。

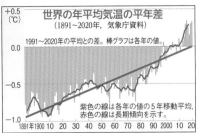

世界の年平均気温の平年差（1891～2020年, 気象庁資料）
1991～2020年の平均との差。棒グラフは各年の値。
紫色の線は各年の値の5年移動平均、赤色の線は長期傾向を示す。

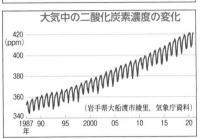

大気中の二酸化炭素濃度の変化
（岩手県大船渡市綾里, 気象庁資料）

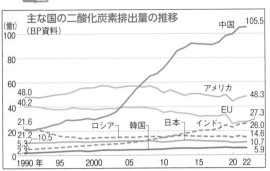

主な国の二酸化炭素排出量の推移（BP資料）
中国 105.5
アメリカ 48.3
EU 27.3
インド 26.0
日本 14.6
韓国 10.7
ロシア 5.9

◎表面がとけた氷の上を歩くホッキョクグマ

長期的に見ると，地球は約10万年周期で寒冷期と温暖期を繰り返しているが，ここ100年間においてはかつてない速度で温暖化が進行している。その主な原因は産業革命以降の**温室効果ガス**の増加とされ，国際的に温室効果ガスの削減を目指す**京都議定書**が1997年に採択された。しかし，京都議定書は一部の先進国のみに削減義務が課されたため，十分な実績を上げられなかった。そのため，温室効果ガスの排出が急増する中国やインド，ブラジルなどの新興国や，京都議定書を受け入れなかったアメリカをも含んだ新たな枠組みである**パリ協定**が2015年に採択された。

リンク p.65, 91, 127

❓ なぜ地球温暖化防止の枠組みは，京都議定書からパリ協定へと変更されたのだろう。

2 国境をこえて広がる酸性雨と大気汚染

⚠ 風の流れと酸性雨や大気汚染の関係に着目しよう。

大気中の汚染物質が気流に乗って国境をこえることを越境大気汚染といい，国際問題に発展することもある。ヨーロッパでは，イギリスやドイツなど西ヨーロッパの工業国が排出した硫黄酸化物や窒素酸化物が偏西風で流され，チェコなどの東ヨーロッパ諸国に深刻な**酸性雨**の被害をもたらした。また，東アジアでは近年経済発展の著しい中国から排出された微小粒子状物質（PM2.5）による**大気汚染**が広がっており，偏西風で流された結果，朝鮮半島や日本にも影響を及ぼしている。

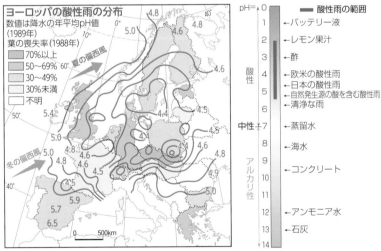

ヨーロッパの酸性雨の分布
数値は降水の年平均pH値（1989年）
葉の喪失率（1988年）
70%以上
50～69%
30～49%
30%未満
不明

pH＝0
バッテリー液
レモン果汁
酢
欧米の酸性雨
日本の酸性雨
自然発生源の酸を含む酸性雨
清浄な雨
中性±7 蒸留水
海水
コンクリート
アンモニア水
石灰
酸性雨の範囲
酸性
アルカリ性

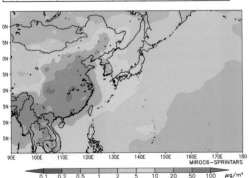

◎東アジアにおけるPM2.5の地表濃度の分布（2021年4月の平均）
リンク p.81

❓ 越境大気汚染を防ぐためには，どのようなことが必要だろうか。

3 オゾン層の破壊

⚠ オゾンホールが拡大する要因と影響に着目しよう。

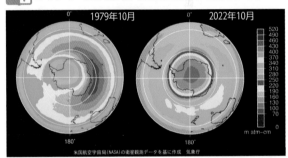

1979年10月　2022年10月
米国航空宇宙局（NASA）の衛星観測データを基に作成 気象庁

◎南極上空のオゾンの減少　冷蔵庫やクーラーの冷媒として利用されていたフロンガスは，かつて無害であると考えられていた。しかし，1980年代に**オゾンホール**拡大の要因であると特定され，1987年のモントリオール議定書により，**オゾン層**の破壊を引き起こしにくい代替フロンに切り替わった。その結果，さまざまな要因は考えられるものの，1990年ごろまで拡大傾向にあったオゾンホールは縮小しつつある。しかし，代替フロンにもCO_2の1万倍程度という強力な温室効果があり，地球温暖化の要因となることから，2019年のモントリオール議定書改正の際に削減対象となった。

▷帽子をかぶって遊ぶオーストラリアの子どもたち（2013年）　オーストラリアでは，紫外線による健康被害を防ぐため，特に子どもの紫外線対策に力が入れられている。

❓ なぜフロンガス規制後に利用された代替フロンも規制対象になったのだろうか。

4 各地で進行する砂漠化

砂漠化が深刻な地域に着目しよう。

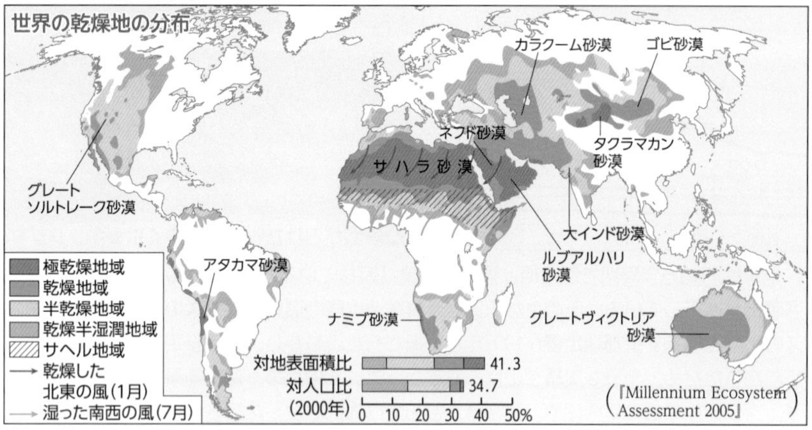
世界の乾燥地の分布
カラクーム砂漠
ゴビ砂漠
ネフド砂漠
タクラマカン砂漠
サハラ砂漠
グレートソルトレーク砂漠
大インド砂漠
ルブアルハリ砂漠
アタカマ砂漠
ナミブ砂漠
グレートヴィクトリア砂漠
極乾燥地域
乾燥地域
半乾燥地域
乾燥半湿潤地域
サヘル地域
→ 乾燥した北東の風(1月)
→ 湿った南西の風(7月)
対地表面積比 41.3
対人口比 34.7
(2000年)
0 10 20 30 40 50%
『Millennium Ecosystem Assessment 2005』

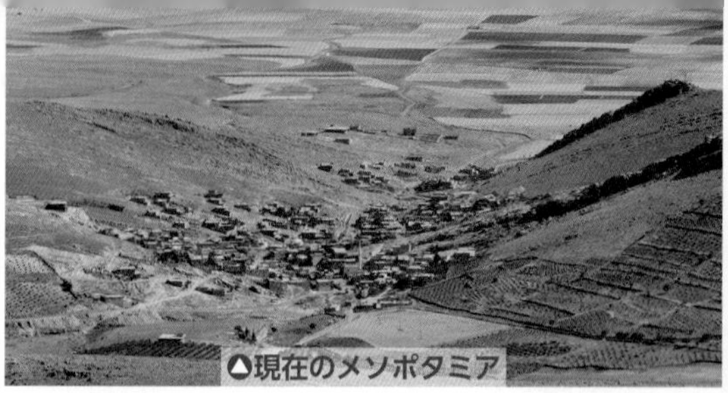
△現在のメソポタミア

砂漠化の影響を受けやすい乾燥地域は地表面積の1/4を占め，気候変動や人為的要因により年々その面積が増加している。アフリカの**サヘル**地域や西アジア，中央アジアでは人口増加にともなう過剰な農業活動による地力の低下が，南北アメリカやオセアニアでは企業的農業による灌漑用水の過剰な汲み上げが深刻である。古代，農耕が始まったとされる「肥沃な三日月地帯」に位置するメソポタミア地方は，有史以降の過度な農業活動によって現在は乾燥した土地が広がる。

砂漠化はどのような条件のもとで進行するのだろうか。

リンク p.99，115

5 縮小するアラル海

アラル海が縮小した人為的要因に着目しよう。

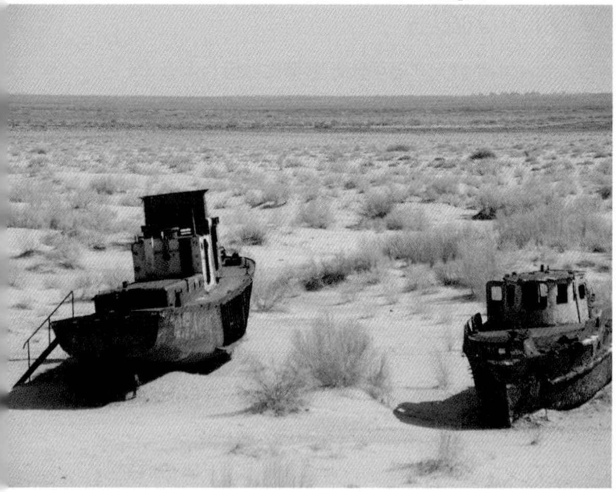

◁干上がったアラル海（ウズベキスタン，2014年） 中央アジア西部に広がる内陸湖の**アラル海**は，1960年ごろまでは6.8万km²（琵琶湖の約100倍）と世界4位の面積を誇った。しかし，ソ連による自然改造計画の一環として，水源であるアムダリア川・シルダリア川の水を使った灌漑農業による綿花栽培が行われるようになると，アラル海に流入する水量が激減した。湖面はこの50年間で約1/10に減少し，20世紀最大の環境破壊と呼ばれた。湖面が干上がったことで内水面漁業（淡水での漁業）が打撃を受け，塩分濃度の上昇による魚類の死滅や農地の塩害，周辺住民への健康被害などを引き起こしている。リンク p.112

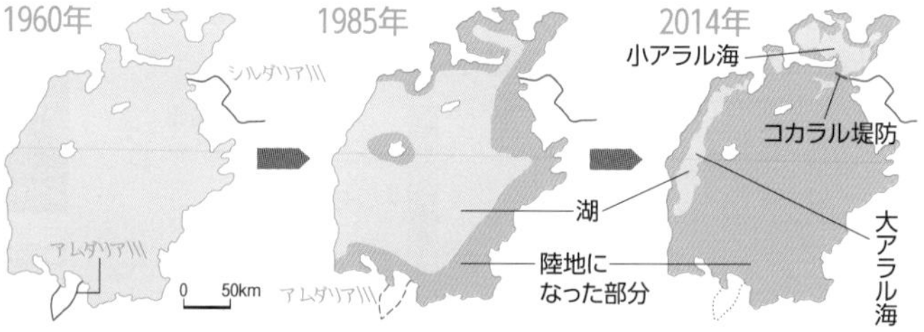
1960年
1985年
2014年
シルダリア川
アムダリア川
小アラル海
コカラル堤防
湖
陸地になった部分
大アラル海
0 50km

◁縮小するアラル海 現在は，コカラル堤防の建設により，小アラル海の水量は回復に向かっている。

なぜ陸地に漁船があるのだろうか。

6 失われる熱帯林

失われた熱帯林の広さに着目しよう。

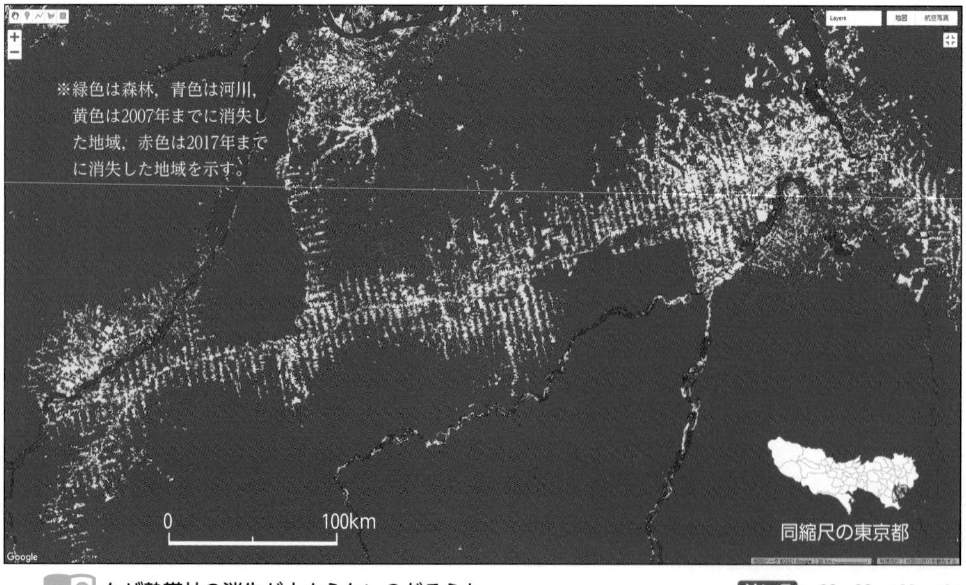
※緑色は森林，青色は河川，黄色は2007年までに消失した地域，赤色は2017年までに消失した地域を示す。
0 100km
同縮尺の東京都

◁アマゾンの熱帯林の減少（ブラジル・パラ州） **熱帯林**は「地球の肺」の役割を果たしているが，東南アジアや南アメリカ，サブサハラ・アフリカでは熱帯林の消失が止まらない。1990年から30年間で失われた世界の森林面積は1億7,800万ha（日本の国土面積の約5倍）に及ぶ。アマゾン川流域では，アマゾン横断道路周辺の熱帯林が枝状に伐採され，その形状からフィッシュボーンと呼ばれる。熱帯林は野生動植物の宝庫でもあるが，伐採や乱獲によって多くの生物種が絶滅の危機にさらされている。

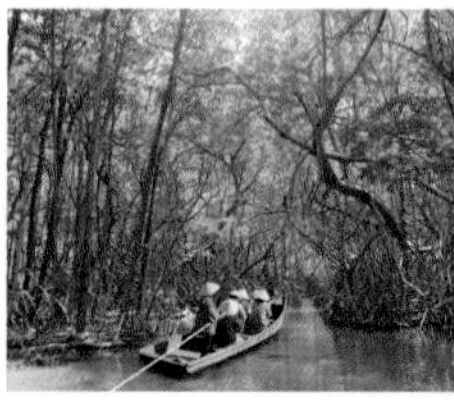

▷マングローブ林（ベトナム） 東南アジアでは，**マングローブ林**がエビの養殖池などに転換され，その面積は激減している。

なぜ熱帯林の消失が止まらないのだろうか。

リンク p.26，86，123，124

よりみち navi ∞

ドローンを操る先住民

アマゾン南部の熱帯林で生活する先住民のスルイは、ボディペイントを施し、自給自足を行うなど伝統的な生活様式を維持する一方で、ハイテク技術を積極的に取り入れていることで知られる。生活する保護区内で頻発する違法伐採行為に悩まされる中、首長が街のインターネットカフェで目にしたGoogle Earthの有用性に気づいたことをきっかけに、Google社の技術支援を受けることになった。GPSが内蔵されたドローンで違法伐採現場を撮影して写真や動画をインターネットにアップロードすることで、深い密林内でも犯行場所と時刻の特定が可能になり、政府機関による早期の検挙につながった。このほかにも、スルイはその特色ある歴史と生活様式を世界中の人々に伝えるためにYouTube動画を作成したり、森林の炭素量をモニタリングしてカーボンオフセット取引を行ったりと、テクノロジーを駆使した活動を行っている。

△Google Earthを使った取り組みを紹介するスルイ（ブラジル，2017年）

7 海洋汚染　❗ 海洋汚染が深刻な地域に着目しよう。

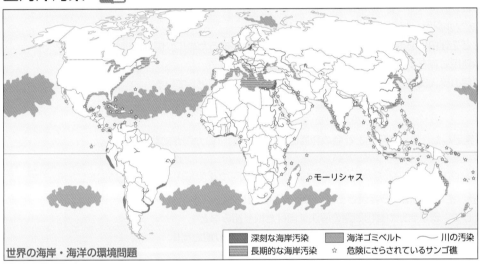

世界の海岸・海洋の環境問題

■ 深刻な海岸汚染　■ 海洋ゴミベルト　── 川の汚染
▦ 長期的な海岸汚染　☆ 危険にさらされているサンゴ礁

◇モーリシャス沖の原油流出事故　2020年7月，インド洋のモーリシャス沖で日本の貨物船が座礁した。8月には燃料の重油が大量に流出して周辺のサンゴ礁やマングローブ林が汚染され，モーリシャスの水産業や観光業に重大な影響を及ぼした。

海洋汚染は人間活動から排出された物質が原因で発生し，地中海や北アメリカの東海岸，東アジアの海などで進んでいる。また，人口増加や経済成長にともなう食生活の変化などによって水産資源の需要が拡大し，漁獲規制などの資源管理も行われている。世界全体で船舶による貨物輸送が拡大する一方，船舶のバランスを調整するためのバラスト水が水生生物を多国間で移動させ，生態系に影響を及ぼすなどの問題を引き起こしている。幾多の生命を育んできた海は地表の約7割を占め，未知の生物種も多い。海の**生物多様性**を保つためにも，海洋環境の保全は喫緊の課題といえる。

[?] 船舶のバラスト水は，どのような問題を引き起こしているだろうか。

8 海洋ゴミ　❗ マイクロプラスチックの特徴に着目しよう。

◆海岸に打ち上げられたゴミ（長崎県）

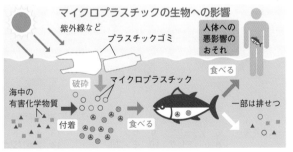

マイクロプラスチックの生物への影響

紫外線など
プラスチックゴミ
破砕
マイクロプラスチック
海中の有害化学物質
付着
食べる
人体への悪影響のおそれ
食べる
一部は排せつ

海洋汚染の原因として近年注目されるものの1つに，海洋プラスチックゴミがある。適切に処理されず海に流出するプラスチックゴミは年間800万tと試算されており，対策を施さない場合，2050年には全海洋生物の重量をこえるといわれている。近年では，プラスチックゴミが破砕してできた**マイクロプラスチック**が水生生物の体内から検出されており，問題となっている。

[?] 長崎県に流れ着いたゴミは，どこから来たものが多いと考えられるだろうか。

自分のことばであらわそう

❶ 身近に感じる地球環境問題の例を1つ挙げて説明しよう。

❷ 人為的要因により引き起こされた環境問題の例を1つ挙げて説明しよう。

❸ 環境問題解決のための国際的な枠組みの例を1つ挙げて説明しよう。

❹ 環境保全に関して，私たちができることは何か考えてみよう。

■民族問題 リンク p.81, 89, 119, 129 付表 p.158

❶民族❶…共通の祖先・言語・宗教・風俗習慣・価値観などでアイデンティティ(帰属意識)を共有する社会的集団

　➡民族により育まれた文化的・社会的特性 = 民族性

❷国家における民族❷…単一民族国家：1つの民族のみで構成された国家。現代世界においてほとんど存在しない

　　　　　　　　　　　多民族国家(複合民族国家)：複数の民族で構成された国家。ほぼすべての国に少数民族が存在する

❸国家による帰属意識の構築…国旗・国歌・公用語(国語)など

　➡民族間に政治的・経済的な不平等が発生すると，少数民族の帰属意識は 国家 < 民族 となることが多い

　　➡対立が生じ，分離・独立運動に発展する例も

■国際紛争・難民問題 リンク p.64, 93, 100 付表 p.158

❶国際紛争の要因…国境・権力・資源・宗教などの対立❸❹

　➡レアメタルなど希少な資源が紛争の資金源になること(紛争鉱物)❺や，

　　15歳未満の子ども兵士(チャイルド・ソルジャー)が紛争に利用されることも

❷難民❻❼…国籍や宗教，政治的意見などを理由に迫害を受けた，または受けるおそれがあるために，国外に逃れている人々

　　　　自国内で難民化する国内避難民も存在する

　➡ヨーロッパ諸国やアメリカなど，難民の受入国でも受け入れについて意見が対立し，問題化している

■国際協力

❶国際連合(国連，UN)❽❾…1945年に発足した，世界の平和と社会の発展のための機関。193か国が加盟

国連の目的
①国際社会の平和と安全の維持　②諸国家間の友好関係の発展　③経済的・社会的・文化的・人道的な面での国際協力の推進

❷国際協力…政府開発援助(ODA)による，主に先進国から発展途上国への融資や技術供与，

　　　　　企業の社会的責任(CSR)として，環境問題や貧困問題の解決に向けた取り組みなど

❸非政府組織(NGO)…政府や政府間の協定によらずにつくられた，主に国際的な課題に取り組む団体

❹非営利組織(NPO)…営利を目的としない，主に国内の課題に取り組む民間団体

❶世界の主な先住民　❗各先住民が居住する自然環境と，個性豊かな生活スタイルに着目しよう。

🔺犬ぞりに乗るイヌイット

🔺踊るマサイ

※青色で示した範囲はその他の先住民の居住地域をあらわす。

1　イヌイット・エスキモー	5　ケチュア	9　サン	13　ヤクート
2　サーミ	6　トゥアレグ	10　モンゴル	14　アボリジニ
3　ファーストネーションズ	7　ソマリ	11　ウイグル・チベット	15　マオリ
4　ネイティブアメリカン	8　マサイ	12　アイヌ	

🔺ヤクートの祭りの様子

🔺ウイグルのミュージシャン

世界の先住民の数は5,000をこえるといわれる。現代の国家においては政治的に劣勢な立場に置かれることが多いが，居住地域の自然環境を色濃く反映した衣食住といった生活文化や独自の宗教観など，多様性に富んだ個性を有している。そのため，各国で先住民の生活文化を尊重する政策がとられ，自治が認められている例もある。また独自の文化を活かし，その国家の民族的シンボルとして観光業に従事する人々も見られる。

リンク p.35, 71, 81, 113, 121, 123, 129　　　　❓ウイグルは，主にどの国に多く居住しているだろうか。

2 各国の民族構成 ❗ 各国の歴史的背景に着目しよう。

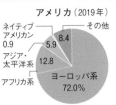
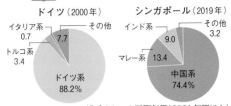

アメリカ (2019年)
- ネイティブアメリカン 0.9
- アジア・太平洋系 5.9
- アフリカ系 12.8
- その他 8.4
- ヨーロッパ系 72.0%

ドイツ (2000年)
- イタリア系 0.7
- トルコ系 3.4
- その他 7.7
- ドイツ系 88.2%

シンガポール (2019年)
- インド系 9.0
- マレー系 13.4
- その他 3.2
- 中国系 74.4%

（『ブリタニカ国際年鑑』2021年版ほか）

リンク p.88, 89, 107, 109, 119　　**❓** シンガポールの公用語は何だろうか。

各国の民族構成は，それぞれの歴史的背景を反映している。アメリカはイギリスからの入植者を中心に，先住のネイティブアメリカンを排除して国を統治しつつ，南部の労働力としてアフリカからの奴隷を，西部開拓の労働力として中国や日本からの移民を受け入れた。ドイツの人口の大半はゲルマン系のドイツ人だが，第二次世界大戦後にトルコなどからの移民が増加した。シンガポールは先住のマレー系のほか，フーチエン（福建）省やコワントン（広東）省など中国南部から渡って来た中国系（華人）や，イギリス植民地となった1819年以降に移住したインド系などの子孫からなる**多民族国家**である。

3 世界で見られる主な対立

❗ 対立が集中している地域に着目しよう。

対立の主な要因には，異なる立場の集団間に見られる国境や権力，資源，宗教などをめぐる争いが挙げられる。ユダヤ人とアラブ人の対立が続くパレスチナや，トルコ・イラン・イラクなどにまたがって暮らし，各国で少数民族となっているクルド人の独立問題など，未解決の対立も多い。ロシアや中国の周縁部は多くの少数民族が居住しており，政治的に不安定な地域である。

リンク p.81, 93, 97, 100, 121　**付表** p.158

❓ 先進国で見られる対立の原因は何だろうか。

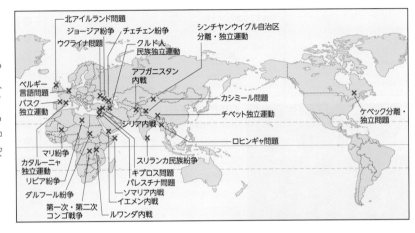

北アイルランド問題／ジョージア紛争／チェチェン紛争／シンチヤンウイグル自治区分離・独立運動／ウクライナ問題／クルド人民族独立運動／ベルギー言語問題／バスク独立運動／アフガニスタン内戦／カシミール問題／チベット独立運動／シリア内戦／ケベック分離・独立問題／マリ紛争／ロヒンギャ問題／カタルーニャ独立運動／スリランカ民族紛争／リビア紛争／キプロス問題／ダルフール紛争／パレスチナ問題／第一次・第二次コンゴ戦争／ソマリア内戦／イエメン内戦／ルワンダ内戦

4 パレスチナ問題 ❗ エルサレムの宗教施設に着目しよう。

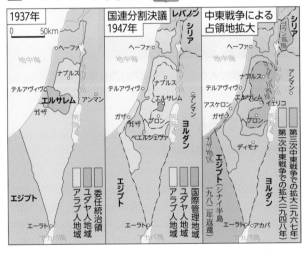

1937年　0 50km　地中海／ヘーファ／ナブルス／テルアヴィヴ／エルサレム／ガザ／エジプト／エーラト／委任統治領／ユダヤ人地域／アラブ人地域

国連分割決議 1947年　レバノン／シリア／ヘーファ／ナブルス／テルアヴィヴ／エルサレム／アンマン／ガザ／クロン／ベエルシェヴァ／ヨルダン／ディモナ／エーラト／エジプト／国際管理地域／ユダヤ人地域／アラブ人地域

中東戦争による占領地拡大　シリア／ヘーファ／ナブルス／テルアヴィヴ／アスケロン／エルサレム／アンマン／イエリコ／ガザ／クロン／ヨルダン／ディモナ／エジプト／エーラト／アカバ／第三次中東戦争での占領地の拡大（一九六七年）／第一次中東戦争での拡大（一九四八年）／エジプト（シナイ半島）（一九八二年返還）

紀元前1世紀にユダヤ人がパレスチナを追われた後，長年アラブ人が居住していたが，19世紀のシオニズム運動をきっかけにパレスチナに流入するユダヤ人が増加した。国連分割決議を受けて1948年にイスラエルが建国，イスラエルは4度の中東戦争で占領地を拡大し，多くのパレスチナ難民が発生した。1993年，イスラエルとPLO（パレスチナ解放機構）は相互承認（オスロ合意）し，翌年パレスチナ暫定自治政府が発足，イスラエルはガザ地区から撤退した。しかし，ヨルダン川西岸に分離壁を建設して入植地を広げたり，ガザ地区に軍事侵攻したりするなど対立が続いている。2023年には，ガザ地区を実効支配するイスラーム組織とイスラエルとの間で大規模な衝突が発生した。

リンク p.49, 51　**付表** p.158　**❓** エルサレムを聖地とする3つの宗教は何だろうか。

聖墳墓教会（キリスト教）／岩のドーム（イスラーム）／嘆きの壁（ユダヤ教）

▲エルサレム

5 紛争鉱物 ❗ 紛争鉱物の問題点に着目しよう。

紛争地域で違法に採掘された鉱産資源は，武器の購入などを通して紛争を長期化・深刻化させる資金源となっていることがあり，国際的な管理が必要とされる。日本は，紛争ダイヤモンドを規制するための国際的な枠組みであるキンバリー・プロセスに参加しており，日本に輸入されるダイヤモンドは，紛争に関与していない（**コンフリクトフリー**）と証明されたものである。また，アメリカの金融規制改革法（ドッド・フランク法）やOECDの紛争鉱物に対するガイダンスなど，国際的に紛争鉱物の使用を規制する動きが広がっている。

リンク p.100　**統計** p.151　**付表** p.158

❓ コンフリクトフリーとは何だろうか。

▶▼コンフリクトフリーダイヤモンドを扱う日本の宝石店

▶キンバリー・プロセス証明書

©BRIDGE ANTWERP BRILLIANT GALLERY

6 世界の難民

! 難民の多い地域に着目しよう。

(2022年，UNHCR資料)

ヨーロッパ
（トルコを含む）
1,240万人

西アジア・北アフリカ
239万人

南北アメリカ
602万人

アジア・太平洋
679万人

西アフリカ・中央アフリカ
156万人

東アフリカ
470万人

南アフリカ
77万人

地域別の難民数
1,500万人
1,000万人
500万人
100万人

■ 難民発生上位5か国
■ 難民受け入れ上位5か国

難民とは，国籍や宗教，政治的意見などを理由に迫害を受けた，あるいは受けるおそれがあり，国外などへ逃れた人々をいう。近年，紛争や迫害による難民数は急増し，自国内で難民化する国内避難民や帰還民なども含めると1億840万人（2022年末）にのぼる。UNHCR（国連難民高等弁務官事務所）は，世界各地の難民の保護と支援を行う国連機関で，難民が本国に帰還し安全に生活する手助けをしたり，庇護国（避難した国）や第三国で自立した生活を送るための支援をしている。 **リンク** p.97，109

❶トルコとの国境近くにあるシリアの難民キャンプ（2013年）
2011年から続くシリア内戦はシリアの人々に深刻な影響を与えた。シリア難民の多くはトルコなど近隣国に逃れているが，治安が回復した地域への帰還も進められている。

❷移民排斥デモ（ドイツ，2016年） ナチス・ドイツが行ったユダヤ人や少数民族の虐殺を反省し，ドイツはこれまで移民・難民の受け入れに寛容な政策をとってきた。しかし2015年以降，シリアなどから100万人以上の難民を受け入れる一方で，税金が難民の保護に使われていることなどから，難民の受け入れに反対する人々もいる。

❸UNHCRによる教育支援（パキスタン，2017年）
UNHCRは衣食住の提供などの物的援助のほか，教育支援など自立のための援助も行っている。

難民の出身上位5か国

順位	国　名
1	シリア（655万人）
2	ウクライナ（568万人）
3	アフガニスタン（566万人）
4	ベネズエラ（545万人）
5	南スーダン（230万人）

難民の受け入れ上位5か国

順位	国　名
1	トルコ（357万人）
2	イラン（343万人）
3	コロンビア（246万人）
4	ドイツ（208万人）
5	パキスタン（174万人）

※パレスチナ難民（590万人）を除く 　（2022年末現在，UNHCR資料）

？ 難民を多く受け入れているのはどのような国だろうか。

よりみち ∞navi∞

日本で活躍するシリア人エンジニア

ソフトウェア開発は，プログラミング技術を身につければ，母語の異なる者同士でも場所の制約なく仕事ができる分野である。株式会社BonZuttnerは，日本企業から請け負ったシステムの開発を主にシリア人エンジニアに委託して行っており，トルコやレバノンなどに暮らすシリア人がリモートで働いている。内戦などを理由に避難を余儀なくされたシリアの人々の雇用創出やキャリアアップの機会になると同時に，企業にとっては安価で優秀な人材を確保することができる一石二鳥のビジネス形態といえる。

❹BonZuttnerの代表（左）と執行役員のシリア人エンジニア（中央・右）

7 難民として生活する子どもたち

! 子どもの難民が抱える問題に着目しよう。

紛争地域で暮らす18歳未満の子どもは約4億5,200万人で，紛争や迫害などによって家を追われた子どもは3,460万人にのぼる（2020年）。UNHCRは難民の滞在施設として難民キャンプを設置しているが，そこでの生活は過酷である。暴力や虐待を受けたり，学校に通わず家事・育児を手伝ったり，路上で働いたり，まだ10代前半にもかかわらず結婚を強いられたりと，子どもたちがあらゆる搾取と危険にさらされることも多く，深刻な問題となっている。

❺難民キャンプ内の野外学校（バングラデシュ，2017年）
ロヒンギャはミャンマーで暮らすイスラーム系の少数民族であるが，ミャンマー政府から自国民として認められず，バングラデシュなどの近隣国に逃れている。写真は野外のアラビア語学校に通い，コーランの読み方を習うロヒンギャの子どもたち。

？ 難民の子どもたちを救うために私たちができることは何だろうか。

よりみち navi⤴

ペシャワール会

ペシャワール会は，中村哲医師を支援するNGOである。中村医師は，パキスタンにおいて医療活動を行うピース・ジャパン・メディカル・サービスで現地代表を務めた。1984年にパキスタンのペシャワールで診療活動を始め，アフガニスタン東部へと活動範囲を拡大した。疾病の背景に慢性的な栄養失調があるとの認識から，砂漠化した農地の再生のため，井戸の掘削やカレーズ（地下水路）の修復を始め，全長27kmの灌漑用水路を完成させた。3,000haの農地が復活して難民が戻り，農村社会の要であるモスクとマドラサ（伝統的なイスラーム学校）を建設した。中村医師は，天台宗の開祖である最澄の「一隅を照らす」という言葉を好んで用い，現地住民とともに人道・復興支援に尽力した。2019年，中村医師はアフガニスタンで銃撃を受けて亡くなったが，ペシャワール会は現在も各地で灌漑事業を続けている。

◔中村哲医師とかつて砂漠だった農場

8 国際連合の役割

！国連機関の役割に着目しよう。

```
        安全保障理事会   事務局   国際司法裁判所

  経済社会理事会      総会      信託統治理事会

                        関連機関
地域経済委員会        国際原子力機関(IAEA)，
                     世界貿易機関(WTO)  など

                   総会設置機関
        国連貿易開発会議(UNCTAD)，国連児童基金(UNICEF)，
        国連難民高等弁務官事務所(UNHCR)，国連世界食糧計画(WFP)，
        国連開発計画(UNDP)，国連環境計画(UNEP)  など

                     専門機関
        国際労働機関(ILO)，国連食糧農業機関(FAO)，
        国連教育科学文化機関(UNESCO)，
        世界保健機関(WHO)，国際通貨基金(IMF)  など
```

国際連盟の失敗を経て，第二次世界大戦後に51か国で発足した**国際連合（UN）**は，平和維持と社会の発展を目的とした国際機関である。植民地支配から解放されたアフリカ諸国が加盟した1960年や，ソ連崩壊やユーゴスラビア連邦の解体により構成国が加盟した1990年代など，段階的に加盟国が増加した。2023年現在，197か国の独立国のうち193か国が加盟している。多数の機関や委員会が組織され，持続可能な開発目標（SDGs）の採択に代表されるように，加盟国の国際協調によってその活動は成り立っている。

リンク p.55, 60 **付表** p.158

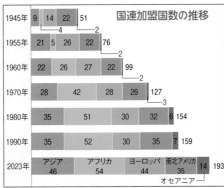

国連加盟国数の推移

年	アジア	アフリカ	ヨーロッパ	南北アメリカ	オセアニア	計
1945年	9	4	14	22	2	51
1955年	21	5	26	22	2	76
1960年	22	26	27	22	2	99
1970年	28	42	28	26	3	127
1980年	35	51	30	32	6	154
1990年	35	52	30	35	7	159
2023年	46	54	44	35	14	193

？ なぜ国連加盟国が段階的に増えたのだろうか。

9 国連平和維持活動

！国連PKOの活動に着目しよう。

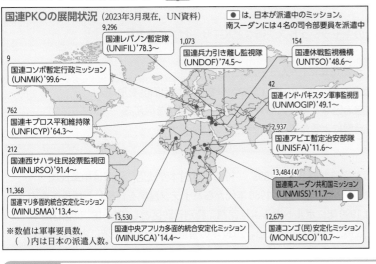

国連PKOの展開状況（2023年3月現在，UN資料）

●|は，日本が派遣中のミッション。南スーダンには4名の司令部要員を派遣中

- 国連レバノン暫定隊（UNIFIL）'78.3～ 9,296
- 国連兵力引き離し監視隊（UNDOF）'74.5～ 1,073
- 国連休戦監視機構（UNTSO）'48.6～ 154
- 国連コソボ暫定行政ミッション（UNMIK）'99.6～ 9
- 国連インド・パキスタン軍事監視団（UNMOGIP）'49.1～ 42
- 国連キプロス平和維持隊（UNFICYP）'64.3～ 762
- 国連アビエ暫定治安部隊（UNISFA）'11.6～ 2,937
- 国連西サハラ住民投票監視団（MINURSO）'91.4～ 212
- 国連南スーダン共和国ミッション（UNMISS）'11.7～ 13,484 (4) ●|
- 国連マリ多面的統合安定化ミッション（MINUSMA）'13.4～ 11,368
- 国連中央アフリカ多面的統合安定化ミッション（MINUSCA）'14.4～ 13,530
- 国連コンゴ（民）安定化ミッション（MONUSCO）'10.7～ 12,679

※数値は軍事要員数，（　）内は日本の派遣人数。

◔給水活動を行う日本の自衛隊（南スーダン，2013年）

国連平和維持活動（PKO）は，世界各地における紛争の解決のために国連が行う活動である。その業務は，各国部隊で編成した平和維持隊による停戦監視や，政治的支援活動としての選挙監視，警察事務への助言など多岐にわたる。日本からは1992年に初めて自衛隊が参加したが，武器の使用に関して制約が多いため，その活動は限定的である。

？ 日本が国連PKOで行っていることは何だろうか。

自分のことばであらわそう

❶ ウイグルの民族的特徴と，抱えている問題について説明しよう。

❷ 日本の民族構成の特徴について，他国と比較したうえで説明しよう。

❸ 紛争解決のために私たちができる身近なことを1つ挙げよう。

❹ 国連の役割と主な活動について説明しよう。

プラスウェブ

■東アジアの自然環境 　リンク p.24, 25, 27～29, 130 　付表 p.154～156

❶中国の地形…概ね西高東低で，階段状の地形

南西部	標高7,000m以上のヒマラヤ山脈や，標高4,000m以上のチベット高原
北西部	標高1,000～2,000mのタリム盆地やホワンツー(黄土)高原，ゴビ砂漠やタクラマカン砂漠
東部	黄河(ホワンホー)❶や長江(チャンチヤン)下流域に標高500m以下の広大な平野

❷中国の気候

南東部	季節風(モンスーン)の影響を強く受け，温暖多雨の温暖湿潤(Cfa)気候
北東部	気温の年較差が大きく，冬季は冷涼少雨で乾燥する大陸性の冷帯冬季少雨(Dw)気候
西部	北西部は乾燥気候。南西部は標高が高く，高度によって気候が異なる

❸モンゴルの自然環境

地形	西部にアルタイ山脈，中部に高原状のステップ地帯❷，南部にゴビ砂漠が広がる
気候	乾燥・半乾燥気候。植生は北部の針葉樹林，中部のステップ(草原)，南部の半砂漠へと変化

❹朝鮮半島の自然環境

地形	位置的に日本列島と近いものの，安定大陸(安定陸塊)であり，地震のリスクは低い
	半島東部には山脈，西部には平野が広がる。南西部にはリアス海岸が見られる
気候	南部は季節風の影響で夏季は温暖湿潤，冬季は冷涼乾燥
	北部は大陸性の冷帯冬季少雨(Dw)気候で，冬季は寒さが厳しい

■中国の産業 　リンク p.31 　付表 p.157

❶農業❸❹…耕地面積は国土の14％。農業従事者が多く，農民1人あたりの耕地面積は小さい

農業地域は，チンリン(秦嶺)山脈～ホワイ川(淮河)に沿う年降水量800～1,000mmの線を境に南北で異なる

北部	冷涼少雨 ➡畑作(主食は小麦中心)	南部	温暖多雨 ➡稲作(主食は米中心)
西部	乾燥 ➡遊牧とオアシス農業	沿岸部	輸出用の野菜や花卉の生産が盛ん❺

❷工業❻

1949年の中華人民共和国建国以降 計画経済下で，東北部や内陸部の鉱産資源と重化学工業が発展	➡	1978年の改革・開放政策以降 内陸部から供給される安価な労働力を活用し，経済特区を設けて外国企業を誘致	➡	1990年代以降，急速に経済が成長 2001年にWTO(世界貿易機関)加盟 軽工業からハイテク産業❼まで網羅する「世界の工場」に

課題 　地域格差の拡大⓫…西部内陸地域(停滞) ⟷ 東部沿海地域(発展) ➡西部大開発：西部内陸地域の社会基盤の整備
　　┗「一帯一路」構想❽…グローバル化の中で中国主導の国際統制を図る。沿岸部と内陸部を繋ぐことで，格差是正も期待

■中国の生活文化と諸課題 　リンク p.69, 72 　付表 p.158

❶生活の変化❾…都市部の開発，海外旅行・留学の増加。独自のキャッシュレス決済などICTサービスの発展❿
　　　　　　　購買力の上昇により「世界の市場」へ

❷人口問題⓬…生産年齢人口の減少など少子・高齢化の兆し ➡2016年に「一人っ子政策」廃止

❸民族問題⓭…人口の9割以上を占める漢族と55の少数民族からなり，人口の多い5つの少数民族は自治区を形成
　　　　　➡シンチヤン(新疆)ウイグル自治区やチベット自治区などで，人権や宗教をめぐる問題を抱える

❹環境問題⓮…大気汚染や水質汚濁，酸性雨など，急激な経済発展による負の側面 ➡日本の技術協力も

■東アジア諸国の歴史と産業

❶台湾⓭

歴史	少数の先住民と17世紀以降に大陸から移住した漢族が暮らす。1895～1945年は日本が統治，以降は中華民国
産業	1960年代から輸出産業を主体に経済成長，アジアNIEsの一員。1980年代からハイテク産業を育成し，成長を牽引

❷ホンコン⓰ マコ｝

歴史	ホンコンは1997年にイギリス，マカオは1999年にポルトガルより返還。特別行政区として「一国二制度」適用
産業	ホンコンはアジアの金融センターとして成長，外国企業が進出。2020年の香港国家安全維持法により変化も

❸モンゴル⓱

歴史	1924年に社会主義のモンゴル人民共和国として成立 ➡ソ連崩壊後の1992年に民主化し，モンゴル国へ改称
産業	石炭・銅・モリブデン・ウランなどの鉱産資源の開発。ステップ地帯は畜産業や農業が行われる

❹朝鮮半島

歴史	1945年に日本の統治が終わり，米ソ対立を背景に北緯38度線を境に南北分断 ➡朝鮮戦争後も分断が続く⓲
産業	南の韓国は輸出指向型の工業で経済成長 ＝「漢江の奇跡」⓳
	➡アジアNIEsの一員で，近年はICT産業やコンテンツ産業が発展⓴ ⟷ 北の北朝鮮は近代化が遅れ，停滞

日本とのつながり 　日本の大相撲の力士にはモンゴル出身者も多いが，モンゴルでは「ブフ」と呼ばれる伝統的なモンゴル相撲がナーダム(モンゴルの祭典)の競技の1つとして取り行われている。日本の相撲とは違い，広い草原で行われ，力を競い合う。モンゴルの人々は子どものころからブフに親しんでいる。

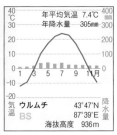

年平均気温 7.4℃ / 年降水量 305mm

気温 ウルムチ 43°47'N / BS / 87°39'E / 海抜高度 936m

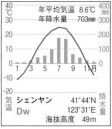

年平均気温 8.6℃ / 年降水量 703mm

気温 シェンヤン 41°44'N / Dw / 123°31'E / 海抜高度 49m

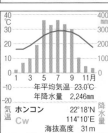

年平均気温 23.0℃ / 年降水量 2,246mm

気温 ホンコン 22°18'N / Cw / 114°10'E / 海抜高度 31m

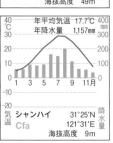

年平均気温 17.7℃ / 年降水量 1,157mm

気温 シャンハイ 31°25'N / Cfa / 121°31'E / 海抜高度 9m

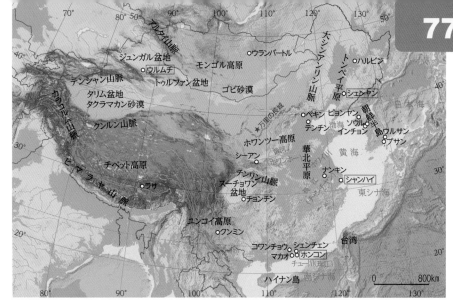

アルタイ山脈 ジュンガル盆地 ウルムチ ウランバートル モンゴル高原 大シンアンリン山脈 ハルビン トンペイ平原 シェンヤン
テンシャン山脈 トゥルファン盆地 ゴビ砂漠
タリム盆地 タクラマカン砂漠 ペキン ピョンヤン 朝鮮半島 チンタオ 渤海 ソウル インチョン 島 ウルサン プサン
カラコルム山脈 クンルン山脈 万里の長城 ホワンツー高原 シーアン 華北平原 黄海
ヒマラヤ山脈 チベット高原 ラサ チンリン山脈 スーチョワン盆地 ナンキン シャンハイ
チョンチン 東シナ海
ユンコイ高原 クンミン
コワンチョウ シェンチェン 台湾
マカオ ホンコン チュー川(珠江) 南シナ海
ハイナン島 0 800km

1 黄河 ❗ 河川の色に着目しよう。

中国2位の長さを誇る**黄河**は，中流域に広がるホワンツー高原か
ら流れ込む黄土により，茶色く濁っている。下流部の華北平原で
は，河床への土砂堆積によって天井川となり，氾濫を繰り返して
流路を変えながら，大地を形づくってきた。養分に富む黄土を含
んだ水は肥沃な耕地を支え，農耕文明を育んだ。半乾燥地域の上・
中流域では灌漑農業が行われている。土砂流出によるダムの埋積
や，農業用水や工業用水のための取水量増加などにより，1990年
代まで下流に水が届かない断流がたびたび生じていた。現在でも
流量不足が問題となっている。

統計 p.144

❓ 半乾燥地域の黄河流域では，どのようにして農業が行われ
ているのだろうか。

2 モンゴル高原 📖 夏と冬の景観の違いに着目しよう。

※撮影地点は異なる

夏

冬

◬ゲルの内部

モンゴル高原は大陸内部に位置する標高1,000〜1,500mの高原で，南部にはゴビ砂漠などの乾燥地が，北部には広大な短草草原（**ステップ**）が広がる。
短い雨季に，草原は緑一面の姿を見せる。緯度も標高も高いため，冬は凍てつく寒さである。人々は古くから**ゲル**と呼ばれる移動可能なテント式の家
屋に住み，羊・ヤギ・馬などの家畜とともに遊牧を行ってきた。羊の毛でつくった厚いフェルトでゲルの壁や屋根を覆い，内部にはストーブが置かれ
ている。リンク p.25, 37, 42 付表 p.156 ❓ なぜモンゴル高原に暮らす人々は遊牧を行うのだろうか。

世界の諸地域の暮らし

▽ヘイロンチヤン省の稲作（2020年）

3 中国の農業地域 ⚠ 降水量と農作物の関係に着目しよう。

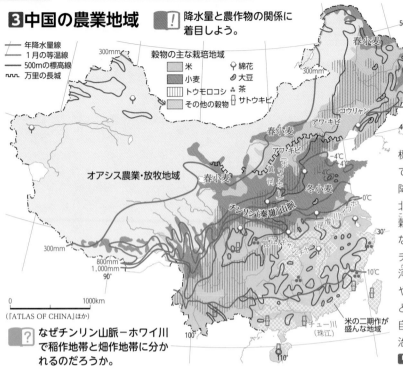

── 年降水量線
── 1月の等温線
── 500mの標高線
ﾊﾊﾊﾊ 万里の長城

穀物の主な栽培地域
▨ 米　　♀ 綿花
▨ 小麦　● 大豆
▨ トウモロコシ　● 茶
▨ その他の穀物　✦ サトウキビ

オアシス農業・放牧地域

（『ATLAS OF CHINA』ほか）

❓ なぜチンリン山脈－ホワイ川で稲作地帯と畑作地帯に分かれるのだろうか。

標高3,000m以上，年降水量250mm未満の西部は非農業地域で，主な耕地は東部である。チンリン山脈とホワイ川を結ぶ年降水量800〜1,000mm付近の地帯を境に，南側は稲作地域，北側は小麦・トウモロコシ・大豆・コウリャンやアワなどの雑穀類が栽培される畑作地域となっている。品種改良や灌漑整備など寒冷地での稲作技術が進んだことで，東北地方のヘイロンチヤン（黒竜江）省は中国最大の米の生産地となった。また，黄河流域では畑作が，長江流域では稲作が，華南では米の二期作や茶・サトウキビ栽培が盛んである。西部の乾燥地域では遊牧とオアシス農業が見られ，綿花栽培も盛んである。内モンゴル自治区では馬や羊が飼育され，酪農も盛んである。チベット自治区ではヤクが飼育される。

リンク p.31 **統計** p.146〜148 **付表** p.157

4 中国料理 ⚠ 各料理に使われている食材に着目しよう。

△北京料理

△上海料理

△四川料理

△広東料理

北京（ペキン）・上海（シャンハイ）・四川（スーチョワン）・広東（コワントン）料理は，中国四大料理と呼ばれている。山東（シャントン）料理をベースに中国全土の料理が集まってできた北京料理は，清朝の宮廷料理でもあり，北京ダックや餃子，饅頭などがある。海や川に近い地域で発展した上海料理には魚介類が多く使用され，盆地で湿度が高い地域で発展した四川料理には食欲増進のため香辛料がきいた麻辣（麻は山椒のしびれる辛さ，辣はトウガラシの辛さ）の独特な味つけの料理が多い。広東料理は，豊富な野菜や海産物のほか，ツバメの巣やフカヒレなど独自の食材が用いられる。

リンク p.31

❓ なぜ四川料理は香辛料をきかせるのだろうか。

5 日本向けの農産物

⚠ 日本に輸出される野菜の種類に着目しよう。

中国は世界最大の野菜輸出国である。日系商社が中国の農産物を商品化するために，資金や技術を提供し，生産された製品を日本に輸入する開発輸入を行ったことで，1990年代前半から日本は中国産農産物の大口輸入国として定着した。約8割が冷凍や乾燥など加工した状態で輸入され，広大な面積と安価な人件費を活かした加工食品は高い国際競争力を持つ。

❓ なぜ中国産野菜の輸入が増えたのだろうか。

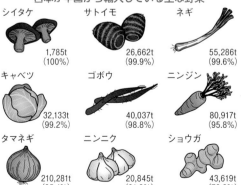
日本が中国から輸入している主な野菜

シイタケ
1,785t
（100%）

サトイモ
26,662t
（99.9%）

ネギ
55,286t
（99.6%）

キャベツ
32,133t
（99.2%）

ゴボウ
40,037t
（98.8%）

ニンジン
80,917t
（95.8%）

タマネギ
210,281t
（95.4%）

ニンニク
20,845t
（91.3%）

ショウガ
43,619t
（76.3%）

（　）内の数値は全輸入量に占める中国の割合（2020年，財務省資料）

△野菜の加工工場（中国・シャントン省，201

日本とのつながり　焼き餃子や天津飯，エビチリなどの中華料理は，実は日本で誕生した料理である。焼き餃子は，満洲に出兵していた日本人が帰国後に生み出したアレンジ料理といわれる。中国北部では水餃子が主流で，余った餃子を翌日に焼いて食べる習慣がある。南部では蒸し餃子がよく食べられている。

6 中国の鉱工業地域

❗ 経済特区の設置場所に着目しよう。

凡例:
- ▲ 鉄鉱石
- ⊕ 石油
- Ⓐ 天然ガス
- ■ 石炭
- ⋯⋯ 石油パイプライン
- ⋯⋯ 天然ガスパイプライン
- ⬭ 工業地域
- ★ 経済特区
- ⋯⋯ 南水北調構想の運河

0 500km

(『Diercke Weltatlas』ほか)

◯「南水北調」構想で建設された人工河川

第1次五カ年計画(1953～57年)以後, 豊富な石炭・鉄鉱石・石油などを背景として, 内陸部にも重化学工業が立地するようになった。1970年代末以降, 工業・農業・国防・科学技術の「四つの現代化」を進めるため, 1978年に改革・開放政策を導入。政府は積極的な外資導入を図り, 華僑(華人)とのかかわりが深い沿岸南部の5地区に経済特区を設けた。近年は, 沿海地域と内陸地域の経済格差是正に向け, 長江の水を北部へ送る「南水北調」やガスパイプラインをつくる「西気東輸」などの西部大開発が進められている。 リンク p.88 統計 p.149, 150 付表 p.157

❓ 沿海地域が発展したのはなぜだろうか。

7 世界の工場

❗ 中国のシェアに着目しよう。

主な工業製品のシェア

(『世界国勢図会』2018/19年版ほか)

パソコン

1995年: その他59.8%, 台湾13.2%, 日本11.1%, シンガポール10.7%, 韓国2.9, 韓国2.3
世界計 5,441万台

2005年: 中国84.0%, 日本2.1, 韓国2.1, 台湾4.9, マレーシア1.8, その他5.1
19,433万台

2016年(推定): 中国98.3%, 日本1.3, 韓国0.4
26,353万台

デジタルカメラ
中国50.6%, その他19.1, 日本14.6, タイ15.7
世界計 2,896万台

スマートフォン
中国82.3%, 韓国3.5, その他4.5, ベトナム9.7
145,794万台

タブレットデバイス
中国79.3%, その他2.0, ベトナム18.7
13,464万台

(デジタルカメラ, スマートフォン, タブレットデバイスは2016年推定値)

中国は, 徹底した品質管理や先進技術の導入の結果, 安価で品質のよい製品を大量に生産できるようになった。今や「世界の工場」と称されるほどに成長し, 世界最大の生産量を誇る工業製品も多い。また, 生活水準の向上とともに人々の消費意欲が向上し, 「世界の市場」としても注目されている。 統計 p.153

❓ なぜ, 中国製品のシェアが高いのだろうか。

8 「一帯一路」構想

❗ 関係する国の数に着目しよう。

「一帯一路」構想のイメージ

「一帯一路」とは, 中国が提唱している2つの構想「シルクロード経済ベルト(一帯)」と「21世紀海上シルクロード(一路)」の総称である。アジアインフラ投資銀行(AIIB)が資金面をサポートし, 道路・鉄道・港湾などインフラ(社会基盤)整備などを通じて, 沿線諸国の発展を促すとともに, 中国主導のグローバルガバナンス(中国語で「全球治理」)を目指している。

❓ なぜ「一帯一路」構想が, 沿線諸国の発展を促すのだろうか。

よりみち navi

電気自動車大国

中国は国内の電気自動車(EV)市場を早期に成長させ, 国際的優位性を確立するため, 投資や補助金, 充電設備ネットワークの構築を進めた。また, 2025年までに新車販売の約20%を新エネルギー車に, 35年までに新車販売の主役を電気自動車にする目標を立てている。中国では, 電気自動車メーカーの激しい競争が繰り広げられ, ピーク時には約500社が製造していた。販売価格が50万円を切るマイクロ電気自動車や, バッテリーのサブスクリプション(充電ではなく定額交換を行う)など, さまざまなモデルが販売されている。

▽EV充電施設(中国, 2016年)

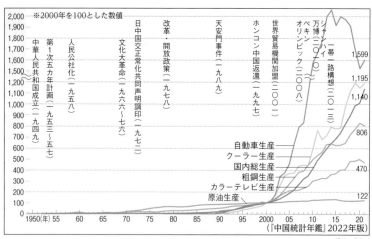

縦軸ラベル：※2000年を100とした数値

年表（縦書き）：
中華人民共和国成立（一九四九）
第1次五カ年計画（一九五三〜五七）
人民公社化（一九五八）
文化大革命（一九六六〜七六）
日中国交正常化共同声明調印（一九七二）
改革・開放政策（一九七八）
天安門事件（一九八九）
ホンコン中国返還（一九九七）
世界貿易機関加盟（二〇〇一）
ペキンオリンピック（二〇〇八）
シャンハイ万博（二〇一〇）
一帯一路構想（二〇一三）

グラフ値：1,599 / 1,195 / 1,140 / 806 / 470 / 122

凡例：
自動車生産
クーラー生産
国内総生産
粗鋼生産
カラーテレビ生産
原油生産

横軸：1950(年) 55 60 65 70 75 80 85 90 95 2000 05 10 15 20

『中国統計年鑑』2022年版

改革・開放政策以降，中国経済は約40年にわたり高い経済成長を実現し，**BRICS**の一員として世界経済に大きな影響を与えている。2008年のリーマンショックでは，大規模な財政出動と金融緩和による投資促進策を実施し，他国に先駆けて経済成長を回復させた。2010年にはGDP（国内総生産）が日本を抜き世界2位となった。都市部では，高層ビルが建ち並ぶなど開発が急速に進んでいる。人々の生活も豊かになり，観光や留学などで海外に出かける人も増加した。 リンク p.79

1980年

2011年

◀**中国の過去と現在** かつて交通手段の主流は自転車であったが，現在は都市から農村まで自動車が数多く走っており，中国の自動車生産台数及び販売台数は世界一を誇る。中国には100社以上の自動車メーカーが乱立し，生産性の低さや過剰生産，劣悪なガソリンの流通と排ガスによる大気汚染などが問題視されていた。しかし，近年は技術力が向上しており，特に電気自動車は海外メーカーに引けを取らない。 統計 p.151，152

❓ 高い経済成長によって，人々の生活はどのように変化しただろうか。

⑩キャッシュレス化が進む中国

❗支払いの様子に着目しよう。

▶**二次元コードを用いた支払い**（2018年） 中国では国際ブランドである銀聯カードや，二次元コードを用いたAlipay・WeChatPayなどのキャッシュレス決済が浸透し，紙幣・硬貨などの現金利用は激減している。さらに，中国の中央銀行はブロックチェーン技術を利用したデジタル人民元の大規模な実証実験を2020年に実施した。クレジットカードには信用が，二次元コード決済には銀行口座の開設が必要であるのに対し，デジタル人民元は国が主導するデジタル通貨であり，国内外問わずだれでも利用が可能となる。 リンク p.47

❓ 中国のデジタル社会への移行は，日本とくらべてどのような違いがあるだろうか。

⑪中国の国内格差

❗地域の偏りに着目しよう。

地図ラベル：
シンチヤンウイグル自治区
ニンシヤ回族自治区
内モンゴル自治区
ヘイロンチヤン省
チーリン省
リアオニン省
ペキン
テンチン
シャンシー省
シャンシー省
ホーペイ省
シャントン省
カンスー省
チンハイ省
チベット自治区
スーチョワン省
チョンチン
コイチョウ省
ユンナン省
フーナン省
チヤンシー省
コワンシー壮族自治区
コワントン省
ハイナン省
ホーナン省
アンホイ省
チャンスー省
シャンハイ
チョーチヤン省
フーチエン省
台湾

（台湾はデータなし）
（『中国統計年鑑』2021年版）
0 500km

中国各省・市・区の1人あたりGDP（2020年）
150,000元
100,000元
50,000元
25,000元

2011〜20年の年平均人口増加率
1.5%以上
1.0〜1.5%未満
0.5〜1.0%未満
0〜0.5%未満
0%未満

主な国と中国の省・市のHDI

（2017年，UNDP資料ほか）

凡例：
● 東北部の省
● 東部の省
○ 中部の省
● 西部の省

チベット自治区 0.561
ユンナン省 0.659
ホーナン省 0.733
チーリン省 0.750
シャンハイ市 0.854
ペキン市 0.881

ニジェール 0.354
パキスタン 0.562
インド 0.643
中国 0.752
ロシア 0.822
日本 0.909
ノルウェー 0.953

低位国　中位国　高位国　最高位国
0　0.55　0.7　0.8　1

東部沿海地域に対し，西南部のチベット自治区やコワンシー（広西）チョワン（壮）族自治区などは1/2以下の経済規模に留まる。一方，「一帯一路」のシルクロード経済ベルトが通るシンチヤン（新疆）ウイグル自治区は安定した成長を見せている。経済的な指標に加え，教育や健康に関する指標を組み込んで算出するHDI（人間開発指数）で見ると，最高位から中位まで，国内の格差が大きいことがわかる。

❓ 経済成長から取り残されている地域はどこだろうか。

12 一人っ子政策

! 一人っ子政策の問題点に着目しよう。

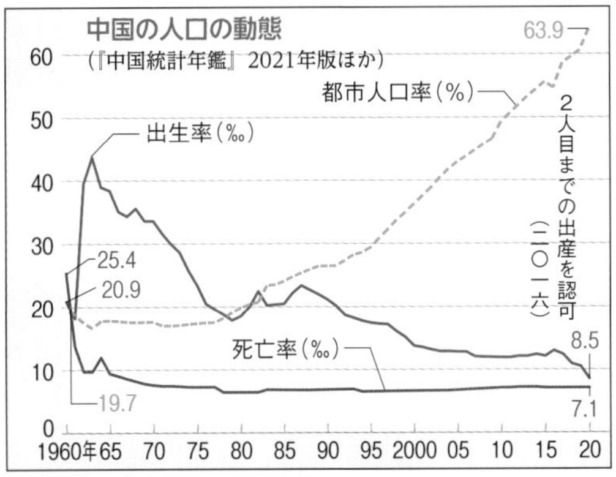

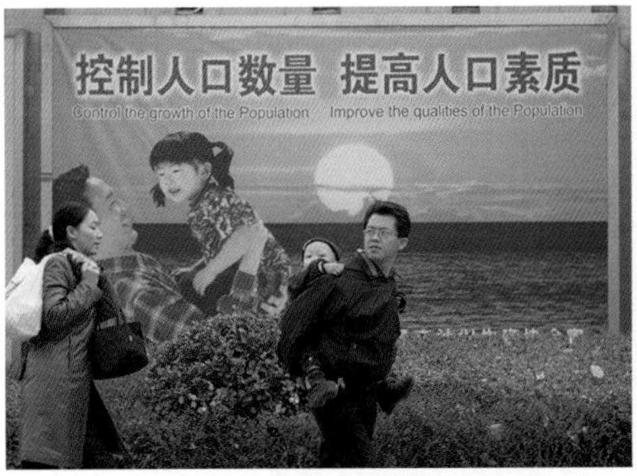

△一人っ子政策の厳守を求める看板(2004年)

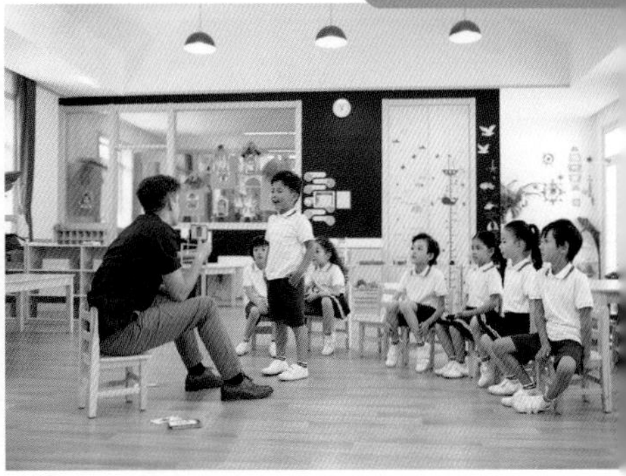

△幼稚園の英語の授業(2019年)

1979年から始まった人口抑制政策の「**一人っ子政策**(1組の夫婦に子ども1人が原則)」によって，農村部では労働力を確保するために無戸籍の子どもが多くなり，産み分けを行うなど男女比もいびつになった。都市部では1人の子どもに多大な教育費をかけるスタイルが定着し，海外留学生の数は他国を圧倒する。急速に進む少子・高齢化により，将来の労働力不足や社会保障費の増加などが問題視されるようになったため，中国は2016年に2人目の出産を，2021年には3人目の出産を認めた。しかし，高騰する住宅費や教育費などが子育て世代に重くのしかかり，出生率の上昇につながるかどうかは見通せない。中国の人口は2022年に減少に転じており，人口問題が中国経済に与える影響は大きい。2023年には総人口がインドに抜かれ，世界2位となった。リンク p.57 統計 p.145

? なぜ人口減少が中国の経済に悪影響を与えるのだろうか。

13 中国の多様な民族

! 民族衣装に着目しよう。

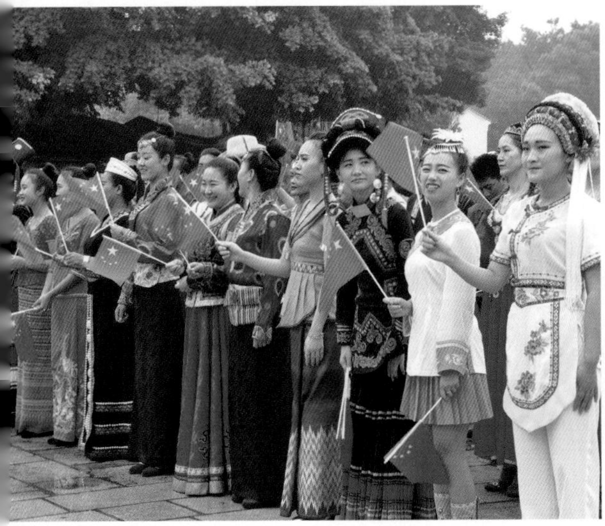

◁国慶節(中国の建国記念日)を祝う少数民族(2016年)　中国は，人口の92%を占める漢族とそれ以外の55の少数民族から構成される**多民族国家**である。過去には，モンゴル族の元や満州族の清など，漢族以外の王朝の時代もあった。少数民族の多くは民族ごとにまとまって生活し，独自の言語や習慣を守ってきた。少数民族の地方自治は，行政レベルに応じて5つの自治区のほか，30の自治州，100以上の自治県などに分かれている。少数民族が暮らす地域は，周辺国と陸続きで国境を接することが多く，中国の少数民族政策は国家の安全保障の問題に直結している。

? 自治区を形成している5つの民族を調べてみよう。

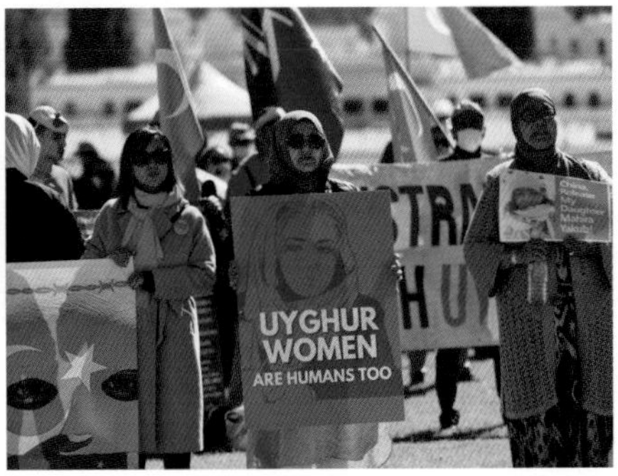

◁ウイグルの抗議デモ(オーストラリア，2021年)　トルコ系ムスリムのウイグルに対して，中国政府はウイグル語の教育機会や宗教活動を制限し，シンチヤンウイグル自治区への漢族の移住を進めており，両者の対立が激化している。2009年には，ウルムチで漢族と政府に対する騒乱が起きた。現在も世界各地で抗議デモが行われている。

リンク p.72，73 付表 p.158

14 中国の環境問題

! 空や河川の色に着目しよう。

中国では，急速な工業化にともない深刻な大気汚染が生じている。工業地帯周辺や都市部を中心に，PM2.5(直径2.5 μm以下の微粒子状の大気汚染物質)が大気を覆い，健康被害につながっている。また，適切に処理されていない工業廃液の河川流出や，レアアースの採掘による土壌汚染なども問題となっている。政府は環境対策に力を入れており，自然エネルギーによる発電や電気自動車の普及などが進んでいる。

リンク p.64，69，79

? 中国が環境問題に悩まされている要因は何だろうか。

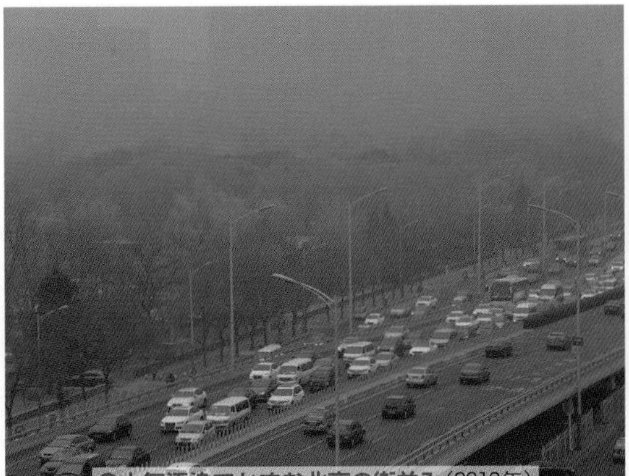

△大気汚染でかすむ北京の街並み(2018年)

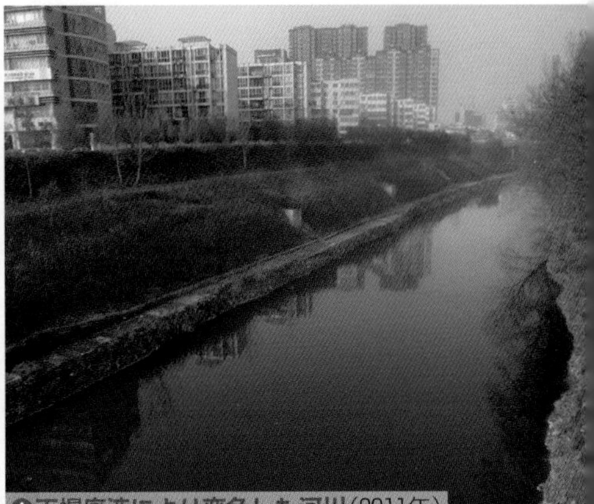

△工場廃液により変色した河川(2011年)

15 台湾 ！ 屋台の漢字に着目しよう。

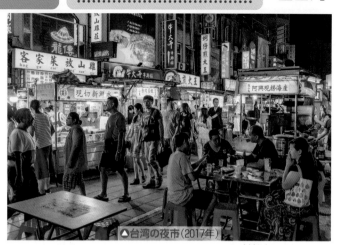

△台湾の夜市（2017年）

台湾には少数の南方アジア系先住民と，17世紀以降に中国大陸から移住した漢族の子孫である本省人，1945年以降に国共内戦に敗れた国民党とともに大陸から移住した外省人が住んでいる。資源に乏しい台湾は，原材料の輸入による加工貿易を主体に経済成長を遂げ，**アジアNIEs**の一員となった。日本とアメリカが主要貿易相手国であるが，近年は中国との経済的な関係が深まっている。

▶**「台湾のシリコンヴァレー」と呼ばれるシンジュー（新竹）市**（2018年）
1980年代から技術集約型産業への転換を図り，パソコンと周辺機器を主要な輸出品に成長させた。パソコンの主要部品であるマザーボードの生産は，世界一を誇る。

? なぜ台湾では，中国で主に使われている漢字（簡体字）ではなく，繁体字を使用しているのだろうか。

16 ホンコン（香港）とマカオ（澳門） ！ それぞれの場所に着目しよう。

1842年にアヘン戦争に敗れた清は，ホンコン島をイギリスに割譲し，その155年後の1997年7月に中国に返還された。また，1887年以来ポルトガル領であったマカオは，1999年12月に返還された。中国政府はホンコンとマカオを特別行政区とし，返還後50年は資本主義の経済・社会制度を存続させる**一国二制度**をとっている。しかし，ホンコンでは2019年の大規模な民主化デモを受けて，中国政府が2020年6月に香港国家安全維持法を施行し，一国二制度は事実上崩壊した。

△**ホンコンの金融街**（2019年）　イギリス植民地時代に整備された法制度や規制の少ない経済体制，低い税率，英語話者の多さなどから，アジア市場の拠点として本社機能を置く欧米企業も多く，ロンドンやニューヨークと並ぶ世界の金融センターとなっている。

? なぜホンコンは金融センターとして成功したのだろうか。

17 モンゴル ！ p.77資料2との違いに着目しよう。

△ウランバートル郊外に密集するゲル

? なぜ，都市内部にゲルが密集しているのだろうか。

モンゴルはアジア大陸の中央部に位置し，ロシアと中国に挟まれた内陸国で，チベット仏教が広く信仰されている。1924年以降，社会主義国としてソ連陣営に組み込まれていたが，1992年にモンゴル人民共和国からモンゴル国へと改称，新憲法を制定して社会主義を放棄した。ロシアや中国との友好関係を維持しながら欧米や日本との関係も強めている。しかし，市場経済への移行による企業の大規模な人員削減の結果，失業率が上昇し，貧富の差の拡大が問題となった。また，遊牧民の定住化や家畜の私有化，モンゴル文字の復活など，人々の生活も大きく変化している。 **リンク** p.51，77

▶**ウランバートルの第4火力発電所**　ソ連時代に建設されたモンゴル最大の石炭火力発電所は，国内電力の約65％，ウランバートル市の温水の約55％を供給している。老朽化したため，日本のODAにより改修が行われた。

日本とのつながり　日本の土木技師である八田與一氏は，日本統治時代，慢性的な水不足に悩まされる台湾各地の灌漑設備を整備した。台湾で著名な日本人の1人で，その功績は台湾の教科書にも掲載されている。

18 朝鮮半島情勢

! 経済格差に着目しよう。

- ▲ 原子力関連・利用施設
- ⚡ 原子力発電所
- ┄ 道境界

（地図）
ソンボン
ラソン
チョンジン
ムスダン
原高 摩天嶺山脈
北朝鮮
シニジュ
ハムフン
ピョンヤン
軍事境界線
パンムンジョム
インチョン　ソウル
38°N
韓国
テジョン
テグ
クウォンジュ
モクポ
ウルサン
プサン
チェジュ島
0　100km
黄海　日本海

韓国と北朝鮮の国勢比較

人口（2022年）
北朝鮮 2,607万人（33.5）／韓国 5,181万人（66.5%）

石炭（2019年）
1,842万t（94.4%）／109（5.6）

1人あたりGNI（2021年）
662（1.8）／35,329ドル（98.2%）

穀物生産量（2021年）
448（45.2）／543万t（54.8%）

1人あたり食料供給栄養量（2020年）
2,077（37.6）／3,443kcal（62.4%）

正規兵力数（2022年）
128万人（69.6%）／56（30.4）

『世界国勢図会』2023/24年版ほか

1948年の南北分断後、長い緊張状態が続いたが、1990年代に入って緊張緩和が進んだ。1991年に両国は国連に同時加盟し、2000年に初の南北首脳会談が実現した。離散家族の再会事業など、民間レベルの交流が進んだが、北朝鮮による核実験の実施を受けて政治上の緊張緩和は停滞した。2018年には11年ぶりの南北首脳会談と初の米朝首脳会談が行われ、2018年中の朝鮮戦争の終戦宣言と、朝鮮半島の完全な非核化を目指すことが宣言されたが、実現には至っていない。

◀ **ピョンヤン（平壌）の街並み**（北朝鮮、2018年）　市内のインフラは老朽化が進み、都心の再開発が進められている。中国や韓国とくらべると、自動車や人の数がきわめて少ない。

▶ **ミョンドン（明洞）の街並み**（韓国）　ソウルを代表する繁華街で、デパートやホテル、高級ブティックなど国内外の店が並ぶ。日本や中国からの観光客も多いが、漢字の看板はほとんど見られない。

? ピョンヤンとソウルの街並みの違いは、どこから生じるのだろうか。

19 韓国の鉱工業と経済

! 工業地域に着目しよう。

（『Diercke Weltatlas』ほか）
0　100km

（地図）
インチョン　ソウル　カンヌン　トンヘ　イチョン　サムチョク　ピョンテク・タンジン　クンサン　イクサン　キムジェ　テジョン　クミ　ポハン　テグ　クワンヤン　チャンウォン　ウルサン　クワンジュ　モクポ　テブル　ユルチョン　マサン　プサン

- ■ 石炭
- ● 鉄鋼業
- ⚓ 造船業
- 🚗 自動車工業
- 繊維工業
- ⚙ エレクトロニクス工業
- 機械工業
- 火力発電所
- 水力発電所
- 原子力発電所
- 石油精製
- 自由貿易地域
- 高速鉄道

1962年の経済開発計画策定以降、韓国政府は開発独裁による労働運動の抑圧と外国資本・技術の導入により、輸出指向型の重工業化を進めた。政治と結びついた財閥企業により、沿岸部を中心に製鉄業や造船業が発展し、「漢江の奇跡」と呼ばれる高度経済成長を遂げた。1996年にはOECD（経済協力開発機構）に加盟し、先進国の仲間入りを果たした。1997年にアジア通貨危機に陥ったが、金融政策と財閥改革により経済回復はほかのアジア諸国よりも早く、現在はICT産業も発展している。

▲韓国産の液晶テレビ

▲韓国の造船業

? 韓国が高度経済成長を遂げた理由は何だろうか。

20 韓国のコンテンツ産業

! 人々の様子に着目しよう。

▶ **韓国アーティストのニューヨーク公演**（アメリカ、2019年）　コンテンツとは、人間の創造的活動により生み出されるもののうち、映画や音楽、文芸、アニメーションなどの、教養または娯楽の範囲に属するものを指す。韓国は1990年代後半以降、コンテンツ産業への集中投資を行うなど、コンテンツ産業の振興に取り組んできた。GDPに占めるコンテンツ産業の割合やコンテンツ産業の従事者は、右肩上がりで上昇している。日本でも、韓流ドラマやK-POPアーティストが人気を博している。**リンク** p.46

? なぜ韓国のコンテンツ産業は、海外進出が盛んなのだろうか。

要点の整理

プラスウェブ

■東南アジアの自然環境 リンク p.24〜27, 130, 131 付表 p.154〜156

❶地形❶　島嶼部　プレート境界に位置し, 地震や火山が多い。サンゴ礁は観光資源としても活用

　　　　　大陸部　3つの大河(メコン川・チャオプラヤ川・エーヤワディー川)の河口部にデルタ(三角州)が形成

❷気候…大部分が熱帯に属する

　　島嶼部とアンダマン海沿岸部　熱帯雨林(Af)気候や弱い乾季のある熱帯雨林(Am)気候　➡ほぼ毎日, 午後にスコールが発生❷

　　大陸部とインドシナ半島　サバナ(Aw)気候や温暖冬季少雨(Cw)気候　➡季節風(モンスーン)の影響で雨季と乾季が見られる❸

■東南アジアの産業 リンク p.20, 26, 32 付表 p.157, 158

❶農業❹　・伝統的な稲作…季節風の影響で夏季に多雨となる気候を利用

　　　　　島嶼部　島の傾斜地を階段状にした棚田❶ } 収穫した米は自国消費の傾向が強いが,
　　　　　大陸部　3つの大河の中・下流域に広がるデルタ地帯 } タイとベトナムは安価な米の輸出が盛ん

　　　　　➡緑の革命❹…高収量品種の開発により食料問題が改善。その一方, 生産コストの増加による農民間の格差が拡大

　　　　・プランテーション農業…熱帯性の商品作物を栽培。植民地時代に基盤がつくられた

　　　　　➡独立後は, 多国籍企業の進出・開発とともに拡大

　　　　　・アブラヤシ(パーム油)❺…新興国の経済成長で需要が増加。インドネシアとマレーシアで世界生産の約8割を占める
　　　　　・コーヒー豆…ベトナムはドイモイ(刷新)政策以降, 生産が盛ん
　　　　　・バナナ…フィリピンでは日本市場向けに多国籍企業が農地を開発

　　　　・焼畑農業…熱帯雨林気候の地域を中心に, 伝統的な自給的農業として営まれる。キャッサバやタロイモなどを栽培

❷工業…植民地時代は工業化が進まず　➡独立後は輸出加工区を設置し, 外国資本と技術を求めて積極的な誘致政策を実施❼

　　　　・マレーシア…ルックイースト政策　・ベトナム…ドイモイ政策 → 工業化が進み, 現在は多くの国で主要輸出
　　　　・シンガポール…輸出型工業の育成, 中継貿易港として発展　　　　品目を工業製品が占める❻

　　・ASEAN(東南アジア諸国連合)❽…東南アジア10か国が加盟

　　　　背景：冷戦下の1967年に, 反共産主義を目的に結成　　　　　　　　　　　　　　経済・社会・文化面
　　　　原加盟国：インドネシア・シンガポール・タイ・フィリピン・マレーシア → での発展を目指す地
　　　　拡大：冷戦終結後の1990年代, 政情が安定したベトナム・ミャンマー・ラオス・カンボジアが加盟　域連合に

　　　　➡1993年にはASEAN自由貿易地域(AFTA)が発足し, 域内貿易の関税撤廃を目指す
　　　　➡ASEAN＋3(日本・中国・韓国)やRCEP(地域的な包括的経済連携)など, 広域経済連携協定を模索
　　　　➡経済成長にともない所得が向上❾する一方, 域内格差などの課題も

❸観光業❿…セブ島やプーケット島のリゾート開発や, バリ島の異文化体験型, マレーシアのロングステイ型など多様

　　　　　➡外貨の獲得, 国内の所得や雇用などの経済効果をもたらす一方, 環境悪化などの課題も

■東南アジアの生活文化と諸課題 リンク p.49〜53, 73

❶歴史　中国とインドの間に位置し, 古くか → 19世紀以降はタイを除く全 → 第二次世界大戦後に独立
　　　　ら海上交通の要衝として重要な地位　　域が欧米列強の植民地に

❷宗教⓫… 4世紀以降, ヒンドゥー教と仏教がインドから広がる

　　　　島嶼部　海上交易ルートが発達していたため, ムスリム商人によりイスラームが広まり定着

　　　　大陸部　現在も仏教が広く信仰される。ベトナムでは, 儒教や道教など中国文化も影響

　　　　その他　フィリピンは16世紀以降のスペインの植民地支配の影響で, キリスト教(カトリック)が定着

❸民族…大半の国が多民族国家で, 中国系移民(華人)⓬が各地に定住し, 強い経済力を持つ独自のネットワークで結びつく

　　　　　　　　　　　　　　　・元々定住していたマレー系(マレー語)
　　　　例：マレーシアとシンガポール⓭　・16世紀以降移住した中国系(中国語) → 各民族間の共通言語
　　　　　　　　　　　　　　　・イギリス植民地時代に労働力として移住したインド系(タミル語)　として英語を使用

　　　　➡マレーシアは, ブミプトラ政策でマレー系を優遇⓮

❹文化…各国・地域の文化と中国文化やインド文化, イスラーム文化などが入り混じり, 多様かつ重層的な文化が育まれる⓯

🌸🌸 日本とのつながり　和食に欠かせないカボチャは中央アメリカ原産の野菜であるが, 日本に持ち込まれたのは16世紀で, ポルトガル船によりカンボジア産のものが伝来した。その際に, 「カンボジア産の野菜」という説明がされ, それがなまってカボチャとなった説が有力といわれる。

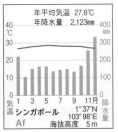

年平均気温 27.8℃
年降水量 2,123mm
シンガポール
1°37'N
103°98'E
海抜高度 5m
Af

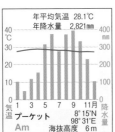

年平均気温 28.1℃
年降水量 2,821mm
プーケット
8°15'N
98°31'E
海抜高度 6m
Am

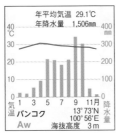

年平均気温 29.1℃
年降水量 1,506mm
バンコク
13°73'N
100°56'E
海抜高度 3m
Aw

1 島嶼部と大陸部の自然環境

！ 島嶼部と大陸部の自然環境の違いに着目しよう。

△バリ島の棚田と火山（インドネシア，2016年）

△メコン川の水上マーケット（ベトナム，2016年）

フィリピンやインドネシアなどの島嶼部と，インドシナ半島を中心とした大陸部では自然環境が異なる。島嶼部は，プレートのせばまる境界にあたり，**変動帯**であるため，地震や火山が多く，山岳地帯では傾斜地を棚田にして稲作が行われている。一方，大陸北部の山岳地帯から南部にかけては，メコン川・チャオプラヤ川・エーヤワディー川の大河川が流れ，下流域の広大なデルタ地帯は世界有数の稲作地帯となっている。また，島嶼部は一部を除いて大部分が年中高温多雨な熱帯雨林気候に属しているが，大陸部は**季節風（モンスーン）**の影響が強く，雨季と乾季が生じる地域が多い。

リンク p.26，130，131 付表 p.154～156

? 火山が多く分布するのはどのような地域だろうか。

2 スコール ！ 雨量に着目しよう。

△雨宿りをする人々（タイ，2020年） 熱帯地域では，日本の夏に見られる夕立に似た現象が一年中発生する。日中の強い日差しによって地表が熱せられ，暖められた大気が上昇気流を生み雲を発生させ，午後から夕方にかけて**スコール**による激しい雨が降る。雨は短時間でやむため，雨宿りでやり過ごす人も多く，傘を持たない人も多い。付表 p.156

? なぜ熱帯地域でスコールが発生するのだろうか。

3 トンレサップ湖の雨季と乾季

！ 湖面積の変化に着目しよう。

©JAXA/MOE/NIES

2016/1/21　2016/3/21　2016/5/14　2016/7/25　2016/9/17　2016/11/25

乾季 → 雨季 → 乾季

カンボジアのトンレサップ湖は，11～4月にかけての乾季は水深1mほどで，面積は2,500km²（琵琶湖の4倍程度）であるのに対し，5～10月にかけての雨季は大雨による増水や下流河川の逆流などの影響で水深約9m，面積は乾季の約6倍にもなる。毎年繰り返される湖の拡大と縮小は，肥沃な土壌と栄養に富んだ水質をつくるため，周辺では伝統的な浮稲栽培や漁業が営まれ，雨季には100万人以上が水上生活を送る。

リンク p.26

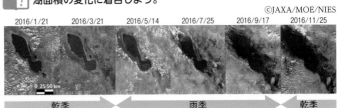

△トンレサップ湖の水上生活（カンボジア，2014年）

? トンレサップ湖の面積変化は，人々にどのような恩恵を与えているだろうか。

世界の諸地域の暮らし

4 稲作と食料問題

!｜農作業の様子に着目しよう。

伝統的な稲作を行ってきた東南アジア諸国では，第二次世界大戦後の人口増加に食料生産が追いつかなくなり，慢性的な飢餓が発生していた。そこで1960年，アメリカの財団によりフィリピンのマニラ郊外に国際稲研究所（IRRI）がつくられ，1960年代後半に高収量品種が開発されると，灌漑技術や肥料・農薬の導入も相まって食料生産が拡大した（**緑の革命**）。しかし，生産コストが増大したことによって農民間の格差が広がり，社会階層間の不平等が拡大した。

リンク p.58　統計 p.146

△カンボジアの自給的稲作（2019年）

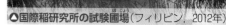
△国際稲研究所の試験圃場（フィリピン，2012年）

?｜試験圃場では何を行っているのだろうか。

5 パーム油と環境破壊

!｜パーム油の用途に着目しよう。

パーム油と副産物

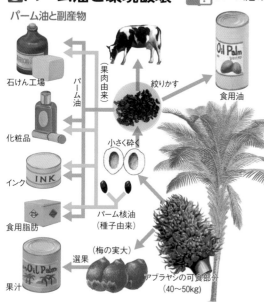

石けん工場
化粧品
インク
食用脂肪
果汁
（果肉由来）パーム油
絞りかす
食用油
小さく砕く
パーム核油（種子由来）
（梅の実大）
選果
果実
アブラヤシの可食部分（40〜50kg）

◐アブラヤシの実

▷マレーシアのアブラヤシ農園（2015年）

アブラヤシから採れるパーム油は，加工食品用油脂や洗剤などに広く使われている。中国やインドなど新興国の経済成長により世界的に需要が増大し，熱帯雨林を切り拓いてアブラヤシの**プランテーション**が開発されている。インドネシアとマレーシアにまたがるカリマンタン島では，50年間で40％もの熱帯雨林が伐採され，アブラヤシ農園になっている。2002年には世界規模のNPOであるRSPO（持続可能なパーム油のための円卓会議）が生まれ，持続可能なパーム油の生産と流通に対して国際認証制度を発行している。

リンク p.26，70　統計 p.148　付表 p.157

?｜身のまわりでパーム油が使われているものを探してみよう。

6 輸出品目の変化

!｜輸出品目の変化に着目しよう。

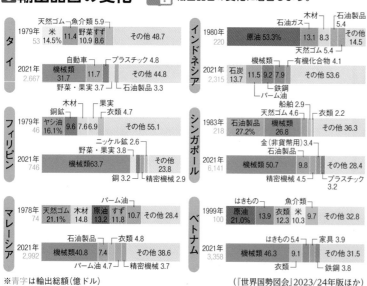

タイ
1979年 53：米 14.5%｜天然ゴム 11.4｜野菜 10.9｜すず 8.6｜魚介類 5.9｜その他 48.7
2021年 2,667：機械類 31.7｜自動車 11.7｜野菜・果実 3.7｜石油製品 3.3｜プラスチック 4.8｜その他 44.8

フィリピン
1979年 46：ヤシ油 16.1%｜銅鉱 9.6｜木材 7.6｜果実 6.9｜衣類 4.7｜その他 55.1
2021年 746：機械類 63.7｜ニッケル鉱 2.6｜野菜・果実 3.8｜銅 3.2｜精密機械 2.9｜その他 23.8

マレーシア
1978年 74：天然ゴム 21.1%｜木材 14.8｜原油 13.2｜パーム油 11.8｜10.7｜その他 28.4
2021年 2,992：機械類 40.8｜石油製品 7.4｜衣類 4.8｜パーム油 4.7｜精密機械 3.7｜その他 38.6

インドネシア
1980年 220：原油 53.3%｜石油ガス 13.1｜木材 8.3｜石油製品 5.4｜天然ゴム 5.4｜その他 14.5
2021年 2,315：石炭 13.7｜機械類 11.5｜9.2｜7.9｜有機化合物 4.1｜鉄鋼｜パーム油｜その他 53.6

シンガポール
1983年 218：石油製品 27.2%｜機械類 26.8｜船舶 2.9｜天然ゴム 4.6｜衣類 2.2｜金（非貨幣用）3.4｜その他 36.3
2021年 6,141：機械類 50.7｜石油製品 9.8｜精密機械 4.5｜プラスチック 3.2｜その他 28.4

ベトナム
1999年 100：原油 21.0%｜はきもの 13.9｜衣類 12.3｜米 10.3｜魚介類 9.7｜その他 32.8
2021年 3,358：機械類 46.3｜はきもの 5.4｜9.1｜家具 3.9｜衣類｜鉄鋼 3.8｜その他 31.5

※青字は輸出総額（億ドル）

（『世界国勢図会』2023/24年版ほか）

△石油化学産業が集積するジュロン島（シンガポール）

1980年代は，地下資源やプランテーション作物などの一次産品が輸出品目の中心であった。しかし，再輸出を条件に関税を免除する**輸出加工区**が設置され，部品を輸入して組み立て，完成した製品を輸出するシステムが確立されると，機械類の輸出が増加した。関連産業の集積と雇用の増加により，人々の生活水準も上昇している。統計 p.153

?｜シンガポールの2021年の輸出額は，1983年の約何倍になっただろうか。

日本とのつながり　日本で生まれた蚊帳は，マラリアを媒介する蚊の対策として東南アジア諸国でも使用されている。近年は経済成長により購買力が高まったことから，日本の家電メーカーは蚊取り機能つきのエアコンや空気清浄器を現地向けに開発・販売しており，一部は日本に逆輸入されている。

7 ASEANの工業　❗各国の政策に着目しよう。

◔シンガポール港のコンテナターミナル(2015年)

◔タイの自動車工場(2015年)

◔マレーシアのクアンタン工業団地(2019年)

◔ベトナムのエアコン組立工場(2018年)

ASEAN(東南アジア諸国連合)諸国は域内関税を撤廃し，各国の強みを活かした工業化を進めている。マラッカ海峡の先端に位置し，中継貿易港として発展したシンガポールは，バイオテクノロジー関連産業の育成に力を入れ，タイは自動車や電子機器の部品製造拠点としての地位を確立している。また，マレーシアは日本や韓国を手本とした**ルックイースト政策**を進めて工業団地にエレクトロニクス企業を誘致し，ベトナムは社会主義型市場経済に移行するとともに**ドイモイ(刷新)政策**で工業化を進めた。さらに，ASEANは域内の自由貿易の利点を活かした分業生産を行っており，世界の**サプライチェーン**(供給連鎖)の一翼を担っている。 リンク p.20，21 統計 p.151～153 付表 p.158　❓なぜASEAN諸国の工業は発展したのだろうか。

8 ASEANのあゆみ　❗ASEANの目的の変化に着目しよう。

ASEANは，冷戦下の1967年に反共産主義をとる5か国で結成された。冷戦終結後の1990年代には，ベトナム・ミャンマー・ラオスの社会主義国や，内戦が終結したカンボジアが加盟した。その目的は，反共産主義の政治的同盟から経済的協力を目指す地域共同体へと変化し，1993年には域内関税の撤廃を目的とした**ASEAN自由貿易地域(AFTA)**が発足した。また，1997年のアジア通貨危機を契機に，日本・中国・韓国の3か国を加えた**ASEAN＋3**をはじめ，2007年にはインド・オーストラリア・ニュージーランドを加えた東アジアサミットを行うなど，広域経済連携協定を模索している。2022年には**RCEP(地域的な包括的経済連携)**が発効し，世界経済の1/3近くを占める世界最大規模の自由貿易圏が誕生した。 リンク p.20 付表 p.158

1967年，インドネシア・マレーシア・フィリピン・シンガポール・タイでASEAN結成

年	ASEANの主な動き
1976	第1回ASEAN首脳会議 東南アジア友好協力条約締結
1984	ブルネイ加盟
1994	ASEAN自由貿易地域(AFTA)発足
1995	ベトナム加盟
1997	ラオス・ミャンマー加盟 ASEAN＋3首脳会議
1999	カンボジア加盟 ASEAN10を結成
2005	第1回東アジアサミット
2015	ASEAN経済共同体(AEC)発足
2022	東ティモールの加盟を原則承認

ベトナム戦争 1960～75年
カンボジア内戦 1970～91年
1989年 冷戦終結

RCEPの主な動き
2012年，ASEAN10か国と日・中・韓・印・豪・NZによるRCEPが交渉開始
2020年，インドを除く15か国がRCEP協定に合意・署名，22年発効

◖ASEAN諸国の所得格差
東南アジア諸国は，国家間の経済格差が目立つ。立地に恵まれ中継貿易港として発展したシンガポールや，石油資源に恵まれたブルネイは，1人あたりGNIが高い。一方で，ベトナムやラオスなどの社会主義国や，カンボジアやミャンマーなど内戦や政情不安が続く国は工業化が遅れた。2015年に発足したASEAN経済共同体(AEC)は，域内格差の是正を目標としている。

ASEAN諸国の1人あたりGNI ※( )内は2000年からののび率 (2020年，UN資料)
ラオス 2,500ドル(669.2%)／ミャンマー 1,253ドル(592.3%)／ベトナム 2,624ドル(581.6%)／フィリピン 3,553ドル(191.7%)／タイ 6,988ドル(255.1%)／カンボジア 1,425ドル(452.3%)／ブルネイ 28,622ドル(43.4%)／マレーシア 10,209ドル(174.7%)／シンガポール 51,011ドル(115.2%)／インドネシア 3,765ドル(393.4%)

❓なぜASEANは域外との結びつきを強めようとしているのだろうか。

9 購買力の向上　❗所得層ごとの生活に着目しよう。

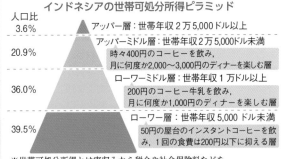
◔ジャカルタの大型ショッピングモール(インドネシア)

インドネシアの世帯可処分所得ピラミッド

- 3.6% アッパー層：世帯年収2万5,000ドル以上
- 20.9% アッパーミドル層：世帯年収2万5,000ドル未満 時々400円のコーヒーを飲み，月に何度か2,000～3,000円のディナーを楽しむ層
- 36.0% ローワーミドル層：世帯年収1万ドル以上 200円のコーヒー牛乳を飲み，月に何度か1,000円のディナーを楽しむ層
- 39.5% ローワー層：世帯年収5,000ドル未満 50円の屋台のインスタントコーヒーを飲み，1回の食費は200円以下に抑える層

※世帯可処分所得とは実収入から税金や社会保険料などを差し引いたもので，いわゆる手取り収入を指す。(2015年，ユーロモニター資料)

工業化により雇用が増えた都市部では，中間所得層が拡大した。人口2.7億人を有するインドネシアでは，2015年から2020年の間に上位中間(アッパーミドル)層が3,000万人以上増加した。上位中間層は高品質な外国製の生活用品や外食チェーンを利用できるため，ライフスタイルの変化に注目した海外企業の出店が相次いでいる。

❓中間所得層が拡大したことによって，人々の生活はどのように変化しただろうか。

⑩東南アジアの観光業 ⚠️ 観光業の光と影に着目しよう。

▲プーケット島のビーチリゾート（タイ，2018年）

▲ボラカイ島のゴミ（フィリピン，2018年）

東南アジア各地では，植民地時代から宗主国による観光開発が行われてきた。発展途上国のリゾート開発は，先進国の余暇活動に依存する部分が大きく，インドネシアのバリ島やタイのプーケット島などのリゾート地は欧米や東アジアからの観光客が多い。観光開発は主要産業となり，産業の拡大や雇用の創出などの経済効果がある一方，**オーバーツーリズム**（**観光公害**）が発生している地域もある。フィリピンのボラカイ島では観光客の増加により環境が悪化したため，2018年4月から半年間島が閉鎖された。リンク p.23

❓ なぜリゾート地でゴミ問題が発生したのだろうか。

⑪植民地宗主国と宗教 ⚠️ イスラームの割合に着目しよう。

ミャンマー
2 6 4
5,459
88%

ベトナム
8 7 3
9,648
無宗教 82%

カンボジア
2 1
4
1,630
93%

ラオス
2 2
31
727
65%

1941～42年当時の
旧宗主国
- イギリス領
- フランス領
- オランダ領
- アメリカ領
- 独立国

タイ
1
4
6,828
95%

フィリピン
6 9
8 4
10,795
85%

ブルネイ
9 8 4
43
79%

マレーシア
9 6 4
20 3,274
61%

シンガポール
14
15
15 567 51%

インドネシア
3 2 8
27,106
87%

東ティモール
（旧ポルトガル領）
1
129
99%

宗教
その他 仏教
伝統
信仰 人口
(万人) イスラーム
キリスト
教 ヒンドゥー教

※人口は2019年推計。

▼タイの仏教寺院

▲フィリピンのカトリック教会

東南アジアで信仰される宗教は多様だが，伝播の背景により地域的な特徴が見られる。東南アジアには，4世紀以降**ヒンドゥー教**と**仏教**が広まり，現在でもミャンマーやタイでは仏教が人々の生活の根底にある。13世紀以降，ムスリム商人が行き交い，海上交通の要衝であったマレー半島やインドネシアには**イスラーム**が広まった。また，16世紀以降，スペインの植民地となったフィリピンには**キリスト教**（**カトリック**）が定着した。20世紀前半，東南アジアはタイを除くすべての国が欧米列強の植民地となり，独立した現在も，多様かつ重層的な民族と宗教をめぐって，さまざまな対立が生じている地域もある。

リンク p.49～52 ❓ なぜ東ティモールでは，キリスト教が信仰されているのだろうか。

⑫華僑・華人の影響 ⚠️ 華僑と華人の分布に着目しよう。

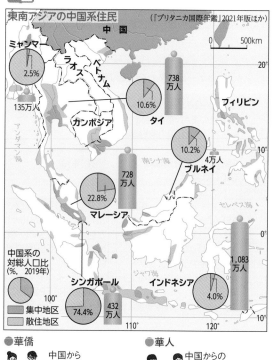

東南アジアの中国系住民 （『ブリタニカ国際年鑑』2021年版ほか）

ミャンマー
2.5%
135万人

ラオス

ベトナム

タイ
10.6%
738
万人

カンボジア

フィリピン

マレーシア
22.8%
728
万人

ブルネイ
10.2%
4万人

シンガポール
74.4%
432
万人

インドネシア
4.0%
1,083
万人

中国系の
対総人口比
(%，2019年)
0
100
- 集中地区
- 散住地区

●華僑
中国から
移住
⇄
親族へ
送金
（仮住まい）

●華人
中国からの
移民
→
（永住）

フーチエン（福建）省など中国からの海外移住者は，海外に仮住まいする中国人という意味で**華僑**と呼ばれてきたが，その子孫は現地語を話すなど現地に根づき，中国には戻らないため**華人**と呼ばれる。東南アジアの華人は経済的に裕福な人が多く，それがときとして現地の人々との摩擦の原因となっている。

❓ 東南アジアで中国系住民の割合が最も高い国と最も低い国は，それぞれどこだろうか。

日本製の中古鉄道車両は高品質なため東南アジアで需要が高く，インドネシアは2000年代以降，1,100両をこえる車両を輸入している。内装は日本で使われていたときのままであることが多く，日本人旅行者が旅先で通勤や通学で乗り慣れた車両に乗ることもある。

13 多民族国家シンガポール

!街の景観に着目しよう。

△ヒンドゥー教寺院と中華街(シンガポール)

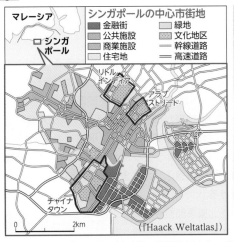
シンガポールの中心市街地
金融街／緑地／公共施設／文化地区／商業施設／幹線道路／住宅地／高速道路
『Haack Weltatlas』

△アラブストリート(シンガポール)

東京23区ほどの面積のシンガポールは，先住のマレー系と，イギリス植民地時代に労働移民として移住した中国系やインド系の人々が共存する**多民族国家**である。マレー系・中国系・インド系住民は，それぞれの宗教や文化に即して民族集団をつくって生活している。そのため，同じ民族間ではマレー語・中国語・タミル語が使用されるが，異なる民族間のコミュニケーションには植民地時代に定着した英語が使用されており，この4言語が公用語となっている。宗教も，仏教・道教・イスラーム・ヒンドゥー教・キリスト教と多様で，中心部の街並みは道教寺院があるチャイナタウンにヒンドゥー教寺院も建っているなど，独特の雰囲気を持つ。リンク p.49〜52, 73

? 異なる言語の民族どうしは，どのようにコミュニケーションをとっているのだろうか。

14 ブミプトラ政策

!街の景観に着目しよう。

▶**インド人街**(マレーシア，2019年)　マレーシアは中国とインドを結ぶ海路の要衝であったため，昔から中国やインドからの移民が多かった。さらに，イギリス植民地時代には労働力として中国やインドからの移民が増加し，多民族国家の特色を強めた。独立後，経済的に優位な中国系住民と先住のマレー系住民との間の対立が進んだため，マレーシア政府は1971年から，格差解消を目的にマレー系を優遇する**ブミプトラ**(「土地の子」の意)**政策**を実施している。マレー系以外は政府要職の定数が限られているなど職業制限があるため，マレー系以外の優秀な人材が国外に流出しているとの見方もある。リンク p.52

? ブミプトラ政策のデメリットは何だろうか。

15 歴史文化を反映した料理

!各料理の由来に着目しよう。

多様な民族の融合と，植民地支配された過去を有する東南アジアでは，その歴史的背景や民族文化を垣間見ることができ，歴史文化が反映された独特な料理が各地域に定着している。リンク p.40

▶**ベトナムのバインミー**　フランス植民地時代に持ち込まれたフランスパンは，現在もベトナムで広く食されている。フランスパンに豚の耳やハーブ，パテなどの具を挟んだバインミーが国民食として定着している。

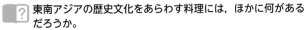

? 東南アジアの歴史文化をあらわす料理には，ほかに何があるだろうか。

◀**フィリピンのレチョン**　炭火で一頭の豚を丸ごと焼いた料理で，スペイン植民地時代に持ち込まれた。カトリックの行事などのフィエスタ(祝祭)に欠かせない。同じくスペインに植民地支配された歴史を持つラテンアメリカのプエルトリコにも同様の料理がある。

◀**シンガポールのラクサ**　中国系とマレー系をルーツに持つ人々をプラナカンといい，中国やマレーの文化が融合した，独自の文化を築いている。ラクサは，マレー系のココナッツミルクや香辛料を多用したエスニックな味わいに，中国系の魚介類の出汁のうま味が加わった麺料理である。

南アジアの暮らし

要点の整理

プラスウェブ

■南アジアの自然環境 リンク p.24～26，130 付表 p.154～156

❶地形　北部　変動帯にあたり，急峻なヒマラヤ山脈[1]やカラコルム山脈が走る
　➡これらの山脈とチベット高原は，インド亜大陸が北上してユーラシア大陸にぶつかり形成。現在も成長を続ける
中部　ガンジス川やインダス川などの大河川が流れ，大インド砂漠やヒンドスタン平原が広がる
　➡大河川の下流ではデルタ（三角州）地帯が形成〔例：ガンジスデルタ〕
南部　肥沃なレグール土（黒色綿花土）が分布するデカン高原 ➡綿花の生産が盛ん
インド洋の島々　リゾート地としても有名なモルディブは，サンゴ礁からなる島嶼国

❷気候…地域の大半は熱帯気候 ➡暑い地域の生活に適応したさまざまな香辛料を用いた料理やサリーなどの文化が形成[3][4]
季節風（モンスーン）の影響を強く受ける
- 冬は陸から海に向かって吹く乾いた北東季節風➡乾季
- 夏は海から陸に向かって吹く湿った南西季節風➡雨季 ➡ 雨季は降水量が激増し，低地で河川が氾濫して洪水が発生することがある[2]。熱帯低気圧（サイクロン）も襲来

■南アジアの産業

❶農業[5]　デルタ地帯や沿岸部の低地など　モンスーンによる豊富な降雨を利用した稲作が盛ん
北部　小麦の栽培が盛ん。パンジャブ地方では灌漑による米と小麦の二毛作も行われる
インドのアッサム地方・ダージリン地方やスリランカ　世界的に有名な茶の産地。イギリス植民地時代に発達

❷工業
- 縫製業[6]…バングラデシュなど，安価な労働力による手作業の縫製が中心 ➡児童労働や劣悪な労働環境などが問題
- インドの自動車産業[7]…低価格車の生産が中心だったが，経済発展にともない脱低価格路線にシフト
- インドのICT産業[8]…ソフトウェア開発や海外企業のコールセンター ⬅英語話者の多さ，理数系教育の推進などが背景

■南アジアの生活文化と諸課題 リンク p.49～51，53 付表 p.158

❶歴史……19世紀にイギリス領インド帝国（英領インド）が成立 ➡イギリス植民地に
❷宗教[9]…インド・ネパールはヒンドゥー教が多い ➡カースト制がインド社会に根づく
パキスタン・バングラデシュはイスラーム，スリランカは上座仏教，ブータンはチベット仏教の信者が多い
❸言語[10]…インドは，公用語のヒンディー語，準公用語の英語のほか，憲法で22の地方公用語を規定
❹諸課題…カシミール地方をめぐるインド・パキスタン間のカシミール問題[9] ➡国境はいまだ画定せず

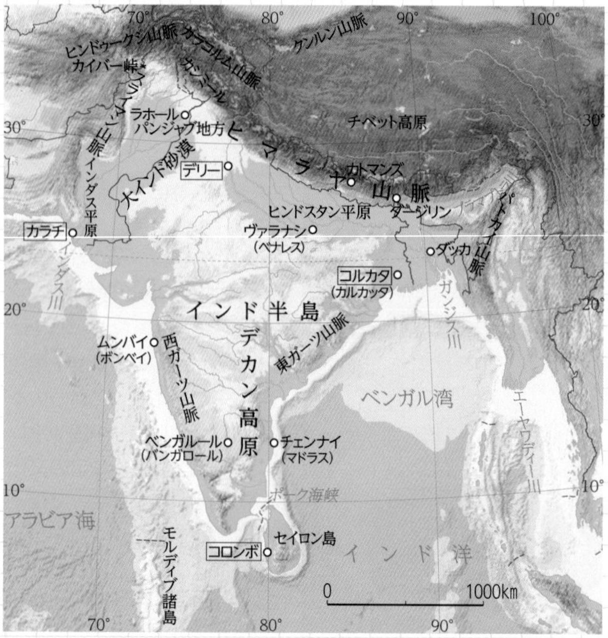

ヒンドゥークシ山脈
カラコルム山脈
クンルン山脈
カイバー峠
カシミール
スライマン山脈
ラホール
パンジャブ地方
チベット高原
ヒマラヤ山脈
大インド砂漠
デリー
カトマンズ
インダス平原
インダス川
ヒンドスタン平原
ダージリン
カラチ
ヴァラナシ
(ベナレス)
ダッカ
アラカン山脈
コルカタ
(カルカッタ)
ガンジス川
インド半島
ムンバイ
(ボンベイ)
西ガーツ山脈
東ガーツ山脈
デカン高原
ベンガル湾
エーヤワディー川
ベンガルール
(バンガロール)
チェンナイ
(マドラス)
ポーク海峡
アラビア海
モルディブ諸島
セイロン島
コロンボ
インド洋
1000km

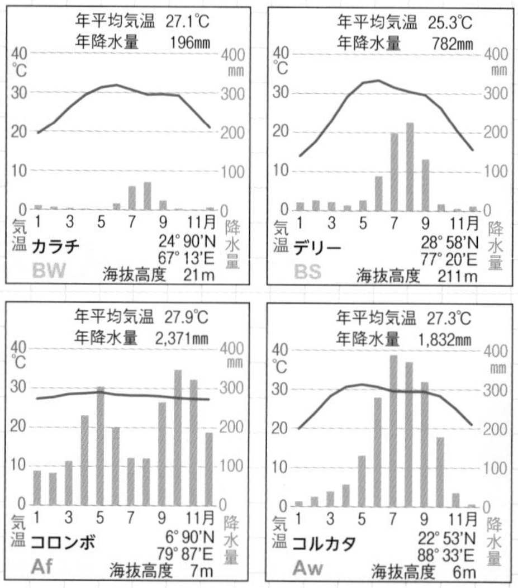

年平均気温 27.1℃
年降水量 196mm
カラチ
24°90'N
67°13'E
BW
海抜高度 21m
年平均気温 25.3℃
年降水量 782mm
デリー
28°58'N
77°20'E
BS
海抜高度 211m
年平均気温 27.9℃
年降水量 2,371mm
コロンボ
6°90'N
79°87'E
Af
海抜高度 7m
年平均気温 27.3℃
年降水量 1,832mm
コルカタ
22°53'N
88°33'E
Aw
海抜高度 6m
気温
降水量

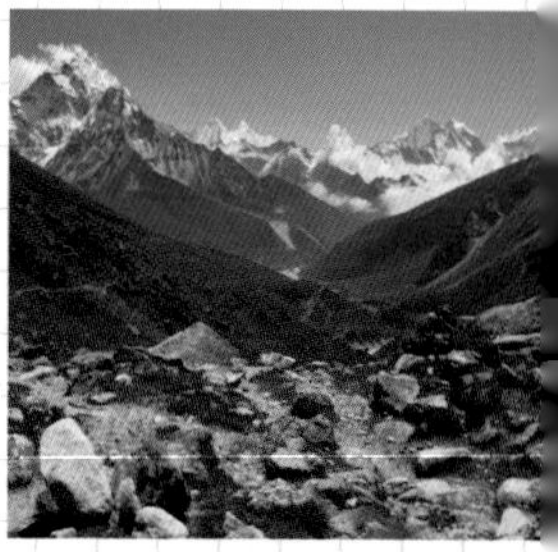
▲ヒマラヤ山脈（ネパール）

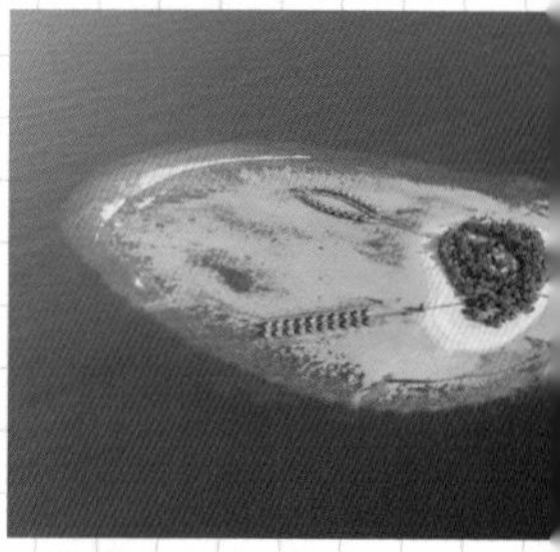
▲モルディブのビーチリゾート

日本とのつながり　東京都江戸川区西葛西駅周辺にはインド人が多く住んでおり，「リトルインディア」とも呼ばれている。コンピュータ誤作動のおそれが懸念された「2000年問題」対策のために日本企業がインド人技術者を呼び寄せたのをきっかけとして，現在もICT技術者が数多く居住している。

❶ヒマラヤ山脈の氷河の後退

❗ 氷河の面積の変化に着目しよう。

1978年

1989年

1998年

2008年

◀ヒマラヤ山脈の氷河の変化　地球温暖化の影響で世界各地の山岳氷河がとけて後退しており，ヒマラヤ山脈においても深刻な氷河の後退が見られる。氷河は水を供給する役割も果たしているため，水不足が進行している。また氷河が融解した結果，水位が上昇した氷河湖の決壊により洪水が発生し，下流の村落が押し流されるなどの被害も発生している。

リンク p.69 付表 p.155

❓ 氷河の後退によって起きる問題は何だろうか。

◀氷河の後退により干上がった貯水池（カシミール地方，2015年）

❷バングラデシュの洪水

❗ バングラデシュの国土の特徴に着目しよう。

バングラデシュは，ガンジス川とブラマプトラ川のデルタに位置し，国土の約半分が標高6〜7m以下にある。年降水量の約80％が，海からの湿った**季節風（モンスーン）**が吹く5〜9月に集中するため，雨季は洪水に，乾季は干ばつに悩まされてきた。2020年には，季節風による豪雨のため河川が氾濫し，国土の約1/3が浸水して甚大な被害を受けた。洪水は，交通インフラに影響を及ぼすだけでなく，飲料水の調達を困難にさせるほか，下痢やコレラといった感染症の流行につながるなど，人々の生活に深刻な被害をもたらす。リンク p.60 付表 p.155

❓ なぜバングラデシュでは洪水の被害が大きくなってしまうのだろうか。

▶洪水によって浸水したダッカ市街（バングラデシュ，2020年）

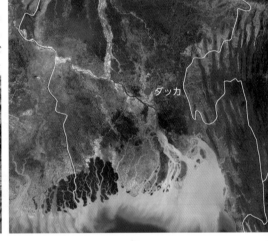
ダッカ

❸さまざまな香辛料

❗ 香辛料の種類に着目しよう。

⬥インドの市場（2015年）　南インド原産のコショウは，肉食中心の中世ヨーロッパでは調味料・防腐剤として貴重であり，大航海時代の誘因の1つとなった。インドでは古代からさまざまな香辛料を料理などに使用しており，市場では色とりどりの香辛料が売られている。多くの香辛料を使用するカレーは，インドでは毎日食べるスープのようなもので，日本で一般的なとろみのあるカレーは，インドの旧宗主国のイギリスから日本に入ってきたものである。

❓ なぜかつてのヨーロッパ諸国は香辛料を求めたのだろうか。

❹サリー

❗ サリーの形状に着目しよう。

⬥サリー工場（インド，2019年）　インドの女性が着用するサリーは縫い目のない一枚布で，その長さは5〜8m，幅は90〜120cmほどある。従来は職人による手織りであったが，グローバル化と価格競争の影響により，現在は機械で織られたサリーが普及している。現在も日常的に着用されているが，若い女性や都市部の女性たちの中には，普段は洋服を着て，結婚式などのハレの日にのみサリーで着飾る人も多い。

リンク p.35

❓ サリーはインドのどのような気候に合わせてつくられているのだろうか。

⑤南アジアの農業

！ 降水量と農産物の関係性に着目しよう。

米はパンジャブ地方やヒンドスタン平原，半島東岸部で，小麦はパンジャブ地方など北部で栽培が盛んである。主要な商品作物は，デカン高原からグジャラート州にかけての綿花・落花生，東部のサトウキビ，アッサム地方やダージリン地方の茶である。デカン高原南部は地力が低く，雑穀の栽培が中心である。50%以上の耕地率と高収量品種の栽培により，大人口にもかかわらず，食料自給率がきわめて高い。**統計** p.146〜148 **付表** p.157

▶**インド産茶葉を使った紅茶**
▲**アッサム地方の茶畑**（2020年）

（『Diercke Weltatlas』ほか）

ドーサ

チャパティ

◉インドにおける主食の違い インドでは降水量によって，米と小麦の生産が盛んな地域が分かれるため，国内で主食が異なる。米食文化のガンジス川下流域のヒンドスタン平原や南部などでは米粉をクレープ状に焼いたドーサや炊き込みご飯のチャーワルが，麦食文化のパンジャブ地方や北部などでは小麦粉を練って，無発酵のまま焼いたチャパティや発酵させて焼いたナンが，カレーとともに食べられている。なお，日本でもおなじみのナンは，焼くのにタンドールという大型の釜が必要なため，一般家庭ではほとんど食されない。**リンク** p.31

凡例：
- 粗放的牧畜
- 小麦
- 米
- その他の作物（アワ・トウモロコシ・落花生）
- プランテーション
- 森林（マングローブを含む）
- 非農業地域
- 年降水量線
- → 夏季モンスーン
- → 冬季モンスーン
- ♀ 綿花 Y ジュート
- 茶 サトウキビ

グラフ：インドの農産物生産ののび率
凡例：米，小麦，野菜，卵，鶏肉，ミルク
（FAO 資料）
※2000年の生産量を100とした値
縦軸：500（%）〜0，横軸：2000年〜20

◉インドの食生活の変化 経済成長により中間層が増えたインドでは，ミルクや鶏肉の消費量が増加している。この生産と消費の拡大は，それぞれ「**白い革命**」「**ピンクの革命**」と呼ばれている。インドでは，ヒンドゥー教が牛肉，イスラームが豚肉を禁忌としているため，多くの人々が共通して食べることができる鶏肉の消費が増加した。また，インドにはベジタリアンも多く，ミルクが貴重なタンパク源として消費され，特に水牛のミルクは全乳量の半数以上を占める。**リンク** p.32

？ デカン高原で綿花栽培が盛んなのはなぜだろうか。

⑥南アジアの縫製業

！ サッカーボールがつくられる背景に着目しよう。

◉サッカーボールを縫う少年（インド） インド・パキスタン・バングラデシュなど，南アジアでは安価な労働力を活かした手作業の縫製業や製造業が盛んである。衣料品のほかスポーツ用品の生産量も多く，手縫いのサッカーボール生産はパキスタンとインドが世界1，2位を占める。サッカーボールの縫製は，社会的身分の低い家庭が下請けすることが多く，女性や児童の低賃金労働が問題となっている。インドでは，サッカーボール1個の縫製で20円程度（500mLのミネラルウォーター1本分）の賃金しか得ることができないが，大人でも1日に2〜3個を縫うので精一杯である。**リンク** p.56

©ACE

▶**フェアトレードマークの入ったサッカーボール** 2000年代以降，国際機関やNGO，FIFA（国際サッカー連盟）などのサッカー業界が児童労働防止に取り組んでいる。
©わかちあいプロジェクト

？ サッカーボールの縫製で得られる賃金は1日あたりいくらだろうか。

⑦インドの自動車産業

！ 自動車のエネルギー源に着目しよう。

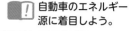

◉タタ社の電気自動車 インドのタタ・モーターズが2008年に発表した車「ナノ」は，販売価格10万ルピー（当時のレートで約28万円）の低価格車であった。エアコンやカーステレオがなく，基本性能のみを追求し，コストダウンのためプラスチックが大量に使用された。近年は脱低価格路線を掲げ，2017年には初の電気自動車「ティゴール」を発表した。当初は政府機関や，タクシーなど法人への販売に限られていたが，2019年には一般向けに販売された。**統計** p.151

？ なぜタタ社は，脱低価格路線に変更したのだろうか。

日本とのつながり 貧困問題や環境問題など，地球的課題の解決を目的としたビジネスをソーシャルビジネスといい，バングラデシュのグラミン銀行がその代表例である。ユニクロはグラミン銀行グループとともに「グラミンユニクロ」を設立し，バングラデシュにおける雇用創出や貧困問題の解決などに貢献している。

8 インドのICT産業
⚠ インドの社会の特徴に着目しよう。

インドは，アメリカ太平洋岸との時差が約半日であることや，かつてイギリスの植民地だったため英語に堪能な人材が豊富であること，理数系教育に力を入れる国策がとられたことなどを要因として，**ICT産業**が発展した。ソフトウェアの開発や，アメリカなど海外企業の注文や問い合わせに対応するコールセンター業務が盛んである。インドでは**カースト制**が社会の基本構造をなしているが，ICT産業は新しい職業のためいずれのジャーティにも属さないことから，能力さえあれば身分にかかわらず就職でき，安定した生活が送れることも発展の一因である。 リンク p.9, 14

バラモン（宗教）
クシャトリヤ（政治・軍事）
ヴァイシャ（商業）
シュードラ（農牧業・職人）
アウト＝カースト

◀**インドのカースト制** カースト制は，身分制度（ヴァルナ）と，職業などを同じくする社会集団（ジャーティ）を組み合わせたものである。カーストは親から引き継がれるため，職業選択が大きく制限される。現在は，憲法によってカーストによる差別が禁じられているものの，社会にはいまだ根強く残っている。

▲インドのコールセンター（2017年）

❓ なぜインドでICT産業が発展したのだろうか。

9 南アジアの宗教
⚠ 各国で主に信仰されている宗教に着目しよう。

南アジアには古くからドラヴィダ人が居住していたが，西方より侵入したアーリア人が現在，半島南部を除いて広く居住している。インド社会の基盤をなす**ヒンドゥー教**は，アーリア人がもたらしたバラモン教をもとに成立した。また，パキスタンやかつて東パキスタンであったバングラデシュでは，イスラームが広く信仰される。インド発祥の仏教は東・東南アジアに広まり，スリランカには上座仏教，ブータンにはチベット仏教の信者が多い。 リンク p.49 ～ 51

南アジア諸国の宗教割合

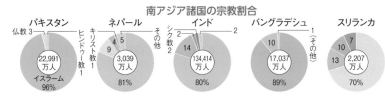

パキスタン
仏教3
キリスト教1
ヒンドゥー教1
22,991万人
イスラーム96％

ネパール
4 5
その他
3,039万人
81％

インド
シク教2
14 その他
134,414万人
80％

バングラデシュ
10
1
（その他）
17,037万人
89％

スリランカ
7
10
13
2,207万人
70％

▲パキスタンのモスク

▲スリランカの仏教寺院

▼ガンジス川での沐浴（インド，2013年）

▼春の訪れを祝うヒンドゥー教のホーリー祭（インド，2017年）

▲シク教徒（インド，2015年）

ヒンドゥー教は，カースト制を基盤としたインド社会の伝統的な制度や慣習の総体といえる。誕生と死が永遠に繰り返されるとする輪廻転生の思想があり，沐浴によって罪が洗い清められ，宗教的に浄化されると信じられている。一方，イスラームの影響を受けてヒンドゥー教から派生したシク教は，カースト制を否定している。

❓ ヒンドゥー教の特徴は何だろうか。

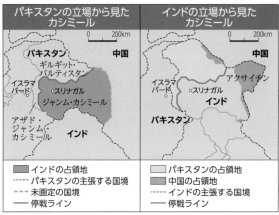

パキスタンの立場から見たカシミール	インドの立場から見たカシミール

パキスタン
ギルギット・バルティスタン
イスラマバード
スリナガル
ジャンム・カシミール
アザド・ジャンム・カシミール
インド
中国

中国
アクサイチン
イスラマバード
スリナガル
インド
パキスタン

■ インドの占領地
---- パキスタンの主張する国境
==== 未画定の国境
── 停戦ライン

■ パキスタンの占領地
■ 中国の占領地
---- インドの主張する国境
── 停戦ライン

◐**カシミール問題** カシミール地方は，1947年のインドとパキスタンの分離・独立の際，この地方を治めていたヒンドゥー教徒の藩王がインド帰属を決めた。しかし，住民の約75％を占めるムスリムが反対し，第1次印パ戦争が勃発した。国連の介入により，カシミールの2/3をインド領とした停戦ラインを設定したが，その後もたびたび武力衝突が発生しており，いまだ国境は画定していない。 リンク p.73 付表 p.158

10 インドの言語
⚠ 紙幣に表記されている文字に着目しよう。

15の地方公用語
ヒンディー語
英語
TEN RUPEES

インドには，10万人以上の話者を持つ言語だけで70もあり，方言も含めると1,600あまりの言語が使用されている。イギリス植民地時代の公用語は英語であったが，独立後は**ヒンディー語**が公用語に定められた。しかし，ヒンディー語が通じない地域も多いため，英語が準公用語とされている。このほか，22の地方公用語が定められており，写真の10ルピー紙幣には，ヒンディー語と英語を含む17の言語が表記されている。 リンク p.53

❓ なぜインドでは，英語が準公用語とされているのだろうか。

プラスウェブ

● 西アジア・中央アジア・北アフリカは大部分が乾燥帯に位置し、広くイスラームが信仰されている
　西アジア・北アフリカではアラビア語の使用者が多い

■西アジア・中央アジア・北アフリカの自然環境 リンク p.24, 25, 27, 29, 130 付表 p.154, 156

①地形　・イラン高原からアナトリア高原、アトラス山脈などは変動帯にあたる　➡イランやトルコは地震多発国
　　　　・アラビア半島などは安定大陸(安定陸塊)にあたる
　　　　・古代文明を育んだナイル川・ティグリス川・ユーフラテス川などの外来河川が流れる　➡灌漑農業が発達

②気候❶…亜熱帯高圧帯(中緯度高圧帯)に覆われ、乾燥気候が広がる　➡ルブアルハリ砂漠などが分布し、砂嵐が見られる
　　　　└─ 蒸発量が多い　➡カスピ海・アラル海・死海❷などの塩湖が見られる
　　　　ステップ(BS)気候：カザフステップなど、中央アジアでは短草草原(ステップ)が広がる地域もある
　　　　地中海性(Cs)気候：地中海沿岸や中央アジアで見られる

■西アジア・中央アジア・北アフリカの産業 リンク p.62, 63 付表 p.157

①農業…外来河川や湧水、カナート(フォガラ)と呼ばれる地下水路によってできたオアシス　➡灌漑農業❸で小麦や綿花などを栽培
②鉱工業　・ペルシア湾岸やカスピ海沿岸、北アフリカ地域には原油が豊富に埋蔵
　　　　石油関連産業の発達❹　➡近年は産業の多角化を図り、金融業や観光業に力を入れる国も❺❻
　　　　・トルコの工業❼…自動車産業を中心に外資系企業の工場が多く立地し、経済が成長

■西アジア・中央アジア・北アフリカの生活文化と諸課題 リンク p.49〜51, 74

①歴史…東のアジアと西のヨーロッパを結ぶ陸の交易路(シルクロード)❽と、インド洋と地中海を結ぶ海の交易路により発展
　　　➡西アジアは文明の十字路としてヨーロッパにも影響を与える
②宗教…広くイスラーム❾が信仰され、ほとんどの国で多数派　※イスラエルはユダヤ教が多数派
　　　　・サウジアラビアにはイスラームの聖地メッカ❿がある
　　　　・国によって宗教との距離感は異なり、トルコは政教分離。サウジアラビアでは従来の慣習を見直す動きもある

③諸課題…2011年の「アラブの春」を受けてシリアで紛争が激化⓫　➡多くの難民が発生

◉冬のテヘラン(イラン、2018年)

◉砂嵐に煙るピラミッド(エジプト、2019年)

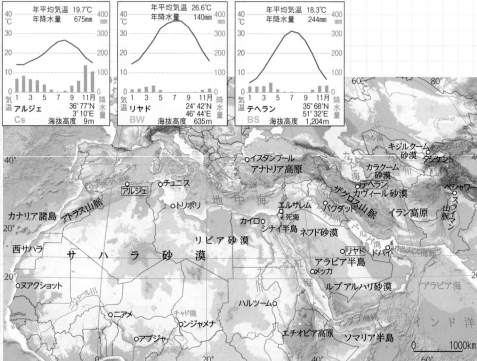

	年平均気温 19.7℃ 年降水量 675mm	年平均気温 26.6℃ 年降水量 140mm	年平均気温 18.3℃ 年降水量 244mm
	アルジェ Cs　36°77'N 3°10'E 海抜高度 9m	リヤド BW　24°42'N 46°44'E 海抜高度 635m	テヘラン BS　35°68'N 51°32'E 海抜高度 1,204m

日本とのつながり　日本のタコの輸入先の約7割は、北アフリカのモーリタニアやモロッコである。元来、現地ではタコを食べる文化はなかったが、日本から派遣された中村正明氏の技術指導によりタコ漁が広まった。タコは高値で取引され、現地住民の貴重な収入源となったが、近年は乱獲が問題視されている。

1 風の塔の家

⚠ 風の塔の高さに着目しよう。

2 死海

⚠ 人々の楽しみ方に着目しよう。

風の塔のしくみ
ウィンドキャッチャー → 風の流れ
風上 → 砂ぼこり → 風下

🔺**風の塔（バードギール）（イラン）** 西アジアの伝統技術である「風の塔」は，上空の風を建物の中に吹き込ませて室内の温度を下げる天然の空調設備といえ，現在でもイラン中部で多く見られる。環境への配慮が高まる中，アラブ首長国連邦の首都アブダビの未来型実験都市「マスダールシティ」にある科学技術研究所には現代版風の塔がつくられ，エネルギー消費量の削減にも貢献できると注目されている。

❓ 現代のエアコンと比較して，風の塔を利用することのメリットとデメリットは何だろうか。

🔺**湖水浴を楽しむ人々（イスラエル，2018年）** 死海はイスラエルとヨルダンの国境の地溝帯に位置する**塩湖**で，湖面の標高は−400mである。塩分濃度は約30%で，海水の濃度（約3.5%）の約10倍である。死海から流出する河川はなく，流入する水に含まれる微量の塩分が溜まる一方，乾燥気候下のため湖内の水分が蒸発した結果，塩分濃度が上がったとされる。塩分濃度が高いほど浮力は大きくなり，人間も簡単に浮くことができる。**付表** p.156

❓ 地図帳で塩湖はどのように表記されているだろうか。また，塩湖は世界の中でもどのような気候に多く見られるだろうか。

3 灌漑によるナツメヤシの栽培

⚠ 気候に着目しよう。

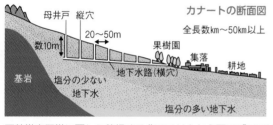

カナートの断面図
母井戸　縦穴　全長数km〜50km以上
20〜50m
数10m　果樹園　集落　耕地
基岩　塩分の少ない地下水　地下水路（横穴）
塩分の多い地下水

🔺**カナート**

🔺**デーツ**
🔺**ナツメヤシ**

亜熱帯高圧帯に覆われ乾燥する北アフリカから西アジアでは，縦穴と横穴からなる伝統的な地下水路が見られ，イランでは**カナート**，北アフリカでは**フォガラ**と呼ばれる。縦穴は横穴の掘削や水路のメンテナンスなどに利用される。また，外来河川や湧水，カナートの近くには**オアシス**が形成される。高温乾燥に強いナツメヤシは，北アフリカから西アジアにかけた乾燥地域のオアシスで多く栽培され，果実（デーツ）が食べられている。デーツは栄養価が高く，乾燥させて保存することもできるため，人々の重要な食料となっている。**リンク** p.25，75　**統計** p.148　**付表** p.157

❓ ナツメヤシの生産量が多いのはどのような地域だろうか。

4 国別産油量と石油パイプライン

⚠ 各国の産油量と1人あたりGNIの関係に着目しよう。

北アフリカから西アジアには多くの油田が分布し，日本の原油輸入量の約9割を西アジアが占める。豊富に原油を産出するペルシア湾岸の国々は，国の総人口が比較的少ないため，1人あたりGNIが高い。1973年の**オイルショック**以降，石油価格は高騰し，オイルマネーで潤った産油国では生活水準の向上が見られた。その一方で，同じ西アジアでも非産油国との格差が広がっている。

リンク p.62，63　**統計** p.149

❓ 日本にとってなぜホルムズ海峡が重要なのだろうか。

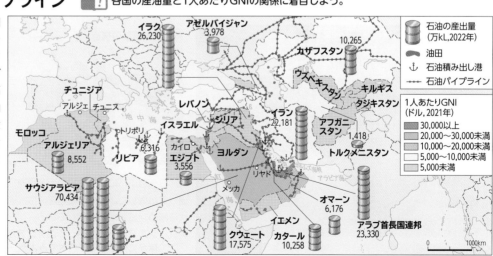

石油の産出量（万kL，2022年）
油田
石油積み出し港
石油パイプライン

1人あたりGNI（ドル，2021年）
30,000以上
20,000〜30,000未満
10,000〜20,000未満
5,000〜10,000未満
5,000未満

イラク 26,230
アゼルバイジャン 3,978
カザフスタン 10,265
ウズベキスタン
キルギス
タジキスタン
チュニジア
レバノン
イラン 22,181
アフガニスタン 1,418
トルクメニスタン
モロッコ
アルジェリア 8,552
リビア 6,316
イスラエル
シリア
ヨルダン
エジプト 3,556
メッカ
リヤド
オマーン 6,176
サウジアラビア 70,434
イエメン
クウェート 17,575
カタール 10,258
アラブ首長国連邦 23,330

0　1000km

5 産業の多角化を図るドバイ

> ！ 埋立て地の形に着目しよう。

ドバイの人工島「パーム・ジュメイラ」（アラブ首長国連邦）　原油輸出のみに依存していると，将来原油が枯渇した際に国が経済破綻してしまったり，原油の国際価格の変動によって経済状況が激変したりするおそれがある。そこで原油輸出依存からの脱却を図るため，産油国は観光業や金融業，製造業の発展に力を入れている。オイルマネー（石油収入）による巨額の投資を背景に，ドバイでは世界中からの集客を見据えたリゾート開発が進んでおり，屋内人工スキー場なども建設されている。

> ？ なぜ産油国では，石油以外の産業の発展に力を入れているのだろうか。

6 ドバイの人口構成

> ！ 男女の数の違いと，人口が多い年齢層に着目しよう。

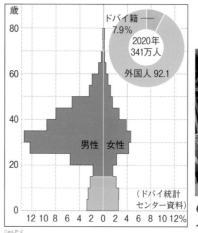

ドバイ籍 7.9%
2020年 341万人
外国人 92.1

男性　女性

（ドバイ統計センター資料）

ドバイの美容院で働くインド人労働者（2020年）

潤沢なオイルマネーを背景に，観光・商業施設の建設が急速に進むアラブ首長国連邦では，単身の外国人出稼ぎ労働者が多く，ドバイでは外国人が人口の9割をこえる。彼らの多くはインドやバングラデシュ，パキスタンなどの南アジアからやって来ており，低賃金労働者として建設業やサービス業に従事している。職種や宗教的な理由から男性が多い。**リンク** p.52

> ？ なぜ30代前後の男性の人口割合が多いのだろうか。

7 トルコの自動車工業

> ！ 自動車輸出額の変化に着目しよう。

トルコは西アジアの中でも最大規模の人口を抱え，2000年代からはEU向けの自動車輸出が増大している。ヨーロッパ市場への距離が近いことやEUとの関税同盟，EUにくらべて賃金が安いことなどが背景にある。一方，トルコの自動車工業は部品を輸入して組み立てる組立工業が主流で，関連産業はあまり発達していない。多発する地震などの自然災害や，強権的な政治と外交問題が招いた通貨安によって，経済が安定しないといった課題もある。

> ？ EUの自動車会社がトルコに工場を置くメリットは何だろうか。

トルコの自動車生産台数と輸出台数の推移

（万台）
- 生産台数
- 輸出台数

（トルコ自動車工業協会資料）

	2001年	03	05	07	09	11	13	15	17	19	21
生産台数	29	56	92	113	88	123	117	141	175	149	133
輸出台数	21	36	56	83	64	80	84	101	135	127	95

8 ペルシャ絨毯

> ！ 模様や構造に着目しよう。

バザール（市場）で絨毯を売る店（イラン，2017年）

ペルシャ絨毯の構造

経糸
パイル
緯糸

物語『アラジンと魔法のランプ』の中に空飛ぶ絨毯が出てくるように，ペルシャ絨毯は西アジアを代表する工芸品で，古くから現在のイランを中心とする地域で生産されてきた。羊の毛を押し固めたフェルトのような敷物が原型とされるが，現代のペルシャ絨毯は経糸と緯糸に立体感のあるパイルを組み合わせて，手織りで1枚ずつつくられるため，非常に高価である。素材には羊毛やシルクが用いられ，ヨーロッパには11世紀の十字軍遠征後に広まり，東アジアには**シルクロード**を通って伝播した。日本の正倉院には，遣唐使によってもたらされた羊毛をフェルト状に固めた絨毯が収められている。

> ？ シルクロードを通って西アジアから日本に伝播したものには，ほかに何があるか調べてみよう。

日本とのつながり　2019年，アフガニスタンで人道支援に取り組んでいた医師の中村哲氏が銃撃により亡くなった。医療支援を行う中で現地の病気の背後には食料不足があるとして，「100の診療所より，1本の用水路を」と灌漑事業を指導した。葬儀の際，中村氏の棺はアフガニスタン国旗に覆われ，大統領と軍兵に担がれた。

⑨ムスリムの分布と国別宗教人口構成 ❗ムスリムの分布に着目しよう。

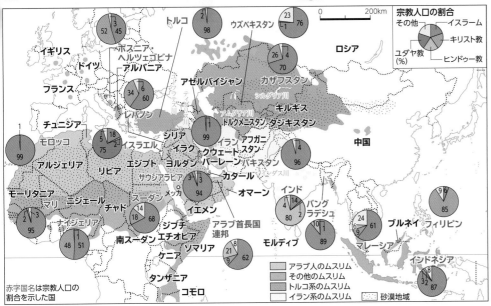

宗教人口の割合
その他　イスラーム
ユダヤ教（%）　キリスト教
　　　　　ヒンドゥー教

アラブ人のムスリム
その他のムスリム
トルコ系のムスリム
イラン系のムスリム
砂漠地域

赤字国名は宗教人口の割合を示した国

❶トルコ対エジプトの女子バレーの試合（2006年）世俗主義をとるトルコに対し，エジプトの選手は肌を露出しないようスカーフなどを着用している。

イスラームは，世界で２番目に信者の多い宗教である。北アフリカから中央アジアに加え，ムスリム商人の交易によって東南アジアにも広まった。ムスリムは唯一神アッラーを崇拝し（一神教），聖典**コーラン**（**クルアーン**）と戒律に基づいた生活を送り，礼拝や喜捨，断食などの**五行**を義務としている。一方，国や地域，個人の信仰によって禁忌とされる食べ物や服装の制限の度合いも大きく異なっている。イスラームは，多数派の**スンナ派**と**シーア派**に大きく分けられるが，イランではシーア派が多数を占めている。 リンク p.49, 50

❓ムスリム人口が最も多い国はどこだろうか。

⬆自動車を運転するサウジアラビアの女性（2018年）　サウジアラビアでは女性の社会進出を進める動きがあり，2018年には女性の自動車運転が解禁された。

⑩メッカの巡礼 ❗巡礼者の服装に着目しよう。

毎年大巡礼（ハッジ）の期間には，200万人をこえるムスリムがイスラームの聖地であるサウジアラビアの**メッカ**を訪れる。玄関口となる沿岸の都市ジッダにある空港では，ハッジに合わせて臨時のターミナルが設置され，2018年にはメッカとジッダ，もう１つの聖地であるメディナを結ぶ高速鉄道が開通した。巡礼者は５～６日間かけてメッカ以外の複数の聖地を訪れるため，経済効果も大きい。男性が巡礼時に着用する白い布は，身分や地位，貧富の差を捨て，神の前ではみな平等であることをあらわしている。 リンク p.49, 50

▶**メッカに向かうムスリム**（2018年）

❓新型コロナウイルス感染症の流行は，サウジアラビアの観光業にどのような影響を与えただろうか。

⑪シリア問題 ❗ボートの設備や人数に着目しよう。

❶**地中海を渡った難民ボート**（ギリシャ，2020年）　2011年初頭からアラブ諸国では，「**アラブの春**」と呼ばれる民主化運動が起きた。シリアでは，体制派と反体制派の対立が紛争へと発展し，化学兵器の使用や，アメリカ・イギリス・フランスの軍事攻撃，ロシアの軍事介入などもあって泥沼化した。さらにIS（イスラム国）など暴力行為をいとわない過激派集団も活動し，住民への被害が拡大した。反体制派の支配地域では空爆などが続いており，国外へ避難した難民は650万人にのぼる（2022年末現在）。 リンク p.74, 109

❓地図帳でシリアからドイツ，イギリスまでの難民の移動ルートをたどり，周辺の国を確認しよう。

プラスウェブ

●アフリカ大陸のサハラ砂漠以南の地域を指す

■**サブサハラ・アフリカの自然環境** リンク p.24〜27, 29, 130 付表 p.154, 156

❶地形…アフリカは大陸全体が南高北低・東高西低の地勢。台地状であるため海岸平野に乏しく，河川の下流に急流部が多い

・変動帯にあたる北西端のアトラス山脈以外は安定大陸（安定陸塊）だが，大陸東部のアフリカ大地溝帯❶は地震と火山が多い
・南東端には古い変動帯のドラケンスバーグ山脈が連なる
・外来河川で世界最長のナイル川，世界2位の流域面積を持つコンゴ川や，ニジェール川，ザンベジ川が流れる

❷気候 ・アフリカ大陸の気候区は，赤道から高緯度側にかけておおむね南北対称
　┗➡熱帯雨林(Af)気候➡サバナ(Aw)気候➡ステップ(BS)気候➡砂漠(BW)気候➡ステップ(BS)気候➡地中海性(Cs)気候
・サハラ砂漠南縁部のサヘル地域では砂漠化が進む❷

■**サブサハラ・アフリカの産業** リンク p.32, 63, 64, 73 付表 p.157, 158

❶農業　海岸付近　植民地時代から続くプランテーション農業　➡カカオ豆・コーヒー豆・茶❸・落花生・綿花などの商品作物を栽培
　　　　南アフリカ共和国　地中海式農業❹　➡ブドウの栽培やワインの生産が盛ん
　　　　熱帯地域　自給的な焼畑農業　➡キャッサバ・タロイモ・バナナなどを栽培
　　　　乾燥地域　灌漑農業や遊牧❷　➡キビ・ヒエ・モロコシなどの雑穀の栽培や，小麦・ナツメヤシ・果樹・野菜の灌漑耕作など

❷鉱工業…石油・石炭・鉄鉱石・銅・ボーキサイト・レアメタル・金・ダイヤモンドなどの豊富な地下資源が埋蔵❺❾
　　　　➡モノカルチャー経済構造のため，工業化は南アフリカ共和国などごく一部のみ
　　　　➡コンゴ民主共和国などでは，紛争地域で採掘された紛争鉱物が武器の購入にあてられ，紛争の長期化・深刻化をもたらす❺

■**サブサハラ・アフリカの生活文化と諸課題** リンク p.49, 53, 56, 60

❶宗教…大陸北部のイスラームのほか，キリスト教や多様な土着宗教を信仰。東アフリカのスワヒリ語はアラビア語の影響を受ける
❷歴史…ヨーロッパ諸国による三角貿易・奴隷制・植民地化が社会の発展を大きく妨げ，
　　　　民族分布を無視して引かれた植民地時代の国境が紛争の一因に❺〜❾　➡アフリカの年(1960年)を中心にほぼ独立を達成したが，経済的に自立できず
❸諸課題　・南アフリカ共和国で行われていたアパルトヘイト❿　➡現在も格差が残る
　　　　・貧困に由来する児童労働❺やチャイルド・ソルジャー❽が将来の発展の足かせに
　　　　・マラリアなどの風土病⓫，高いHIV感染率，エボラ出血熱など多くの感染症の蔓延

ⓐヴィクトリアの滝
（ザンビア・ジンバブエ）

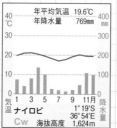
ⓐテーブルマウンテン
（南アフリカ共和国）

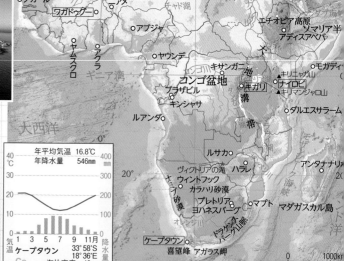

年平均気温 20.5℃
年降水量 1,060mm
気温 キガリ 1°57'S 30°07'E
Aw 海抜高度 1,491m

年平均気温 28.7℃
年降水量 699mm
気温 ワガドゥグー 12°21'N 1°31'E
BS 海抜高度 303m

年平均気温 19.6℃
年降水量 769mm
気温 ナイロビ 1°19'S 36°54'E
Cw 海抜高度 1,624m

年平均気温 16.8℃
年降水量 546mm
気温 ケープタウン 33°58'S 18°36'E
Cs 海抜高度 46m

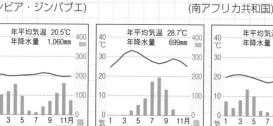

日本とのつながり　南アフリカ共和国のアパルトヘイト政策に対して世界中から非難と経済制裁を求める声が上がったが，「名誉白人」として扱われていた日本は貿易を続けた。日本企業がアパルトヘイト廃止後の南アフリカ共和国にいち早く進出できた背景には，こうした「不名誉な」事情がある。

❶アフリカ大地溝帯 ❗細長い形の湖の分布に着目しよう。

インド洋中央海嶺から続くプレート境界を広げる働きがアフリカ東部を東西方向に引き裂こうとしているため，急な断層崖に挟まれた長大な地溝帯を形成している。その長さはジブチ付近からザンベジ川河口まで約6,500kmに及ぶ。海嶺が新しく形成されようとしている場所であり，火山活動が活発で地震も多い。 リンク p.130 付表 p.154

❓タンガニーカ湖やマラウイ湖など，細長い湖が多いのはなぜだろうか。

❷サヘルの風景 ❗樹木の様子に着目しよう。

△ニジェールでの放牧（2019年）

△ソルガムの栽培（スーダン）

△バッタの大量発生による被害（モーリタニア）

ステップ気候下のサハラ砂漠南縁部をサヘルと呼ぶ。夏季にギニア湾から湿気を運ぶ南西季節風（モンスーン）が雨季をもたらすが，季節風が弱い年は干ばつが発生しやすく，降水量は不安定である。降雨に依存する天水農業が多いため，干ばつは飢饉に直結する。また，羊・ヤギ・ラクダの遊牧，放牧が行われてきた。過耕作や過放牧が招いた砂漠化の進行や，バッタ類の大発生による被害も深刻である。モロコシ・コウリャン類を総称してソルガム，ヒエ・キビ類を総称してミレットと呼び，いずれもやせ地や乾燥に強く，サブサハラ・アフリカの主食となっている。 リンク p.31, 70

❓人口の増加とともに家畜を増やしたら，植物はどうなるだろうか。

❸ケニアの茶の栽培 ❗茶畑がある場所に着目しよう。

△チャイをいれるケニアの牧畜民サンブル

イギリスが植民地のケニアにインドから茶を持ち込み，プランテーションを建設し，1924年に商業栽培が始まった。年間を通じて降雨がある高地で栽培され，現在は茶の生産・輸出量ともに世界トップクラスである。インド系移民が多いケニアではインドと同じく，濃く煮出したミルクティーにシナモンやカルダモン，クローブなどの香辛料と砂糖をたっぷり入れたチャイが楽しまれている。 リンク p.92 統計 p.147

❓イギリスが茶の苗木をインドからケニアに持ち込んだのはなぜだろうか。

❹南アフリカ共和国のブドウ栽培

❗日本のブドウ畑との違いに着目しよう。

△南アフリカ産のワイン

地中海式農業の主要作物であるブドウは水はけのよい土を好み，夏の生育期に高温乾燥となる気候が適しているため，ヨーロッパ以外でも主に大陸西岸に見られる地中海性気候の地域で栽培が盛んである。南アフリカ共和国では，オランダ領時代の17世紀なかばから南西部の西ケープ州を中心にブドウ栽培が始められ，ワイン生産も発展し，輸出量は世界トップ10に入る。 リンク p.27, 104 統計 p.147 付表 p.156, 157

❓南アフリカ共和国のワインの主な輸出先はどのような国々だろうか。

⑥ルワンダの発展 !街並みに着目しよう。

⑤レアメタル鉱山 !働いている人の年齢に着目しよう。

🔵鉱山で働く子ども(コンゴ民主共和国，2020年)

🔵ルワンダの首都キガリ(2018年)

ツチの人々が多く暮らすコンゴ民主共和国東部からザンビア北部にかけては，超合金や電子部品の製造に不可欠な**レアメタル**のタンタルやコバルトの産地である。コンゴ民主共和国(旧ザイール共和国)では，1990年代前半から2000年代前半にかけて，ルワンダ・ウガンダ・ブルンジの加勢を受けたツチと政府との間で紛争が続き，500万人以上の死者が出た。資源収入が軍事費を支え，犠牲者を生む構造があるため，先進国では紛争や児童労働に関与しない**コンフリクトフリー**鉱物だけを購入する企業も多い。
リンク p.56, 64, 73
統計 p.151 **付表** p.158
❓先進国が紛争鉱物を買わなければ，戦争の武器・兵器はどうなるだろうか。

ルワンダを植民地支配したベルギーは，少数派のツチに多数派のフツを統治させた。独立後に両者が対立して1990年に**ルワンダ内戦**が勃発し，1994年には過激派のフツが，ツチと穏健派のフツを大量虐殺した(**ルワンダの悲劇**)。内戦終結後ツチ政権が発足，海外避難先から帰国したツチを中心に再建を図り，21世紀に入ると**ICT産業**の育成や労働人口の7割以上が従事する農業の改革，すず・タングステン・コルタンの世界的産地としての外資誘致などの経済政策により高度経済成長を遂げ，**アフリカの奇跡**と呼ばれた。**付表** p.158
❓ルワンダの悲劇の原因は何だろうか。

⑦ゴレ島と奴隷貿易 !三角貿易のお金の流れに着目しよう。

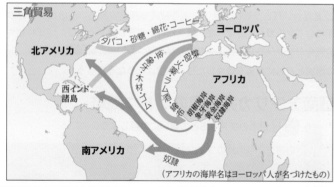

三角貿易

北アメリカ
ヨーロッパ
タバコ・砂糖・綿花・コーヒー
西インド諸島
アフリカ
木材・ゴム
南アメリカ
奴隷
(アフリカの海岸名はヨーロッパ人が名づけたもの)

🔺ゴレ島

🔵かつての奴隷の家

1978年に世界文化遺産に登録されたゴレ島は，セネガルの首都ダカールの湾内に浮かぶ小島で，16世紀以降奴隷貿易の拠点となった。アフリカ各地から集められた奴隷がブラジルや西インド諸島のサトウキビや，アメリカ南部の綿花のプランテーションの労働力として送り出された。部族間の争いで負けた捕虜が奴隷とされたため抗争が激化し，ヨーロッパ人は武器の売り込みにより莫大な利益を得た。アフリカから1,000万人以上が連れ去られたため社会基盤が破壊され，独立後の発展が停滞する一因となった。
❓三角貿易で富を蓄えたのはアフリカ，南北アメリカ，ヨーロッパのどれだろうか。

⑧アフリカの植民地分割 !写真の兵士の年齢に着目しよう。

西サハラ独立戦争
チャド内戦
中央アフリカ内戦
ダルフール紛争 (2019年末現在)
100km
南スーダン内戦
エリトリア独立戦争
エチオピア内戦
ソマリア内戦
オガデン紛争
南カザマンス独立運動
シエラレオネ内戦
ビアフラ戦争
コンゴ動乱
ウガンダ内戦
リベリア内戦
バニィヤムレンゲ紛争
ウガンダ・タンザニア国境紛争
シャバ州紛争
ルワンダ内戦
アンゴラ独立戦争
ブルンジ内戦
── 国境
── 民族境界
▢ 紛争中
── 停戦中または解決済
アンゴラ内戦
モザンビーク内戦
ジンバブエ内戦
ジンバブエ白人農園占拠
周辺諸国不安定化工作
ナミビア独立戦争
アパルトヘイト

ヨーロッパ諸国が民族分布を無視して**植民地**境界を引いたため，独立後も1つの民族が隣国にまたがって居住した。民族や宗教に加え，資源開発がもたらす富の配分をめぐる対立も頻発する紛争の一因となっている。経済的貧困は**児童労働**を生み，教育を受けていないと経済発展を支える人材になりにくいため，発展の足かせになる。また，誘拐と洗脳による**チャイルド・ソルジャー**(写真)の問題もあるが，社会性や倫理観を欠如させられており，救出後の社会復帰は容易ではない。**リンク** p.56, 61, 74

🔵チャイルド・ソルジャー(南スーダン，2014年)

❓民族の分布を無視した境界によりどのようなことが起こっただろうか。

9 ナイジェリアの民族・宗教と油田

! ニジェールデルタとイボの居住地域に着目しよう。

民族と油田の分布 / キリスト教徒とムスリムの割合

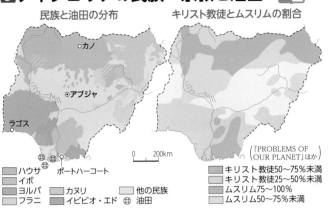

「PROBLEMS OF OUR PLANET」ほか

ハウサ／イボ／ヨルバ／カヌリ／フラニ／イビビオ・エド／他の民族／⊕油田
キリスト教徒50〜75%未満／キリスト教徒25〜50%未満／ムスリム75〜100%／ムスリム50〜75%未満

△ニジェールデルタの石油関連施設（ナイジェリア）

ナイジェリアには，主要民族であるハウサ・ヨルバ・イボをはじめ，500もの民族が居住する。イボの居住地域であるニジェールデルタで石油が産出されると，ハウサが政権を握るナイジェリアからの独立とビアフラ共和国樹立を宣言したため，ビアフラ戦争（1967〜70年）が勃発した。イボが敗北するが，戦闘による死傷者をはるかに上回る150万人以上の餓死者を出した。戦後は民族対立の緩和を目的の1つとして，1991年にラゴスからアブジャに遷都した。政情は不安定だが，2010年代からめざましい経済発展を遂げている。 リンク p.63

? 新首都のアブジャは民族分布上，どのような場所に立地しているだろうか。

10 南アフリカ共和国の課題

! 高級レストランの客層に着目しよう。

植民地時代にイギリス系移民から差別されたオランダ系移民（**ボーア人，アフリカーナ**）が第二次世界大戦後に政権を握ると，非白人を差別するだけでなく，飲食店や交通機関など社会のあらゆる場面で両者を隔離する**アパルトヘイト（人種隔離政策）**を行った。しかし，激しい抵抗運動や国際的制裁を受けて1991年に撤廃され，94年にはネルソン＝マンデラが黒人初の大統領に就任した。豊富な地下資源の輸出に加え，自動車・兵器産業など，アフリカで最も工業が発達している一方，人種間の大きな失業率格差や所得格差が解消されず，格差解消を期待した黒人の不満が渦巻いている。経済発展にともなう周辺諸国からの労働者流入や高い犯罪発生率，HIV感染者の増加など，課題が山積している。 リンク p.60

南アフリカ共和国の人口構成

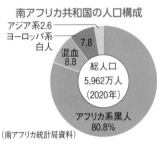

アジア系2.6／ヨーロッパ系 白人／混血8.8／7.8／総人口5,962万人（2020年）／アフリカ系黒人80.8%
（南アフリカ統計局資料）

△黒人と白人がともに学ぶ教室

△白人の多い高級レストラン

△炭坑で働く黒人労働者

? 高級レストランに黒人が少ないのはなぜだろうか。

11 アフリカの風土病

! 蚊帳をつくっている人に着目しよう。

ヨーロッパ人の侵入を阻んだアフリカの**風土病**は，遊牧や巡礼，経済活動などによって広がった。ウイルス性の**黄熱病**はシマ蚊によって，致死性の高い**ねむり病**はトリパノソーマ原虫が寄生したツェツェ蝿によって伝染する。ねむり病は家畜に伝染するとナガナ病と呼ばれ，人間同様に致死率が高い。高熱の出る**マラリア**は，ハマダラ蚊を中間宿主とするマラリア原虫が蚊の唾液から血中に侵入し，発熱や死に至ることもあり，日本の蚊帳が有効な対策となっている。2021年には，WHO（世界保健機関）がマラリアを予防するワクチンの使用を初めて推奨した。**住血吸虫症**は，河川や水田に生息する巻き貝やタニシを中間宿主とする寄生虫の住血吸虫が人間に寄生し，致死性ではないが肝臓や泌尿器の慢性疾患を引き起こす。 リンク p.60

? 蚊帳を日本で生産してアフリカに無償で寄付し続けた場合，アフリカ社会の持続的発展に貢献できるだろうか。

△ツェツェ蝿　△ハマダラ蚊

photograph©M.Hallahan/Sumitomo Chemical

△蚊帳製造工場（タンザニア）　日本の企業は，防虫成分を練り込んだ繊維でつくられた蚊帳をタンザニアで生産しており，現地の雇用創出にも貢献している。

■ヨーロッパの自然環境 リンク p.24, 25, 27, 28, 130 付表 p.154〜156

❶地形　北部　・安定大陸（安定陸塊）の広大な構造平野が広がる

　　　　　　　・古い変動帯にあたるスカンディナヴィア山脈・ペニン山脈・ウラル山脈などが見られる

　　　　　　　・概ね北緯50度以北は氷期に氷床に覆われ，薄いやせた土壌。フィヨルド❶やモレーンなどの氷河地形が存在

　　　　　　　・大西洋中央海嶺上のアイスランドのギャオ❷，パリ盆地周辺のケスタ❹など特色ある地形が見られる

　　　　　南部　・変動帯にあたるピレネー山脈・アルプス山脈・アペニン山脈が連なる

　　　　　　　・沖積平野や，スロベニアのカルスト地形，スペイン北西部のリアス海岸などが見られる

❷気候❸　西部　西岸海洋性（Cfb）気候　}ほぼ全域が北緯35度から北極圏にかけての高緯度に位置するが，暖流の北大西洋海流

　　　　　東部　冷帯湿潤（Df）気候　　}（メキシコ湾流）と偏西風の影響で，冬季は西高東低の気温となる

　　　　　南部　地中海沿岸は地中海性（Cs）気候　➡夏季に亜熱帯高圧帯（中緯度高圧帯）に覆われ乾燥する

　　　　　北部　高緯度地方は日中時間の年較差が大きい。北極圏では白夜や極夜が見られる

■ヨーロッパの産業 リンク p.20, 34, 63 付表 p.157, 158

❶農業…穀物栽培と食肉生産を2本柱とする有畜農業

　　南部　経営面積が小さく，高コスト（競争力が弱い）の国が多い

> ・地中海式農業❺で夏にブドウ・柑橘類・オリーブなどの果樹栽培や野菜栽培，沖積平野では灌漑による米の栽培が行われる
> ・冬は冬小麦栽培，秋から春にかけては野菜の促成栽培（遠郊農業，トラックファーミング）が行われる
> ・羊や豚を飼育　　夏に乾燥するため，移牧が行われる

　　北部　大規模な混合農業❻で経営面積が大きく，低コスト（競争力が強い）の国が多い

> ・19世紀ごろより新大陸から安価な穀物や牛肉が流入　➡都市近郊に酪農❼や園芸農業❽が発達
> ・氷床に覆われていたやせ地ではライ麦・ジャガイモ・テンサイ・豚肉を，南部寄りでは小麦・乳牛・肉牛・ブドウを生産
> ・スイスではU字谷底の耕地が狭いため牧畜業が盛んで，移牧が行われる

　　東部　1990年ごろまで続いた共産主義時代の影響で，近代化が遅れる

　　EU　EU加盟国間の農業格差を補うためのEU共通農業政策⓳　➡財政負担がきわめて大きい

❷鉱工業…スウェーデンのキルナ鉄山や，北海油田・ガス田などの資源が存在

　　　　　北部には，水量の変化が少なく，勾配が緩やかな河川と運河建設による内陸水路網が発達❾

| 産業革命以降，炭田立地の重工業三角地帯を中心に重化学工業が発達❿ | ➡ | 原料の海外輸入依存度の高まりから，臨海部に新しい工業地域が形成 | ➡ | 青いバナナ（ブルーバナナ）・サンベルト・シリコングレンなどの新工業地域が形成。航空機の国際分業体制や，南・東ヨーロッパへの製造拠点の移転が増える⓫〜⓭ |

❸エネルギー…福島第一原発事故以降，脱原発・脱石炭（脱二酸化炭素）を目指し，自然エネルギーの導入を加速⓮

❹貿易…EUは輸出入ともに域内貿易率が高い。ノルウェーやアイスランドなどのEU非加盟国と欧州経済領域を形成

❺伝統産業…サードイタリー（第三のイタリア）をはじめ，各地に伝統産業⓯が残る

❻観光業…地中海地域は北アメリカ・中国と並び，観光客が多く訪れる。バカンス制度⓰によりヨーロッパは長期滞在型の旅行が主流

■ヨーロッパの生活文化と諸課題 リンク p.49, 52, 73, 74, 113

❶民族⓱…南部にラテン系，北部にゲルマン系，東部にスラブ系が多い。フィンランドやハンガリーはアジア系民族

❷文化と宗教⓲

| ローマ帝国の東西分裂以来 | ➡ | 西欧文化：西ローマ帝国とフランク王国の影響 | ➡ | 南部のカトリック・北部のプロテスタント，ラテン文字 |
| | | 東欧文化：ギリシャ文明と東ローマ帝国の影響 | ➡ | 東方正教会，キリル文字 |

❸歴史

| 15世紀以降世界に進出 | ➡ | 18世紀後半の産業革命後，19世紀にイギリス・フランスを中心に世界各地を植民地化 | ➡ | 第二次世界大戦後の東西冷戦の対立期を経て，冷戦終結前後からヨーロッパ統合が進み，1993年に地域統合体のEUが誕生⓳⓴ |

❹諸課題…EU内の東西経済格差㉑と域内移民の激増による摩擦㉒

　　➡域外の発展途上国から押し寄せる移民・難民圧力とムスリム問題　➡EU離脱を選択する国も㉓

日本とのつながり　ドイツ・ルール地方のデュッセルドルフは有名観光地ではないが，日本人が多く住む。ベネルクス3国に日帰り可能なため早くから日本企業が進出し，日本企業のヨーロッパの一大拠点となった。日本人が多く住む地区では日本語が通じ，日本食レストランもあり，食材など日本のものはたいてい手に入る。

▽アルプス山脈(スイス)

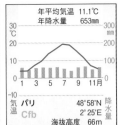

年平均気温 11.1℃
年降水量 653mm

気温 パリ 48°58′N
降水量 2°25′E
Cfb 海抜高度 66m

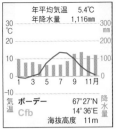

年平均気温 5.4℃
年降水量 1,116mm

気温 ボーデー 67°27′N
降水量 14°36′E
Cfb 海抜高度 11m

▽東ヨーロッパ平原
(ポーランド)

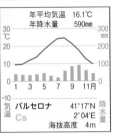

年平均気温 16.1℃
年降水量 590mm

気温 バルセロナ 41°17′N
降水量 2°04′E
Cs 海抜高度 4m

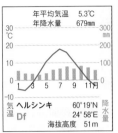

年平均気温 5.3℃
年降水量 679mm

気温 ヘルシンキ 60°19′N
降水量 24°58′E
Df 海抜高度 51m

①フィヨルド(峡湾)

⚠ 水面両側の斜面の傾斜に着目しよう。

◉ガイランゲルフィヨルド(ノルウェー，2016年) 氷河が侵食してつくる谷(氷食谷)は断面がU字形のU字谷となる。海面上昇や陸地の沈降により海水が谷に浸入すると，急傾斜の谷壁に挟まれ，大きな水深の細長い入り江となる。大規模なものは水深1,000m，側壁の標高差1,500m，湾の奥行き100kmをこえる。フィヨルドは標高が低い所に氷河が存在しないとできないため，そのほとんどが高緯度地方で見られる。水深が深いため大型船も航行できる一方，陸上交通にとっては障害となり，集落は湾の最奥部のわずかな平地に形成されることが多い。波が静かなため，ノルウェーや南アメリカのチリなどではサーモンの養殖漁業が盛んである。 付表 p.155

▲湾奥の集落(ノルウェー，2018年)

❓ 氷河が侵食してつくる谷の断面がU字形になるのはなぜだろうか。

②アイスランドのギャオ

⚠ 裂け目の形状に着目しよう。

海嶺で生み出されたプレートは，海嶺の両側へ送り出される。大西洋中央海嶺の頂上部が海面上に突き出たのがアイスランド島で，島内ではギャオと呼ばれる裂け目(谷状の地形)が見られる。高緯度のアイスランドは火と氷の国と形容されるが，氷河は面積の1割程度である。火山と温泉が豊富で，地熱発電や水力発電が盛んである。ブルーラグーン(写真下)は，首都レイキャビクの南西にある地熱発電所で地中深くから汲み上げた熱水を，発電後に冷まして二次利用した露天温泉施設で，総面積は5,000㎡に及ぶ。 リンク p.64，130 付表 p.154

❓ なぜこのような裂け目ができるのだろうか。

◉ブルーラグーン
(アイスランド)

3 ヨーロッパの気候

!　ニースと札幌の各月の気温差に着目しよう。

▷11月のニース

▷11月の札幌市

ニースと札幌の月別平均気温

ニース（北緯43度65分）

札幌（北緯43度06分）

ヨーロッパ北西部は，沖合を北上する暖流の**北大西洋海流**（メキシコ湾流）により暖められた海上の空気が**偏西風**によって吹き込むため，高緯度のわりに冬の寒さが厳しくならない**西岸海洋性（Cfb）気候**が見られ，同緯度の大陸東岸とくらべると明らかに異なる。内陸に行くほど寒暖の差が大きくなり，東部は**冷帯湿潤（Df）気候**となる。南部は夏季に亜熱帯高圧帯が北上し，**地中海性（Cs）気候**となる。　**リンク** p.25, 27, 28　**付表** p.156

△6月のコペンハーゲン（デンマーク，21時ごろ）
高緯度の北部は，夏季と冬季の日中時間の差が大きい。北緯55度のコペンハーゲンの日中時間は，夏季が17時間32分であるのに対し，冬季は6時間57分である。また，北緯66度34分より高緯度の北極圏内では，**白夜**や**極夜**が見られる。　**リンク** p.13

?　ヨーロッパ北部の夏季の日中時間は日本より長いが，太陽光の強さはどうだろうか。

4 ケスタとブドウ栽培

!　ブドウ畑の勾配に着目しよう。

ケスタの模式図

軟らかい地層

硬い地層

△シャンパーニュ地方のブドウ畑
（フランス，2017年）　硬い地層と軟らかい地層が交互に堆積して緩傾斜していると軟層の侵食が早く進むため，急斜面ときわめて緩やかな斜面が交互に配列する**ケスタ**が発達する。ケスタが発達するパリ盆地のシャンパーニュ地方では，水はけがよい急斜面にブドウ畑が広がる。発泡ワインのシャンパンの名は，**地理的表示（GI）保護制度**により，シャンパーニュ地方で製造されたものだけが名乗ることができる。
リンク p.34　**付表** p.155　　?　なぜシャンパーニュ地方では，ブドウの栽培が盛んなのだろうか。

5 地中海式農業

!　土の色に着目しよう。

▷オリーブの実

△オリーブ畑（ギリシャ）　**地中海式農業**は，夏季は高温乾燥，冬季は温暖湿潤な地中海性気候下で，主に斜面で**ブドウ・柑橘類・オリーブ**などの果樹を商業的・集約的に栽培し，平地で**冬小麦**などの冬穀物を自給的に栽培する農業である。夏季の乾燥により牧草が枯れるため，牧草を求めて高地に家畜を移動させる**移牧**がローマ時代から行われてきた。地中海沿岸の赤い土壌は，**テラロッサ**と呼ばれる石灰岩の風化土である。
リンク p.27, 34　**統計** p.147　**付表** p.156, 157

?　地中海沿岸で最も多く生産される食用油は何だろうか。

6 混合農業

!　家畜を飼う目的に着目しよう。

▷スペインの養豚場　混合農業は，主食穀物の畑作に加えて，食肉生産のための家畜飼養を重視する**有畜農業**である。産業革命期の18世紀後半に，中世に行われていた**三圃式農業**（耕地を冬穀物地・夏穀物地・休閑地に区分し，3年周期で一巡させる農業）から発展した。「冬穀物→飼料用根菜→飼料・緑肥用夏穀物→マメ科・イネ科牧草」の**輪作**を基本とする。19世紀後半，高速船や**冷凍船**の就航によって新大陸地域から安価な穀物や冷凍肉の輸入が増大すると，大都市近郊では**酪農**や**園芸農業**が発達した。**リンク** p.41, 123　**付表** p.157

?　酪農や園芸農業が競争に生き残れたのはなぜだろうか。

日本とのつながり　生の魚介類をあまり食べないフランスだが，生牡蠣は人気がある。1960年代にフランスで養殖牡蠣が大量死した際に三陸の真牡蠣が送られ，現在フランスの牡蠣の9割がその子孫である。東日本大震災により三陸の養殖牡蠣が壊滅的な被害を受けた際には，フランスから恩返しとして養殖器具や資金が送られた。

7 酪農

!｜飼育されている家畜の種類に着目しよう。

●牛の放牧（アイルランド） 酪農は，牧草や根菜類などの飼料作物を輪作して乳牛を飼育し，生乳・生クリームやチーズ・バター・ヨーグルトなどの乳製品を製造販売する農業である。放牧地や採草地では，クローバーやアルファルファなどのマメ科牧草とイネ科牧草を混ぜることで家畜の摂取カロリーを調整している。農業には悪条件の冷涼な気候や，やせ地で発達することが多い。**統計** p.148 **付表** p.157

？ なぜイギリス・アイルランド・デンマークでは，酪農が盛んなのだろうか。

8 園芸農業

!｜栽培されている作物に着目しよう。

●オランダのチューリップ畑（2017年）とチューリップの収穫（右上，2014年） 園芸農業は，商業的・集約的な農業で，野菜・果実・花卉などの中でも鮮度が重視されるものを中心に生産する。オランダは，ビニールハウスを用いた促成栽培や抑制栽培を行う施設園芸が高度に発達し，整備された交通網で迅速に出荷される。主力商品のチューリップは，多くが球根として海外に輸出され，残りは国内向けの切り花として出荷される。**付表** p.157

？ 促成栽培や抑制栽培のメリットは何だろうか。

9 発達する内陸水路網

!｜交差する水路に着目しよう。

◀ミンデンの内陸水路網（ドイツ，2018年）安定大陸に位置するアルプス以北の河川は緩やかな流れで，西岸海洋性気候の安定した降水量により水位の変動も小さいため，古くから自然河川と**運河**を活用した**内陸水路**網が発達した。ヨーロッパを囲むすべての海とカスピ海は，内陸水路網で結ばれている。**リンク** p.21，27，130

？ 南ヨーロッパで内陸水路網が発達していないのはなぜだろうか。

10 ルール工業地帯

!｜港湾施設の大きさに着目しよう。

▲デュースブルク港（ドイツ，2016年）

19世紀よりルール炭田にエッセンなどの鉄鋼都市が誕生し，ヨーロッパ最大の重化学工業地域に発展したが，重化学工業の衰退にともない構造転換が進んでいる。ライン川河口のロッテルダム港（**ユーロポート**）から200km上流に位置するドイツのデュースブルクは，ヨーロッパ最大の河川を持ち，大西洋を横断する大型船も直接入港している。イギリスやフランスでは，資源輸入率の高まりから臨海部に工場が移転している。

？ ルール工業地帯が発展した理由は何だろうか。

11 青いバナナ

!｜産業の中心地域が移動していることに着目しよう。

ヨーロッパの鉱工業地域

キルナ鉄山

シリコングレン
北海油田
グラスゴー
ミドルズブラ
カナダから鉄鉱石輸入
ミッドランド炭田
ダンケルク
ルール炭田
ザクセン炭田
シロンスク炭田
ブラジルから鉄鉱石輸入
重工業の三角地帯
ザール炭田
青いバナナ
サンベルト
フォス
バルセロナ

0　500km

■ 石　炭
⊕ 石　油
Ⓐ 天然ガス
▲ 鉄鉱石
--- 北海油田のパイプライン
▭ 工業地域
━ 運河
● 新工業地域
Ⓔ エレクトロニクス工業

先進国は，経済のグローバル化により価格競争力を失ったため，重化学工業などの重厚長大産業から，**ICT産業**や**コンテンツ産業**などの軽薄短小産業へ構造転換を進めている。ヨーロッパにおいても，商工業都市が集積した地域である**青いバナナ（ブルーバナナ）**や先端技術産業が集まる**サンベルト**，ICT産業が集まる**シリコングレン**などの新しい産業中心地域が生まれている。

？ ICT産業やコンテンツ産業の立地は，どのような制約を受けるだろうか。

12 ジェット機製造の国際分業

! 機体製造の分担に着目しよう。

エアバスA380の部品を製造した国
- フランス
- イギリス
- ドイツ
- スペイン
- ベルギー

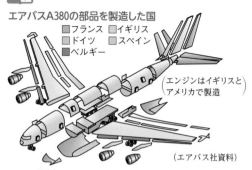

（エンジンはイギリスと
アメリカで製造）

（エアバス社資料）

戦後の旅客機製造をアメリカが独占したことに対抗して，西ドイツ・フランス・イギリス・スペインが共同出資して1970年にエアバス社を設立した。各国が部品生産を分担し，フランスのトゥールーズとドイツのハンブルクに搬入され，組み立てられている。 **リンク** p.118

？ なぜ1か所で集中的に製造しないのだろうか。

13 ヨーロッパの自動車生産拠点

! 工場の設立年と場所に着目しよう。

フォルクスワーゲングループの生産拠点
- ▲ 1985年の工場
- ■ 1999年までに新設された工場
- ● 2008年までに新設された工場
- ● 2012年までに新設された工場
- ◆ 2016年までに新設された工場
- ★ 2021年までに新設された工場
- × 廃止した工場

？ ドイツ国内で組み立てる車の部品を国外で生産するのはなぜだろうか。

東西冷戦中の西側企業は，国際競争力強化のため，安価な労働力を求めて南ヨーロッパに製造拠点を展開していたが，1990年代の東欧の民主化と2000年代のEUの東方拡大を契機に東ヨーロッパにも進出した。現在，国際**サプライチェーン**の構築が進み，ドイツ車の部品のほとんどが国外で製造されている。 **統計** p.151

△フォルクスワーゲンの工場
（スロバキア，2020年）

14 進むエネルギー転換   ! 発電が行われている場所の自然環境に着目しよう。

？ 風力発電や太陽光発電に適しているのは，どのような自然条件を満たす場所だろうか。

○北海の風力発電（左）とスペインの太陽光発電　ヨーロッパ諸国の多くが，2011年3月11日に発生した福島第一原発事故を契機に脱原発に舵を切った。地球温暖化対策として，石炭火力発電所を廃止する**脱石炭**政策のほか，**炭素税**の創設やガソリン車販売禁止計画などの**脱CO$_2$**政策，**風力発電・太陽光発電・太陽熱発電**など，再生可能な**自然エネルギー**主体のエネルギー供給構造への転換政策を積極的に進めている。 **リンク** p.64，65，69，139

15 生き残る伝統産業   ! 製造工程の機械化の度合いに着目しよう。

プラダ（イタリア）

ツヴィリング（ドイツ）

ロイヤルコペンハーゲン（デンマーク）

○ヨーロッパにおける**高付加価値製品**の生産　経済のグローバル化にともない先進国は価格競争力を失ったが，ガラス製品・陶磁器・皮革製品・衣料品・宝飾品・時計・絨毯・高級家具・嗜好品などにおいて，高付加価値のものは生き残っている。イタリアでは，北部の工業都市や南部の農業地帯に対して，中世以来の伝統工業が発達した半島中・北部の諸都市を**サードイタリー**（第三のイタリア）と呼んでいる。小規模経営による多品種少量生産を得意とし，持続的成長が可能な産業の典型例として注目されている。

？ 写真の製品が，高価格にもかかわらず消費者に支持されているのはなぜだろうか。

日本とのつながり　ドイツのルール地方に近いゾーリンゲンは，イギリスのシェフィールド，岐阜県関市と並ぶ世界三大刃物産地である。関市の職人の日本刀鍛冶由来の技術を導入するため，ツヴィリング社は2004年に関市に工場を建設した。鋭い切れ味と長い耐久性を持つ高級包丁は，世界の一流料理人に人気がある。

⑯バカンス制度

!観光客の移動先に着目しよう。

主要国の休日日数

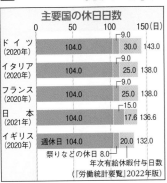

ドイツ（2020年）	104.0	30.0 9.0	143.0
イタリア（2020年）	104.0	25.0 9.0	138.0
フランス（2020年）	104.0	25.0 9.0	138.0
日本（2021年）	104.0	17.6 15.0	136.6
イギリス（2020年）	104.0	20.0	132.0

週休日 104.0
祭りなどの休日 8.0
年次有給休暇付与日数
『労働統計要覧』2022年版

バカンスシーズンの人々の移動

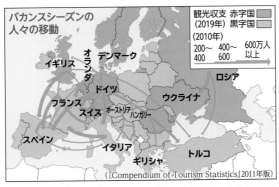

観光収支 赤字国 黒字国（2019年）
（2010年）
200～ 400～ 600万人以上
400 600

『Compendium of Tourism Statistics』2011年版

有給休暇取得率は日本の約50％に対してヨーロッパはほぼ100％で，夏休みは4週間，クリスマスは2週間前後の**バカンス**休暇やバカンス手当が法制化されている国も多い。そのため日本の旅行が短期周遊型であるのに対し，ヨーロッパの旅行は長期滞在型で，観光業は重要な産業となっている。宿泊は高級リゾートから1室1泊数千円のものまで整備され，**グリーンツーリズム**（農村滞在型旅行）も人気がある。集中を避けるため，地域によって休暇をずらしている国も少なくないが，バカンスシーズンの地中海沿岸の保養地に向かう道路の大渋滞は風物詩となっている。 リンク p.23

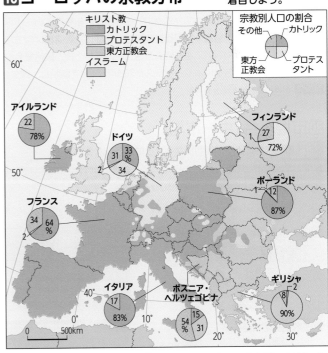

△**ラングドック・ルシヨン**（フランス，2012年）
地中海沿岸は世界的に観光客数が多く，南フランスのコートダジュールが富裕層向けの保養地であるのに対し，ラングドック・ルシヨンは一般庶民向けに整備された。

?バカンスに訪れる人が多い地域はどこだろうか。

⑰ヨーロッパの民族分布

!各民族の分布に着目しよう。

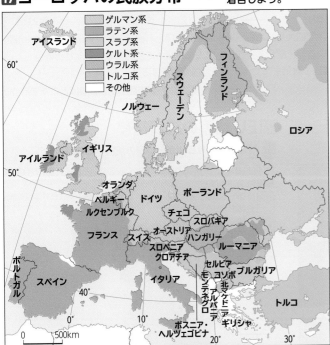

ゲルマン系
ラテン系
スラブ系
ケルト系
ウラル系
トルコ系
その他

0 500km

ゲルマン系（ドイツ人）

ラテン系（ポルトガル人）

スラブ系（ポーランド人）

ヨーロッパの民族は，そのほとんどがインド＝ヨーロッパ語族に属する。大人口の民族としては，南ヨーロッパに**ラテン**系，中部ヨーロッパから北ヨーロッパにかけて**ゲルマン**系，東ヨーロッパに**スラブ**系民族が分布する。このほか，ギリシャ人やアルバニア人，イギリス・アイルランドの先住民であるケルト系，ラトビア・リトアニアのバルト系など，さらに多くの少数民族がいる。フィンランドやエストニア，ハンガリーは，ウラル語族に属する民族である。

?異なる民族に囲まれているのはどこだろうか。

⑱ヨーロッパの宗教分布

!各宗教の分布に着目しよう。

キリスト教
カトリック
プロテスタント
東方正教会
イスラーム

宗教別人口の割合
その他 カトリック
東方正教会 プロテスタント

アイルランド 22 78%
ドイツ 31% 33% 34 2
フランス 34 64% 2
イタリア 17 83%
フィンランド 1 27 72%
ポーランド 1 12 87%
ボスニア・ヘルツェゴビナ 54% 15 31
ギリシャ 2 8 90%

0 500km

南ヨーロッパ・中部ヨーロッパとアイルランドでは**カトリック**が，北ヨーロッパでは**プロテスタント**が，ギリシャや東ヨーロッパ諸国など東ローマ帝国領であった国々では**東方正教会**が主に信仰されている。

▷**ブルッヘ（ブルージュ）のマルクト広場**（ベルギー）　中世にハンザ同盟都市として栄えた。教会を中心とした街づくりで，市が開かれる広場を囲むように市庁舎や商館などが建ち並ぶ。2000年に歴史地区として世界文化遺産に登録された。ドイツ語のマルクトは英語のマーケット（市場）を意味する。 リンク p.49

?資料⑰の地図と見くらべて，民族分布と宗教分布が異なる国はどこか，挙げよう。

⑲EUのあゆみと拡大

！ 加盟年ごとの加盟国の位置に着目しよう。

1948年　ベネルクス関税同盟

1952年　ECSC（欧州石炭鉄鋼共同体）	1958年　EEC（欧州経済共同体）	1958年　EURATOM（欧州原子力共同体）

1967年　EC（ヨーロッパ共同体）

1968年	全工業製品の域内関税の撤廃，農産物の統一価格成立
1985年	国境の自由な往来をめざすシェンゲン協定に調印
1992年	政治・経済・通貨統合をめざすマーストリヒト条約に調印
1993年	市場統合の達成，マーストリヒト条約発効

1993年　EU（ヨーロッパ連合）

1999年	ヨーロッパ単一通貨ユーロを導入（2002年より流通）
2009年	政治統合を推進するリスボン条約が発効
2010年	EUがギリシャとアイルランドに財政支援
2016年	イギリスの国民投票でEU離脱派が過半数に
2020年	イギリスがEU離脱

第二次世界大戦後の復興にあたり，独仏不戦・民主主義と人権の尊重・法治主義・自由市場経済を理念に，6か国が**欧州統合**への道に踏み出した。**関税撤廃**や**共通農業政策**などを柱に冷戦時代は西ヨーロッパ内で拡大し，冷戦終結後は東ヨーロッパ諸国を取り込み，巨大**単一市場**を形成した。**ユーロ**の導入により**経済統合**が一段落した後，**政治統合**を進めているが，統合を推進したい人々と統合に反発する人々がせめぎ合っている。域内の移民問題などによりイギリスが2020年にEUを離脱し，域外からの移民・難民をめぐっても加盟国間の足並みはそろっていない。

リンク p.19, 20, 74　付表 p.158

？ 今後加盟する可能性のある国はどこだろうか。

凡例：
- EC発足当時(1967)の加盟国(6か国)（当時ドイツは東西に分かれており，西ドイツが加盟していた）
- 1973年加盟国(3か国)
- 1981年加盟国(1か国)
- 1986年加盟国(2か国)
- 1990年加盟国（旧東ドイツ）
- 1995年加盟国(3か国)
- 2004年加盟国(10か国)
- 2007年加盟国(2か国)
- 2013年加盟国(1か国)

── ユーロ参加国(20か国)（2023年1月現在）

⑳市場統合（単一市場）

！ 市場統合によって便利になることに着目しよう。

人の移動の自由の例
域内で取得した免許・資格は域内どこでも通用し，働くことが可能。（大学卒業資格・教員資格・医者・弁護士・看護師の資格など）

モノの移動の自由の例
トラックでEU域内の国境を通過する場合，通関・検疫の廃止。

資本の移動の自由の例
域内どこからでも貯蓄・投資可能。

サービスの移動の自由の例
自動車保険などの域内適用。（域内で事故を起こした場合，発生国の保険の適用を受けられる。自国のものでもよい。）

市場統合とは，経済の3要素である人・モノ・資本（カネ）の移動の自由化によって単一市場を形成することである。加盟国民（EU市民）は，域内では居住権・労働権・資格・欧州議会や地方選挙への選挙権・被選挙権を含め，当該国の国民と同等の権利が保障される。国境を通過する際の規制や通関手続きは廃止され，投資・貯蓄・預金・融資も自由に行うことができる。

？ 市場統合によってライフスタイルはどのように変わるだろうか。

㉑EU諸国の経済格差

！ 1人あたりGNIが低い国の加盟年に着目しよう。

（ドル，2021年）
国民1人あたりGNI（国民総所得）（世界銀行資料）
- 50,000ドル以上
- 40,000～50,000ドル未満
- 30,000～40,000ドル未満
- 20,000～30,000ドル未満
- 20,000ドル未満

（加盟候補国も含む）

EC原加盟国6か国が，1986年にEC12か国へ，さらに2013年にはEU28か国へと拡大するにつれて，加盟国間の経済格差や生活水準格差も拡大の一途をたどった。EUは，経済・社会面では統合国家に等しいため，大きすぎる格差はさまざまな社会問題を生む。そのため，EUは低水準の国々に対して資金援助や投資を行い，格差の縮小を進めている。

？ 経済力が弱い国を迎え入れるメリットは何だろうか。

日本とのつながり　2018年，日本とＥＵは日欧EPA（経済連携協定）を締結した。モノ・サービス・資本（カネ）を含めた貿易の段階的自由化により，貿易と経済の成長を促すものである。政治分野に関する日欧SPA（戦略的パートナーシップ協定）とあわせて，包括的な相互協力体制を構築している。

22 ヨーロッパへ向かう人の流れ ❗ ヨーロッパに来る外国人労働者の流れに着目しよう。

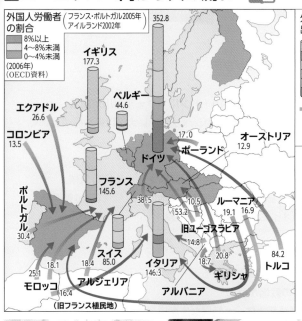

外国人労働者の割合
フランス・ポルトガル2005年／アイルランド2002年
- 8%以上
- 4～8%未満
- 0～4%未満
(2006年)（OECD資料）

イギリス 177.3
352.8
ベルギー 44.6
エクアドル 26.6
コロンビア 13.5
ポルトガル 30.4
フランス 145.6
ドイツ
ポーランド 17.0
オーストリア 12.9
ルーマニア 19.1 16.9
38.5 10.5 53.2
旧ユーゴスラビア 14.8
スイス 85.0
18.4
イタリア 146.3
20.8 18.7
ギリシャ 84.2
トルコ
アルジェリア 16.4
モロッコ 25.1 18.1
アルバニア
（旧フランス植民地）

外国人労働者の出身国・地域
- その他
- 北アフリカ
- 南ヨーロッパ
- 東ヨーロッパ
- 旧ユーゴスラビア
- トルコ
→ 外国人労働者10万人以上の移動（数字：万人）

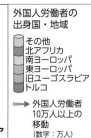

ポドルスキ　ボアテング　エジル

高度経済成長期にイギリス・フランスは主に旧植民地から，ドイツはトルコなどから労働力を呼び寄せ，急増する労働需要を満たした。オイルショック後は人口が爆発的に増加していた発展途上国から，またEUの東方拡大後は東ヨーロッパ諸国から，職を求めて外国人労働者が押し寄せている。各国では移民の2世，3世が誕生し，スポーツの国内代表選手になった者もいる。写真は，2014年のサッカーワールドカップで優勝したドイツ代表で，エジル選手はトルコ系の3世，ポドルスキ選手はポーランド出身，ボアテング選手はアフリカ系である。

◎シリア難民への職業支援（ドイツ，2016年） 貧困から抜け出すため，アフリカやアジアから**出稼ぎ労働者・経済難民・移民**がヨーロッパへ押し寄せている。受入国で充実した社会保障制度を受けられることが知れ渡り，流入圧力はよりいっそう高まっている。一方，増大する移民に反感を持つ人々や，受け入れに反対する国もある。 リンク p.74, 97

◎フランスのムスリム（2020年） EUでは信教の自由が保障されているが，ヨーロッパ社会の根底にはキリスト教文化があるため，差別や疎外などから大都市にはムスリム地区が形成されている。自国文化と移民文化の共存を図るイギリスの**多文化主義政策**も，移民が自国文化に従うことを求めるフランスやオランダの**同化主義政策**も，問題を解決できていない。 リンク p.49

❓ アフリカやアジアから来る移民や出稼ぎ労働者の最終目的地はどこだろうか。

23 ブレグジット問題 ❗ 国民投票結果の年齢による賛否の傾向に着目しよう。

EUは交換留学の促進や多言語習得など，さまざまな教育プログラムから構成される**ヨーロッパ市民教育**を実施している。ドイツ人やフランス人であると同時に，ヨーロッパ人であるというアイデンティティを育むことが目的である。東ヨーロッパからの移民の増大に耐えられなくなったイギリスは，2016年6月の国民投票の結果，僅差で**EU離脱**を選んだが，投票率が高い高齢者に離脱派が多かったのに対し，投票率が低い若者には残留派が多かった。ここにもヨーロッパ市民教育の効果があらわれている。

❓ 完全統合への鍵となるのはどのような意識だろうか。

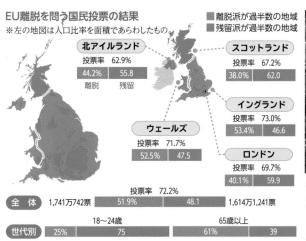

EU離脱を問う国民投票の結果
※左の地図は人口比率を面積であらわしたもの
■離脱派が過半数の地域　■残留派が過半数の地域

北アイルランド 投票率 62.9% 44.2% 離脱 / 55.8 残留
スコットランド 投票率 67.2% 38.0% / 62.0
イングランド 投票率 73.0% 53.4% / 46.6
ウェールズ 投票率 71.7% 52.5% / 47.5
ロンドン 投票率 69.7% 40.1% / 59.9
全体 1,741万742票 投票率 72.2% 51.9% / 48.1 1,614万1,241票
世代別 18～24歳 25% / 75　65歳以上 61% / 39

◎EU離脱に反対していた若者（ロンドン，2019年） 2019年10月には，ロンドンで残留派による大規模デモが行われた。

プラスウェブ

■ロシアと周辺諸国の自然環境 リンク p.24, 25, 27～29, 130 付表 p.154, 156

❶地形
- 地球半周に近い世界一の国土面積（約1,700万km²）➡国内に11の標準時間帯が存在
- 南高北低，東高西低の地勢
- ウラル山脈以西…広大な平野が広がるヨーロッパロシア。ドニプロ（ドニエプル）川・ドン川・ヴォルガ川が南流
- ウラル山脈以東…北流するオビ川流域の西シベリア❶から東へ，エニセイ川以東の東シベリア，レナ川以東の極東と続く
- カザフステップ以南…低平な中央アジア。世界最大の湖であるカスピ海などの塩湖が存在
- カフカス山脈以南…ザカフカスとも呼ばれ，険しい山々と峡谷が続く

❷気候
- 大部分が冷帯湿潤（Df）気候に属するが，レナ川付近は冷帯冬季少雨（Dw）気候，北極海沿岸はツンドラ（ET）気候。黒海北岸からカザフステップにかけてはステップ（BS）気候❸。比較的温暖な黒海沿岸の避寒地は温暖湿潤（Cfa）気候❹
- シベリアから極東…永久凍土が覆い，タイガ❷が広がる➡極東のオイミャコンは北半球の寒極

■ロシアと周辺諸国の産業 リンク p.62～64, 70 付表 p.157, 158

❶農業❺
- 北から南へ，トナカイの遊牧・針葉樹林・混合農業と東西に帯状に農業地域がのびる
- 大麦・えん麦・ライ麦・小麦・ジャガイモ・テンサイ・ヒマワリ❸の栽培が盛ん
- ロシア…ジャガイモなどの野菜はダーチャの菜園を利用した個人副業が主体➡特異な生産構造
- 中央アジア…河川灌漑による綿花栽培➡アラル海の環境破壊を引き起こす

❷鉱業❻
- ロシア…天然ガス・石油・石炭などのエネルギー資源，鉄鉱石・ニッケル・金・銀・ダイヤモンドなどの鉱産資源が豊富
- 周辺諸国の豊富な資源…ウクライナの鉄鉱石・石炭，アゼルバイジャンの石油，カザフスタンのウラン・石油・石炭・銅・クロム，トルクメニスタンの天然ガス，ウズベキスタンのウラン

❸工業❻
- ソ連時代にドニプロ（ドニエプル）・ウラル・クズネツクの各コンビナートを中心に大きく発展➡現在は資源の輸出に依存
- 市場経済への転換による1990年代の経済混乱期，2000年代の経済急回復期➡BRICSの一員（BRICSの「R」）

■ロシアと周辺諸国の生活文化と諸課題 リンク p.20, 49, 108

❶歴史

| ロシア帝国時代　ロシア民族が領土を東方・南方へ拡大し，周辺諸民族を支配 | ➡ | 1917年ロシア革命 | ➡ | 1922年　ソビエト社会主義共和国連邦（ソ連）建国。世界初の共産主義国家の誕生 |

➡ 1991年　ソ連崩壊。ロシア連邦など15の共和国に分裂。独立国家共同体（CIS）の結成　➡　2004年　バルト3国（ラトビア・エストニア・リトアニア）のEU加盟

❷ロシアの民族…国民の8割以上がロシア民族だが，100以上の民族が暮らす多民族国家❼

❸ロシアの宗教・文化…ギリシャ文化と東ローマ帝国の影響によるロシア正教❼，キリル文字❼。中央アジアはイスラーム文化

❹諸課題…分離・独立をめぐる2008年のジョージア（グルジア）紛争や，ウクライナ問題❽など，情勢の不安定な地域が多い

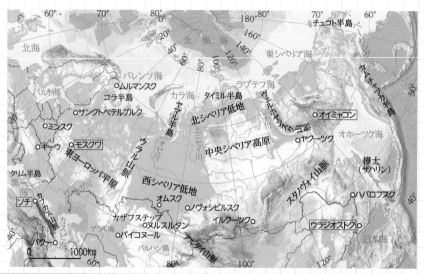

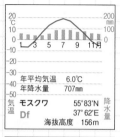

年平均気温　6.0℃
年降水量　707mm
モスクワ　　55°83'N
Df　　　　37°62'E
海抜高度　156m

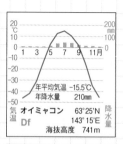

年平均気温　-15.5℃
年降水量　210mm
オイミャコン　63°25'N
Df　　　　143°15'E
海抜高度　741m

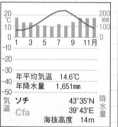

年平均気温　14.6℃
年降水量　1,651mm
ソチ　　　43°35'N
Cfa　　　39°43'E
海抜高度　14m

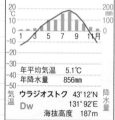

年平均気温　5.1℃
年降水量　856mm
ウラジオストク　43°12'N
Dw　　　　131°92'E
海抜高度　187m

日本とのつながり　地球温暖化の影響で夏季に北極海の海氷が大きくとけるようになったため，北極海航路の活用が検討されている。大阪港からハンブルク港まで，従来のインド洋・スエズ運河経由だと32日間かかるのに対し，北極海経由の北極海航路なら22日間で行くことができ，時間と燃料を大幅に節約できる。

1 春の融雪洪水

! 川の水をせき止めているものに着目しよう。

▶**洪水の被害を受けた街**(ロシア・トムスク州, 2010年) シベリアの河川や湖沼は, 冬季に長期間凍結するため自動車道路として利用され, 地図にも載っている。また, シベリアの河川は北流しているため, 下流ほど結氷期間が長い。そのため, 春に上流部で氷雪がとけて川が流れ始めても, まだとけていない下流の氷が水をせき止めてしまい, 大規模な洪水が発生することがある。ときには軍が出動して, 氷の堰(アイスジャム)の爆破を行うこともある。 リンク p.29

? 融雪洪水が起きる原因は何だろうか。

2 タイガ地帯を走るシベリア鉄道

! 樹木の種類に着目しよう。

シベリアの北緯50〜70度の地域は, **タイガ**(ロシア語で針葉樹林)と呼ばれる原生林に覆われている。中央シベリア高原は落葉針葉樹のカラマツだが, ほかの地域はモミ・トウヒ・マツなどの常緑針葉樹の純林をなす。軟らかい木質の針葉樹は**パルプ**に適し, 林業が盛んである。林業は外貨獲得源の1つとなっているが, 一度伐採すると低温環境のため樹木の成長が遅く, 森林の回復もきわめて遅い。そのため, 直接日光が当たって地表面がとけると, **永久凍土**に封じ込められていたメタンガスやCO_2が放出され, **地球温暖化**促進の一因となる。写真のシベリア鉄道は, ウラジオストクとモスクワを結ぶ全長約9,300kmの世界最長の大陸横断鉄道である。日本や中国などから極東の港湾にコンテナ船で荷物を運び, シベリア鉄道に積みかえてヨーロッパなどに輸送する, シベリア・ランドブリッジとしても活用されている。また, 資源開発やコンテナ輸送を中心とした欧亜物流の大動脈で, バイカル湖の北方を通る第2シベリア鉄道(バイカル=アムール鉄道〈バム鉄道〉)も建設されている。 リンク p.28, 69 統計 p.148, 151

? 日本で身近に見られる針葉樹は何だろうか。

3 ウクライナのヒマワリ畑

! 土の色に着目しよう。

ステップ気候の黒海北岸は, 肥沃な**チェルノーゼム**(黒土)が堆積し, 古くから小麦生産が盛んで, フランスやハンガリーと肩を並べる穀倉地帯であった。搾油と地力回復を兼ねたヒマワリの栽培も盛んで, ロシアとウクライナで世界生産の約4割を占める。搾油用種子は黒く, 食用種子は縦縞模様である。 リンク p.29 統計 p.148 付表 p.156

? フランス・ハンガリー・ウクライナの穀倉地帯における, 地形上の共通点は何だろうか。

4 黒海沿岸の保養地, ソチ

! 街の風景に着目しよう。

ロシア最南部で, 北からの寒気をさえぎる**カフカス山脈**の南に位置するソチは, ロシア随一の避寒地として栄え, 富裕層の別荘地となっている。湯治場としても有名で, 温泉病院や温泉博物館がある。温暖な気候で, ヤシやマグノリアの花が生い茂る街並みはガーデンシティと形容される。2014年に冬季オリンピックが開催されたが, 開催直前に気温の上昇によってスキージャンプ台の雪がほとんどとけたため, 人工降雪機が活躍した。

? カフカス山脈がソチの気候に与える影響は何だろうか。

5 ロシアと周辺諸国の農業地域

！ 同じ農業地域帯の分布方向に着目しよう。

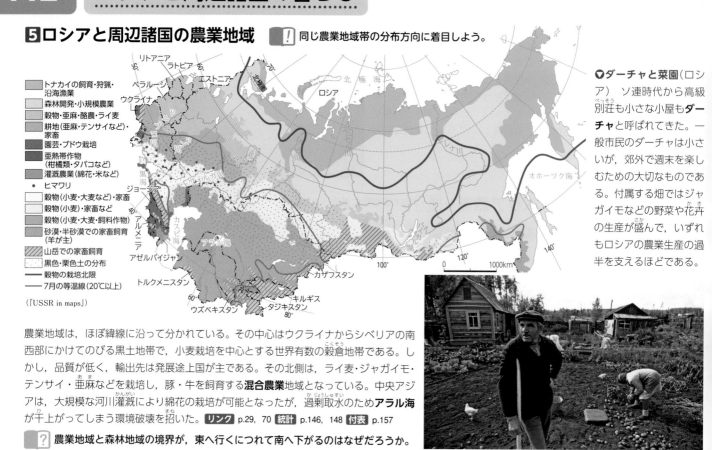

凡例:
- トナカイの飼育・狩猟・沿海漁業
- 森林開発・小規模農業
- 穀物・亜麻・酪農・ライ麦
- 耕地（亜麻・テンサイなど）・家畜
- 園芸・ブドウ栽培
- 亜熱帯作物（柑橘類・タバコなど）
- 灌漑農業（綿花・米など）
- ・ ヒマワリ
- 穀物（小麦・大麦など）・家畜
- 穀物（小麦）・家畜など
- 穀物（小麦・大麦・飼料作物）
- 砂漠・半砂漠での家畜飼育（羊が主）
- 山岳での家畜飼育
- 黒色・栗色土の分布
- 穀物の栽培北限
- 7月の等温線（20℃以上）

（『USSR in maps』）

◎ダーチャと菜園（ロシア） ソ連時代から高級別荘も小さな小屋もダーチャと呼ばれてきた。一般市民のダーチャは小さいが，郊外で週末を楽しむための大切なものである。付属する畑ではジャガイモなどの野菜や花卉の生産が盛んで，いずれもロシアの農業生産の過半を支えるほどである。

農業地域は，ほぼ緯線に沿って分かれている。その中心はウクライナからシベリアの南西部にかけてのびる黒土地帯で，小麦栽培を中心とする世界有数の穀倉地帯である。しかし，品質が低く，輸出先は発展途上国が主である。その北側は，ライ麦・ジャガイモ・テンサイ・亜麻などを栽培し，豚・牛を飼育する**混合農業**地域となっている。中央アジアは，大規模な河川灌漑により綿花の栽培が可能となったが，過剰取水のため**アラル海**が干上がってしまう環境破壊を招いた。**リンク** p.29，70 **統計** p.146，148 **付表** p.157

？ 農業地域と森林地域の境界が，東へ行くにつれて南へ下がるのはなぜだろうか。

6 ロシアと周辺諸国の鉱工業地域

！ パイプラインがのびる方向に着目しよう。

ソ連時代は，**5カ年計画**に基づく**コンビナート**建設により重化学工業の発展に重点が置かれ，工業生産が著しくのびた一方，技術革新の遅れや労働意欲の低下が見られた。また，1991年のソ連崩壊後，市場経済への転換にともなう大混乱によって工業生産が激減し，財政危機に陥った。しかし，2000年代の原油価格の高騰により貿易収支が大きく改善し，経済が急速に回復したことで，**BRICS**の一翼を担うようになった。シベリアや北極海には豊富な地下資源が埋蔵されているが，酷寒の地であり冬季が長いため採掘コストが高く，国際価格が下がると採算割れを起こすため，開発は容易ではない。

リンク p.62，63 **統計** p.149～151 **付表** p.157，158

？ 生産された地下資源が消費されるのは，主にどの地域だろうか。

凡例:
- ▲ 鉄鉱石 Ⓤ ウラン ⊕ 石油 ⋯⋯ 石油パイプライン
- ● 鉄鋼業 Ⓒ 銅 Ⓐ 金 Ⓐ 天然ガス
- ● 金属工業 Ⓝ ニッケル Ⓜ マンガン ■ 石炭
- ● 化学工業
- ▨ 繊維工業
- ◆ 冶金工業
- ◆ パルプ・製紙工業
- 工業地域

（『Diercke Weltatlas』ほか）

▶ヤマル半島のガス田（ロシア，2021年） ロシアは天然ガスの埋蔵量・生産量ともに世界首位を争う。主力ガス田は西シベリア北部のウレンゴイ周辺であったが，生産のピークを過ぎたため，2010年代からはさらに北方に位置するヤマル半島での生産が拡大している。現在，北極海の海底ガス田の開発が期待されている。

日本とのつながり 小樽港・新潟港・富山港から日本の中古車がロシアへ輸出されている。壊れず，燃費と性能がよい日本車は人気が高く，ロシアは輸出先の上位に位置する。夏タイヤのまま冬の極東を走っていることもあるが，酷寒のため春まで路面の雪がとけることがなく，意外と滑らないそうだ。

７ロシアと周辺諸国の人々の暮らし ！ 生活文化の特徴に着目しよう。

◆**ロシア正教のイースター（復活祭）** ロシア人の多くが信仰するロシア正教は，東方正教会の１宗派で，偶像崇拝（ぐうぞうすうはい）を禁止している。そのためキリスト像やマリア像はなく，代わりにイコンと呼ばれる聖像画（せいぞうが）が掲（かか）げられる。 リンク p.49

黒パン
ペリメニ
ボルシチ
クヴァーシナヤ
カプースタ

◆**ロシアの料理** 寒冷な気候とアジア系民族からの影響を受けるロシアでは，ライ麦粉からつくる酸味（さんみ）のある黒パンやテーブルビートの赤色（あ）が特徴的なボルシチ，揚（あ）げパンのピロシキ，水餃子（すいぎょうざ）のようなペリメニ，酢漬（すづ）けキャベツのクヴァーシナヤカプースタなどが食される。 リンク p.31

◆**キリル文字の看板（ロシア）** ギリシャ文化や東ローマ帝国の影響を受けたロシアでは，ギリシャ文字から考案された**キリル文字**が使用される。アルファベットは，ラテン文字を用いる英語より７文字多い。

◆**コサックダンス（ウクライナ）** 「自由な者」を意味するコサックは，ロシアの農奴制から逃（のが）れた農民が南ロシアやウクライナで騎馬（きば）民族化したものである。自由と勇猛（ゆうもう）を表現するコサックダンスは，ウクライナ舞踊の要素を加えて，男女が円形になって踊（おど）る。

NISSAN ALMERA
СТАРТ ПРОИЗВОДСТВА

◆**日産・ルノーとアフトワズの合弁（ごうべん）会社** ソ連時代，軍事偏重で民生品は大きく遅れていたが，市場経済に転換したロシアでは旧西側先進国企業との提携（ていけい）により民生品の品質が大きく向上した。ロシアのアフトワズがルノー・日産・三菱連合の傘下に入って生産するアルメーラは，日本では日産シルフィとして販売されていた。

◆**ロシアの少数民族ユピック** ロシアには100をこえる民族が暮らす。シベリアのアジア系北方少数民族は日常的にロシア語を話すようになったため，日本のアイヌのように民族語話者が消滅の危機にある。 リンク p.72

❓ 上の６点から一番印象に残った写真と，その理由を挙げよう。

８ウクライナ問題 ！ ロシア語が第一言語である人の割合が高い地域に着目しよう。

ソ連崩壊により独立したウクライナは，天然ガスなどのエネルギー資源をロシアに依存（いそん）し，構造改革が遅れて経済が停滞している。1954年にロシアから編入（へんにゅう）された**クリム（クリミア）半島**にはロシア系住民が多く，ロシア黒海艦隊（かんたい）の基地もある。2014年に親欧米政権がウクライナに樹立（じゅりつ）されると，海軍基地を失うことをおそれたロシアは軍を侵攻（へいこう）させ，クリム半島を一方的に併合した。さらには，ウクライナ東部のドンバス地方でも親ロシア派が独立を宣言，武装蜂起（ほうき）しウクライナ軍との衝突（しょうとつ）が続いた。2015年に停戦合意が成立したが，ロシアは武装解除や撤退を行わず紛争が続き，2022年2月，ウクライナへの軍事侵攻（しんこう）に及（およ）んだ。 リンク p.73

ロシア語が第一言語の人の割合
- 75%以上
- 25～75%未満
- 5～25%未満
- 5%未満

アゾフ海
クリミア自治共和国
シンフェロポリ
ケルチ海峡
セヴァストポリ（ロシア艦隊駐留）
ヤルタ
黒海
ベラルーシ
モスクワ
ロシア
キーウ
ウクライナ
ドネツク
ルーマニア
ブルガリア
トルコ
▨ セヴァストポリ特別市

◆**ロシア軍により破壊された街（ウクライナ・ドネツク州, 2022年）** 激しい戦闘によって，一般市民にも多くの被害が生じている。

❓ ロシア語話者が多いのは，ウクライナのどの地域だろうか。

●アングロ=サクソン系の人々が国家の基礎を築いたイギリス（イングランド）と歴史的・文化的につながりが深い，カナダとアメリカを指す

■アングロアメリカの自然環境　リンク p.24～29，130，131　付表 p.154～156

❶地形　西部　変動帯に位置し，ロッキー山脈などの高く険しい山脈が南北方向に連なる

　　　　東部　古い変動帯にあたる。高度の低いアパラチア山脈と並ぶように，南東側にピードモント台地や海岸平野が広がる

　　　　ミシシッピ川　安定大陸（安定陸塊）の中央平原を南流し，穀物輸送の大動脈となる。河口部には鳥趾状三角州が形成

　　　　北部　最終氷期に氷床に覆われ，五大湖などの氷河湖が多い。アラスカからカナダの太平洋岸にはフィヨルドが見られる

❷気候　・西経100度線にほぼ重なる年降水量500mmの線を境に，西側に乾燥気候，太平洋岸に地中海性（Cs）気候が広がる

　　　　・湿潤気候の東側は温暖湿潤（Cfa）気候が広がる。北回帰線に近いフロリダ半島南部は弱い乾季のある熱帯雨林（Am）気候[1]

　　　　➡メキシコ湾やカリブ海から熱帯低気圧のハリケーンが襲来。中央平原では暖気と寒気が衝突し，トルネード（竜巻）が多発[2]

　　　　・高緯度地方…針葉樹林が広がる冷帯湿潤（Df）気候だが，太平洋沿岸は西岸海洋性（Cfb）気候，

　　　　　　　　北極海沿岸はツンドラ（ET）気候　➡冬季には，吹雪をともなう猛烈な局地風のブリザードが吹く

■アングロアメリカの産業　リンク p.33　付表 p.157

❶農業[4]・適地適作…自然条件や社会条件に基づいた効率のよい農業地域が展開

　　　　・機械化の進んだ大規模な農業で，農民1人あたりの耕地面積が大きく，労働生産性が非常に高い

　　　　➡企業的農牧業が広がる農畜産物の大輸出国で，穀物メジャーなど農業関連企業（アグリビジネス企業）とのかかわりが強い[5][6]

　　　　・ロッキー東麓のグレートプレーンズ…灌漑農業が盛んだが，オガララ帯水層の地下水の枯渇や土壌侵食が問題[3]

　　　　・カナダ南部…プレーリーでの春小麦栽培など，アメリカに準じた農業形態となるが，中部以北は森林

❷工業[7]・五大湖沿岸…メサビの鉄鉱石とアパラチアの石炭が水運で結びつき，鉄鋼業を中心とした重工業地帯が発展

1970年代以降	現在のアメリカ経済の成長	課題
・重厚長大型の工業に代わって，エレクトロニクスや航空・宇宙産業などの先端技術産業が発展[8][10] ・産業の中心が，地価や人件費が安く温暖な南部に移動 ・北緯37度以南各州の南部はサンベルト，北東部はフロストベルトやラストベルトなどと呼ばれる	シリコンヴァレーを中心としたICT産業など，新しい産業が経済成長を支えている[9]	人件費の安い海外への工場移転によって空洞化が進んだ製造業の回復を目指し，新たな貿易摩擦が生じている[12]

■アングロアメリカの生活文化と諸課題　リンク p.73，100

❶アメリカの歴史[13]～[15]

16世紀後半～	1776年
ヨーロッパ人の入植地が拡大。イギリスとフランスの入植者の対立が目立ち始め，18世紀には英仏両国が植民地戦争を繰り返す	・13の植民地は戦費調達のために重税を課すイギリスからの独立を宣言し，東部13州からなるアメリカ合衆国が成立 ・プロテスタント系キリスト教徒であるWASP（ホワイト・アングロ=サクソン・プロテスタント）が政治や経済，文化の中心を担う

19世紀～	現在
・買収や併合を繰り返してミシシッピ以西に領土を拡大。開拓前線（フロンティア）が西へと進む ・富の獲得や成功を夢見るアメリカンドリームや，開拓者精神（フロンティア・スピリット）が引き継がれる ・西部開拓推進のため，開墾者に土地を提供するホームステッド法を制定。農地はタウンシップ制に基づき，800m四方に区画 ・1848年，カリフォルニア併合。金鉱の発見でゴールドラッシュが始まり，西部への開拓者の大移動が展開	ラテン系やアジア系の移民が増加し，多様な文化を持つ社会に変化しつつある[14][19]

❷アメリカの課題[14]～[18]…社会の中にかつての奴隷制に基づく人種差別が残り，抗議運動としてBLM（Black Lives Matter）が起こる

　　背景　南部では綿花プランテーションの労働力としてアフリカから連行された人々が奴隷とされ，現在もアフリカ系住民が多い

❸カナダの歴史[21][22]…17世紀にセントローレンス川流域にフランス系住民が入植

　　　　　　　　　　イギリスとフランスの植民地抗争の結果，長くイギリスの支配下に置かれたが，1931年にカナダとして独立

❹文化…野球・バスケットボール・フットボール・アイスホッケーの4大プロスポーツの各リーグは，人気・収益とも世界最高峰

日本とのつながり　アメリカ政府は，財政赤字縮小のための医療費削減を目的に，脂肪やコレステロールの摂取を抑えた食生活改善レポートを1977年に発表した。理想とされた栄養素が日本の食事に近く，「日本食＝ヘルシー」として広まった。sushi，ramenのほか，醤油を使ったteriyakiなどが人気である。

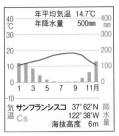
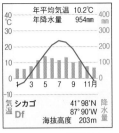
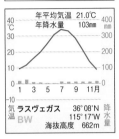
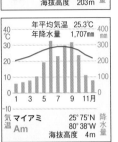

年平均気温 14.7℃
年降水量 500mm
サンフランシスコ　37°62'N　122°38'W　海抜高度 6m
Cs

年平均気温 10.2℃
年降水量 954mm
シカゴ　41°98'N　87°90'W　海抜高度 203m
Df

年平均気温 21.0℃
年降水量 103mm
ラスヴェガス　36°08'N　115°17'W　海抜高度 662m
BW

年平均気温 25.3℃
年降水量 1,707mm
マイアミ　25°75'N　80°38'W　海抜高度 4m
Am

1 フロリダ州のリゾート地

> ! 海岸沿いの建物に着目しよう。

🔵リゾートホテルが建ち並ぶマイアミ　サンシャイン・ステートとも呼ばれる南東部のフロリダ州は大西洋とメキシコ湾に挟まれ，年間を通して温暖で，南部は弱い乾季のある熱帯雨林気候に属する。アメリカ国内やヨーロッパから多くのバカンス客が訪れるマイアミは，広大なビーチに沿ってリゾートホテルやレストランが建ち並び，カリブ海クルーズの拠点となっている。 リンク p.25 付表 p.156

？ フロリダ州がリゾート地になった背景は何だろうか。

2 中央平原のトルネード

> ! トルネードが発生しやすい場所に着目しよう。

▶トルネードシェルター

🔵カンザス州の畑で発生したトルネード（2016年）　アメリカでは年間約1,000個のトルネード（竜巻）が発生しており，世界全体の65～85%に相当する。東西方向にのびる山脈がない中央平原は，南からの暖気と北からの寒気が衝突しやすく，トルネードの多発地帯となっている。建物を破壊する強大なトルネードに備え，避難用のシェルター（写真右下）を設けている公共施設や一般家庭もある。 ？ トルネードの被害には，どのようなものがあるだろうか。

3 センターピボット灌漑

> ! 農地の形に着目しよう。

▶カンザス州の大規模農地　センターピボット灌漑は，自走する長いアームを回転させながら，汲み上げた地下水に液肥を混ぜてスプリンクラーで散水するため，円形の農地となる。中西部の乾燥地域では，**タウンシップ制**による800m四方の区画に合わせたものが多い。過剰な散水による土壌への塩類集積や，過剰な揚水による地下水の枯渇などの問題が生じている。

リンク p.58, 70

？ センターピボット灌漑はどのような地域で行われているのだろうか。

▶スプリンクラー

世界の諸地域の暮らし

4 アングロアメリカの農業地域

F ＝五大湖岸の果樹地域
N ＝酪農地域の中の非農業地域
T ＝タバコを中心とする南部農業地域
R ＝米作地域
＊ ＝フィードロットの分布（●＝1万6千農場）
━━ 年降水量

!主な農業地域は，気候に応じて形成されていることに着目しよう。

◆フィードロット（テキサス州，2018年）放牧地で育てられた仔牛をコーンベルトにある肥育場（フィードロット）へ運び，トウモロコシなど高カロリーの飼料を与えて短期間で肥育してから出荷する。近年は乾燥した放牧地域でも，灌漑農業で飼料作物を栽培し，フィードロットが設けられている。

(J.H.Paterson『North America』ほか)

アメリカでは，気候や土壌，大消費地までの距離などの諸条件に応じた**適地適作**による農業の地域分化が進んだ。年降水量500mm線とほぼ一致する西経100度線付近には**プレーリー土**が分布し，グレートプレーンズから中央平原にかけて企業的穀物農業による小麦栽培（カナダにかけての高緯度地方は春小麦）が行われる。東側の湿潤地域では農耕が営まれ，**コーンベルト**はトウモロコシや大豆を栽培して豚・牛を飼育する混合農業地域となっている。高緯度側の冷涼な五大湖周辺には大都市も多く，酪農が営まれる。南部の無霜期間200日以上の温暖な地域はコットンベルト（綿花地帯）を形成してきたが，虫害や地力低下などにより大豆への転作や家禽・肉牛の飼育が増加しており，綿花栽培の中心は大規模な灌漑施設を持つ西部に移動した。西側は太平洋沿岸の地中海性（Cs）気候地域で，地中海式農業による果実栽培や米の灌漑農業が見られる。西部の大部分は乾燥地で放牧地帯となるが，グレートプレーンズではセンターピボットの灌漑農業により飼料作物の栽培が増加している。

リンク p.27，58，115 付表 p.157

? なぜ東西で農業に違いが生じるのだろうか。

5 農産物の輸出

!世界の食料供給に占めるアメリカの地位に着目しよう。

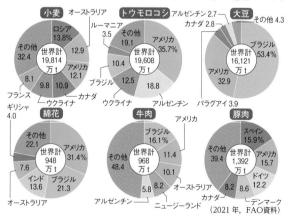

アメリカの農産物輸出額は，年間1,400億ドル（約15兆6,800億円）前後で，カナダ・中国・メキシコ・日本・EU向けが60%以上を占める。貿易をめぐる対立から中国への輸出は減少したが，世界的な農産物需要の拡大により輸出の増加は続くと見られる。リンク p.58 付表 p.146～148

? アメリカからの輸出が占める割合が特に高い農作物は何だろうか。

6 遺伝子組換え作物（GMO）

!栽培面積の大きい作物に着目しよう。

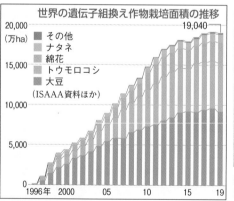

世界の遺伝子組換え作物栽培面積の推移

その他／ナタネ／綿花／トウモロコシ／大豆（ISAAA資料ほか）

◆遺伝子組換え大豆が植えられた畑（アメリカ・アイオワ州）

遺伝子組換え作物（Genetically Modified Organism）とは，作物にほかの生物の遺伝子を人工的に組み込むことで，それまでのかけ合わせによる品種改良では不可能であった，「病気や害虫に強い」「雑草を取るために除草剤をまいても枯れない」「栄養価が高い」などの特質を持たせたものである。1996年にアメリカで商業栽培が始まって以降，急速に拡大した。主要な遺伝子組換え作物には，綿花や大豆，トウモロコシ，ナタネがある。2019年現在，世界29か国で栽培されている。

? 遺伝子組換えが増えているのは，どのような農作物だろうか。

日本とのつながり 日本の農産物輸入額の20%以上をアメリカが占め，食料自給率の低い日本は，アメリカからの農産物輸入がなければ食生活が成り立たない状況になっている。日本の各農産物の輸入額に対して，牛肉は約40%，小麦は約45%，トウモロコシと大豆は約70%をアメリカが占めている。

7 アングロアメリカの鉱工業地域

! 五大湖周辺の鉱産資源の分布に着目しよう。

凡例
- ▲ 鉄鉱石
- ■ 石炭
- Ⓒ 銅
- Ⓝ ニッケル
- △ 鉛・亜鉛
- Ⓐ 金
- Ⓤ ウラン
- ⊞ 石油
- Ⓐ 天然ガス
- →— 石油パイプライン
- →— ガスパイプライン
- ◯ 工業地域
- ● 鉄鋼業
- ◆ 金属工業
- ⛵ 造船業
- 🚗 自動車工業
- 🧪 化学工業
- 🧵 繊維工業

(『Atlas 2000』ほか)

◯**再生したピッツバーグ**（アメリカ・ペンシルヴェニア州，2019年）　アパラチア炭田の近くに位置する**ピッツバーグ**には，水運と鉄道により鉄鉱石が運び込まれた。鉄鋼の需要が大きくなった南北戦争後，実業家のアンドリュー・カーネギーが近郊に鉄工所を設立した。その後，アメリカ最大の鉄鋼会社USスチールなどの大企業が誕生し，20世紀初頭には国内の鉄鋼生産の半分近くを担う「鉄の都」として繁栄した。1970年代になると鉄鋼業が衰退し，街には失業者があふれた。しかし，大学や医療機関などが整備されていたことから産業構造の転換を進め，バイオテクノロジーや医学を中心とした研究開発と金融の中心として復興した。

? 五大湖周辺の工業が衰退したのはなぜだろうか。

メサビ鉄山の鉄鉱石とアパラチア炭田の石炭が五大湖の水運で結びつき，鉄鋼業を中心とする重工業地帯が五大湖周辺から大西洋岸北中部に成立した（フロストベルト）。20世紀初めに自動車産業が誕生した**デトロイト**では，1913年にヘンリー・フォードが大量生産方式を開発し，周辺に多くの部品工場が集積，自動車大手3社「ビック・スリー」のフォード，GM，クライスラーが市場を席巻した。1970年代以降，**オイルショック**の影響や，日本やドイツ，韓国などの台頭で激しくなる国際競争の中，設備への投資や更新が行われないまま，メキシコなどの他地域に新たな生産拠点を設けたことで衰退が始まり，低迷する五大湖周辺は「ラスト（さびついた）ベルト」と称されるようになった。**リンク** p.46，63　**統計** p.149〜151　**付表** p.157

8 南部の先端技術産業

! サンベルトと呼ばれる地域の位置に着目しよう。

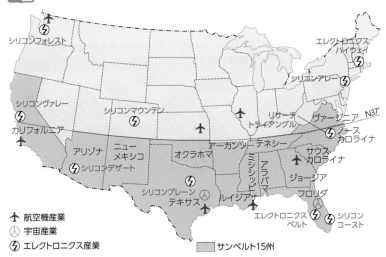

凡例
- ✈ 航空機産業
- 🅰 宇宙産業
- 🗲 エレクトロニクス産業
- ▦ サンベルト15州

? サンベルトで先端技術産業が発展したのはなぜだろうか。

◯**ケネディ宇宙センター**（アメリカ・フロリダ州）　1970年代ごろから，航空・宇宙産業や電子工業，石油産業といった新しい産業が成長した。これらの産業は，鉄鋼業のように原料の産地に立地が左右されないため，メキシコ湾岸油田などの油田が存在し，安価な労働力と用地が豊富で，温暖な気候に恵まれた南部で発展した。**先端技術産業**は1980年以降のアメリカ経済を支える柱となり，北緯37度線以南の州は**サンベルト**と呼ばれている。

⑨シリコンヴァレー

⚠️ シリコンヴァレーに拠点を置く企業に着目しよう。

サンフランシスコ南方の窪地地帯にあるサンノゼ周辺は**シリコンヴァレー**と呼ばれ，ICT関連企業が集中した世界の情報・通信産業の中心地である。1950年代には，スタンフォード大学を中心とした産学協同や学生の起業が始まり，エレクトロニクスや半導体の研究・開発が進んだ。現在，大手コンピュータメーカーのほか，ソフトウェアやソーシャルメディアなど多くの世界的な企業が拠点を置いている。シリコンヴァレーにはダイバーシティ(多様性)を求める企業が多く，世界中から多くの優秀な人材が集まっており，特に中国・日本・韓国・シンガポール・インドなどアジア系の人口はサンノゼの人口の30%以上を占める。

❓ なぜシリコンヴァレーでハイテク産業が発展したのだろうか。

【地図 凡例】
- オラクル
- ロジクール
- フェイスブック
- エイスース
- グーグル
- ヤフー
- シスコ
- ヒューレット・パッカード
- モジラ
- インテル
- アップル
- ノートンライフロック
- アドビ
- イーベイ
- サンノゼ空港

■ ハードウェア会社
■ ソフトウェア会社
■ インターネットサービス会社
⌂ 研究所
0　10km

シリコンヴァレーの人々が家庭で使う言語(2018年)
- 英語 49.0%
- スペイン語 17.7
- ベトナム語 4.7
- 中国語 9.4
- その他の言語 19.2

(『Diercke Weltatlas』ほか)

⑩シアトルの航空機産業

⚠️ シアトル周辺の環境や産業と，航空機産業の関係に着目しよう。

🔺シアトルの航空機組立工場

1915年，木材業を営むウィリアム・ボーイングがシアトルに航空機製造会社を設立した。当時は造船の技術を活かして木材で骨組みをつくっており，森林資源に富むシアトルは好立地であった。第二次世界大戦後は，アメリカ東部とアラスカやハワイの中間点という立地が重視され，CVA(コロンビア川流域総合開発)の水力発電により，アルミニウム精錬業が付近に立地していたことも追い風となった。現在，シアトルの人口の約3割はボーイング社の関係者とされ，国際分業によって日本をはじめとする各国製の部品がシアトルの工場に集まり，組み立てられている。🔗 p.106, 124

❓ シアトルで航空機産業が成長した背景には，どのようなことがあるだろうか。

⑪生産拠点を持たない製造業

⚠️ 工場を持たない製造業に着目しよう。

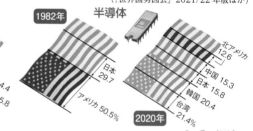
MX9R2J/A iPhone SE, Black, 64GB
Designed by Apple in California Assembled
Other items as marked thereon Model A2296
EID 890490320050088260004941707769

カリフォルニアのアップル社によって設計され，中国で組み立てられました

🔻シリコンヴァレーにあるアップル本社(2018年)　デジタル製品やソフトウェアの開発・販売を行うアップル社は，高い利益率を確保できるファブレス経営に乗り出している。ファブレスとは，「工場(fabrication facility)を持たない(less)」から生まれた造語で，製造業でありながら自社では生産設備を所有しないことで，設備投資や多数の労働者の確保が不要となる。製品の企画や開発を自社で行い，人件費の安い国外企業に製造を委託することで生産コストを減らし，不況時の生産調整も容易となる。右上の写真はiPhoneの説明書きで，生産が中国で行われていることがわかる。

アップル本社

❓ 工場を持たないことで，どのようなメリットがあるだろうか。

⑫主な工業製品の生産におけるアメリカの占める割合

⚠️ 各製品におけるアメリカが占める割合の変化に着目しよう。

(『世界国勢図会』2021/22年版ほか)

粗鋼
1980年
- ソ連 20.7%
- 日本 15.6
- アメリカ 14.2

2020年
- 中国 56.5%
- インド 5.3
- 日本 4.5
- アメリカ 3.9

自動車
1980年
- アメリカ 20.6
- 日本 28.4%
- 西ドイツ 10.0

2020年
- 中国 32.5%
- 日本 14.4
- アメリカ 15.8

半導体
1982年
- アメリカ 50.5%
- 日本 29.7

2020年
- 台湾 21.4%
- 韓国 20.4
- 日本 15.8
- 中国 15.3
- 北アメリカ 12.6

かつてアメリカは，粗鋼や自動車，半導体の生産において世界で高いシェアを誇っていたが，1980年代以降，日本や中国，EU，アジアNIEsの台頭によってその地位が低下している。1980年代には日本との間に自動車をめぐる貿易摩擦が発生し，日本が現地生産を進める要因ともなった。現在は「世界の工場」となった中国にシェアを奪われ，米中貿易摩擦も発生しており，アメリカ政府の調達品には国内製品を選ぶように求める「バイ・アメリカン」政策の強化が進められている。🔗 p.46, 79 📊 p.151

❓ アメリカが占める割合が低下した理由は何だろうか。

日本とのつながり Google社やAmazon社などの世界的な大企業は，かつてユニコーン企業と呼ばれていた。ユニコーン企業とは，創業してからの年数が10年以内かつ企業価値評価額が10億円以上の企業を指し，現在アメリカには300社以上存在するといわれるが，日本には数社程度しかない。

⓭アメリカの領土拡大

!アメリカの領土の変遷に着目しよう。

アメリカは1776年の独立後，イギリス・フランス・スペインなどから土地を獲得し，領土を西へと拡大しながら開拓を進めていった。開拓地と未開地の境界のことを**フロンティア**といい，国勢調査で明瞭な境がなくなった1890年に西部開拓が終了したとされる。アメリカ国旗である星条旗は，1777年に独立戦争時の13州にちなんで誕生し，州が加わるたびに星の数が増やされた。現在の星が50個の国旗はハワイの州昇格以後（1960年〜）のもので，27代目のデザインとなる。

?星条旗の線（赤と白）の本数と星の数には，どのような意味があるだろうか。

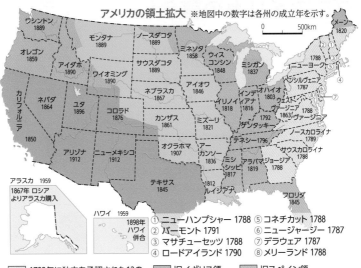

アメリカの領土拡大 ※地図中の数字は各州の成立年を示す。

① ニューハンプシャー 1788　⑤ コネチカット 1788
② バーモント 1791　　　　　⑥ ニュージャージー 1787
③ マサチューセッツ 1788　　⑦ デラウェア 1787
④ ロードアイランド 1790　　⑧ メリーランド 1788

1783年に独立を承認された13の植民地とそれに併合された領土　旧イギリス領　旧スペイン領　旧フランス領　旧メキシコ領

△1777年の国旗

△1795年の国旗

△1960年以降の国旗

⓮多民族国家アメリカ

!民族ごとに，多く暮らす地域が異なることに着目しよう。

（『Statistical abstract of the United States 2023』）

州別人口構成（2021年）

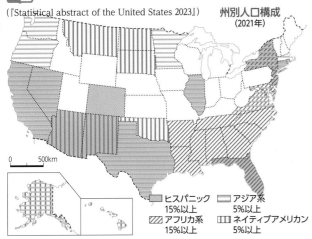

ヒスパニック 15%以上　　アジア系 5%以上
アフリカ系 15%以上　　　ネイティブアメリカン 5%以上

アメリカの人種・民族構成の推移　（アメリカセンサス局資料ほか）

1980年 2億2,654万人
ヨーロッパ系 85.9%　アフリカ系11.8　アジア太平洋系 1.7　ネイティブアメリカン 0.6

2019年 3億2,824万人
72.4%　12.6　その他9.3　0.9　4.8

2060年（予測）4億4,483万人
68.0%　15.0　9.4　1.4　6.2

ヒスパニックの割合
1980年 6.4%
2019年 16.3%
2060年 27.5%

アメリカは，国民のほとんどが移民とその子孫で構成されており，多様な人種・民族が共存する社会は「**サラダボウル**」と形容される。19世紀前半までは北・西ヨーロッパから，19世紀後半から20世紀前半までは南・東ヨーロッパからの移住者が多かった。アフリカ系の多くは，17〜19世紀に奴隷として南部の綿花地帯へ連れて来られた人々の子孫で，1930年代の綿摘み機の普及以降，北部都市への移動が進んだ。**ネイティブアメリカン**は，開拓前線とともに土地を奪われて西へと追いやられ，現在は居留地のある西部諸州に多く居住する。1965年の移民法改正によりヨーロッパ系を優遇する枠が撤廃され，**ヒスパニック**やアジア系の移民が増えている。アジア系移民は，玄関口となったカリフォルニア州など太平洋側に多い。

リンク p.72, 73

?アジア系の居住者の割合が高いのはどの地域だろうか。

⓯国際都市ニューヨーク

!街並みの違いに着目しよう。

1972年

2017年

△1970年代と現在のソーホー地区　都市圏人口が2,000万人をこえるアメリカ最大の都市ニューヨークは，大部分がマンハッタン島と2つの島の上にあり，超高層ビル群の摩天楼が有名だが，早くから**インナーシティ**問題が発生した。ソーホー地区は，19世紀に建てられた古い倉庫が並ぶ治安の悪い地区であったが，若手芸術家が格安の物件をアトリエに使い出すと文化的価値が認められ，富裕層や観光客が流れ込むと街の高級化（**ジェントリフィケーション**）が進み，現在はブティックやレストラン，高級住宅が建ち並んでいる。2020年の新型コロナウイルス感染症の拡大では，マイノリティや移民の多い地区で死亡率が高いなど，民族間の所得格差や住み分けが明確になった。リンク p.60, 66

△多くの民族が行き交うニューヨークの街角　アメリカ社会の実権は，**WASP**（ワスプ）と呼ばれる建国を進めたイギリス系移民の子孫が握ってきた。1960年代の**公民権運動**を経て，2009年にはアフリカ系の大統領が誕生するなど多民族の融和を進めている。しかし，2020年には警察官の不適切な拘束方法によるアフリカ系男性の死をきっかけに，根強く残る人種差別の撤廃を求める BLM（**B**lack **L**ives **M**atter）（ブラック ライヴズ マター）運動が活発になり，SNSの影響もあって世界各地へ急速に拡大した。

?ジェントリフィケーションとは，どのようなものだろうか。

16 アメリカの州別格差

！ 1人あたり州総生産額が高い州や低い州の分布に着目しよう。

（『世界国勢図会』2023/24年版ほか）

アメリカのGDP（国内総生産）と人口の産業別割合（2021年）

	第1次産業	第2次産業	第3次産業
GDP比	0.9%	18.1%	81.0%
人口比	1.7%	19.2%	79.2%

第3次産業の割合が大きいアメリカでは，人口の多い大都市が集まる北東部や太平洋岸のほか，原油を産出するテキサス・ルイジアナ・アラスカ，安定した農業生産が得られるミネソタ・ノースダコタ・ネブラスカなどの平原地域などの州で1人あたり生産額が高い。アメリカの総生産額に占める第2次産業の割合は高くはなく，「ラスト（さびついた）ベルト」と呼ばれる五大湖周辺のほか，サンベルトの南部の州にも総生産額の小さい州が目立つ。**リンク** p.45, 117 **統計** p.145

？ 1人あたり州総生産額が高い州にはどのような特徴があるだろうか。

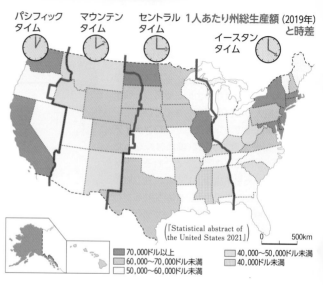

パシフィックタイム　マウンテンタイム　セントラルタイム　1人あたり州総生産額（2019年）と時差　イースタンタイム

『Statistical abstract of the United States 2021』

0　500km

■ 70,000ドル以上
■ 60,000～70,000ドル未満
□ 50,000～60,000ドル未満
□ 40,000～50,000ドル未満
□ 40,000ドル未満

17 アメリカの民族集団の暮らしの比較

！ 民族集団によって暮らしにどのような違いがあるか着目しよう。

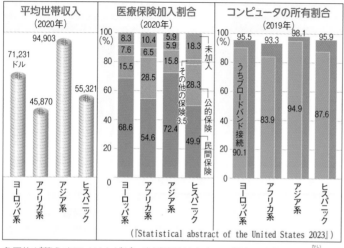

平均世帯収入（2020年）
ヨーロッパ系 71,231ドル
アフリカ系 45,870
アジア系 94,903
ヒスパニック 55,321

医療保険加入割合（2020年）

	ヨーロッパ系	アフリカ系	アジア系	ヒスパニック
未加入	8.3	10.4	5.9	18.3
その他の保険	7.6	6.5	5.9	
公的保険	15.5	28.5	15.8	28.3
				3.5
民間保険	68.6	54.6	72.4	49.9

コンピュータの所有割合（2019年）
ヨーロッパ系 95.5（うちブロードバンド接続 90.1）
アフリカ系 93.3（83.9）
アジア系 98.1（94.9）
ヒスパニック 95.9（87.6）

（『Statistical abstract of the United States 2023』）

多民族が暮らすアメリカだが，生活格差は大きい。日本のような国民皆保険制度がなく，公的医療保険は高齢者や低所得者などに加入が限られている。多くは民間の保険に個人で加入することになるが，高額な保険料が支払えないために無保険状態の人も多い。また，アジア系はICTなどの高技能保持者の移民が世帯収入の平均値を押し上げているが，収入格差は最も大きいとされる。大学への進学率や，失業率などでも民族集団による違いが存在する。

リンク p.60

？ なぜ民族集団によって平均世帯収入に違いがあるのだろうか。

18 アメリカの銃社会

！ 弾薬が売られている場所に着目しよう。

○アウトドアストアの弾薬売り場（ミシガン州，2015年）　アメリカでは，事件や自殺を含め，毎日100人近くの人が銃により命を落としている。乱射事件が発生するたびに銃規制の議論が行われているが，現在も約3億丁，つまり1人につき約1丁の銃が国内に存在する。絶対王政のヨーロッパ君主制を否定し，圧政防止のために国家組織に頼らず市民が活動する原則を掲げたアメリカでは，「武器を所有する権利」が憲法に規定されており，今でも市民にその意識が残る。銃犯罪が頻発する都市では規制を求める声が強いが，人口密度の低い農村では自衛のために銃が必要と意見が分かれる。全米ライフル協会は「人を殺すのは人であって銃ではない」とのスローガンを掲げ，銃所有の権利を擁護している。

？ なぜアメリカで銃の規制が進まないのだろうか。

よりみち navi

アメリカの医療格差

　アメリカの医療保険は非常に高額である。年齢や喫煙習慣，居住している州，保険がまかなう割合などにより異なるが，一般的に4人家族で月額10～15万円ほどかかる。この背景には非常に高額な医療費があり，けがや病気になった際，保険でまかないきれずに医療費で破産する人もいる。たとえば日本では60万円程度の盲腸（虫垂炎）の治療費が，アメリカでは300万円もかかる。オバマ元大統領は，保険の全員加入と医療費の抑制，医療の質の向上を目指した医療制度改革（オバマケア）を促したが，低所得者層の加入で保険料が上がり公的支出も増えるため，トランプ前大統領は撤廃を進めた。しかし，新型コロナウイルス感染症の拡大にともない，バイデン大統領は2021年1月，低所得者を支援するため医療保険の加入要件を緩和する大統領令に署名した。

○大統領令に署名するバイデン大統領

日本とのつながり　首都ワシントンD.C.を流れるポトマック川河畔には，世界の名所の1つともいえる桜並木が存在する。この桜は両国の友好関係を育てようと1912年に日本が寄贈したものであり，毎年春には全米桜祭りが実施されている。1915年には，返礼としてアメリカから日本へハナミズキが贈られた。

19 ヒスパニック

! 写真の英語以外の言語に着目しよう。

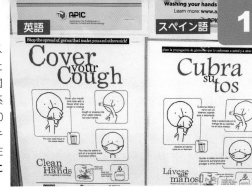

◎せきエチケットを求める二言語表記の案内(アメリカ，2019年)　**ヒスパニック**とは，「スペイン語を話す人」という意味で，スペイン語を母語とするラテンアメリカ出身の移民またはその子孫を指す。しかしヒスパニックには，ブラジルなどスペイン語を公用語としない国の出身者が含まれないため，現在は**ラティーノ**(ラテンアメリカとつながりがあるラテン系の文化を持つ者)と称されることも増えている。アメリカにはスペインの人口をこえる5,500万人以上のスペイン語話者がおり，国内最大のマイノリティ集団となっている。多くはメキシコからの移民で，若年労働者層が多く出生率も高いことから，アメリカ社会における存在感が強まっている。 リンク p.53, 119, 125

？ ヒスパニックはアメリカのどの地域に多く暮らしているだろうか。

20 観光の島，ハワイ

! 観光地としてハワイが人気を集めている点に着目しよう。

◎ハワイを楽しむ観光客　北太平洋に浮かぶハワイは，温暖な気候で美しいビーチやアクティビティなどが楽しめる観光地として，毎年多くの日本人が訪れる。アメリカ併合以前の王国時代には，サトウキビ農園の労働者として日本人が多数移住し，現在も日系人が多く，日本語が通じる場面が多い。ハワイ諸島は**ホットスポット**の活動で形成された火山島で，粘性が低く川のように流れる溶岩も人気の観光資源である。 リンク p.23, 130, 131 統計 p.152 付表 p.154

？ なぜハワイでは日本語が通じる場面が多いのだろうか。

21 ケベック州

! 看板に書かれている言語に着目しよう。

◎二言語表記の看板(カナダ)　ケベックの歴史は，1608年にフランスが建設した植民地に始まる。その後，イギリスから独立を果たしてカナダの1州となったが，現在でもフランス系住民が多数を占める。カナダの公用語は英語とフランス語だが，ケベック州はフランス語のみを州の公用語としている。カナダからの分離・独立意識は高く，1995年に実施された住民投票では賛成49％，反対51％という僅差で独立が否決された。 リンク p.73 付表 p.158

？ ケベック州にカナダからの独立派が多いのはなぜだろうか。

22 ヌナブト準州

! ヌナブトとはどのような土地だろうか。

◎アイスホッケーを楽しむイヌイット　イヌイットはカナダの北極海沿岸に暮らす狩猟民族である。イヌイットの言語で「我々の土地」を意味するヌナブトは，1999年に分割されたカナダで最も新しい準州(州と異なり女王の名代である副総督がいない)で，イヌイット独自の政府による自治活動が認められている。通信や運輸手段の発達により伝統的な生活は縮小しつつあるが，生活体験や野生動物観察などの観光業が行われている。カナダ議会ではイヌイットにも議席が割り当てられ，自治権の拡大などを求めた政治活動が活発である。 リンク p.35, 72

？ イヌイットの生活や文化の例を挙げよう。

よりみち navi

パワーレンジャー

『パワーレンジャー』は，日本の「スーパー戦隊シリーズ」をもとに1993年にアメリカで制作が始まったテレビ番組である。アメリカでは，「製作費や撮影期間の関係からテレビの予算ではこれほどの特撮はつくれない」と日本の技術が評価され，変身後の特撮シーンは日本で放送されたものが流用されている。2017年には20年ぶりの新作映画が上映され，5人の戦士は，ヨーロッパ系・アフリカ系・ヒスパニック・アジア系など多様な民族から構成され，アメリカの多民族社会が反映されている。

◎映画『パワーレンジャー』(2017年)

プラスウェブ

●メキシコ以南の地域を指す。ラテン系民族が多く暮らすスペインやポルトガルの植民地となり，両国の文化の影響を強く受けため，ラテンアメリカと呼ばれる

■ラテンアメリカの自然環境 リンク p.24〜27, 29, 130 付表 p.154, 156

❶地形
- アンデス山脈❶…プレートのせばまる境界に沿って南北に連なる大山脈。変動帯に位置し，地震や火山活動が活発
- アマゾン川…世界最大の流域面積を誇る。流域にはセルバ❷と呼ばれる熱帯雨林が広がる
- ガラパゴス諸島❸…独自の進化を遂げた生物が存在し，ダーウィンが進化論を着想するきっかけとなった
- ウユニ塩原…新潟県ほどの面積を持つ。ほぼ平坦なため，雨の後は水面が鏡のようになり幻想的な光景が見られ，多くの観光客が訪れる。需要が高まるリチウム電池の原料であるリチウムが大量に埋蔵され，開発が進められている

❷気候
- アマゾン川流域…熱帯雨林 (Af) 気候とサバナ (Aw) 気候
- アルゼンチン…年降水量550mm線以東の湿潤パンパは温暖湿潤 (Cfa) 気候，以西の乾燥パンパはステップ (BS) 気候❹
- 大陸西岸…寒流のペルー（フンボルト）海流が流れるため，大気の状態が安定して雨が降らず，乾燥気候が見られる
  アンデス山脈と太平洋の間には，海岸砂漠のアタカマ砂漠が広がる
  チリ中部にはラテンアメリカで唯一の地中海性 (Cs) 気候が見られ，ブドウ栽培やワインの生産が行われる

■ラテンアメリカの産業 リンク p.63 付表 p.157

❶ブラジル❺〜❽…鉄鉱石などの鉱産資源が豊富。コーヒー・大豆・牛肉などの農畜産業のほか，自動車や航空機の生産も盛んで，経済成長が著しいBRICS諸国の一員（BRICSの「B」）。バイオエタノールが普及している

❷パナマ運河❾…1914年に完成した閘門式運河。船舶の大型化にともない拡幅工事が行われ，船幅49mまでの船が航行可能に

■ラテンアメリカの生活文化 リンク p.26, 49, 52, 53

❶1492年にコロンブスがアメリカ大陸に到達したのち，主にスペイン人とポルトガル人が入植

➡
- メキシコでは，国民の過半数がヨーロッパ系の人々と先住民をルーツに持つメスチソ
- スペイン，ポルトガルで信仰されているカトリックが布教され，現在も多くの人々が信仰❿⓫
- 先住民の文化と，ヨーロッパ系の人々によって持ち込まれたヨーロッパの文化，奴隷として連れて来られたアフリカ系の人々がもたらしたアフリカの文化が融合し，独自の文化が誕生⓬　〔例：サンバ（音楽），フェイジョアーダ（食事）〕

❷先住民⓬…主にアマゾンのセルバやアンデスの高地など，ヨーロッパ系の人々が入植しづらかった地域に居住

❸日系人⓭…19世紀後半以降，日本からブラジルなどに渡った移民の子孫
➡現在も多くの人々が現地で活躍

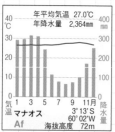
年平均気温 27.0℃
年降水量 2,364mm
マナオス　3°13'S　60°02'W　海抜高度 72m　Af

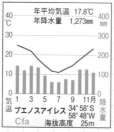
年平均気温 17.8℃
年降水量 1,273mm
ブエノスアイレス　34°58'S　58°48'W　海抜高度 25m　Cfa

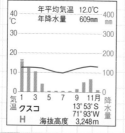
年平均気温 12.0℃
年降水量 609mm
クスコ　13°53'S　71°93'W　海抜高度 3,248m　H

▼ウユニ塩原（ボリビア）

▼アタカマ砂漠（チリ）

日本とのつながり　今や回転ずしなどでおなじみであるチリ産サーモン（サケ）だが，40年ほど前まではチリには1匹もサケがいなかった。日本人水産技術者の情熱と国家的プロジェクトとして推進したチリ政府の協力により養殖事業が発展し，現在は世界有数のサケ輸出国となっている。

1 アンデス山脈に暮らす先住民

! 男性がはおっているものに着目しよう。

●インディヘナの衣服（ペルー）　中央アンデスの高地は日較差(1日の気温の変化)が大きい**高山気候**である。そのため，着脱が容易なポンチョを防寒着やレインコートとしてはおり，強い日差しを避けるため帽子をかぶっていることが多い。アンデスで多く飼育されているリャマ，アルパカの毛や，羊毛が素材として使われている。 リンク p.35 付表 p.156

? なぜアンデスの高地では着脱の容易な衣服が求められたのだろうか。

2 セルバで暮らす先住民

! 先住民がデモをしている場所に着目しよう。

> アマゾンを守る。先住民の話を聞かなければ譲歩はない。

●先住民によるデモ（ブラジル，2020年）　アマゾンの熱帯雨林**セルバ**では，先住民が伝統的な暮らしを送っている。しかし近年，牧場や農場，鉱山などの開発のため，熱帯雨林が違法に伐採されている。開発規制はあるものの，広いアマゾン全域での取り締まりは難しく，違法伐採が絶えない。写真は，先住民カヤポの人々がブラジル中西部の農業地域とアマゾン川を結ぶ道路を封鎖し，アマゾンの開発に抗議する様子である。先住民は外部からの病気に弱い傾向があるため，新型コロナウイルス感染症に対する支援も求めた。 リンク p.26, 70, 71, 124

? 熱帯雨林が減ると先住民が困る理由は何だろうか。

3 ガラパゴス諸島

! 多数の観光客が訪れていることに着目しよう。

●ガラパゴス諸島を訪れる観光客（2016年）　ガラパゴス諸島は，南アメリカ大陸から約1,000km離れた火山群島である。火山ができた要因は，ハワイ諸島と同様にホットスポットによるものである。赤道直下に位置するが，寒流のペルー海流の影響で暑さは厳しくない。ダーウィンはこの島のガラパゴスゾウガメやイグアナなど，独自の進化を遂げた生物から考察を深め，のちに進化論としてまとめた。1978年に世界自然遺産に登録された後，観光客が急増して環境破壊が問題となった。そのため2007年に危機遺産リストに登録されたが，対策が実を結び，2010年以降はリストから除外されている。 リンク p.130 付表 p.154

? 環境保全のためにどのような対策がとられているか調べよう。

4 パンパの農牧業

! 馬上の牧夫(ガウチョ)が持っているものに着目しよう。

●牛を追うガウチョ（アルゼンチン，2008年）　**パンパ**は厚く肥沃な土壌を持つきわめて平坦な平原で，アルゼンチンの耕地の約80％を占める。年降水量550mm線以東の湿潤パンパでは牛の放牧とトウモロコシ栽培が，以西の乾燥パンパでは羊の放牧が行われ，その境界付近では小麦が栽培されている。アルゼンチンは南半球に位置するため，欧米へ出荷する際には赤道を通過する必要があり，かつては肉類の輸出には缶詰や干し肉に加工するなどの防腐対策が不可欠であった。19世紀後半に冷凍船が開発されると，肉類の輸出が増大した。エスタンシア(大農園)で働く牧夫は，ガウチョと呼ばれている。 付表 p.157

? なぜ乾燥パンパでは，牛ではなく羊が飼育されているのだろうか。

5 ブラジルの大豆栽培とアマゾンの森林破壊

[!] 収穫の様子に着目しよう。

△大豆の収穫（ブラジル，2008年）

△開発により伐採が進むセルバ（ブラジル）

ブラジルの主な
農畜産物輸出額の推移
（FAO資料）

（億ドル）
大豆　386.4
トウモロコシ　79.7
牛肉　68.4
鶏肉　41.9

1990年　95　2000　05　10　15　20

大豆は油・味噌・醤油・豆腐などの原料であり，搾油後の搾りかすは飼料としても活用される。世界的に需要が高まっており，近年は代替肉の原料としても注目されている。1990年ごろまでは世界の大豆の約半数がアメリカで生産されていたが，2000年代以降はブラジルでの生産量が急増し，2021年の生産量は世界１位で，世界生産量の約35％を占めている。ブラジルの大豆は，港までの陸上輸送コストの高さが問題となっており，安価なアマゾン川の舟運が注目されている。その影響でアマゾン川に近いセルバが伐採されて農地化される動きもあり，環境破壊との指摘もある。 リンク p.26，70，71，123
統計 p.146～148

[?] ブラジルの大豆は主にどの国に輸出されているだろうか。

6 ラテンアメリカの鉱工業

[!] 採掘の様子に着目しよう。

△カラジャス鉄山での露天掘り（ブラジル）

△マラカイボ油田（ベネズエラ，2015年）

ブラジルの鉄鉱石やメキシコ・ベネズエラの石油，チリの銅のように，かつてラテンアメリカ諸国は先進国への資源輸出国であったが，そこから国を挙げて工業化を推進した。メキシコは，アメリカとの国境地帯に関税がかからない地域をつくり，アメリカの自動車メーカーの工場を誘致した。ブラジルも世界５位の人口（当時）を持つ巨大な市場を背景に自動車産業を誘致し，また広大な国土の移動に不可欠な航空機産業を発達させた。ベネズエラは世界最大の石油埋蔵量を誇るが，政治の混乱などからハイパーインフレーションが発生するなど経済が破綻し，産油量も減少傾向にある。

リンク p.62，63　統計 p.149～151　付表 p.157

[?] ブラジルの鉄鉱石の最大の輸出先はどの国だろうか。

7 ブラジルの航空機産業

[!] 生産されている航空機に着目しよう。

▽エンブラエル社の航空機製造（ブラジル，2015年）

世界３位の民間航空機製造会社であるブラジルのエンブラエル社は，中・大型機を主に生産しているエアバス社やボーイング社に競合しないよう，小型機を中心に製造している。日本もエンブラエル社の機体を導入している（写真右下）。 リンク p.106，118

[?] なぜ小型機を中心に製造しているのだろうか。

8 バイオエタノール

[!] 「Gasolina」と「Etanol」の価格に着目しよう。

バイオエタノールは，サトウキビなどのバイオマス資源から得られる植物性エチルアルコールである。ブラジルでは，1973年のオイルショックで石油価格が高騰したことをきっかけに，石油への依存度を低くするため本格的に導入された。ガソリンとエタノールの両方を燃料として使えるフレックス車が普及している。 リンク p.65

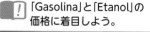

△フレックス車のガソリンスタンド（ブラジル，2018年）

[?] なぜバイオエタノールが優遇されているのだろうか。

日本とのつながり　産業に乏しいパナマにとって，運河の通行料は貴重な収入源である。このような事情もあり運河の通行料金は非常に高額で，日本の大型自動車運搬船の通行料金は約3,000万円ともいわれる。そのため，コンテナなどはシアトルから貨物列車に載せ替え，アメリカ東海岸に輸送する方法もとられている。

⑨パナマ運河

❗ 船の大きさと運河の幅に着目しよう。

パナマ運河は，1914年にアメリカにより開削された運河である。途中で海抜26mのガトゥン湖を通過するため，閘門式となっている。従来，運河の幅は約33mだったが，船舶の大型化にともない拡幅工事が行われ，現在は約55mとなっている。また同時に運河を深くしたため，これまで通行できなかったLNGタンカーの通行も可能になり，メキシコ湾から出荷されるアメリカのシェールガスを日本へ輸送することが容易になった。 リンク p.21 ❓ 閘門式運河のしくみはどのようなものだろうか。

水門の操作方法

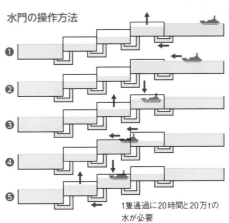

1隻通過に20時間と20万tの水が必要

🔺パナマ運河を通過する船（2013年）

⑩ラテンアメリカのカトリック文化

❗ マリア像の肌の色に着目しよう。

🔺**メキシコのマリア像** スペインとポルトガルによる支配とともに，ラテンアメリカにカトリックが持ち込まれた。カトリックは土着の女神信仰と結びつき，写真のような肌が褐色のマリア像など，さまざまな形でのマリア崇拝が存在する。なお，現在のローマ教皇はアルゼンチン出身である。 リンク p.49

❓ なぜラテンアメリカにカトリックが定着したのだろうか。

⑪人種のるつぼ ❗ 選手たちの容姿に着目しよう。

🔺**サッカーブラジル代表**（2019年） 写真の選手たちの肌の色からわかるように，ブラジルはさまざまな人種・民族で構成されており，「**人種のるつぼ**」とたとえられる。この多様性の統一にはカトリックが大きな役割を果たしており，人種・民族間の対立は少ない。 リンク p.49

❓ なぜブラジルは「人種のるつぼ」になったのだろうか。

⑫融合して生まれた文化 ❗ カーニバルが行われている季節に着目しよう。

リオのカーニバルは，南半球の盛夏にあたる2〜3月初旬に開催されるカトリックの謝肉祭で，ブラジル最大の祭典である。人々は着飾り，アフリカとポルトガルの文化が融合したサンバのリズムに合わせて4日間踊りあかす。フェイジョアーダは，アフリカとヨーロッパの食文化が融合してできた代表的なブラジル料理である。 リンク p.52

🔺**リオのカーニバル**（2020年）

▶**フェイジョアーダ**

❓ リオのカーニバルと関係の深い宗教は何だろうか。

⑬ラテンアメリカの日系人

❗ 写真の日系人がいる場所に着目しよう。

▶**日系人が経営するブラジルの農園** 19世紀後半，当時貧しかった日本から多くの人々が**移民**としてブラジルなどに渡った。多くはコーヒー農園で酷使され，大変な苦労をした。次第に社会経済的地位が向上し，現在は約150万人の日系人が居住し，現地で活躍している。 リンク p.121

❓ ブラジル以外で日系人が多い国はどこか，調べてみよう。

プラスウェブ

■オセアニアの自然環境 リンク p.24, 25, 130 付表 p.154～156

❶地形 ・一国一大陸…プレート運動により，ほかの大陸と早い段階で分離した

➡カンガルーやコアラに代表される有袋類など，独自の進化を遂げた動植物が多い

・大鑽井盆地…井戸を掘ると汲み上げなくても地下水が自然と湧き出る自噴井が見られる

➡水は塩分を含んでいるため農耕に適さず，牛や羊の飲み水として利用

・グレートバリアリーフ（大堡礁）❶…世界最大のサンゴ礁。世界自然遺産に登録

➡近年では気候変動などにより，サンゴが白化して死んでしまう現象が問題に

・ニュージーランド…変動帯に位置し，地震や火山が多く，地熱発電所もある❹❺。南島の西岸にはフィヨルドが見られる

❷気候 ・南半球…北半球と季節が逆 ➡クリスマスは真夏

・オーストラリア内陸部…アウトバックと呼ばれる。乾燥気候が卓越し，砂漠が広がる

■オセアニアの産業 リンク p.63 付表 p.157

❶農業 ・オーストラリア…国土は広いが人口が少ないため，1人あたり農地面積がきわめて大きい

➡大型機械を使用した企業的農業や，広大な牧場での企業的牧畜が行われる❻❼

・南半球での農業 { ・北半球諸国へ農畜産品を輸出する際に赤道を通過 ➡腐らない羊毛の生産と輸出が盛んに❽

・農作物の収穫時期が北半球と約半年ずれる❻❾ ➡北半球の端境期で品薄のときに高値で売れる

❷鉱工業 ・オーストラリア…東部のグレートディヴァイディング山脈で石炭，西部のピルバラ地区で鉄鉱石を大量に産出❿

人口が約2,500万人と少なく国内需要も小さいため，工業はあまり発達していない

■オセアニアの生活文化と諸課題 リンク p.72

❶先住民…オーストラリアのアボリジニ⓫，ニュージーランドのマオリ⓬

➡かつては迫害されていたが，近年では先住民の権利や文化などが尊重されるようになってきている❷

❷アウトバックでの生活…人口希薄地帯では，救急患者の輸送に飛行機を使用するフライングドクターサービスを実施⓭

❸イギリス連邦⓮…オーストラリアやニュージーランド，ツバル❸など旧イギリス領の国々が多い

➡国旗にイギリス国旗（ユニオンジャック）が配された国がある。公用語は英語で，国家元首がイギリス国王の国も

❹白豪主義⓯…かつてオーストラリアでとられていた，事実上移民をヨーロッパ系に限る政策

➡どの文化も等しく価値があるとする多文化主義へと切り替え，アジア系の移民が増加

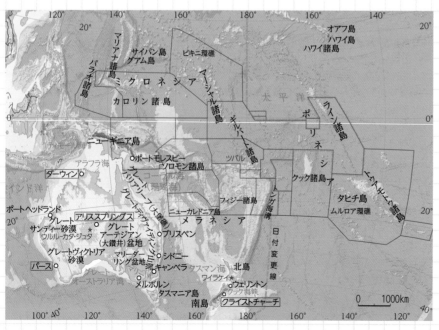

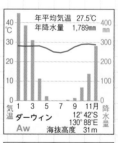

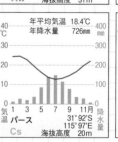

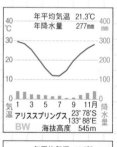

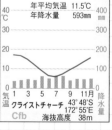

日本とのつながり
夏には冷たいそばを食べたくなるが，ソバの収穫は前年の秋なので夏になると風味が落ちてしまう。そこで日本と季節が逆のタスマニア島でソバを栽培し，現地の秋である3，4月に収穫されたソバを輸入することで，日本の夏に風味豊かなそばを出している店もある。

❶グレートバリアリーフ（大堡礁）

📖 サンゴ礁の大きさに着目しよう。

オーストラリア北東部沿岸の南緯10度から24度まで2,600kmにわたって広がる世界最大の**サンゴ礁**である。近年、河川からの土砂の流入や観光開発などによる環境破壊、海水温の上昇が原因とされるサンゴの白化現象（写真右下）や天敵であるオニヒトデの増加などによるサンゴの死滅が深刻化し、政府が対策にのり出している。 リンク p.71 付表 p.156

❓ グレートバリアリーフの緯度を北緯に置き換えると、日本付近ではどの範囲に相当するだろうか。

▶白化したサンゴ

❷ウルル－カタ・ジュタ国立公園

📖 ウルルの形に着目しよう。

カタ・ジュタ

オーストラリア大陸の中央部には、周囲9km、高さ348mの世界最大級の一枚岩であるウルル（**エアーズロック**）があり、その西方にはカタ・ジュタ（オルガ山）がそびえる。これらは風化や侵食によって硬い部分だけが残った残丘地形の典型である。かつてはウルルに登る観光客も見られたが、先住民アボリジニの聖地であるため、現在は禁止されている。 リンク p.72, 129

❓ なぜこのような地形ができたのだろうか。

❸水没の危機にあるツバル

📖 島の形に着目しよう。

◔波がせまるツバル（2019年）　小さな島と環礁からなる人口約1万人の小国ツバルは、国土の最高地点が5mときわめて低平なため、地球温暖化にともなう海面の上昇に危機感を抱いている。ツバルのインターネットドメイン「.tv」がテレビジョン（Television）の略ともなることからアメリカ企業に使用権を売却し、その資金を使って国連への加盟のほか、学校やインフラの整備などを行った。現在、水没しない人工島の整備計画が進められている。 リンク p.69 付表 p.156

❓ なぜツバルは海面上昇の影響を大きく受けるのだろうか。

❹ニュージーランドのスキー場

📖 スキーシーズンに着目しよう。

変動帯に位置するニュージーランドには標高の高い山があり、冬季にはスキーを楽しむことができる。南島が中心だが、北島にも火山麓を利用したスキー場が見られる。北半球と季節が逆であるため、スキーシーズンは6〜10月となり、北半球諸国のスキーやスノーボード選手の「夏季」トレーニングに使われる。また、降雪量が不安定ではあるがオーストラリア南部にもスキー場があり、日本との時差が小さいため時差ボケに苦しまずに楽しむことができる。 リンク p.130 付表 p.154

❓ ニュージーランド北島より南島にスキー場が多いのはなぜだろうか。気温の面からその理由を考えよう。

❺ワイラケイ地熱発電所

📖 発電所の立地に着目しよう。

1913年、世界で初めて地熱発電所を操業したイタリアに次ぎ、1958年にニュージーランド北島のタウポ火山付近に立地するワイラケイ発電所で発電が開始された。発電所からの熱排水は、地元レストランに卸される川エビの養殖に再利用され、水生生物に影響を与える河川への流入を減らしている。 リンク p.64

❓ 地熱発電所がオーストラリアに少ないのはなぜだろうか。

6 オーストラリアの小麦畑

!　収穫の様子に着目しよう。

オーストラリアの小麦は，広大な耕地で少ない労働力と大型機械を用いて栽培しているため安価である。また，北半球の端境期（収穫前の品薄の時期）に出荷でき，比較的高値で売ることができるという有利な面がある。日本にも輸入され，うどんなどの原料に使用されている。

統計 p.146　付表 p.157

?　オーストラリアの小麦は，なぜ安価に販売できるのだろうか。

8 ニュージーランドの牧羊

!　飼育の様子に着目しよう。

ニュージーランドでは，かつて人口の約20倍もの羊が飼育されていた。しかし，化学繊維の台頭などで羊毛の需要が減少していることなどを理由に羊の飼育頭数は減少し，現在は約5倍となっている。

?　羊の飼育頭数が減ってしまった理由は何だろうか。

10 オーストラリアの鉱工業

!　採掘の様子に着目しよう。

7 オージービーフ

!　牛が飼育されている場所に着目しよう。

◎日本のスーパーマーケットに並ぶオージービーフ

◎放牧場で飼育される肉牛（オーストラリア）

オーストラリアの肉牛は，放牧場で牧草を食べて育つのが一般的で，この飼育方法だと赤身の肉が多くなる。しかし，多少脂身がある柔らかい牛肉を好む日本の消費者のため，日本向けの肉牛はフィードロットでタンパク質が豊富な濃厚飼料を与えて肥育してから出荷されることが多い。

リンク p.116　統計 p.148　付表 p.157

?　オーストラリア産の牛肉が日本産よりも安いのはなぜだろうか。

9 ニュージーランドのキウイフルーツ農園

!　果樹園を囲む防風林に着目しよう。

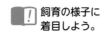

キウイフルーツは，ニュージーランドの国鳥キーウィから名づけられた。生産量は，中国・ニュージーランド・イタリアの順に多い（2021年）。日本でも1970年代からミカンの転作作物として栽培され，南半球のニュージーランドとは収穫期がずれるため競合しないという利点がある。

?　日本でキウイフルーツの生産量が多いのはどの都道府県だろうか。

◀鉄鉱石の露天掘り（ピルバラ地区，2015年）　オーストラリア東部のグレートディヴァイディング山脈では石炭，西部のピルバラ地区では鉄鉱石が産出され，鉄道で港まで運ばれる。製鉄の原料はほぼそろっているが，人口が少なく国内需要も少ないため，鉄鋼業はあまり発達していない。石油・天然ガス・金・ボーキサイトなどの産出量も多い。

リンク p.63　統計 p.149～151
付表 p.157，158

?　鉄鉱石はどの地域で採掘されているだろうか。

◀鉄鉱石を運ぶ列車

日本とのつながり　イタリアンレストランのサイゼリヤはドリアを低価格で提供するため，オーストラリア産の牛乳を現地の工場でホワイトソースに加工して日本に輸入している。ドリア1食に約500mLの牛乳を使用しているため，国内産の牛乳を使うとあの値段ではとても提供できないというのが理由だそうだ。

11 アボリジニの文化

📖 アボリジニが描く絵に着目しよう。

🔺**アボリジニ・アート**（オーストラリア）　オーストラリアの先住民**アボリジニ**は，18世紀後半からイギリスによる植民地化が始まると迫害（はくがい）されるようになった。その後も不当な扱いが続いたが徐々（じょじょ）に改善され，2008年にオーストラリア政府は公式に謝罪を行った。現在，政府はアボリジニの文化の保存・発展を推進している。
リンク p.72, 127

❓ アボリジニはオーストラリアのどのような地域に多く暮らしているだろうか。

12 マオリの文化

📖 選手たちの踊りに着目しよう。

🔺**ラグビーニュージーランド代表「オールブラックス」によるマオリの踊り（おど）「ハカ」**（2019年）　ニュージーランドの先住民**マオリ**の人口は，全人口の約15％を占める。マオリの権利は長年軽視されてきたが，1975年にワイタンギ審判所が設立されたことで徐々に回復しつつある。1987年にマオリ語が英語とともにニュージーランドの公用語とされたが，生活が近代化するにつれ，マオリ語を使う人の数は減り，現在流暢（りゅうちょう）に話せる人は少なくなっている。リンク p.72

❓ マオリの伝統的な挨拶（あいさつ）の方法を調べてみよう。

13 人口が希薄（きはく）なアウトバック

📖 飛行機に着目しよう。

🔺**フライングドクターサービス**（オーストラリア，2013年）　アウトバックと呼ばれるオーストラリア内陸の人口希薄地帯では，救急患者（かんじゃ）の輸送に飛行機を使うフライングドクターサービスが使用されることがあり，小さな集落などにも簡素な滑走路（かっそうろ）があることが多い。また，このような地域の子どもたちは通学が困難なため，オンライン授業を受講している。

❓ なぜ患者を飛行機で輸送する必要があるのだろうか。

14 色濃く残るイギリス文化

📖 行われているスポーツに着目しよう。

🔻**クリケットの試合**（ニュージーランド，2019年）

ツバル　　　ニウエ

ニュージーランド　　フィジー

🔺**ニュージーランド紙幣**

国旗にイギリス国旗が描かれているように，ニュージーランドでは生活の中にイギリス文化が色濃く残っている。現在でも国家元首（げんしゅ）はイギリス国王であり，紙幣（しへい）には前元首のエリザベス女王が描かれている。また，建物の階数も1階をグランドフロア，2階をファーストフロアとイギリス式で呼ぶ。日本ではあまりなじみがないが，イギリス発祥（ほっしょう）のクリケットも大人気である。

❓ フィジーの国旗にイギリス国旗が入っているのはなぜだろうか。

15 白豪主義（はくごう）から多文化主義へ

📖 増加している移民の出身地に着目しよう。

1776年のアメリカ独立後，オーストラリアはイギリスの流刑植民地（るけい）とされ，多くのヨーロッパ人が移住した。1850年代のゴールドラッシュでアジア系移民が増加すると，ヨーロッパ系以外の移住を制限する**白豪主義**がとられた。しかし，1973年にイギリスのEC（EUの前身）加盟や経済成長に必要な労働力確保のため，移民政策を**多文化主義**へ転換し，白豪主義は撤廃（てっぱい）された。同時に，地理的に近いアジア・太平洋地域をよりいっそう重視するようになり，1989年にオーストラリアの提唱（ていしょう）で発足（ほっそく）した**APEC（アジア太平洋経済協力）（エイペック）**や，**CPTPP（環太平洋パートナーシップに関する包括的及び先進的な協定）（ほうかつ）（およ）**などで存在感を示している。リンク p.20　付表 p.158

🔻**シドニーのチャイナタウン**（オーストラリア，2019年）

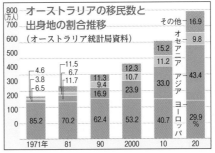

オーストラリアの移民数と出身地の割合推移（万人）
（オーストラリア統計局資料）

	1971年	81	90	2000	10	20
その他	4.6	11.5	11.3	12.3	15.2	16.9
オセアニア	3.8	6.7	9.4	10.7	11.2	9.8
アジア	6.5	11.7	16.9	23.9	33.0	43.4
ヨーロッパ	85.2	70.2	62.4	53.2	40.7	29.9%

❓ なぜオーストラリアはアジア・太平洋地域を重視するようになったのだろうか。

世界の諸地域の暮らし

要点の整理

プラスウェブ

リンク p.76, 84, 85, 90, 91, 94, 98, 99, 102, 103, 114, 115, 122, 126 付表 p.154

■大地形とプレートの境界■

①大地形…地球内部のマントル対流などの内的営力(えいりょく)によってできた大規模な地形

②プレートの境界

- 広がる境界　マグマが上昇して固まり，海洋プレートが生まれるところ　〔例：大西洋中央海嶺(かいれい)・インド洋中央海嶺〕

- せばまる境界 { 沈み込み帯…海洋プレートが大陸プレートの下に沈(しず)み込んで海溝ができ，それに沿って火山が分布　〔例：日本海溝〕
  衝突帯…大陸プレート同士がぶつかり圧縮されると，地盤が隆起し山脈や高原ができる　〔例：ヒマラヤ山脈〕

- ずれる境界　プレートが水平方向にずれるところ。トランスフォーム断層とも呼ばれる　〔例：サンアンドレアス断層〕

③変動帯…プレートの境界付近に見られる。現在も活発な地殻変動が起こる地域で，地震や火山が多い

④安定大陸(安定陸塊)…プレート内部に見られる。地殻変動が少ない安定した地域で，地震や火山もほとんど見られない

　　　　　　　　　　長い間侵食されたため，なだらかな山地や台地，広大な平野が見られることが多い　〔例：東ヨーロッパ平原〕

■世界で見られる主な自然災害

①地震■…主に変動帯で発生　➡活断層地震　プレート内部で発生する

　　　　　　　　　　　　　　　プレート境界地震　海溝付近で発生し，M(マグニチュード)8～9に達することもある■

②火山■…主に変動帯に多い　➡マグマが発生しやすいせばまる境界(沈み込み帯)や広がる境界，ホットスポットに多く見られる■

③台風・ハリケーン・サイクロン…日本では，北西太平洋で発生した最大風速が約17m/s以上の熱帯低気圧を台風と呼ぶ。世界では，

　　　　　　　　カリブ海や北東太平洋で発生した最大風速が約33m/s以上の熱帯低気圧をハリケーン■，インド洋や

　　　　　　　　南太平洋で発生したものをサイクロンと呼ぶ

④竜巻(たつまき)(トルネード)…世界各地で発生するが，とりわけアメリカ中部は寒気と暖気がぶつかりやすく，竜巻が多数発生する

⑤干(かん)ばつ…長期間十分な降水量がないことで起こる水不足の状態。農作物などへの被害をもたらす■

⑥森林火災…自然に発生するものであるが，人為(じんい)的な要因もある。大規模な火災により，生態系に影響を与えることもある■

■世界の大地形とプレートの境界

! 変動帯と安定大陸の分布に着目しよう。

世界は十数枚のプレートで構成されている。それらがマントルの対流によって動き，地震や火山活動を引き起こすという考え方を**プレートテクトニクス**という。プレート同士が接する境界には，**広がる境界・せばまる境界**(沈み込み帯・衝突帯)・**ずれる境界**がある。また，世界を地殻変動に注目して二分すると，地殻変動が活発な**変動帯**と，地殻の安定した**安定大陸(安定陸塊)**に分けることができる。リンク p.133 付表 p.154

? 日本は，変動帯と安定大陸のどちらに位置しているだろうか。

■世界の火山と地震の分布

! 震央の分布に着目しよう。

地震や火山が多い地域には偏りがある。地震や火山はプレート境界に集中し，安定大陸には少ない。火山は，水の分子がマグマの発生にかかわっているため，せばまる境界(沈み込み帯)に多く分布しているほか，ハワイのような**ホットスポット**が地表にあらわれた場所にも見られる。火山が存在する場所は地熱資源に恵まれているため，地熱発電が行われることも多い。

リンク p.64, 103, 127, 133, 134, 137～140
統計 p.144 付表 p.154

? 地震が多いのはどのようなところだろうか。

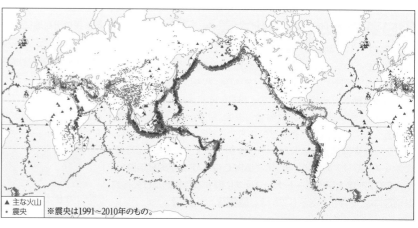

▲ 主な火山
・ 震央　　※震央は1991～2010年のもの。

3 地震の被害　⚠️ 地震による津波の被害に着目しよう。

⬦**スマトラ沖地震で津波の被害を受けた街**(インドネシア，2005年)
2004年12月26日，インドネシアのスマトラ島北西沖のインド洋を震源とするM9.1の地震が発生した。この地震によるゆれは震度6程度だったが，津波によって約30万人の犠牲者が出た。当時，津波警報を発令するシステムがなかったことや，多くの人々が津波についての知識を持っていなかったことなどが被害を大きくしたとされる。

❓ この地震はどのようなプレート境界で発生したのだろうか。

5 ハリケーン　⚠️ 浸水の範囲に着目しよう。

⬦**ハリケーン「カトリーナ」による浸水**(アメリカ，2005年)　2005年8月，アメリカ南東部を大型ハリケーン「カトリーナ」が襲った。ハリケーンの猛烈な暴風雨によって洪水や高潮が発生し，ミシシッピ川河口に位置する低平なニューオーリンズの街は広範囲に浸水してしまった。このとき，自家用車を持っていた人はあらかじめ避難することができたが，持っていなかった人は避難できず，低所得者の多い地区での被害が大きくなり，経済格差による被害状況の違いが浮きぼりになった。

リンク p.120　❓ なぜニューオーリンズで被害が大きくなったのだろうか。

6 干ばつ　⚠️ ひび割れた地面に着目しよう。

⬦**ニジェールの干ばつ**(2014年)　サヘルに位置するニジェールは，農業従事者が就労人口の約8割を占めるが，耕作可能な土地は国土の約1割しかない。天水に依存する農業形態のため，干ばつが発生すると農作物が大きな打撃を受け，食料危機が発生することもある。日本は，ニジェールに対して継続的に食料支援を実施している。**リンク** p.70，99

❓ 日本がニジェールへ行っている食料支援はどのようなものだろうか。

4 火山の噴火　⚠️ 溶岩の粘り気に着目しよう。

⬦**キラウエア火山の噴火**(ハワイ島，2018年)　火山の噴火にともなう現象は，火山灰の降灰や火砕流の噴出などさまざまである。ハワイ島のキラウエア火山は粘性の低い溶岩を噴出するため，2018年の噴火ではカポホの集落が溶岩に飲み込まれ，約50km離れたカポホ湾も溶岩で埋まってしまった。溶岩の流れる方向は地形から予測できたため，家屋などの物的な被害は甚大であったが，人的な被害はほぼなかった。**リンク** p.121 **付表** p.154

❓ なぜプレート境界ではないハワイで，火山が見られるのだろうか。

7 森林火災　⚠️ 森林火災による空の色に着目しよう。

⬦**オーストラリアの森林火災**(2020年)　オーストラリアでは，2019年末から2020年にかけて森林火災が発生し，九州・四国・中国地方を合わせた面積よりも広い約11万km²が焼失した。2020年には，アメリカのカリフォルニア州で大規模な森林火災が頻発し，東京都の面積の約7倍にあたる16,000km²が焼失した。森林火災は，木や葉の摩擦，落雷といった自然に発生するもののほか，火の不始末などの人為的な要因もあり，乾燥や強風により大規模化する。

❓ 森林火災が起こる原因は何だろうか。

リンク 巻頭特集

■日本の地形

●変動帯に位置する日本列島…地震や火山が多い**1** → 火山は美しい景観や温泉，再生可能エネルギーとして注目される地熱発電などの恵みをもたらす

→ 活発な地殻変動…圧縮する力が局所的な地盤の隆起と沈降をもたらし，複雑な地質構造をつくり出す

➡高山に降った雨や雪は急流となって山地を侵食し，その土砂が下流部に堆積して扇状地や氾濫原，三角州などを形成**2**

➡山地では，急流河川を利用した水力発電が行われており，人々の生活を支えている

■日本の気候

❶南北に細長い国土…亜熱帯から冷帯（亜寒帯）まで，さまざまな気候が見られる

❷明瞭な四季…夏は小笠原気団，冬はオホーツク海気団など，季節ごとに寒暖乾湿の性質が異なる気団の影響を受ける

❸背骨のように連なる標高の高い脊梁山脈…太平洋側と日本海側で気候が大きく異なる

❹豊富な降水…梅雨前線や秋雨前線，台風の影響を受け降水強度（単位時間あたりの降水量）が大きい

➡河川の氾濫などにより，しばしば洪水が発生**3**

■日本の主な自然災害とその対策

●地震や火山噴火は自然現象である。無人島で火山が噴火しても災害とはならなず，人々に被害が及んだときに災害となる

	発生要因や特徴など	対策など
地震	海溝付近で発生するプレート境界地震と，活断層が引き起こす活断層地震がある	・地震の予知はできないため，日ごろから防災意識を高める ・家具の固定などの耐震対策や，緊急地震速報を活用する
津波	プレート境界地震にともなって発生することが多い	・震源によっては地震発生後わずかな時間で津波がやってくるため，高台や津波避難タワー・ビルに逃げることが大切
火山噴火	噴火の前兆現象によって予知できる可能性があるが，前触れなく噴火することもある	・ハザードマップで避難場所・経路を確認 ・登山の際には，火山シェルターの場所を確認
台風	初夏から秋にかけて発生する。進路や風雨の強くなる時間帯など，予測精度は向上している	・台風が接近する前に避難準備などをしておくことが大切 ・マイ・タイムラインをつくることも有効
洪水	梅雨前線や台風，線状降水帯の発生などによる集中豪雨が原因となることが多い	・ハザードマップで河川の位置や起こりうる災害，避難場所・経路をあらかじめ確認
高潮	台風接近時に，満潮時刻と風向きが要因となり被害が生じることが多い	・気象情報に注意してその発生を事前に把握し，避難する
土砂災害	大雨が降ったときや地震が起こったときに発生しやすい	・ハザードマップで土砂災害が発生しやすい場所や避難場所・経路を確認，土砂災害警戒情報に注意する
豪雪	近年，短時間に大雪が降ることが多く，雪の重みで家屋が倒壊したり，雪崩が発生したりしている	・高速道路で自動車が立ち往生するなど，交通や物流にも影響を及ぼすこともあるため，天気予報に注意する

よりみち navi

深刻化する熱中症の被害

　地球温暖化や都市部でのヒートアイランド現象などによって近年夏の気温が上昇しており，2023年の日本の夏の平均気温は平年とくらべて1.76度高く，過去最高の1.08度（2010年）を大きく上回った。東日本大震災で発電所が被害を受け，電力不足となった2011年以降，気象庁は節電要請の中で熱中症を予防する観点から，最高気温が35℃をこえる予報が出たときに高温注意情報を出してきた。2020年からは，環境省とともに湿度なども考慮した暑さ指数を基準とする「熱中症警戒アラート」を発表している。

▼猛暑の陽炎

1 日本の火山と地震の分布

! 火山と海溝の位置関係に着目しよう。

北アメリカプレート
日本海溝
ユーラシアプレート
太平洋プレート
駿河トラフ
伊豆・小笠原海溝
南海トラフ
フィリピン海プレート

糸魚川・静岡構造線
中央構造線

十勝岳
有珠山
10.0cm/年
鳥海山
日本海溝
御嶽山
白山
駿河トラフ
磐梯山
浅間山
相模トラフ
箱根山
伊豆大島
10.5cm/年
阿蘇山
雲仙普賢岳
桜島
霧島山
口之永良部島
諏訪之瀬島
硫黄鳥島
富士山
三宅島
南海トラフ
4.0cm/年
6.0cm/年
南西諸島海溝

地震の震央
○ マグニチュード 7〜8
○ マグニチュード 8〜9
○ マグニチュード 9以上
— 活断層

火山
▲ 活火山
— 火山前線（火山フロント）
▨ プレート境界
▨ 未確定なプレート境界
➡ プレートの移動方向と速度

▼噴火する桜島（鹿児島県，2012年）

日本列島は，海洋プレートの**太平洋プレート**と**フィリピン海プレート**，大陸プレートの**ユーラシアプレート**と**北アメリカプレート**がぶつかり合う**変動帯**に位置するため，地震や火山活動が活発である。海溝やトラフ（最深部が6,000mより浅いもの）付近では，東北地方太平洋沖地震（東日本大震災）のような**プレート境界地震**が発生する。また，プレートの衝突によって大陸プレートに力が加わることで，兵庫県南部地震（阪神淡路大震災）のような**活断層地震**が発生する。海洋プレートが沈み込むと，地下深くでマグマが発生して火山を形成する。そのため海溝から一定の距離のところに火山が並んでおり，**火山前線（火山フロント）**と呼ばれる。鹿児島県の桜島は頻繁に噴火し，南東からの風が吹くと火山灰が市街地にも降り注ぐため，この地域の天気予報では桜島上空の風向も示される。

リンク 巻頭特集，p.130, 134, 136〜140 **統計** p.144 **付表** p.154

? M（マグニチュード）8以上の地震はどのようなところで発生しているだろうか。

2 河川がつくる地形

! 堆積物の大きさに着目しよう。

河岸段丘
三日月湖
後背湿地
湧水
水無川
扇頂
扇央
扇端
礫
自然堤防
基盤岩
泥
砂・泥
三角州
氾濫原
扇状地
山地

山から流れてきた川は平野や盆地に至ると流速が遅くなるため，粒の大きな礫が堆積して**扇状地**が形成される。平野では，洪水時に河川の両側に小石や砂が堆積することでできる**自然堤防**や，**蛇行**する河川のくびれた部分が河川の侵食作用によってショートカットされ，**三日月湖**ができる。河口付近の流れはきわめて緩やかなため，砂よりも粒が細かい泥が堆積して**三角州**が形成される。

リンク p.91, 142 **付表** p.155

? 扇状地上を流れる川が，水無川になるのはなぜだろうか。

3 日本の主な気象災害

! 発生した地域に着目しよう。

日本は季節ごとに異なる気団（温度や湿度が似かよった空気のかたまり）の影響を受け，四季の変化が明瞭である。そのため，季節によって大雨や台風，大雪が発生し，甚大な被害を受けることがある。1954年の洞爺丸台風では，台風の目の晴れ間を見た青函連絡船の洞爺丸の船長が，台風は去ったと誤認して出航し，その後の暴風・高波により沈没する事故が起きた。当時，台風の位置をとらえる富士山レーダー（現在は運用停止）や気象衛星はなかったのである。現在，気象観測技術は格段に向上し，スマートフォンで雨雲の位置や防災情報も簡単に手に入るようになった。しかし，避難すべきかどうかを判断するのは自分自身である。危険を感じたら，自分の判断で避難する勇気を持つことが大切である。

リンク 巻頭特集，p.16, 137, 138

? 豪雪に注意すべき地域はどこだろうか。

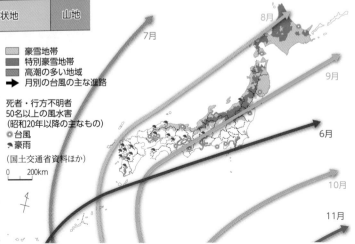

▨ 豪雪地帯
▨ 特別豪雪地帯
▨ 高潮の多い地域
➡ 月別の台風の主な進路

死者・行方不明者50名以上の風水害（昭和20年以降の主なもの）
◎ 台風
▲ 豪雨
（国土交通省資料ほか）
0 200km

7月 8月 9月 10月 11月 6月

４ 沖縄のサンゴ礁　 🔖 サンゴが島に接しているところに着目しよう。

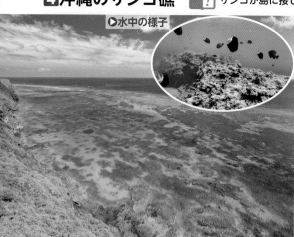

▶水中の様子

サンゴ礁は主に熱帯地域で見られる地形で，その美しい姿は多くの観光客を惹きつけている。しかし，海水温の上昇などによるサンゴの白化現象のほか，開発にともなう河川からの土砂の流入や天敵のオニヒトデによる被害が問題となっている。

リンク p.127　付表 p.156

❓ 日本でサンゴ礁が見られるのはどの地域だろうか。

５ 阿蘇カルデラ　 🔖 カルデラの大きさに着目しよう。

外輪山

中央火口丘

カルデラ

熊本県にある阿蘇カルデラは，27万年前から9万年前までの4回の巨大火砕流噴火の末に形成された。東西18km，南北25kmにも及ぶ世界最大規模のカルデラで，その内部には鉄道や道路が通り，約5万人が暮らしている。カルデラの中央には，現在も噴煙を上げる中岳などの中央火口丘が並び，火山地形と人間生活の共生が見られるとして世界ジオパークに登録されている。付表 p.154

❓ 阿蘇カルデラは，どのようにしてできたのだろうか。

６ 別府温泉　 🔖 湯けむりに着目しよう。

豊富な湯量を誇る大分県の別府温泉は，明治初期に大阪との航路が開設されると観光客が増加した。明治中期に人工的に温泉を掘削することに成功し，お雇い外国人の1人であったドイツ人医師のベルツは別府温泉を絶賛した。その後，鉄道の開通や大阪航路の船の大型化が進むと，観光客がさらに増加した。九州地方は中国や韓国，台湾との距離が近いこともあり，外国人観光客が多数来訪していたが，新型コロナウイルス感染症の影響により観光業は大きな打撃を受けた。リンク p.23

❓ 明治期の別府に観光客を輸送した交通機関は何だろうか。

７ 沖縄のコンクリートの家と貯水タンク

🔖 屋上に着目しよう。

沖縄県は低緯度に位置し，周囲の海水温も高いため，台風が強い勢力を保ったまま接近・上陸することが多い。そのため，風雨に強いコンクリートでつくられた家が多く見られる。かつてはダムなどの整備が不十分で，雨が少ないときには給水制限がたびたび行われたため，屋上に貯水タンクを設置する家も多かった。現在はダムや海水淡水化施設が完成したため，水事情は改善されている。リンク p.133

❓ なぜ沖縄の屋上には貯水タンクが多く見られるのだろうか。

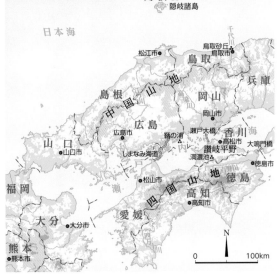

8 鳥取砂丘 ❗砂丘の大きさに着目しよう。

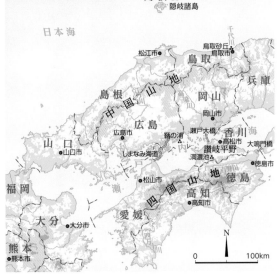

鳥取砂丘は，東西約16kmにわたる海岸砂丘である。千代川から運ばれた砂が日本海に堆積し，沿岸流によって岸に運ばれ，さらに北西の季節風によって陸地に飛ばされることで形成された。観光用にラクダが飼育されているが，年間を通じて降水が見られ，乾燥帯にできる砂漠の砂丘とは異なる。周辺では砂地を利用して，ラッキョウやスイカが栽培されている。**付表** p.155   ❓鳥取砂丘の周辺は，乾燥気候なのだろうか。

9 鞆の浦 ❗家の密集度に着目しよう。

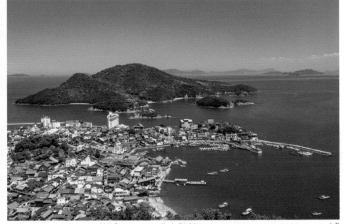

広島県の鞆の浦は，満潮になると瀬戸内海の東西から港に集まるように潮が満ち，干潮になると東西に潮が引いていく。エンジン動力がなかった時代には，この干満にともなう潮の流れを利用して船が航行していた。そのため，鞆の浦は「潮待ちの港」と呼ばれ，多くの船が集まり，街も大いに栄えた。

❓なぜかつての鞆の浦には，多くの船が集まっていたのだろうか。

10 満濃池 ❗池の大きさに着目しよう。

瀬戸内地方に位置する香川県は降水量が少なく，農業に使われる水の約52%はため池の水である。満濃池は8世紀の大宝年間につくられ，空海が再建するなど，修理と再建を繰り返した日本最大級のため池である。瀬戸内地方では乾燥した気候を利用して，小麦を原料とするそうめんの生産や，オリーブやレモンなどの栽培も行われている。

❓なぜ瀬戸内地方ではそうめんづくりが盛んなのだろうか。

11 四万十川の沈下橋 ❗橋の形に着目しよう。

高知県西部を流れる四万十川には，大規模なダムがないこともあり，渇水時と増水時の流量の差をあらわす河況係数が大きい。流域には，増水時に橋全体が水に沈む沈下橋が多く見られる。欄干がないのは，増水時にそこに木などが引っかかり，水の抵抗が強まって橋が流される危険を除くためである。四万十川本流の沈下橋の多くは，流域の交通手段が船から車に移行していった昭和30年代以降につくられている。高度経済成長にともなって急速なインフラ整備が求められた結果，橋脚が低く欄干がない沈下橋は低コストで建設できたこともあり，多く採用された。

❓なぜ沈下橋には欄干がないのだろうか。

12 天橋立と砂州

❗ 写真の上下を逆さまにして見た景色に着目しよう。

外海の宮津湾と内海の阿蘇海を隔てる全長3.6kmの**砂州**であり，日本三景の1つである。白砂青松の景観は名高く，高所に立って股の間からこの風景をのぞき見ると，天にかかる橋のように見えることからこの名がつけられた。ダム建設や護岸工事などにより河川から海に流出する土砂の量が減少し，全国的に砂浜の侵食が問題となっている。天橋立でも養浜事業が行われている。**付表** p.155

❓ ダムができると，なぜ砂浜がやせてしまうのだろうか。

13 灘の酒

❗ 灘の場所に着目しよう。

◀ 灘の酒蔵

▶ 六甲山地

兵庫県の灘地方は，古くから日本有数の日本酒の産地として有名である。主に断層運動によってできた六甲山地の酒づくりに適した水と，流れ下る急流の河川水を利用した水車動力による精米，そして江戸や堺などへの出荷に有利な港に面した立地などが日本酒の生産に適していた。現在は海外の日本食ブームを追い風に，海外消費を増やす努力がなされている。

❓ 灘地方はなぜ日本有数の日本酒の産地となったのだろうか。

14 阪神淡路大震災

❗ 高速道路に着目しよう。

1995年1月17日早朝，淡路島北端を震源とするM7.3の活断層地震が発生し，犠牲者は6,400名以上にのぼった。断層の近くでは震度7を記録し，古い建物が倒壊して多くの圧死者が出た。大規模な火災のほか，埋立地では地盤の液状化現象なども発生した。当時，地震によって倒壊することはないと思われていた高速道路も，写真のように倒壊してしまった。**リンク** p.133

❓ 埋立地ではどのような現象が起きたのだろうか。

15 稲むらの火と堤防

❗ 儀兵衛の行動に着目しよう。

地震の後，浜辺から海水が引くのを見て津波が来ることを確信した儀兵衛は，稲むら（稲束を積み重ねたもの）に火をつけた。

収穫後の大切な稲が燃えているのを見て，火事を消そうと村人が丘に上がってくるや否や，村は津波にのみ込まれてしまった。

その後，儀兵衛は私財を投じ，高さ約5m，長さ約600mの防波堤をつくった。この防波堤は1946年の昭和南海地震の津波から村を守った。

『稲むらの火』は，江戸時代末期の1854年に紀伊半島を襲った安政南海地震の津波から村人を救った豪商・濱口儀兵衛（梧陵）の実話に基づいた物語である。小泉八雲（ラフカディオ・ハーン）はこの物語を英語で著し，それが日本語に翻訳・改変され，1937年から10年間，国語の国定教科書に掲載されていた。

❓ なぜ儀兵衛は大切な稲むらに火をつけたのだろうか。

16 黒部ダム

!ダムの大きさに着目しよう。

黒部川は河川勾配が大きく，上流の山からの豊富な雪どけ水が水力発電に適しているため，戦前から電源開発が行われてきた。黒部ダムは高度経済成長にともなう電力不足を補うために建設され，1963年に完成した。ここで取水された水は，地下にある黒部第四発電所に送られ，電力は関西方面に送電されている。

リンク p.64

? なぜ黒部川は水力発電に向いているのだろうか。

17 御嶽山の噴火

!山小屋の屋根にあいた穴に着目しよう。

2014年9月27日土曜日11時52分，紅葉を愛でる登山客が山頂で昼食を食べていたまさにそのとき，長野県と岐阜県にまたがる御嶽山が何の前触れもなく噴火し，死者・行方不明者63名を出す戦後最悪の大惨事が起きた。また，降灰による農作物への被害や噴火警戒レベルの引き上げにともなうスキー場の閉鎖など，経済的影響も大きかった。

リンク p.133 ? この噴火が真夜中に発生していたら，犠牲者の数はどう変化しただろうか。

18 富士山と宝永噴火

!山腹の宝永火口に着目しよう。

宝永火口

富士山の最も新しい噴火は1707年の宝永噴火である。溶岩などの分析から，過去の富士山の噴火は比較的小規模なものが多いとされるが，宝永噴火は爆発的な噴火で，新井白石が『折たく柴の記』に「最初は白い灰が，後に黒い灰が降った」と書いたように，火山灰は江戸にも届いた。このときの噴火は山頂火口からではなく，山腹に新たにできた火口（宝永火口）からのもので，写真でもはっきりと火口を確認することができる。

リンク p.133 付表 p.154 ? 富士山は何年間噴火していないだろうか。

19 伊勢湾台風と高潮のメカニズム

!高潮発生のメカニズムに着目しよう。

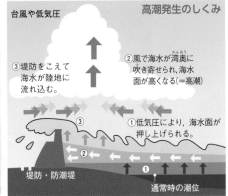

高潮発生のしくみ

台風や低気圧

③堤防をこえて海水が陸地に流れ込む。

②風で海水が湾奥に吹き寄せられ，海水面が高くなる（＝高潮）

①低気圧により，海水面が押し上げられる。

堤防・防潮堤

通常時の潮位

1959年9月，伊勢湾台風は和歌山県の潮岬に中心気圧929hPaという史上2番目に強い勢力で上陸し，伊勢湾で高潮を引き起こした。このとき，海岸付近の貯木場にあった丸太が海水とともに住宅地へと流れ込み，家屋を破壊し約5,000名もの犠牲者を出した。これ以降，各地で防潮堤の建設や貯木場の移転などの高潮対策が実施された。

リンク p.133

? なぜ，住宅地に丸太が散乱しているのだろうか。

20 西之島

📖 西之島の場所に着目しよう。

西之島は東京から約900km南の小笠原諸島に位置する無人島である。2019年末から活発な噴火を繰り返し、溶岩などにより島の面積が拡大した。しかし、無人島であるため噴火による人的被害は皆無であった。島全体が溶岩や火山灰で覆われたため生物はすべて死滅したと考えられており、今後どのような動植物が定着するかなどの研究が進められている。写真は2020年3月に撮影された西之島の様子。**付表** p.154

❓ 大きな噴火にもかかわらず、人的被害が出なかったのはなぜだろうか。

21 鬼怒川の氾濫

📖 堤防の破堤箇所に着目しよう。

2015年9月、台風の接近にともなって湿った風が吹き込み、日本海に低気圧があったことなどから、関東地方から東北地方にかけて南北に連なる線状降水帯が発生し、24時間雨量が300mmをこえる豪雨となった。茨城県常総市では鬼怒川の堤防が決壊し、常総市役所や多くの家屋などが洪水の被害を受けた。**リンク** p.133

❓ 線状降水帯とはどのようなものだろうか。

22 広大な関東平野

📖 平野の広さに着目しよう。

関東平野は、四国地方よりやや狭い面積を有する日本最大の平野である。関東造盆地運動と呼ばれる地殻変動によって沈降が進み、そこに河川によって周囲の山地から運ばれた土砂が堆積して形成された。首都東京が位置し、さまざまな産業が集積する。また、日本の人口の1/3に相当する、約4,000万人が関東平野で暮らしている。

❓ 関東平野の人口は、四国四県の人口の約何倍だろうか。

23 関東大震災

📖 崩壊したビルに着目しよう。

浅草凌雲閣

▲ 関東大震災により崩壊した浅草凌雲閣

▲ 震災復興計画により架橋された清洲橋

1923年9月1日正午前、相模トラフを震源とするM7.9の地震が発生した。多くの家庭で昼食の準備をしていたこともあり、各所で発生した火災などによって約10万5千人の犠牲者が出た。特に被害の大きかった東京の下町では、後藤新平氏らによる震災復興計画が実行され、区画整理や隅田川の架橋などが実施された。

❓ この地震で津波は発生しただろうか。

24 日本三景の松島　❗ たくさんの小さな島に着目しよう。

260もの小島が見られる**多島海**の松島は，その美しさから日本三景の1つに数えられている。島は地殻変動や海水面の上昇などによって，かつての山頂部が海の上に残ったものである。多数の島があるため波は静かであり，牡蠣の養殖が盛んである。2011年の東北地方太平洋沖地震では，多くの島が津波の威力を削いだため，被害が周辺地域にくらべて少なかったともいわれている。 付表 p.155

❓ なぜ松島では牡蠣の養殖が盛んなのだろうか。

25 八郎潟　❗ かつて八郎潟だった地域に着目しよう。

八郎潟はかつて日本2位の面積を有する**潟湖（ラグーン）**であった。しかし，戦後の食料難を背景に干拓され，1967年から募集に応じて選定された全国の篤農家が大潟村に入植を始めた。ところがその後，日本は米の自給を達成し，また食生活の欧米化もともなって米が余ったことから，政府は米政策を減反に転換し，畑作に向かない干拓地を抱えた大潟村の農家は翻弄されることになった。 付表 p.155

❓ 日本の大きな干拓地は，ほかにはどこにあるだろうか。

26 地熱発電所　❗ 建物から出ている水蒸気に着目しよう。

奥羽山脈には多くの火山があり，その熱源を利用した地熱発電所が多数見られる。変動帯に位置し火山が多い日本は地熱発電所の立地に向いているが，観光資源ともなる温泉の枯渇を懸念する声や，火山付近に多い国立・国定公園の厳しい開発規制もあり，地熱資源を十分に活用できていない。写真は岩手県の葛根田地熱発電所。 リンク p.64，130

❓ なぜ日本は地熱資源が豊富であるにもかかわらず，地熱発電所が少ないのだろうか。

27 東日本大震災　❗ 地震後に建設された防波堤の高さに着目しよう。

◆建設中の巨大防波堤（宮城県石巻市，2019年）

◆破壊された原子炉建屋

2011年3月11日午後2時46分，宮城県沖を震源とするM9.0の巨大地震が発生した。東日本全体が激しいゆれに見舞われ，北海道・東北・関東地方の太平洋沿岸中心に津波が襲い，多くの犠牲者が出た。この地震で福島第一原発の原子炉を冷やすための電気が止まり，バックアップ用の非常発電装置も津波で水没してメルトダウン（炉心溶融）が発生し，大量の放射性物質が大気中に放出されるという大事故も起きた。 リンク p.133

❓ なぜ津波が発生したのだろうか。

28 オホーツク海の流氷　⚠ 観光資源としての流氷に着目しよう。

アムール川の水が流れ込み塩分濃度が低下した海水は凍結しやすく，海氷を形成する。海氷は季節風に流されてオホーツク海を南下し，毎年2月ごろに北海道沿岸部に接岸する。北半球で最も低緯度で見られる流氷は，船が出港できないというデメリットがある一方，オフシーズンの冬場に観光客を呼び寄せる観光資源にもなっている。

❓ 流氷と季節風はどのように関係しているのだろうか。

29 有珠山の噴火　⚠ 噴煙の高さに着目しよう。

気象庁が常時観測している火山（常時観測火山）である有珠山は，過去の噴火記録が豊富にあることなどから，2000年の噴火前に噴火予測が発表されていた。予測通り噴火が起きたが，地域住民は1977年の噴火を経験していたためスムーズに避難が行われた。地殻変動や泥流などにより，建物や道路，上下水道などのインフラに被害が出たものの，人的な被害はなかった。

付表 p.154

❓ 2000年の噴火では，なぜ人的被害がなかったのだろうか。

30 釧路湿原　⚠ 湿原の広さに着目しよう。

日本最大の湿原である釧路湿原は，その中心部が1980年に**ラムサール条約**に登録された。かつては河道を直線化し，湿原を乾燥させ農地化する開発計画も進められたが，現在は貴重な自然を保護・再生する事業が行われている。湿原全体は西高東低の地殻変動の影響から，湖や河川が東に寄っている。

❓ ラムサール条約とはどのような条約だろうか。

31 積雪時向けの路肩標識　⚠ 矢羽根の役割に着目しよう。

東北・北海道地方では，冬季に急速に発達する低気圧（爆弾低気圧）などによる猛烈な吹雪によって視界不良となることがある。このときドライバーは写真のような路肩の位置を示す矢羽根を活用して運転することが多い。この矢羽根の正式名称は固定式視線誘導柱で，もともとは除雪作業時の除雪幅を示す標識として導入されたものである。

❓ 矢羽根が多く見られるのは，どのような地域だろうか。

▶**滑り止め用の砂箱**　東北・北海道地方では，冬季に路面が凍結して滑りやすくなるため，道路沿いに砂箱が設置されている。

矢羽根

32 災害時の公園の機能

! 公園の機能や工夫に着目しよう。

普段は人々の憩いの場として利用されている公園は，災害発生時に避難所や救助，消火作業の拠点となることもある。そのため，停電時でも使用できるソーラー発電の公園灯や，仮設トイレとなるマンホール型トイレなどを設置した公園の整備も進められている。写真は，埼玉県の所沢航空記念公園にあるかまどベンチで，普段はベンチとして，災害時やイベントの際には上の台を外してかまどとして利用できる。

? 身近にある防災機能が備わった公園を探してみよう。

◀◀ かまどベンチとその使用方法の案内

33 自助・共助・公助

! それぞれの違いに着目しよう。

自助
自分の身を守る

共助
地域の人たちと助け合う

公助
公的機関による住民の救助・支援

◀ 防災訓練を通して地域のコミュニティ力を高める

災害への備えや災害発生後の救助は，「**自助**」「**共助**」「**公助**」の3つに分けることができる。「自助」とは，地震発生時に机の下にもぐるなど，自分の身を守ることをいう。「共助」とは，怪我をしている人に応急処置を施すなど，地域やコミュニティといった周囲の人たちと助け合うことをいう。「公助」とは，自治体や警察，消防，自衛隊といった公的機関による避難所の開設などの救助・支援のことである。これらをスムーズに行うためには，日ごろの防災訓練はもちろん，地域の人たちとの交流も大切である。　**?** あなたができるのは共助，公助のどちらだろうか。

34 災害を擬似体験する

! この車が持つ機能に着目しよう。

人間は異常事態に遭遇しても「正常性バイアス」が働き，「たいしたことはない」と思い込みがちである。そのため，いざというときにすぐに避難行動に移れるように，災害発生時のシミュレーションを起震車などで体験することも重要である。近年では，部屋の中に濁流が流れ込む状態をVR（仮想現実）によって体験するなど，AR（拡張現実）やVRによる疑似体験も可能になっている。写真のVR防災体験車は，ヘッドアップディスプレイを装着することで，立体映像とともに地震のゆれ・風圧・熱など，地震・風水害・火災の疑似体験をすることができる。

? なぜ災害の擬似体験が大切なのだろうか。

自分のことばであらわそう

❶ 災害発生時には「自助」「共助」「公助」の連携が大切とされているが，「自助」としてあなたは災害時に何ができるだろうか。

❷ 学校の敷地内の防災に関する施設や倉庫がどこにあるのか，その場所を確認しよう。

❸ 自宅から最も近い広域避難所はどこだろうか。そこまでの簡単な地図を書いてみよう。また，そこまでの距離はどのくらいあるだろうか。「地理院地図」などを使って距離を計測しよう。

▼広島市の街並み

▼長崎市のグラバー通り

地域調査とウェブGIS

1945年にアメリカ軍によって原子爆弾が投下された広島市と長崎市は，戦後どのように復興・発展し，現在はどのような都市になっているのだろうか。ここでは，無料で利用できるウェブGISを活用して，現在の広島・長崎の姿やその課題を探っていこう。

プラスウェブ

1 地理院地図を活用する

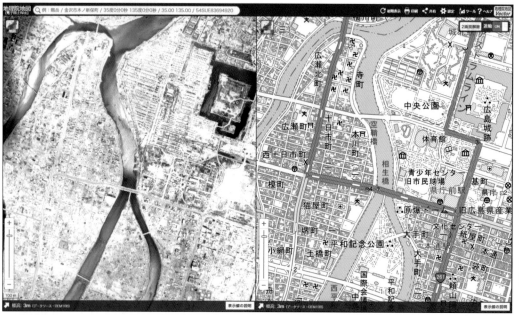

（2021年8月）

「地理院地図」は，国土交通省国土地理院が提供している無料のウェブ地図である。地理院地図の画面右上にある「ツール」から，「並べて比較」をクリックすると二画面表示になる。続いて画面左上の「地図」から「年代別の写真」をクリックすると昔の空中写真を見ることができる。左の画面は，広島市の地形図（右）と，原爆投下後の1945年から1950年の間に撮影された空中写真（左）である。広島の市街地は太田川の三角州上に形成されており，太田川の流路の分岐点にできたT字状の相生橋が原爆の投下目標になった。

リンク 巻頭特集, p.16, 133
付表 p.155

2 今昔マップを活用する

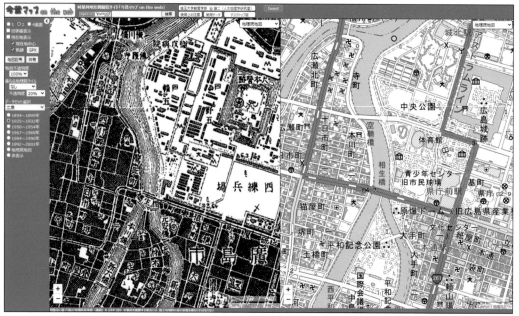

（2021年8月）

昔の地形図は図書館などで閲覧する必要があるが，地域によっては「今昔マップ」に掲載されている。左右の地図が連動しているため，同じ地点の土地利用の変化などを把握しやすい。画面左は戦前の1925年から1932年の間に作製された地図で，現在は平和記念公園になっている場所が以前は市街地であったことや，広島城周辺には軍事施設が多数立地していたことなどがわかる。なお，インターネットで公開されている「ヒロシマ・アーカイブ」と「ナガサキ・アーカイブ」には，広島と長崎の原爆についての被爆者の体験と想いが，デジタル地図にまとめられている。核兵器のない世界を願う人々の気持ちに触れてほしい。

3 Google Earth™ を活用する

（2023年11月）

「Google Earth」では，世界中の衛星写真を見ることができる。画面右下の3Dボタンを押すと地形が立体的に表示され，長崎が「坂の街」といわれる理由がよくわかる。また，東京やニューヨークなど，建物の高さが反映された都市もあり，摩天楼を立体的に見ることもできる。画面の人型のアイコン（愛称ペグマン）を押すとストリートビューの画像がある道路は青く，360度画像がある地点には青い○が示され，そこをクリックすると映像が切り替わる。長崎市沖の無人島端島（軍艦島）は，指定エリア以外の立ち入りが禁止されているが，ペグマンのアイコンを押すことで，内部のストリートビューを見ることができる。

4 RESAS を活用する

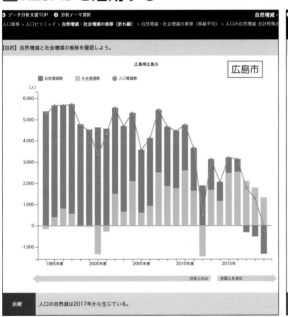

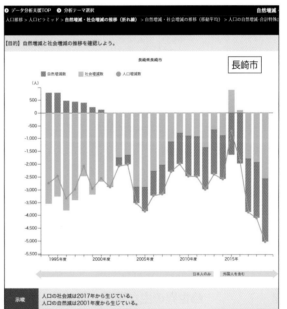

「地域経済分析システム（RESAS）」は，地方創生に関係するさまざまな情報をグラフ化・地図化して，提供しているウェブサイトである。広島市（左）と長崎市（右）の人口動態を比較すると，長崎市は1994年度以降一貫して人口減少が続いている。一方，広島市の人口はこれまで継続して増加してきたが，近年は主に自然増加数が減少したことで，人口減少が進みつつあることがわかる。

リンク p.57

5 その他の地域調査の手法

図書館では文献や古い地形図などを，博物館では各種資料などを探してみよう。まずは自分で調べてみるのが大切だが，わからなければ司書の方や学芸員の方など，専門家にアドバイスを求めてみよう。役所でも自治体の要覧など各種統計を閲覧することができる。個人情報に注意しながら資料の収集や，担当の職員の方から話を伺ってみよう。その際可能であれば，事前に訪問日時や訪問の目的を伝えておくことが望ましい。

▲図書館のレファレンスサービスを利用する

▲博物館で学芸員の話を聞く

プラスウェブ

❶世界の主な山

（▲印は火山）

山名	所在地	国名	標高(m)
アジア			
エヴェレスト(チョモランマ, サガルマータ)	ヒマラヤ	中国・ネパール	8848
K2(ゴッドウィンオースティン, チョゴリ)	カラコルム	(カシミール・シンチヤン)	8611
カンチェンジュンガ	ヒマラヤ	インド・ネパール	8586
ローツェ	ヒマラヤ	中国・ネパール	8516
マカルウ	ヒマラヤ	中国・ネパール	8463
チョーオユ	ヒマラヤ	中国・ネパール	8201
ダウラギリ	ヒマラヤ	ネパール	8167
マナスル	ヒマラヤ	ネパール	8163
アンナプルナ	ヒマラヤ	ネパール	8091
アフリカ			
▲キリマンジャロ	―	タンザニア	5892
▲キリニャガ(ケニア)	―	ケニア	5199
▲ルウェンゾリ	―	ウガンダ・コンゴ民主共和国	5110
ヨーロッパ			
▲エルブルース	カフカス	ロシア	5642
モンブラン	アルプス	フランス・イタリア	4810
モンテローザ	アルプス	イタリア・スイス	4634
ドム	アルプス	スイス	4545
バイスホルン	アルプス	スイス	4505
マッターホルン	アルプス	イタリア・スイス	4478
ユングフラウ	アルプス	スイス	4158
▲エトナ	シチリア島	イタリア	3323
北アメリカ			
デナリ(マッキンリー)	アラスカ	アメリカ	6194
ローガン	セントエリアス	カナダ	5959
▲オリサバ	トランスベルサル	メキシコ	5675
セントエライアス	セントエリアス	アメリカ・カナダ	5489
▲ポポカテペトル	トランスベルサル	メキシコ	5465
ホイットニー	シエラネヴァダ	アメリカ	4418
▲レーニア	カスケード	アメリカ	4392
ミッチェル	アパラチア	アメリカ	2037
南アメリカ			
アコンカグア	アンデス	アルゼンチン	6959
▲オホスデルサラード	アンデス	アルゼンチン・チリ	6908
アウサンガテ	アンデス東山系	ペルー	6394
▲チンボラソ	アンデス	エクアドル	6310
コトパクシ	アンデス	エクアドル	5911
オセアニア・南極			
ジャヤ	ニューギニア島	インドネシア	4884
ヴィンソンマッシーフ	南極	―	4897
▲マウナケア	ハワイ島	アメリカ	4205
アオラキ(クック)	ニュージーランド南島	ニュージーランド	3724
コジアスコ	スノーウィー	オーストラリア	2229

『理科年表』ほか

❷日本の主な山

（▲印は火山）

山名	所在地	標高(m)
▲富士山	山梨・静岡	3776
北岳	山梨	3193
奥穂高岳	長野・岐阜	3190
間ノ岳	山梨・静岡	3190
槍ヶ岳	長野	3180
東岳(悪沢岳)	静岡	3141
赤石岳	長野・静岡	3121
▲御嶽山	長野・岐阜	3067
塩見岳	長野・静岡	3052
農鳥岳(西農鳥岳)	山梨・静岡	3051
仙丈ヶ岳	山梨・長野	3033
▲乗鞍岳	長野・岐阜	3026
立山(大汝山)	富山	3015
聖岳(前聖岳)	長野・静岡	3013
剱岳	富山	2999
駒ヶ岳(甲斐駒ヶ岳)	山梨・長野	2967
駒ヶ岳(木曽駒ヶ岳)	長野	2956
白馬岳	富山・長野	2932
薬師岳	富山	2926
野口五郎岳	富山・長野	2924
▲赤岳	山梨・長野	2899
鹿島槍ヶ岳	富山・長野	2889
▲白山(御前峰)	石川・岐阜	2702
▲白根山	栃木・群馬	2578
▲浅間山	群馬・長野	2568
蓼科山	長野	2531
男体山	栃木	2486
女峰山	栃木	2483
▲焼岳	長野・岐阜	2455
妙高山	新潟	2454
燧ヶ岳	福島	2356
大雪山(旭岳)	北海道	2291
▲鳥海山(新山)	秋田・山形	2236
石鎚山(天狗岳)	愛媛	1982
谷川岳(茂倉岳)	群馬・新潟	1978
八経ヶ岳	奈良	1915
▲蔵王山(熊野岳)	宮城・山形	1841
▲磐梯山	福島	1816
くじゅう連山(中岳)	大分	1791
▲大山(剣ヶ峰)	鳥取	1729

（国土地理院資料）

❸世界の主な河川

色字は上位5位を示す。

河川名	流域面積(千km²)	長さ(km)	河口の所在地
アマゾン	7050	6516	ブラジル
コンゴ	3700	4667	コンゴ民主共和国・アンゴラ
ナイル	3349	6695	エジプト
ミシシッピ・ミズーリ	3250	5969	アメリカ
ラプラタ・パラナ	3100	4500	アルゼンチン・ウルグアイ
エニセイ・アンガラ	2580	5550	ロシア
オビ・イルティシ	2430	5568	ロシア
レナ	2420	4338	ロシア
長江(チャンチヤン)	1959	6380	中国
アムール(黒竜江)	1840	4444	ロシア
マッケンジー	1765	4241	カナダ
ガンジス・ブラマプトラ*	1621	2510	バングラデシュ
セントローレンス	1463	3058	カナダ
ヴォルガ	1380	3688	ロシア
ザンベジ	1330	2736	モザンビーク
ニジェール	1200	4184	ナイジェリア
ネルソン・サスカチュワン	1045	2570	カナダ
オレンジ	1020	2100	南アフリカ共和国・ナミビア
黄河(ホワンホー)	980	5464	中国
インダス	960	3180	パキスタン
オリノコ	945	2500	ベネズエラ
マリー・ダーリング	910	3672	オーストラリア
ユーコン	855	3018	アメリカ

*長さはガンジス

『理科年表』

❹日本の主な河川

色字は上位5位を示す。

河川名	流域面積(km²)	長さ(km)	河川名	流域面積(km²)	長さ(km)
利根川	16840	322	米代川	4100	136
石狩川	14330	268	富士川	3990	128
信濃川	11900	367	江の川	3900	194
北上川	10150	249	吉野川	3750	194
木曽川	9100	227	那珂川	3270	150
十勝川	9010	156	荒川	2940	173
淀川	8240	75	九頭竜川	2930	116
阿賀野川	7710	210	筑後川	2863	143
最上川	7040	229	神通川	2720	120
天塩川	5590	256	高梁川	2670	111
阿武隈川	5400	239	岩木川	2540	102
天竜川	5090	213	斐伊川	2540	153
雄物川	4710	133	釧路川	2510	154

『理科年表』

❺世界と日本の主な島

島名	面積(万km²)	島名	面積(km²)
グリーンランド	217.6	本州	227941
ニューギニア	80.9	北海道	77984
カリマンタン(ボルネオ)	74.6	九州	36783
マダガスカル	58.7	四国	18297
バッフィン	50.8	択捉	3167
スマトラ	47.4	国後	1489
グレートブリテン	21.9	沖縄	1207
スラウェシ	18.9	佐渡	855
ニュージーランド南島	15.1	奄美大島	712
ジャワ	13.2	対馬	696
ニュージーランド北島	11.6	淡路島	593
キューバ	11.1	天草下島	575
ニューファンドランド	10.9	屋久島	504
ルソン	10.5	種子島	444
アイスランド	10.3	福江島	326

『理科年表』

❻世界の主な湖沼

*塩湖を示す

湖沼名	面積(万km²)	最大深度(m)	湖面の標高(m)
*カスピ海	37.4	1025	-28
スペリオル湖	8.2	406	183
ヴィクトリア湖	6.9	84	1134
ヒューロン湖	6.0	228	176
ミシガン湖	5.8	281	176
タンガニーカ湖	3.2	1471	773
バイカル湖	3.2	1741	456
グレートベア湖	3.1	446	186
グレートスレーブ湖	2.9	625	156
エリー湖	2.6	64	174
ウィニペグ湖	2.4	36	217
マラウイ湖	2.2	706	500
オンタリオ湖	1.9	244	75
*死海	1.0	426	-400

『理科年表』

❼日本の主な湖沼

*汽水湖を示す

湖沼名	面積(万km²)	最大深度(m)	湖面の標高(m)
琵琶湖	669.3	103.8	85
霞ヶ浦	168.1	11.9	0
*サロマ湖	151.6	19.6	0
猪苗代湖	103.2	93.5	514
*中海	85.7	17.1	0
屈斜路湖	79.5	117.5	121
*宍道湖	79.2	6.0	0
支笏湖	78.5	360.1	248
洞爺湖	70.7	179.7	84
*浜名湖	64.9	13.1	0
*小川原湖	62.0	26.5	0
十和田湖	61.1	326.8	400
*風蓮湖	59.0	13.0	0
*能取湖	58.4	23.1	0

『理科年表』

❽大陸別平均高度

大陸	平均高度(m)
アジア (カフカスを含む)	960
ヨーロッパ (カフカスを除く)	340
アフリカ	750
北アメリカ	720
南アメリカ	590
オーストラリア (ニューギニアなどを含む)	340
南極	2200
全大陸	875

『理科年表』

*出典：FAO・財務省・JETRO・日本鉄鋼連盟・日本自動車工業会の資料は，2023年10月ウェブページよりダウンロード

❾世界の地域別人口・人口増加率・出生率・死亡率

| 地域 | 地域別人口（千人）／人口割合（%） | | | | | | | | | | | | 年平均人口増加率(%) | | 出生率(‰) | 死亡率(‰) |
	1950年		1975年		2000年		2020年		2050年		2100年		1950〜55年	2015〜20年	2050〜55年	2015〜20年	2015〜20年
世界全域	2 536 431	100.0	4 079 480	100.0	6 143 494	100.0	7 794 799	100.0	9 735 034	100.0	10 875 394	100.0	1.78	1.09	0.45	18.5	7.5
先進地域	814 819	32.1	1 048 416	25.7	1 188 359	19.3	1 273 304	16.3	1 279 913	13.1	1 244 296	11.4	1.18	0.26	-0.09	10.6	10.2
発展途上地域	1 721 612	67.9	3 031 064	74.3	4 955 134	80.7	6 521 494	83.7	8 455 121	86.9	9 631 098	88.6	2.06	1.26	0.53	20.1	7.0
アジア	1 404 909	55.4	2 401 171	58.9	3 741 263	60.9	4 641 055	59.5	5 290 263	54.3	4 719 907	43.4	1.95	0.92	0.04	16.4	6.9
東部アジア	677 535	26.7	1 112 703	27.3	1 519 781	24.7	1 678 090	21.5	1 617 342	16.6	1 222 593	11.2	1.91	0.40	-0.49	11.5	7.4
中央アジア	17 450	0.7	37 115	0.9	55 346	0.9	74 339	1.0	100 250	1.0	114 923	1.1	3.00	1.64	0.59	23.3	6.1
南部アジア	493 339	19.5	833 065	20.4	1 456 569	23.7	1 940 370	24.9	2 396 167	24.6	2 215 207	20.4	1.75	1.20	0.25	19.6	6.9
南東アジア	165 134	6.5	319 411	7.8	525 008	8.5	668 620	8.6	794 002	8.2	744 215	6.8	2.45	1.05	0.16	17.6	6.5
西部アジア	51 452	2.0	98 877	2.4	184 559	3.0	279 637	3.6	382 502	3.9	422 969	3.9	2.45	1.64	0.59	20.6	5.0
アフリカ	227 794	9.0	414 675	10.2	810 984	13.2	1 340 598	17.2	2 489 275	25.6	4 280 127	39.4	2.08	2.51	1.61	33.6	8.2
東部アフリカ	66 145	2.6	126 465	3.1	257 353	4.2	445 406	5.7	851 218	8.7	1 451 842	13.3	2.24	2.67	1.63		
中部アフリカ	26 454	1.0	45 949	1.1	96 116	1.6	179 595	2.3	382 640	3.9	746 061	6.9	1.91	3.05	1.96		
北部アフリカ	48 788	1.9	93 474	2.3	171 323	2.8	246 233	3.2	371 545	3.8	504 858	4.6	2.49	1.91	1.00		
南部アフリカ	15 533	0.6	28 545	0.7	51 444	0.8	67 504	0.9	87 379	0.9	93 571	0.9	2.16	1.39	0.46		
西部アフリカ	70 875	2.8	120 242	2.9	234 749	3.8	401 861	5.2	796 494	8.2	1 483 796	13.6	1.69	2.67	1.82		
ヨーロッパ	549 329	21.7	676 895	16.6	725 558	11.8	747 636	9.6	710 486	7.3	629 563	5.8	0.97	0.12	-0.29	10.4	11.0
東部ヨーロッパ	220 171	8.7	285 377	7.0	303 918	4.9	293 013	3.8	261 977	2.7	219 456	2.0	1.48	-0.09	-0.41		
北部ヨーロッパ	78 007	3.1	88 912	2.2	94 454	1.5	106 261	1.4	114 960	1.2	121 044	1.1	0.37	0.52	0.14		
南部ヨーロッパ	108 737	4.3	133 229	3.3	144 847	2.4	152 215	2.0	136 648	1.4	99 758	0.9	0.83	-0.11	-0.65		
西部ヨーロッパ	142 414	5.6	169 377	4.2	182 339	3.0	196 146	2.5	196 902	2.0	189 304	1.7	0.61	0.42	-0.15		
アングロアメリカ	172 603	6.8	242 251	5.9	312 427	5.1	368 870	4.7	425 200	4.4	490 889	4.5	1.65	0.65	0.32	11.8	8.6
ラテンアメリカ	168 821	6.7	322 777	7.9	521 836	8.5	653 962	8.4	762 432	7.8	679 993	6.3	2.65	0.94	0.11	16.5	6.3
カリブ海	17 080	0.7	27 514	0.7	38 102	0.6	43 532	0.6	47 394	0.5	38 838	0.4	1.86	0.42	-0.09		
中央アメリカ	37 975	1.5	80 129	2.0	135 322	2.2	179 670	2.3	223 567	2.3	211 854	1.9	2.88	1.23	0.29		
南アメリカ	113 765	4.5	215 134	5.3	348 412	5.7	430 760	5.5	491 472	5.0	429 301	3.9	2.69	0.87	0.05		
オセアニア	12 976	0.5	21 710	0.5	31 425	0.5	42 678	0.5	57 376	0.6	74 916	0.7	2.07	1.37	0.74	16.7	6.8

（『人口の動向』2022年版）

❿人口の多い国（1950，2020，2050年）　(万人)

順位	1950年 国名	総人口	2020年 国名	総人口	2050年 国名	総人口
1	中国	55 442	中国	143 932	インド	163 918
2	インド	37 633	インド	138 000	中国	140 241
3	アメリカ	15 880	アメリカ	33 100	ナイジェリア	40 132
4	ロシア	10 280	インドネシア	27 352	アメリカ	37 942
5	日本	8 280	パキスタン	22 089	パキスタン	33 801
6	ドイツ	6 997	ブラジル	21 256	インドネシア	33 091
7	インドネシア	6 954	ナイジェリア	20 614	ブラジル	22 898
8	ブラジル	5 398	バングラデシュ	16 469	エチオピア	20 541
9	イギリス	5 062	ロシア	14 593	コンゴ民主共和国	19 449
10	イタリア	4 660	メキシコ	12 893	バングラデシュ	19 257
11	フランス	4 183	日本	12 648	エジプト	15 996
12	バングラデシュ	3 790	エチオピア	11 496	メキシコ	15 515
13	ナイジェリア	3 786	フィリピン	10 958	フィリピン	14 449
14	パキスタン	3 754	エジプト	10 233	ロシア	13 582
15	ウクライナ	3 730	ベトナム	9 734	タンザニア	12 939

（『人口の動向』2022年版）

⓫主な国の年齢別人口割合（3区分）

国名	年	0〜14歳	15〜64歳	65歳以上	平均年齢（歳）
日本	2021	11.8	59.4	28.9	47.9
韓国	2020	12.1	71.9	16.0	42.9
中国	2021	17.5	68.3	14.2	38.8
インド	2021	25.7	67.5	6.8	31.1
サウジアラビア	2021	24.6	72.0	3.5	31.0
エジプト	2021	34.3	61.9	3.9	26.7
エチオピア	2021	37.6	59.2	3.2	24.4
イギリス	2020	17.9	63.5	18.6	41.0
フランス	2021	17.5	61.6	20.9	42.2
ドイツ	2021	13.8	64.2	22.0	44.6
スウェーデン	2021	17.7	62.2	20.1	41.4
ロシア	2012	15.7	71.4	12.9	39.3
アメリカ	2021	18.2	64.9	16.8	39.8
ブラジル	2021	20.6	69.2	10.2	35.3
オーストラリア	2020	18.6	65.1	16.3	39.3

（『人口の動向』2023年版ほか）

⓬日本の総人口の推移

	人口（万人） 総数	男	女	性比	人口密度（人/km²）
1930(昭和5)	6 445.0	3 239.0	3 206.0	101.0	169
1935(昭和10)	6 925.4	3 473.4	3 452.0	100.6	181
1940(昭和15)	7 193.3	3 538.7	3 654.6	96.8	188
1945(昭和20)	7 214.7	—	—	—	196
1950(昭和25)	8 320.0	4 081.2	4 238.8	96.3	226
1955(昭和30)	8 927.6	4 386.1	4 541.5	96.6	242
1960(昭和35)	9 341.9	4 587.8	4 754.1	96.5	253
1965(昭和40)	9 827.5	4 824.4	5 003.1	96.4	266
1970(昭和45)	10 372.0	5 091.8	5 280.2	96.4	280
1975(昭和50)	11 194.0	5 509.1	5 684.9	96.9	301
1980(昭和55)	11 706.0	5 759.4	5 946.7	96.9	314
1985(昭和60)	12 104.9	5 949.7	6 155.2	96.7	325
1990(平成2)	12 361.1	6 069.7	6 291.4	96.5	332
1995(平成7)	12 557.0	6 157.4	6 399.6	96.2	337
2000(平成12)	12 692.6	6 211.1	6 481.5	95.8	340
2005(平成17)	12 776.8	6 234.9	6 541.9	95.3	343
2010(平成22)	12 805.7	6 232.8	6 573.0	94.8	343
2015(平成27)	12 709.5	6 184.2	6 525.3	94.8	341
2020(令和2)	12 614.6	6 135.0	6 479.7	94.7	338

（『人口の動向』2022年版）

⓭主な国の産業別就業人口構成

国名	年	総数（万人）	第1次(%)	第2次(%)	第3次(%)
日本	2020	5 764	3.3	23.4	73.4
韓国	2021	2 740	5.3	24.6	70.0
ベトナム	2021	5 341	29.0	33.1	37.8
タイ	2021	3 775	31.9	22.3	45.8
南アフリカ共和国	2021	1 722	21.3	17.3	61.4
フランス	2021	2 773	2.5	19.4	78.1
ドイツ	2020	4 172	1.3	27.5	71.2
スペイン	2020	1 920	4.0	20.5	75.5
スウェーデン	2020	506	1.7	18.3	80.0
ギリシャ	2021	393	11.4	15.3	73.4
ロシア	2021	7 172	5.9	26.6	67.5
アメリカ	2021	15 258	1.7	19.0	79.2
カナダ	2021	1 887	1.3	19.3	79.4
メキシコ	2021	5 517	12.3	25.6	62.0
ブラジル	2021	9 119	9.6	20.6	69.7
チリ	2021	832	6.6	23.0	70.4

＊総数には分類不能を含む。　（『人口の動向』2023年版ほか）
＊日本以外の国は，分類不能な産業を除く総数に占める割合。

米の生産

1990年 51,857万t	中国 36.5% ｜ インド 21.5 ｜ バングラデシュ 8.7 ｜ インドネシア 5.2 ｜ ベトナム 3.7 ｜ タイ 3.3 ｜ その他 21.1	
2021年 78,729万t	中国 27.0% ｜ インド 24.8 ｜ バングラデシュ 7.2 ｜ インドネシア 6.9 ｜ ベトナム 5.6 ｜ タイ 4.3 ｜ その他 24.2	

トウモロコシの生産

1990年 48,362万t	アメリカ 41.7% ｜ 中国 20.0 ｜ メキシコ 3.0 ｜ ブラジル 4.4 ｜ ソ連 2.0 ｜ フランス 1.9 ｜ その他 26.9	
2021年 121,024万t	アメリカ 31.7% ｜ 中国 22.5 ｜ 7.3 ｜ ブラジル ｜ アルゼンチン 5.0 ｜ ウクライナ 3.5 ｜ インド 2.6 ｜ その他 27.4	

小麦の生産

1990年 59,133万t	ソ連 17.2% ｜ 中国 16.6 ｜ アメリカ 12.6 ｜ インド 8.4 ｜ フランス 5.6 ｜ カナダ 5.4 ｜ その他 34.1	
2021年 77,088万t	中国 17.8% ｜ インド 14.2 ｜ ロシア 9.9 ｜ アメリカ 5.8 ｜ フランス 4.7 ｜ ウクライナ 4.2 ｜ その他 43.4	

ジャガイモの生産

1990年 26,683万t	ソ連 23.8% ｜ ポーランド 13.6 ｜ 中国 12.0 ｜ アメリカ 6.8 ｜ インド 5.5 ｜ ドイツ 5.4 ｜ その他 32.8	
2021年 37,612万t	中国 25.1% ｜ インド 14.4 ｜ ウクライナ 5.7 ｜ アメリカ 4.9 ｜ ロシア 4.9 ｜ ドイツ 3.0 ｜ その他 42.0	

⑭米の生産

2021年	万t	%	2017～21年平均	1ha当たり収量
1 中国	21 284	27.0	21 359	7.11
2 インド	19 543	24.8	18 082	4.21
3 バングラデシュ	5 694	7.2	5 500	4.87
4 インドネシア	5 442	6.9	5 562	5.23
5 ベトナム	4 385	5.6	4 338	6.07
6 タイ	3 358	4.3	3 154	2.99
7 ミャンマー	2 491	3.2	2 626	3.81
8 フィリピン	1 996	2.5	1 928	4.15
9 パキスタン	1 398	1.8	1 122	3.95
10 ブラジル	1 166	1.5	1 148	6.90
11 カンボジア	1 141	1.4	1 099	3.51
12 日本	1 053	1.3	1 058	7.50
世界計	78 729	100.0	76 439	4.76

*「もみ」の生産量　(FAO資料)

2021年生産
アジア 89.9%／南アメリカ 3.3／北アメリカ 1.1／ヨーロッパ 0.5／アフリカ 4.7／オセアニア 0.1／その他 0.4

⑮米の貿易

輸出　2021年	万t	%
1 インド	2 103	41.5
2 タイ	607	12.0
3 ベトナム	464	9.2
4 パキスタン	393	7.8
5 アメリカ	284	5.6
6	241	4.8
世界計	5 065	100.0

輸入　2021年	万t	%
1 中国	492	9.7
2 フィリピン	297	5.8
3 バングラデシュ	258	5.1
4 モザンビーク	154	3.0
5 コートジボワール	142	2.8
6 エチオピア	140	2.7
世界計	5 092	100.0

(FAO資料)

⑯大麦の生産

2021年	万t	%
1 ロシア	1 800	12.4
2 オーストラリア	1 465	10.1
3 フランス	1 132	7.8
4 ドイツ	1 041	7.1
5 ウクライナ	944	6.5
6 スペイン	928	6.4
7 イギリス	696	4.8
8 カナダ	685	4.7
9 トルコ	575	3.9
10 アルゼンチン	404	2.8
11 デンマーク	346	2.4
12 ポーランド	296	2.0
世界計	14 562	100.0

(FAO資料)

⑰小麦の生産

2021年	万t	%	2017～21年平均	1ha当たり収量
1 中国	13 695	17.8	13 410	5.81
2 インド	10 959	14.2	10 389	3.47
3 ロシア	7 606	9.9	7 891	2.72
4 アメリカ	4 479	5.8	4 916	2.98
5 フランス	3 656	4.7	3 628	6.93
6 ウクライナ	3 218	4.2	2 727	4.53
7 オーストラリア	3 193	4.1	2 335	2.52
8 パキスタン	2 746	3.6	2 576	3.00
9 カナダ	2 230	2.9	3 063	2.41
10 ドイツ	2 146	2.8	2 229	7.30
11 トルコ	1 765	2.3	1 973	2.66
49 日本	110	0.1	95	4.99
世界計	77 088	100.0	75 929	3.49

(FAO資料)

2021年生産
アジア 44.2%／ヨーロッパ 34.9／北アメリカ 3.8／アフリカ 3.8／南アメリカ 4.2／オセアニア 8.7／その他 0.4

⑱小麦の貿易

輸出　2021年	万t	%
1 ロシア	2 737	13.8
2 オーストラリア	2 556	12.9
3 アメリカ	2 401	12.1
4 カナダ	2 155	10.9
5 ウクライナ	1 939	9.8
6 中国	1 609	8.1
世界計	19 814	100.0

輸入　2021年	万t	%
1 インドネシア	1 148	5.7
2 中国	971	4.8
3 トルコ	888	4.4
4 アルジェリア	803	4.0
5 イタリア	730	3.6
6 イラン	708	3.5
世界計	20 101	100.0

(FAO資料)

⑲ライ麦の生産

2021年	万t	%
1 ドイツ	333	25.2
2 ポーランド	247	18.7
3 ロシア	172	13.0
4 ベラルーシ	85	6.4
5 デンマーク	67	5.1
6 ウクライナ	59	4.5
7 中国	51	3.9
8 カナダ	47	3.6
9 スペイン	32	2.4
10 アメリカ	25	1.9
11 トルコ	20	1.5
12 フランス	19	1.4
世界計	1 322	100.0

(FAO資料)

⑳トウモロコシの生産

2021年	万t	%	2017～21年平均	1ha当たり収量
1 アメリカ	38 394	31.7	36 474	11.11
2 中国	27 255	22.5	26 224	6.29
3 ブラジル	8 846	7.3	9 477	4.65
4 アルゼンチン	6 053	5.0	5 374	7.43
5 ウクライナ	4 211	3.5	3 375	7.68
6 インド	3 165	2.6	2 856	3.21
7 メキシコ	2 750	2.3	2 742	3.85
8 インドネシア	2 001	1.7	2 470	5.72
9 南アフリカ共和国	1 687	1.4	1 504	5.41
10 フランス	1 536	1.3	1 375	9.91
11 ロシア	1 524	1.3	1 361	5.25
12 ルーマニア	1 482	1.2	1 507	5.80
世界計	121 024	100.0	115 495	5.88

(FAO資料)

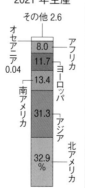

2021年生産
北アメリカ 32.9%／アジア 31.3／ヨーロッパ 13.4／南アメリカ 11.7／アフリカ 8.0／オセアニア 0.04／その他 2.6

㉑トウモロコシの貿易

輸出　2021年	万t	%
1 アメリカ	7 004	35.7
2 アルゼンチン	3 691	18.8
3 ウクライナ	2 454	12.5
4 ブラジル	2 043	10.4
5 ルーマニア	690	3.5
6 フランス	430	2.2
世界計	19 608	100.0

輸入　2021年	万t	%
1 中国	2 835	14.2
2 メキシコ	1 740	8.7
3 日本	1 524	7.6
4 韓国	1 165	5.8
5 ベトナム	1 060	5.3
6 イラン	978	4.9
世界計	19 932	100.0

(FAO資料)

㉒ジャガイモの生産

2021年	万t	%
1 中国	9 430	25.1
2 インド	5 423	14.4
3 ウクライナ	2 136	5.7
4 アメリカ	1 858	4.9
5 ロシア	1 830	4.9
6 ドイツ	1 131	3.0
7 バングラデシュ	989	2.6
8 フランス	899	2.4
9 ポーランド	708	1.9
10 エジプト	690	1.8
11 オランダ	668	1.8
29 日本	213	0.6
世界計	37 612	100.0

(FAO資料)

大豆の生産

1990年 10,846万t	アメリカ 48.3% / ブラジル 18.3 / 中国 10.1 / 9.9 / その他 9.3	インド 2.4 / パラグアイ 1.7 / アルゼンチン
2021年 37,169万t	ブラジル 36.3% / アメリカ 32.5 / アルゼンチン 12.4 / 4.4 / その他 8.2	パラグアイ 2.8 / インド 3.4 / 中国

コーヒー豆の生産

1990年 606万t	ブラジル 24.2% / コロンビア 13.9 / 7.3 / 6.8 / その他 39.8 — メキシコ / インドネシア / コートジボワール 4.7 / エチオピア 3.4
2021年 992万t	ブラジル 30.1% / ベトナム 18.6 / 7.8 / 5.6 / 4.6 / その他 29.3 — コロンビア / インドネシア / エチオピア / ホンジュラス 4.0

茶葉の生産

1990年 252万t	インド 27.3% / 中国 21.4 / 9.2 / 7.8 / 6.2 / 5.4 / その他 22.8 — スリランカ / インドネシア / ケニア / ソ連
2021年 2,819万t	中国 48.8% / インド 19.4 / 8.3 / 5.1 / 4.6 / その他 10.0 — ケニア / トルコ / スリランカ / ベトナム 3.8

カカオ豆の生産

1990年 253.2万t	コートジボワール 31.9% / ガーナ 11.6 / 10.1 / 9.8 / 9.6 / 5.6 / その他 21.4 — ブラジル / マレーシア / ナイジェリア / インドネシア
2021年 558.0万t	コートジボワール 39.4% / ガーナ 14.7 / インドネシア 13.0 / 5.4 / 5.4 / 5.2 / その他 16.9 — ブラジル / エクアドル / カメルーン

㉓大豆の生産

2021年	万t	%	2017〜21年平均	1ha当たり収量
1 ブラジル	13 493	36.3	12 074	3.45
2 アメリカ	12 071	32.5	11 454	3.45
3 アルゼンチン	4 622	12.4	4 861	2.81
4 中国	1 640	4.4	1 707	1.95
5 インド	1 261	3.4	1 224	1.04
6 パラグアイ	1 054	2.8	1 032	2.89
7 カナダ	627	1.7	678	2.94
8 ロシア	476	1.3	422	1.59
9 ウクライナ	349	0.9	367	2.64
10 ボリビア	332	0.9	295	2.32
11 南アフリカ共和国	190	0.5	143	2.29
22 日本	25	0.1	23	1.69
世界計	37 169	100.0	35 345	2.87

2021年生産
その他 0.1
オセアニア 0.01
ヨーロッパ 3.1
アフリカ 1.3
アジア 8.4
北アメリカ 34.2
南アメリカ 53.0%

(FAO資料)

㉔大豆の貿易

輸出 2021年	万t	%
1 ブラジル	8 611	53.4
2 アメリカ	5 305	32.9
3 パラグアイ	633	3.9
4 カナダ	450	2.8
5 アルゼンチン	428	2.7
6 ウルグアイ	177	1.1
世界計	16 121	100.0

輸入 2021年	万t	%
1 中国	9 652	59.1
2 アルゼンチン	487	3.0
3 メキシコ	460	2.8
4 オランダ	416	2.5
5 タイ	400	2.4
6 エジプト	377	2.3
世界計	16 336	100.0

(FAO資料)

㉕オリーブの生産

2021年	万t	%
1 スペイン	826	35.8
2 イタリア	227	9.8
3 トルコ	174	7.5
4 モロッコ	159	6.9
5 ポルトガル	138	6.0
6 エジプト	98	4.3
7 アルジェリア	70	3.0
8 チュニジア	70	3.0
9 シリア	57	2.5
10 サウジアラビア	38	1.6
11 アルゼンチン	34	1.5
12 リビア	17	0.7
世界計	2 305	100.0

(FAO資料)

㉖オレンジ類の生産

2021年	万t	%
1 中国	3 255	27.7
2 ブラジル	1 730	14.7
3 インド	1 027	8.7
4 スペイン	561	4.8
5 アメリカ	507	4.3
6 メキシコ	505	4.3
7 エジプト	399	3.4
8 トルコ	356	3.0
9 イラン	267	2.3
10 イタリア	260	2.2
11 インドネシア	251	2.1
12 モロッコ	229	1.9
世界計	11 752	100.0

(FAO資料)

㉗バナナの生産

2021年	万t	%
1 インド	3 306	26.5
2 中国	1 172	9.4
3 インドネシア	874	7.0
4 ブラジル	681	5.4
5 エクアドル	668	5.3
6 フィリピン	594	4.8
7 アンゴラ	435	3.5
8 グアテマラ	427	3.4
9 タンザニア	359	2.9
10 コスタリカ	256	2.0
11 コロンビア	241	1.9
11 メキシコ	241	1.9
世界計	12 498	100.0

(FAO資料)

㉘ブドウの生産

2021年	万t	%
1 中国	1 120	15.2
2 イタリア	815	11.1
3 スペイン	609	8.3
4 アメリカ	549	7.5
5 フランス	507	6.9
6 トルコ	367	5.0
7 インド	336	4.6
8 チリ	258	3.5
9 アルゼンチン	224	3.0
10 南アフリカ共和国	200	2.7
11 イラン	189	2.6
42 日本	17	0.2
世界計	7 352	100.0

(FAO資料)

㉙ワインの生産

2020年	万t	%
1 イタリア	519	19.5
2 フランス	439	16.5
3 スペイン	407	15.3
4 中国	200	7.5
5 アメリカ	189	7.1
6 オーストラリア	111	4.2
7 アルゼンチン	108	4.0
8 南アフリカ共和国	104	3.9
9 チリ	103	3.9
10 ポルトガル	63	2.4
11 ドイツ	47	1.8
24 日本	8	0.3
世界計	2 668	100.0

(FAO資料)

㉚茶葉の生産

2021年	万t	%
1 中国	1 376	48.8
2 インド	548	19.4
3 ケニア	234	8.3
4 トルコ	145	5.1
5 スリランカ	130	4.6
6 ベトナム	107	3.8
7 インドネシア	56	2.0
8 バングラデシュ	39	1.4
9 アルゼンチン	34	1.2
10 ウガンダ	32	1.1
11 マラウイ	21	0.7
18 日本	8	0.3
世界計	2 819	100.0

(FAO資料)

㉛コーヒー豆の生産

2021年	万t	%
1 ブラジル	299	30.1
2 ベトナム	185	18.6
3 インドネシア	77	7.8
4 コロンビア	56	5.6
5 エチオピア	46	4.6
6 ホンジュラス	40	4.0
7 ウガンダ	37	3.7
7 ペルー	37	3.7
9 インド	33	3.3
10 グアテマラ	23	2.3
11 メキシコ	17	1.7
11 ニカラグア	17	1.7
世界計	992	100.0

(FAO資料)

㉜カカオ豆の生産

2021年	万t	%
1 コートジボワール	220.0	39.4
2 ガーナ	82.2	14.7
3 インドネシア	72.8	13.0
4 ブラジル	30.2	5.4
4 エクアドル	30.2	5.4
6 カメルーン	29.0	5.2
7 ナイジェリア	28.0	5.0
8 ペルー	16.0	2.9
9 ドミニカ共和国	7.1	1.3
10 コロンビア	6.5	1.2
11 パプアニューギニア	4.2	0.8
12 ウガンダ	4.0	0.7
世界計	558.0	100.0

(FAO資料)

㉝サトウキビの生産

2021年	万t	%
1 ブラジル	71 566	38.5
2 インド	40 540	21.8
3 中国	10 666	5.7
4 パキスタン	8 865	4.8
5 タイ	6 628	3.6
6 メキシコ	5 549	3.0
7 インドネシア	3 220	1.7
8 オーストラリア	3 113	1.7
9 アメリカ	2 996	1.6
10 グアテマラ	2 776	1.5
11 フィリピン	2 628	1.4
53 日本	131	0.1
世界計	185 939	100.0

(FAO資料)

綿花の生産

1990年 1,852万t	中国 24.3%	アメリカ 18.2	ソ連 14.0	インド 9.0	パキスタン 8.8　その他 22.0　トルコ 3.5
2020年 2,420万t	インド 25.3%	中国 24.4	アメリカ 13.1	ブラジル 11.4	パキスタン 5.0　その他 17.4　ウズベキスタン 3.4

天然ゴムの生産

1990年 523万t	タイ 27.1%	マレーシア 24.7	インドネシア 24.4	インド 5.7　中国 5.1	ナイジェリア 2.8　その他 10.2
2021年 1,402万t	タイ 33.1%	インドネシア 22.3	中国 9.1　5.3　5.3　5.2	ベトナム　インド	コートジボワール　その他 19.7

肉類の生産

1990年 17,949万t	アメリカ 16.0%	中国 15.7	ソ連 11.1	ブラジル 4.3　ドイツ 4.0　フランス 3.2	その他 45.7
2021年 35,739万t	中国 25.4%	アメリカ 13.7	8.3	ブラジル　ロシア 3.2　インド 3.0	メキシコ 2.2　その他 44.2

原木の生産

1990年 353,705万t	アメリカ 14.4%	ソ連 10.9	中国 10.7	インド 8.8　5.5	ブラジル　インドネシア 4.6　その他 45.1
2021年 400,284万t	アメリカ 11.3%	インド 8.7	中国 8.4	7.3　5.4	ブラジル　ロシア　カナダ 3.6　その他 55.3

㉞パーム油の生産

2020年	万t	%
1 インドネシア	4 476	59.0
2 マレーシア	1 914	25.2
3 タイ	269	3.5
4 コロンビア	156	2.1
5 ナイジェリア	128	1.7
6 グアテマラ	81	1.1
7 ホンジュラス	70	0.9
8 パプアニューギニア	63	0.8
9 ブラジル	58	0.8
10 コートジボワール	49	0.6
11 エクアドル	47	0.6
12 コンゴ民主共和国	30	0.4
世界計	7 588	100.0

(FAO資料)

㉟ナツメヤシの生産

2021年	万t	%
1 エジプト	175	18.1
2 サウジアラビア	157	16.3
3 イラン	130	13.5
4 アルジェリア	119	12.3
5 イラク	75	7.8
6 パキスタン	53	5.5
7 スーダン	46	4.8
8 オマーン	37	3.8
9 アラブ首長国連邦	35	3.6
9 チュニジア	35	3.6
11 リビア	18	1.9
12 中国	16	1.7
世界計	966	100.0

(FAO資料)

㊱綿花の生産

2020年	万t	%
1 インド	613	25.3
2 中国	591	24.4
3 アメリカ	318	13.1
4 ブラジル	276	11.4
5 パキスタン	120	5.0
6 ウズベキスタン	83	3.4
7 トルコ	66	2.7
8 アルゼンチン	37	1.5
9 ギリシャ	30	1.2
10 ベナン	26	1.1
11 コートジボワール	25	1.0
12 ブルキナファソ	24	1.0
世界計	2 420	100.0

(FAO資料)

㊲天然ゴムの生産

2021年	万t	%
1 タイ	464.4	33.1
2 インドネシア	312.1	22.3
3 ベトナム	127.2	9.1
4 中国	74.9	5.3
4 インド	74.9	5.3
6 コートジボワール	73.0	5.2
7 マレーシア	47.0	3.4
8 フィリピン	43.1	3.1
9 カンボジア	37.4	2.7
10 ミャンマー	26.0	1.9
11 ブラジル	24.0	1.7
12 ラオス	22.6	1.6
世界計	1 402.2	100.0

(FAO資料)

㊳ヒマワリの種の生産

2021年	万t	%
1 ウクライナ	1 639	28.2
2 ロシア	1 566	26.9
3 アルゼンチン	343	5.9
4 中国	285	4.9
5 ルーマニア	284	4.9
6 トルコ	242	4.2
7 ブルガリア	200	3.4
8 フランス	191	3.3
9 ハンガリー	176	3.0
10 タンザニア	112	1.9
11 カザフスタン	103	1.8
12 モルドバ	96	1.6
世界計	5 819	100.0

(FAO資料)

㊴肉類の生産

2021年	万t	%
1 中国	9 074	25.4
2 アメリカ	4 888	13.7
3 ブラジル	2 950	8.3
4 ロシア	1 135	3.2
5 インド	1 089	3.0
6 メキシコ	769	2.2
7 スペイン	765	2.1
8 ドイツ	763	2.1
9 アルゼンチン	615	1.7
10 フランス	536	1.5
11 カナダ	534	1.5
18 日本	424	1.2
世界計	35 739	100.0

(FAO資料)

㊵肉類の貿易

輸出 2018年	万t	%
1 アメリカ	760	15.3
2 ブラジル	679	13.7
3 ドイツ	341	6.9
4 オランダ	340	6.9
5 ポーランド	249	5.0
6 スペイン	236	4.8
世界計	4 953	100.0

輸入 2018年	万t	%
1 日本	353	7.4
2 中国	345	7.2
3 ドイツ	263	5.5
4 イギリス	253	5.3
5 メキシコ	217	4.5
6 アメリカ	212	4.4
世界計	4 779	100.0

(FAO資料)

㊶牛肉の生産

2021年	万t	%
1 アメリカ	1 273	17.6
2 ブラジル	975	13.5
3 中国	698	9.6
4 インド	420	5.8
5 アルゼンチン	298	4.1
6 メキシコ	213	2.9
7 オーストラリア	193	2.7
8 ロシア	167	2.3
9 トルコ	146	2.0
10 フランス	142	2.0
11 カナダ	139	1.9
29 日本	48	0.7
世界計	7 245	100.0

(FAO資料)

㊷チーズの生産

2020年	万t	%
1 アメリカ	622	24.0
2 ドイツ	317	12.2
3 フランス	223	8.6
4 イタリア	131	5.0
5 オランダ	100	3.9
6 ポーランド	89	3.4
7 トルコ	83	3.2
8 ロシア	75	2.9
9 カナダ	61	2.4
10 エジプト	59	2.3
11 イギリス	49	1.9
28 日本	16	0.6
世界計	2 595	100.0

(FAO資料)

㊸原木の生産

2021年	万㎥	%
1 アメリカ	45 353	11.3
2 インド	34 958	8.7
3 中国	33 597	8.4
4 ブラジル	29 201	7.3
5 ロシア	21 700	5.4
6 カナダ	14 530	3.6
7 インドネシア	12 545	3.1
8 エチオピア	11 857	3.0
9 コンゴ民主共和国	9 354	2.3
10 ドイツ	8 218	2.1
11 スウェーデン	7 730	1.9
26 日本	3 306	0.8
世界計	400 284	100.0

(FAO資料)

㊹漁獲量

2021年	万t	%
1 中国	1 314	14.2
2 インドネシア	721	7.8
3 ペルー	658	7.1
4 ロシア	517	5.6
5 インド	502	5.4
6 アメリカ	428	4.6
7 ベトナム	354	3.8
8 日本	315	3.4
9 ノルウェー	256	2.8
10 チリ	239	2.6
11 バングラデシュ	198	2.1
12 フィリピン	184	2.0
世界計	9 234	100.0

(FAO資料)

㊺水産物の貿易

輸出 2021年	百万ドル	%
1 中国	21 447	12.1
2 ノルウェー	13 886	7.8
3 ベトナム	9 087	5.1
4 インド	7 551	4.3
5 エクアドル	7 147	4.0
6 カナダ	6 984	3.9
世界計	177 483	100.0

輸入 2021年	百万ドル	%
1 アメリカ	30 171	17.2
2 中国	17 665	10.1
3 日本	14 369	8.2
4 スペイン	8 870	5.1
5 フランス	7 817	4.5
6 イタリア	7 557	4.3
世界計	174 965	100.0

(FAO資料)

漁獲量

1990年
9,725万t

| 中国 12.4% | ソ連 10.7 | 日本 10.6 | 7.1 | 6.0 | 5.3 | その他 47.8 |

アメリカ／ペルー／チリ

2021年
9,234万t

| 中国 14.2% | 7.8 | 7.1 | 5.6 | 5.4 | 4.6 | その他 55.3 |

ペルー／インド／インドネシア／ロシア／アメリカ

原油の産出

1990年
3,500百万kL

| ソ連 19.1% | アメリカ 12.0 | 10.3 | 5.2 | その他 44.6 |

サウジアラビア／イラン／中国 4.6／メキシコ 4.4

2022年
5,446百万kL

| アメリカ 18.9% | 12.9 | ロシア 11.9 | 5.9 | 4.8 | 4.4 | その他 41.2 |

サウジアラビア／カナダ／イラク／中国

石炭の産出

1990年
3,564百万t

| 中国 30.3% | アメリカ 24.2 | ソ連 15.2 | 5.7 | その他 15.2 |

南アフリカ共和国 4.9／インド／オーストラリア 4.5

2022年
8,803百万t

| 中国 51.8% | 10.3 | 7.8 | 6.1 | 5.0 | 5.0 | その他 14.0 |

インド／インドネシア／アメリカ／ロシア／オーストラリア

天然ガスの産出

1990年
20,586億㎥

| ソ連 30.5% | アメリカ 24.6 | 5.3 | その他 29.3 |

トルクメニスタン 4.1／カナダ／オランダ 3.7／イギリス 2.4

2022年
40,438億㎥

| アメリカ 24.2% | ロシア 15.3 | 6.4 | 5.5 | 4.6 | その他 39.6 |

イラン／中国／カナダ／カタール 4.4

㊻石炭の産出と埋蔵量 (百万t)

	1980年	2022年	%	1) 埋蔵量	1) 可採年数
1 中国	595.8	4 560.0	51.8	143 197	37
2 インド	109.1	910.9	10.3	111 052	147
3 インドネシア	0.3	687.4	7.8	34 869	62
4 アメリカ	710.4	539.4	6.1	248 941	514
5 オーストラリア	72.5	443.4	5.0	150 227	315
6 ロシア	—	439.0	5.0	162 166	407
7 南アフリカ共和国	116.6	225.9	2.6	9 893	40
8 ドイツ	2) 94.5	132.5	1.5	35 900	334
9 カザフスタン	—	118.0	1.3	25 605	226
10 ポーランド	193.1	107.5	1.2	28 395	282
日本	18.0	3) 0.7	0.01	3) 340	3) 436
世界計	2 728.5	8 803.4	100.0	1 074 108	139

1) 2020年末　2) 西ドイツ　3) 2019年　　　　　(『世界国勢図会』2023/24年版ほか)

㊼石炭の貿易

輸出 2020年	万t	%
1 インドネシア	35 938	29.7
2 オーストラリア	35 765	29.5
3 ロシア	18 741	15.5
4 コロンビア	6 887	5.7
5 南アフリカ共和国	5 898	4.9
6 アメリカ	5 743	4.7
世界計	121 054	100.0

輸入 2020年	万t	%
1 中国	19 119	17.4
2 インド	18 903	17.2
3 日本	14 843	13.5
4 韓国	10 415	9.5
5 ベトナム	4 468	4.1
6 トルコ	3 641	3.3
世界計	109 649	100.0

(『世界国勢図会』2023/24年版)

㊽日本の石炭の輸入先

2022年	万t	%
1 オーストラリア	12 154.2	66.4
2 インドネシア	2 572.2	14.1
3 ロシア	1 157.7	6.3
4 カナダ	1 060.5	5.8
5 アメリカ	975.4	5.3
6 コロンビア	135.7	0.7
7 南アフリカ共和国	93.3	0.5
8 中国	49.9	0.3
9 ベトナム	42.9	0.2
10 ニュージーランド	36.0	0.2
11 モザンビーク	20.9	0.1
12 ペルー	1.5	0.01
合計	18 300.5	100.0

(財務省資料)

㊾原油の産出と埋蔵量

	1970年 (万kL)	2022年 (万kL)	%	1) 埋蔵量 (億kL)	1) 可採年数
1 アメリカ	55 138	103 129	18.9	109.3	11
2 サウジアラビア	19 938	70 434	12.9	473.1	74
3 ロシア	2) 38 048	65 013	11.9	171.4	28
4 カナダ	7 410	32 358	5.9	267.3	89
5 イラク	8 803	26 230	4.8	230.6	96
6 中国	1 218	23 860	4.4	41.3	18
7 アラブ首長国連邦	3) 4 169	23 330	4.3	155.5	73
8 イラン	21 764	22 181	4.1	250.9	140
9 ブラジル	—	18 030	3.3	19.0	11
10 クウェート	15 914	17 575	3.2	161.4	103
ОPEC計	130 369	197 540	36.3	1 931.3	108
世界計	257 908	544 644	100.0	2 754.5	54

1) 2020年末　2) ソ連　3) アブダビ・ドバイ・シャルジャの合計　(『世界国勢図会』2023/24年版ほか)

㊿原油の貿易

輸出 2020年	万t	%
1 サウジアラビア	33 511	16.3
2 ロシア	23 920	11.6
3 イラク	16 888	8.2
4 アメリカ	15 818	7.7
5 カナダ	15 621	7.6
6 アラブ首長国連邦	12 060	5.9
世界計	205 739	100.0

輸入 2020年	万t	%
1 中国	54 201	25.4
2 アメリカ	29 114	13.6
3 インド	19 646	9.2
4 韓国	13 246	6.2
5 日本	11 508	5.4
6 ドイツ	8 272	3.9
世界計	213 790	100.0

(『世界国勢図会』2023/24年版)

51日本の原油の輸入先

2022年	万kL	%
1 サウジアラビア	6 169.7	39.4
2 アラブ首長国連邦	5 918.4	37.8
3 クウェート	1 289.9	8.2
4 カタール	1 098.4	7.0
5 エクアドル	291.9	1.9
6 ロシア	228.7	1.5
7 オマーン	185.5	1.2
8 アメリカ	159.3	1.0
9 バーレーン	69.2	0.4
10 メキシコ	65.0	0.4
11 ベトナム	55.9	0.4
12 オーストラリア	34.3	0.2
合計	15 661.9	100.0

(財務省資料)

52天然ガスの産出と埋蔵量 (億㎥, 埋蔵量は百億㎥)

	1980年	2022年	%	埋蔵量(2020年末)	%
1 アメリカ	5 535	9 786	24.2	1 261.9	6.7
2 ロシア	1) 4 439	6 184	15.3	3 739.2	19.9
3 イラン	43	2 594	6.4	3 210.1	17.1
4 中国	143	2 218	5.5	839.9	4.5
5 カナダ	781	1 850	4.6	235.4	1.3
6 カタール	32	1 784	4.4	2 466.5	13.1
7 オーストラリア	89	1 528	3.8	239.0	1.3
8 ノルウェー	260	1 228	3.0	142.9	0.8
9 サウジアラビア	112	1 204	3.0	601.9	3.2
10 アルジェリア	135	982	2.4	227.9	1.2
11 マレーシア	27	824	2.0	90.8	0.5
12 トルクメニスタン	—	783	1.9	1 360.1	7.2
世界計	15 261	40 438	100.0	18 807.4	100.0

1) ソ連　　　　　　　　　　　　　　　　　　　(『世界国勢図会』2023/24年版)

53天然ガスの貿易 ※1PJ=10^15 J

輸出 2020年	PJ	%
1 ロシア	9 129	18.9
2 アメリカ	5 781	11.9
3 カタール	5 138	10.6
4 ノルウェー	4 348	9.0
5 オーストラリア	4 339	9.0
6 カナダ	2 769	5.7
世界計	48 382	100.0

輸入 2020年	PJ	%
1 中国	5 451	11.6
2 日本	4 179	8.9
3 ドイツ	3 092	6.6
4 アメリカ	2 745	5.9
5 イタリア	2 530	5.4
6 メキシコ	2 457	5.2
世界計	46 886	100.0

(『世界国勢図会』2023/24年版)

54日本の天然ガスの輸入先

2022年	万t	%
1 オーストラリア	3 075.1	42.7
2 マレーシア	1 204.9	16.7
3 ロシア	686.9	9.5
4 アメリカ	413.6	5.7
5 パプアニューギニア	379.0	5.3
6 ブルネイ	321.4	4.5
7 カタール	288.4	4.0
8 インドネシア	254.1	3.5
9 オマーン	252.9	3.5
10 アラブ首長国連邦	133.5	1.9
11 ナイジェリア	97.0	1.3
12 ペルー	19.9	0.3
合計	7 199.8	100.0

(財務省資料)

ウランの産出

| 1990年 31,893 t | カナダ 27.4% | 南アフリカ共和国 17.8 | オーストラリア 11.1 | アメリカ 10.7 | 西ドイツ 9.3 | フランス 8.9 | その他 14.8 |

| 2021年 47,472 t | カザフスタン 46.0% | ナミビア 12.1 | カナダ 9.9 | オーストラリア 8.0 | ウズベキスタン 7.4 | ロシア 5.6 | その他 11.0 |

金鉱の産出

| 1990年 2,050 t | 南アフリカ共和国 29.4% | アメリカ 14.2 | ソ連 12.2 | オーストラリア 11.8 | カナダ 8.0 | 中国 4.9 | ブラジル 3.9 | その他 15.6 |

| 2021年 3,090 t | 中国 10.6% | ロシア 10.3 | オーストラリア 10.2 | カナダ 7.2 | アメリカ 6.1 | メキシコ 3.9 | その他 51.7 |

鉄鉱石の産出

| 1990年 99,314万t | ソ連 23.8% | 中国 18.1 | ブラジル 15.3 | オーストラリア 11.6 | アメリカ 5.6 | インド 5.4 | その他 20.2 |

| 2020年 152,000万t | オーストラリア 37.1% | ブラジル 16.2 | 中国 14.8 | インド 8.4 | ロシア 4.6 | ウクライナ 3.2 | その他 15.7 |

銅鉱の産出

| 1990年 917万t | チリ 17.3% | アメリカ 17.2 | ソ連 10.4 | カナダ 8.7 | ザンビア 5.6 | ポーランド 4.2 | その他 36.6 |

| 2019年 2,040万t | チリ 28.4% | ペルー 12.0 | 中国 8.3 | コンゴ民主共和国 6.3 | アメリカ 6.2 | オーストラリア 4.6 | その他 34.2 |

55 ウランの産出

2021年	t	%
1 カザフスタン	21 819	46.0
2 ナミビア	5 753	12.1
3 カナダ	4 692	9.9
4 オーストラリア	3 817	8.0
5 ウズベキスタン	3 520	7.4
6 ロシア	2 635	5.6
7 ニジェール	2 250	4.7
8 中国	1 600	3.4
9 インド	600	1.3
10 ウクライナ	455	1.0
11 南アフリカ共和国	192	0.4
12 パキスタン	45	0.1
世界計	47 472	100.0

（『世界国勢図会』2023/24年版）

56 世界の発電量

(億kWh)

| 2022年 | 発電量 | % | 発電量の内訳と構成 | | | | | | | | | | | | |
			水力	%	石炭	%	石油	%	天然ガス	%	原子力	%	再生可能エネルギー	%
中国	88 487	30.3	13 031	14.7	53 978	61.0	119	0.1	2 906	3.3	4 178	4.7	13 670	15.4
アメリカ	45 477	15.6	2 586	5.7	9 042	19.9	251	0.6	18 166	39.9	8 121	17.9	7 195	15.8
インド	18 580	6.4	1 749	9.4	13 801	74.3	25	0.1	470	2.5	462	2.5	2 059	11.1
ロシア	11 669	4.0	1 977	16.9	1 923	16.5	67	0.6	5 339	45.8	2 237	19.2	74	0.6
日本	10 336	3.5	749	7.2	3 090	29.9	406	3.9	3 197	30.9	518	5.0	1 521	14.7
カナダ	6 596	2.3	3 984	60.4	341	5.2	27	0.4	810	12.3	866	13.1	521	7.9
ブラジル	6 772	2.3	4 271	63.1	165	2.4	101	1.5	421	6.2	146	2.2	1 645	24.3
韓国	6 203	2.1	35	0.6	2 087	33.6	69	1.1	1 733	27.9	1 761	28.4	477	7.7
ドイツ	5 773	2.0	175	3.0	1 806	31.3	44	0.8	798	13.8	347	6.0	2 365	41.0
フランス	4 677	1.6	446	9.5	31	0.7	23	0.5	469	10.0	2 947	63.0	680	14.5
世界計	291 651	100.0	43 342	14.9	103 172	35.4	7 286	2.5	66 314	22.7	26 790	9.2	42 043	14.4

（『世界国勢図会』2023/24年版）

57 鉄鉱石の産出と埋蔵量

2020年	万t	%	埋蔵量(億t)
1 オーストラリア	56 452	37.1	270
2 ブラジル	24 679	16.2	150
3 中国	22 500	14.8	69
4 インド	12 700	8.4	34
5 ロシア	6 950	4.6	140
6 ウクライナ	4 930	3.2	23
7 カナダ	3 610	2.4	23
8 南アフリカ共和国	3 540	2.3	—
9 イラン	3 250	2.1	15
10 スウェーデン	2 540	1.7	—
11 アメリカ	2 410	1.6	—
12 カザフスタン	1 267	0.8	—
世界計	152 000	100.0	850

※埋蔵量は2022年　　（『世界国勢図会』2023/24年版）

58 主な国・地域の鉄鉱石の輸入先

(2022年，万t)

輸入国 / 輸入先	中国	日本	韓国	ドイツ	台湾	フランス	イギリス(2019年)	イタリア	アメリカ
オーストラリア	72 932	6 277	4 617	17	1 677	0.2	24	—	4
ブラジル	22 730	2 917	891	340	447	330	219	348	165
インド	1 021	—	7	6	—	15	6	36	—
南アフリカ共和国	3 737	301	458	258	—	23	62	10	0.1
カナダ	1 314	615	467	518	123	522	228	—	81
モーリタニア	744	50	—	10	—	57	2	108	—
チリ	1 156	46	137	—	—	—	—	—	6
スウェーデン	170	—	—	374	—	147	—	—	34
ベネズエラ	77	—	—	—	—	—	—	—	—
フィリピン	12	—	—	—	—	—	—	—	—
輸入量合計	110 775	10 423	6 643	3 538	2 257	1 222	766	508	304

（『鉄鋼統計要覧』2023年版ほか）

59 日本の鉄鉱石の輸入先

2022年	万t	%
1 オーストラリア	6 277.3	60.2
2 ブラジル	2 916.6	28.0
3 カナダ	615.3	5.9
4 南アフリカ共和国	300.6	2.9
5 アメリカ	104.0	1.0
6 ペルー	59.6	0.6
7 モーリタニア	49.6	0.5
8 チリ	45.7	0.4
9 ウクライナ	45.2	0.4
10 ニュージーランド	8.7	0.1
合計	10 422.6	100.0

（財務省資料）

60 金鉱の産出

2021年	t	%
1 中国	329.0	10.6
2 ロシア	319.6	10.3
3 オーストラリア	315.1	10.2
4 カナダ	222.5	7.2
5 アメリカ	187.0	6.1
6 メキシコ	120.0	3.9
7 カザフスタン	116.0	3.8
8 南アフリカ共和国	107.0	3.5
9 ウズベキスタン	100.0	3.2
10 ペルー	97.3	3.1
11 ガーナ	87.6	2.8
日本	7.5	0.2
世界計	3 090.0	100.0

（『世界国勢図会』2023/24年版）

61 銅鉱の産出

2019年	万t	%
1 チリ	578.7	28.4
2 ペルー	245.5	12.0
3 中国	168.4	8.3
4 コンゴ民主共和国	129.1	6.3
5 アメリカ	126.0	6.2
6 オーストラリア	93.4	4.6
7 ロシア	80.1	3.9
8 ザンビア	79.7	3.9
9 メキシコ	71.5	3.5
10 カナダ	57.3	2.8
11 カザフスタン	56.2	2.8
12 ポーランド	39.9	2.0
世界計	2 040.0	100.0

（『世界国勢図会』2023/24年版）

62 ニッケル鉱の産出

2019年	万t	%
1 インドネシア	85.3	32.7
2 フィリピン	32.3	12.4
3 ロシア	27.9	10.7
4 ニューカレドニア	20.8	8.0
5 カナダ	18.1	6.9
6 オーストラリア	15.9	6.1
7 中国	12.0	4.6
8 ブラジル	6.1	2.3
9 ドミニカ共和国	5.7	2.2
10 キューバ	4.9	1.9
11 コロンビア	4.5	1.7
12 南アフリカ共和国	4.3	1.6
世界計	261.0	100.0

（『世界国勢図会』2023/24年版）

アルミニウムの生産

1990年 1,817万t	アメリカ 22.3% ソ連 13.1 カナダ 8.6 6.8 5.1	その他 39.5

ブラジル／オーストラリア／ノルウェー 4.6

2020年 6,520万t	中国 56.9% ロシア 5.6 5.5 4.8	その他 20.9

アラブ首長国連邦 3.9／オーストラリア 2.4／インド／カナダ

自動車の生産

1980年 3,884万台	日本 28.4% アメリカ 20.6 西ドイツ 10.0 フランス 8.7 5.7	その他 15.6

イタリア 4.1／ソ連／カナダ 3.5／イギリス 3.4

1990年 4,889万台	日本 27.6% アメリカ 20.0 ドイツ 10.6 フランス 7.7	その他 17.4

ロシア／スペイン 4.2／カナダ 3.9

2022年 8,502万台	中国 31.8% アメリカ 11.8 日本 9.2 インド 6.4 4.4 4.3	その他 25.2

イタリア 4.3／韓国／メキシコ 4.1／ドイツ／ブラジル 2.8

粗鋼の生産

1980年 71,830万t	ソ連 20.6% 日本 15.5 アメリカ 14.1 6.1 5.2	その他 34.8

西ドイツ／中国／イタリア 3.7

2022年 188,503万t	中国 54.0% 6.6 4.7 4.3	その他 23.1

インド／アメリカ／韓国 3.5／日本／ロシア 3.8

63 主なレアメタルの産出国

	産出量	産出国(%)
マンガン鉱 (2021年)	2 010万t	南アフリカ共和国35.8, ガボン21.6, オーストラリア16.2, 中国4.9
クロム鉱 (2021年)	4 220万t	南アフリカ共和国44.0, トルコ16.5, カザフスタン15.4, インド10.1, フィンランド5.4
バナジウム (2021年)	105 000 t	中国67.0, ロシア19.1, 南アフリカ共和国8.4, ブラジル5.5
タングステン鉱 (2019年)	83 800 t	中国82.3, ベトナム5.4, ロシア2.6, モンゴル2.3, 北朝鮮1.3
コバルト鉱 (2022年)	16.6万t	コンゴ民主共和国67.0, ロシア5.4, オーストラリア3.5, フィリピン2.8, カナダ2.3

(『世界国勢図会』2023/24年版)

64 ボーキサイトの産出

2020年	万t	%
1 オーストラリア	10 433	26.7
2 中国	9 270	23.7
3 ギニア	8 600	22.0
4 ブラジル	3 100	7.9
5 インドネシア	2 080	5.3
6 インド	2 020	5.2
7 ジャマイカ	755	1.9
8 ロシア	557	1.4
9 カザフスタン	500	1.3
10 サウジアラビア	431	1.1
11 ベトナム	350	0.9
12 ギリシャ	150	0.4
世界計	39 100	100.0

(『世界国勢図会』2023/24年版)

65 アルミニウムの生産

2020年	万t	%
1 中国	3 708.0	56.9
2 ロシア	363.9	5.6
3 インド	355.8	5.5
4 カナダ	311.9	4.8
5 アラブ首長国連邦	252.0	3.9
6 オーストラリア	158.2	2.4
7 バーレーン	154.9	2.4
8 ノルウェー	133.0	2.0
9 アメリカ	101.2	1.6
10 アイスランド	86.0	1.3
11 マレーシア	76.0	1.2
12 サウジアラビア	74.0	1.1
世界計	6 520.0	100.0

(『世界国勢図会』2023/24年版)

66 ダイヤモンドの産出

2020年	万カラット	%
1 ロシア	3 120	29.2
2 ボツワナ	1 698	15.9
3 カナダ	1 310	12.2
4 コンゴ民主共和国	1 275	11.9
5 オーストラリア	1 092	10.2
6 南アフリカ共和国	848	7.9
7 アンゴラ	773	7.2
8 ジンバブエ	267	2.5
9 ナミビア	155	1.4
10 シエラレオネ	64	0.6
11 レソト	48	0.4
12 タンザニア	15	0.1
世界計	10 700	100.0

(『世界国勢図会』2023/24年版)

67 粗鋼の生産

2022年	万t	%
1 中国	101 796	54.0
2 インド	12 507	6.6
3 日本	8 924	4.7
4 アメリカ	8 054	4.3
5 ロシア	7 147	3.8
6 韓国	6 586	3.5
7 ドイツ	3 685	2.0
8 トルコ	3 513	1.9
9 ブラジル	3 396	1.8
10 イラン	3 059	1.6
11 イタリア	2 160	1.1
12 台湾	2 079	1.1
世界計	188 503	100.0

(『世界国勢図会』2023/24年版)

68 化学繊維の生産

2016年	万t	%
1 中国	4 472.2	68.9
2 インド	558.3	8.6
3 アメリカ	198.2	3.1
4 インドネシア	192.2	3.0
5 台湾	190.4	2.9
6 韓国	165.1	2.5
7 タイ	102.0	1.6
8 トルコ	87.6	1.3
9 日本	57.3	0.9
10 パキスタン	47.7	0.7
11 ベトナム	46.7	0.7
12 マレーシア	39.7	0.6
世界計	6 494.9	100.0

(『繊維ハンドブック』2019年版)

69 パルプの生産

2022年	万t	%
1 アメリカ	4 855	24.2
2 中国	2 673	13.3
3 ブラジル	2 503	12.5
4 カナダ	1 362	6.8
5 スウェーデン	1 132	5.6
6 フィンランド	1 052	5.2
7 インドネシア	898	4.5
8 ロシア	887	4.4
9 日本	758	3.8
10 インド	613	3.1
11 チリ	460	2.3
12 ポルトガル	277	1.4
世界計	20 042	100.0

(FAO資料)

70 自動車の生産 (万台)

2022年	乗用車	トラック・バス	合計	%
1 中国	2 383.6	318.5	2 702.1	31.8
2 アメリカ	175.2	830.9	1 006.1	11.8
3 日本	656.6	126.9	783.5	9.2
4 インド	443.9	101.8	545.7	6.4
5 韓国	343.8	31.9	375.7	4.4
6 ドイツ	348.0	19.7	367.7	4.3
7 メキシコ	65.8	285.1	350.9	4.1
8 ブラジル	182.5	54.5	237.0	2.8
9 スペイン	178.5	43.4	221.9	2.6
10 タイ	59.4	128.9	188.3	2.2
11 インドネシア	121.4	25.6	147.0	1.7
12 フランス	101.0	37.3	138.3	1.6
世界計	6 159.9	2 341.8	8 501.7	100.0

(日本自動車工業会資料)

71 自動車の輸出 (万台)

1990年	乗用車	トラック・バス	合計	2020年	乗用車	トラック・バス	合計
1 日本	448.2	134.9	583.1	1 フランス	350.0	58.8	408.8
2 西ドイツ	259.8	16.8	276.6	2 日本	340.8	33.3	374.1
3 フランス	188.2	21.4	209.6	3 ドイツ	264.7	16.5	281.2
4 カナダ	84.1	70.7	154.8	4 アメリカ	191.2	45.5	236.7
5 スペイン	120.4	14.5	134.9	5 スペイン	158.9	36.3	195.2
6 ベルギー	114.2	8.4	122.6	6 韓国	182.1	6.6	188.7
7 アメリカ	79.4	15.9	95.3	7 中国	76.7	23.5	100.2
8 イタリア	74.3	15.8	90.1	8 イギリス	74.9	3.8	78.7
9 イギリス	41.4	9.6	51.0	9 イタリア	25.2	26.7	51.9
				10 インド	40.4	5.0	45.4
				11 ブラジル	25.8	7.2	33.0

*国により車種の分類が異なる。
*フランスは国外からのフランスメーカーの出荷を含む。

(日本自動車工業会資料ほか)

72 自動車生産に対する輸出の割合

2020年	%
1 フランス	310.6
2 日本	46.4
3 ドイツ	75.1
4 アメリカ	26.8
5 スペイン	86.0
6 韓国	53.8
7 中国	4.0
8 イギリス	79.7
9 イタリア	66.8
10 インド	13.4
11 ブラジル	16.4

*自動車輸出台数(2020年)上位11か国のデータ

(日本自動車工業会資料)

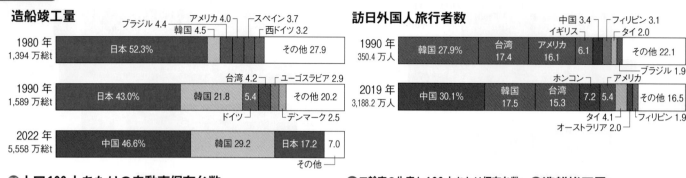

造船竣工量

1980年 1,394万総t		日本 52.3% ／ 韓国 4.5 ／ ブラジル 4.4 ／ アメリカ 4.0 ／ スペイン 3.7 ／ 西ドイツ 3.2 ／ その他 27.9
1990年 1,589万総t		日本 43.0% ／ 韓国 21.8 ／ 5.4 ／ 台湾 4.2 ／ ユーゴスラビア 2.9 ／ ドイツ ／ デンマーク 2.5 ／ その他 20.2
2022年 5,558万総t		中国 46.6% ／ 韓国 29.2 ／ 日本 17.2 ／ 7.0 ／ その他

訪日外国人旅行者数

1990年 350.4万人		韓国 27.9% ／ 台湾 17.4 ／ アメリカ 16.1 ／ 6.1 ／ 中国 3.4 ／ イギリス ／ フィリピン 3.1 ／ タイ 2.0 ／ ブラジル 1.9 ／ その他 22.1
2019年 3,188.2万人		中国 30.1% ／ 韓国 17.5 ／ 台湾 15.3 ／ 7.2 ／ 5.4 ／ ホンコン ／ アメリカ ／ タイ 4.1 ／ オーストラリア 2.0 ／ フィリピン 1.9 ／ その他 16.5

⑦③人口100人あたりの自動車保有台数

	1980年	台		1990年	台		2020年	台
1	アメリカ	70.2	1	アメリカ	74.7	1	ニュージーランド	86.9
2	カナダ	55.9	2	カナダ	61.7	2	アメリカ	86.0
3	オーストラリア	50.9	3	オーストラリア	56.6	3	ポーランド	76.1
4	西ドイツ	40.4	4	西ドイツ	51.9	4	イタリア	75.6
5	フランス	40.4	5	イタリア	51.8	5	オーストラリア	73.7
6	ベルギー	35.4	6	フランス	50.3	6	カナダ	70.7
7	イタリア	33.5	7	日本	46.5	7	フランス	70.4
8	オランダ	33.2	8	イギリス	45.9	8	チェコ	65.8
9	日本	32.4	9	ベルギー	43.0	9	ポルトガル	64.0
10	イギリス	31.0	10	オランダ	40.5	10	ノルウェー	63.5
11	スペイン	23.9	11	スペイン	36.5	11	オーストリア	63.2
12	東ドイツ	18.8	12	ユーゴスラビア	18.5	11	イギリス	63.2
	世界平均	9.7		世界平均	10.9		世界平均	20.9

『世界国勢図会』2023/24年版ほか

⑦④二輪車の生産と100人あたり保有台数

	2021年	万台	100人当たり保有(台)
1	中国	2 537.2	5.0(2020年)
2	インド	1 782.1	9.3(2012年)
3	パキスタン	189.4	3.7(2012年)
4	タイ	178.1	30.4(2018年)
5	ブラジル	119.5	10.3(2013年)
6	台湾	116.4	59.2(2020年)
7	フィリピン	86.7	6.7(2018年)
8	日本	64.7	8.2(2020年)
9	マレーシア	49.6	44.3(2019年)
10	イタリア	34.7	14.4(2018年)
11	チェコ	0.1	11.2(2020年)

(日本自動車工業会資料ほか)

⑦⑤造船竣工量

	2022年	万総t	%
1	中国	2 589.4	46.6
2	韓国	1 625.4	29.2
3	日本	958.5	17.2
4	イタリア	73.1	1.3
5	フランス	59.4	1.1
6	ベトナム	44.4	0.8
7	フィリピン	39.6	0.7
8	ドイツ	32.1	0.6
9	ロシア	25.2	0.5
10	フィンランド	24.5	0.4
11	シンガポール	15.8	0.3
12	クロアチア	8.1	0.1
	世界計	5 558.0	100.0

『世界国勢図会』2023/24年版

⑦⑥訪日外国人旅行者数

	1990年	人	%		2019年	人	%
1	韓国	978 984	27.9	1	中国	9 594 394	30.1
2	台湾	610 652	17.4	2	韓国	5 584 597	17.5
3	アメリカ	564 958	16.1	3	台湾	4 890 602	15.3
4	イギリス	212 043	6.1	4	ホンコン	2 290 792	7.2
5	中国	117 814	3.4	5	アメリカ	1 723 861	5.4
6	フィリピン	108 292	3.1	6	タイ	1 318 977	4.1
7	タイ	69 477	2.0	7	オーストラリア	621 771	2.0
8	ブラジル	67 303	1.9	8	フィリピン	613 114	1.9
9	ドイツ	66 827	1.9	9	マレーシア	501 592	1.6
10	カナダ	64 791	1.8	10	ベトナム	495 051	1.6
11	マレーシア	58 112	1.7	11	シンガポール	492 252	1.5
12	オーストラリア	53 252	1.5	12	イギリス	424 279	1.3
13	フランス	51 995	1.5	13	インドネシア	412 779	1.3
14	シンガポール	43 512	1.2	14	カナダ	375 262	1.2
	世界計	3 504 470	100.0		世界計	31 882 049	100.0

『観光白書』2020年版ほか

⑦⑦日本人海外旅行者数

	2018年	人	%
1	アメリカ	3 493 313	18.4
2	韓国	2 948 527	15.6
3	中国	2 689 662	14.2
4	台湾	1 969 151	10.4
5	タイ	1 655 996	8.7
6	ホンコン	852 192	4.5
7	シンガポール	829 676	4.4
8	ベトナム	826 674	4.4
9	フィリピン	631 821	3.3
10	ドイツ	613 248	3.2
11	スペイン	550 681	2.9
12	フランス	540 169	2.8
13	インドネシア	530 573	2.8
14	オーストラリア	469 230	2.5
	合計	18 954 031	100.0

『観光白書』2020年版

⑦⑧世界の空港の乗降客数

	2021年	万人
1	ハーツフィールド・ジャクソン・アトランタ国際空港(アメリカ)	7 571
2	ダラス・フォートワース国際空港(アメリカ)	6 247
3	デンヴァー国際空港(アメリカ)	5 883
4	シカゴ・オヘア国際空港(アメリカ)	5 402
5	ロサンゼルス国際空港(アメリカ)	4 801
6	シャーロット・ダグラス国際空港(アメリカ)	4 330
7	オーランド国際空港(アメリカ)	4 035
8	広州白雲国際空港(中国)	4 026
9	成都双流国際空港(中国)	4 012
10	ハリー・リード国際空港(アメリカ)	3 975
11	フェニックス・スカイハーバー国際空港(アメリカ)	3 885
12	マイアミ国際空港(アメリカ)	3 730
13	インディラ・ガンディー国際空港(インド)	3 714
14	イスタンブール国際空港(トルコ)	3 700
15	深圳宝安国際空港(中国)	3 636

『Annual Report of the Council 2021』

⑦⑨世界の港湾別コンテナ数

(万TEU)

	1984年	取扱量		2021年	取扱量
1	ロッテルダム(オランダ)	255	1	シャンハイ(中国)	4 703
2	ニューヨーク・ニュージャージー(アメリカ)	226	2	シンガポール	3 747
3	ホンコン(中国)	211	3	ニンポー(中国)	3 107
4	神戸(日本)	183	4	シェンチェン(中国)	2 877
5	カオシュン(台湾)	178	5	コワンチョウ(中国)	2 418
6	シンガポール	155	6	チンタオ(中国)	2 371
7	アントワープ(ベルギー)	125	7	プサン(韓国)	2 271
8	キールン(台湾)	123	8	テンチン(中国)	2 027
9	ロングビーチ(アメリカ)	114	9	ホンコン(中国)	1 780
10	横浜(日本)	110	10	ロッテルダム(オランダ)	1 530
15	東京(日本)	92	41	東京(日本)	486
31	大阪(日本)	42	72	横浜(日本)	286

＊TEU(twenty-foot equivalent unit):国際標準規格の
20フィートコンテナを1とし、40フィートコンテナを
2として計算する単位。コンテナ船の積載能力を示す。

(国土交通省資料ほか)

⑧⓪日本の貿易港の輸出額(上位15港)

	港名	輸出額(億円)	構成比(%)
1	成田国際空港	128 215	15.4
2	名古屋	124 805	15.0
3	横浜	72 255	8.7
4	東京	64 938	7.8
5	神戸	58 960	7.1
6	関西国際空港	57 362	6.9
7	大阪	46 981	5.7
8	博多	32 300	3.9
9	三河	23 379	2.8
10	清水	20 298	2.4
11	広島	13 368	1.6
12	中部国際空港	11 909	1.4
13	川崎	10 034	1.2
14	門司	9 446	1.1
15	水島	8 612	1.0
	総額	830 914	100.0

(2021年) 『日本国勢図会』2023/24年版

⑧①日本の貿易港の輸入額(上位15港)

	港名	輸入額(億円)	構成比(%)
1	成田国際空港	161 145	19.0
2	東京	122 281	14.4
3	名古屋	52 892	6.2
4	大阪	50 967	6.0
5	横浜	49 870	5.9
6	関西国際空港	41 858	4.9
7	神戸	35 862	4.2
8	千葉	34 133	4.0
9	川崎	24 897	2.9
10	四日市	15 175	1.8
11	大分	14 586	1.7
12	水島	14 569	1.7
13	堺	13 658	1.6
14	鹿島	12 306	1.4
15	木更津	11 545	1.4
	総額	848 750	100.0

(2021年) 『日本国勢図会』2023/24年版

⑱ 主な国の主要輸出入品と主要輸出入相手国・地域（2021年）

国名	輸出入額(億ドル)	輸出品の輸出額に占める割合(上段)／輸入品の輸入額に占める割合(下段)					輸出相手国の輸出額に占める割合(上段)／輸入相手国の輸入額に占める割合(下段)				
日本	7 560.3	機械類35.9	自動車17.9	精密機器5.2	鉄鋼4.6	自動車部品4.4	中国21.6	アメリカ18.0	台湾7.2	韓国6.9	ホンコン4.7
	7 689.8	機械類24.1	原油8.2	液化天然ガス5.0	医薬品4.9	衣類3.4	中国24.1	アメリカ10.8	オーストラリア6.7	台湾4.4	韓国4.2
中国	33 638.4	機械類43.0	衣類5.2	繊維品4.3	金属製品4.3	自動車4.2	アメリカ17.1	ホンコン10.4	**日本4.9**	韓国4.5	ベトナム4.1
	26 886.3	機械類33.6	原油9.6	鉄鉱石6.8	精密機械3.9	自動車3.2	台湾9.4	韓国8.0	**日本7.7**	アメリカ6.8	オーストラリア6.1
韓国	6 444.0	機械類41.2	自動車10.3	石油製品6.1	プラスチック6.0	鉄鋼4.8	中国25.3	アメリカ14.9	ベトナム8.8	ホンコン5.8	**日本4.7**
	6 150.9	機械類29.6	原油10.9	液化天然ガス4.1	石油製品4.1	精密機械3.5	中国22.5	アメリカ12.0	**日本8.9**	オーストラリア5.4	サウジアラビア3.9
シンガポール	4 573.6	機械類50.7	石油製品9.8	精密機械4.5	金(非貨幣用)3.4	プラスチック3.2	中国14.8	ホンコン13.2	マレーシア9.2	アメリカ8.6	インドネシア6.3
	4 062.3	機械類48.3	石油製品11.6	原油5.6	精密機械3.7	金(非貨幣用)3.6	中国12.0	マレーシア14.0	台湾10.4	アメリカ10.8	
マレーシア	2 990.3	機械類40.8	石油製品7.4	衣類5.2	パーム油4.7	鉄鋼2.9	中国15.5	シンガポール14.0	アメリカ11.5	ホンコン6.2	**日本6.1**
	2 379.8	機械類43.8	石油製品8.9	鉄鋼3.8	プラスチック2.9	精密機械2.7	中国23.2	シンガポール9.5	アメリカ7.6	台湾7.6	**日本7.5**
タイ	2 720.1	機械類31.7	自動車11.7	プラスチック4.8	野菜・果実3.7	石油製品3.3	アメリカ15.4	中国13.7	**日本9.2**	ベトナム4.6	マレーシア4.5
	2 668.8	機械類29.8	原油9.5	鉄鋼5.9	自動車3.7	金属製品3.4	中国24.9	**日本13.3**	アメリカ5.4	マレーシア4.5	台湾3.9
インドネシア	2 298.5	石炭13.7	パーム油11.5	鉄鋼9.2	機械類7.9	有機化合物4.1	中国23.2	アメリカ11.2	**日本7.7**	インド5.7	マレーシア5.2
	1 960.4	機械類24.7	石油製品7.6	鉄鋼6.3	プラスチック4.5	繊維品3.6	中国25.4	シンガポール7.0	**日本6.8**	アメリカ5.2	ホンコン4.5
インド	3 954.3	石油製品13.9	機械類11.3	ダイヤモンド6.3	鉄鋼6.0	繊維品5.6	アメリカ18.1	アラブ首長国連邦6.4	中国5.8	バングラデシュ3.6	ホンコン2.9
	5 729.1	原油18.7	機械類18.5	金(非貨幣用)9.8	石炭4.7	有機化合物4.6	中国15.3	アラブ首長国連邦7.5	アメリカ7.3	スイス5.2	サウジアラビア4.8
ドイツ	16 319.3	機械類27.9	自動車14.5	医薬品7.4	精密機械4.2	自動車部品4.0	アメリカ8.9	中国7.6	フランス7.4	オランダ7.3	イタリア5.5
	14 201.3	機械類24.6	自動車9.1	医薬品5.9	衣類3.3	天然ガス3.2	オランダ14.6	中国8.2	ベルギー6.4	イタリア5.6	フランス5.5
イギリス	4 681.8	機械類20.7	金(非貨幣用)8.9	自動車8.3	医薬品5.9	原油4.2	アメリカ13.7	ドイツ8.9	オランダ7.8	アイルランド6.8	フランス5.8
	6 937.7	機械類20.6	自動車8.8	金(非貨幣用)8.0	医薬品4.0	原油3.5	中国14.3	ドイツ11.3	アメリカ8.3	オランダ6.5	ノルウェー5.4
フランス	5 847.7	機械類18.6	自動車8.3	医薬品6.9	航空機5.3	化粧品類3.2	ドイツ14.3	イタリア8.0	ベルギー7.7	スペイン7.5	アメリカ7.1
	7 141.0	機械類21.0	自動車10.2	医薬品5.2	衣類3.8	石油製品3.7	ドイツ16.8	ベルギー10.7	オランダ8.9	イタリア8.3	スペイン7.9
イタリア	6 102.8	機械類24.4	自動車7.1	医薬品6.4	衣類4.6	鉄鋼4.4	ドイツ13.0	フランス10.3	アメリカ9.5	スイス5.2	スペイン5.0
	5 575.2	機械類17.9	自動車7.7	医薬品6.1	原油5.4	鉄鋼4.8	ドイツ16.0	フランス8.1	中国8.0	オランダ5.8	スペイン5.3
ロシア	4 938.2	原油22.5	石油製品14.6	鉄鋼6.0	石炭4.0	金(非貨幣用)3.5	中国13.9	オランダ8.6	ドイツ6.0	トルコ5.4	ベラルーシ4.6
	3 039.9	機械類31.4	自動車8.9	医薬品4.9	自動車部品4.3	金属部品3.4	中国24.8	ドイツ9.3	アメリカ6.0	ベラルーシ5.3	韓国4.4
カナダ	5 076.2	原油16.3	機械類9.2	自動車8.7	金(非貨幣用)3.1	木材2.8	アメリカ75.7	中国4.6	イギリス2.6	**日本2.3**	メキシコ1.3
	5 040.2	機械類24.2	自動車13.3	医薬品4.0	金属製品3.0	石油製品2.9	アメリカ48.6	中国14.0	メキシコ5.4	ドイツ3.1	**日本2.5**
アメリカ	17 543.0	機械類22.8	自動車6.7	石油製品5.2	医薬品4.7	精密機械4.2	カナダ17.5	メキシコ15.8	中国8.6	**日本4.3**	ドイツ3.8
	29 353.1	機械類28.7	自動車9.5	医薬品5.4	衣類3.3		中国17.8	メキシコ13.6	カナダ12.6	ドイツ4.8	**日本4.8**
メキシコ	4 947.7	機械類34.6	自動車22.6	自動車部品6.2	原油4.9	野菜・果実3.8	アメリカ80.6	カナダ2.6	中国1.9	ドイツ1.5	韓国1.4
	5 224.6	機械類34.8	自動車7.4	自動車部品5.1	石油製品5.1	プラスチック4.1	アメリカ43.7	中国20.0	韓国3.8	ドイツ3.4	**日本3.4**
ブラジル	2 808.2	鉄鉱石15.9	大豆13.7	原油10.9	肉類6.9	機械類5.2	中国31.4	アメリカ11.2	アルゼンチン4.3	オランダ3.3	チリ2.5
	2 346.9	機械類26.2	化学肥料7.1	自動車6.4	石油製品6.3	有機化合物5.8	中国21.7	アメリカ18.1	アルゼンチン5.4	ドイツ5.2	インド3.1
オーストラリア	3 448.3	鉄鉱石33.9	石炭13.6	液化天然ガス10.9	金(非貨幣用)5.1	肉類3.3	中国37.7	**日本13.6**	韓国7.6	台湾5.5	インド4.1
	2 611.7	機械類26.0	自動車12.8	石油製品8.0	医薬品4.4	衣類3.3	中国27.5	アメリカ10.3	**日本6.1**	タイ4.6	ドイツ4.3

（『日本国勢図会』2023/24年版）

⑲ 日本の主な貿易相手国・地域と主要輸出入品（2021年）

相手国	輸出額(億ドル)	主要輸出品(%)					輸入額(億ドル)	主要輸入品(%)				
中国	1 653.0	機械類44.6	プラスチック6.1	自動車5.2	科学光学機器3.9	自動車部品3.8	1 873.3	機械類49.0	衣類7.8	金属製品3.6	織物類2.9	家具2.6
韓国	530.3	機械類37.0	鉄鋼8.7	プラスチック5.9	有機化合物5.4	科学光学機器4.2	323.6	機械類25.4	石油製品14.9	鉄鋼10.0	有機化合物4.4	プラスチック4.2
台湾	550.4	機械類46.5	プラスチック5.2	自動車4.7	鉄鋼4.0	科学光学機器3.2	338.1	機械類59.0	プラスチック4.2	鉄鋼2.7	金属製品2.3	科学光学機器2.1
ホンコン	357.6	機械類39.6	金(非貨幣用)6.4	化粧品類3.9	科学光学機器3.0	プラスチック2.8	11.0	機械類11.3	魚介類3.9	ダイヤモンド2.8	科学光学機器2.5	すず・同合金2.1
タイ	333.1	機械類38.2	鉄鋼15.7	自動車部品7.4	銅・同合金4.1	プラスチック3.5	265.9	機械類36.1	肉類7.2	自動車4.6	プラスチック3.6	科学光学機器3.6
インドネシア	134.7	機械類31.5	鉄鋼14.6	自動車部品11.2	自動車4.3	無機化合物3.7	198.2	石炭14.7	機械類13.1	銅鉱8.7	液化天然ガス4.9	天然ゴム4.3
マレーシア	157.5	機械類42.3	自動車6.1	鉄鋼5.9	プラスチック4.8	石油製品4.5	199.1	機械類31.3	液化天然ガス24.6	衣類4.7	石油製品2.9	プラスチック2.9
シンガポール	202.3	機械類36.7	金(非貨幣用)9.2	石油製品5.8	化粧品類4.0	船舶3.8	89.5	機械類36.3	医薬品12.6	科学光学機器7.8	有機化合物4.0	石油製品3.8
サウジアラビア	44.9	自動車61.8	機械類13.6	鉄鋼4.9	自動車部品4.1	タイヤ・チューブ3.3	277.5	原油91.7	石油製品3.7	有機化合物1.5	アルミニウム1.2	銅くず0.5
アラブ首長国連邦	70.9	自動車40.4	機械類23.5	自動車部品5.9	タイヤ・チューブ3.0	鉄鋼2.5	273.7	原油80.9	石油製品10.3	アルミニウム3.7	液化天然ガス2.6	液化石油ガス0.4
カタール	9.3	自動車56.9	機械類12.9	鉄鋼9.8	自動車部品3.7	タイヤ・チューブ3.3	117.4	原油40.1	液化天然ガス36.7	石油製品20.6	液化石油ガス0.9	アルミニウム0.9
ドイツ	209.5	機械類46.7	自動車7.1	有機化合物5.4	科学光学機器5.2	遊戯用具4.2	239.2	機械類25.9	医薬品20.7	自動車17.7	有機化合物5.3	科学光学機器4.9
イギリス	104.6	機械類34.0	自動車18.5	金(非貨幣用)6.5	自動車部品4.8	医薬品3.5	69.7	機械類26.9	医薬品14.5	自動車13.4	科学光学機器4.6	ロジウム4.5
オランダ	127.0	機械類54.0	自動車部品6.3	科学光学機器5.6	プラスチック3.4	有機化合物3.0	32.9	機械類33.0	医薬品12.2	肉類6.0	科学光学機器4.1	プラスチック3.9
フランス	67.2	機械類38.1	自動車13.8	二輪自動車5.3	医薬品2.7	自動車部品2.4	117.6	航空機類21.0	機械類13.1	医薬品10.0	ブドウ酒8.6	バッグ類6.0
ロシア	79.3	自動車41.5	機械類27.0	自動車部品11.6	タイヤ・チューブ4.7	金属製品1.4	142.6	液化天然ガス23.9	石炭18.5	原油16.6	白金族の金属9.9	魚介類8.9
アメリカ	1 363.2	機械類39.7	自動車24.2	自動車部品6.1	科学光学機器2.6	医薬品1.9	819.4	機械類22.7	医薬品9.7	液化石油ガス5.6	液化天然ガス5.3	肉類5.1
カナダ	84.3	自動車40.2	機械類26.5	自動車部品12.1	鉄鋼2.2	タイヤ・チューブ2.0	138.5	肉類11.3	ナタネ10.4	鉄鉱石9.1	銅鉱8.1	石炭8.1
ブラジル	42.2	機械類37.9	自動車部品22.7	有機化合物8.8	鉄鋼5.6	金属製品2.9	99.5	鉄鉱石51.2	肉類9.0	トウモロコシ6.8	有機化合物5.3	コーヒー4.6
オーストラリア	153.9	自動車58.8	機械類15.5	石油製品7.3	タイヤ・チューブ3.6	自動車1.8	528.8	石炭32.7	液化天然ガス26.8	鉄鉱石18.8	銅鉱4.5	肉類3.5

＊輸出入額は2021年の年平均為替レートでドル換算

（『日本国勢図会』2023/24年版ほか）

❶プレート境界 リンク p.95, 99, 103, 130, 133

分 類	特 徴	例
せばまる境界	プレート同士がぶつかり合うプレート境界。**沈み込み帯**と**衝突帯**に分類される。	
沈み込み帯	海洋プレートが大陸プレートの下に沈み込むプレート境界で、深く細長い**海溝**が形成される。海溝に沿った大陸プレート側には、島弧(弧状列島)や火山列が形成される。	日本列島・日本海溝、フィリピン諸島・フィリピン海溝、大スンダ列島・スンダ(ジャワ)海溝
衝突帯	大陸プレート同士が衝突するプレート境界で、プレートが押し合うことにより、折り重なった地層が押し曲げられて、高く険しい**褶曲山脈**を形成している。	ヒマラヤ山脈、チベット高原、ザグロス山脈、アルプス山脈
広がる境界	プレート同士が互いに離れ、引っ張り合う力が働くプレートの境界。海底に連なる**海嶺**と、大陸上に見られる**地溝帯**が広がる境界にあたる。地溝帯は、大地が引き裂かれて生じた、急な断層崖に囲まれた長大な大地の裂け目である。	大西洋中央海嶺、インド洋中央海嶺、東太平洋海嶺、紅海—アカバ湾—死海—ヨルダン川
ずれる境界	プレート同士が互いに横にずれ動く境界で、トランスフォーム断層と呼ばれる大きな断層が形成される。トランスフォーム断層は、中央海嶺と中央海嶺をつなぐ場合のほか、海溝と海溝、中央海嶺と海溝をつなぐ場合もある。	陸上に現れた例:サンアンドレアス断層(アメリカ・カリフォルニア州)、北アナトリア断層(トルコ)、アルパイン断層(ニュージーランド)

❷海底の地形 リンク p.103, 121, 123, 130, 131, 133

分 類	特 徴	例
海嶺	海底に連なる大山脈で、広がる境界にあたる。プレートとプレートの裂け目にあたり、地球内部から高温のマントルが上昇し、その一部がとけて玄武岩質のマグマが発生・上昇している。マグマが固化して、海洋プレートが形成される。	大西洋中央海嶺、インド洋中央海嶺、東太平洋海嶺
ホットスポット	マントルが深部から上昇し、プレートの下で融解してマグマが形成される。海洋ではマグマがプレートを貫いて上昇すると海底火山ができ、それが噴火を繰り返すと火山島が生ずる。	ハワイ諸島、ガラパゴス諸島
海溝	海洋プレートが大陸プレートの下に沈み込むことでできた水深6,000m以上の細長い溝状の凹所。プレートの境界(沈み込み帯)にあたる。6,000mより浅いものを**トラフ**という。	日本海溝、伊豆・小笠原海溝、フィリピン海溝、スンダ海溝、ペルー・チリ海溝

❸世界の大地形 リンク p.38, 85, 99, 103, 127, 130, 133, 139

分 類	特 徴	例
変動帯	プレート境界に沿って見られる、地殻の不安定な地域。褶曲や断層をともなう激しい地殻変動や、活発な地震・火山活動が見られる。ほとんどのプレート境界が変動帯にあたる。	日本列島、フィリピン諸島、大スンダ列島、アリューシャン列島、ニュージーランド
安定大陸 (安定陸塊)	先カンブリア時代の造山運動によってつくられた陸地で、古生代以降は安定している地域。非常に長い期間にわたる侵食作用により、なだらかな山地や台地、東ヨーロッパ平原のような平坦な平野が広がる。地殻変動や地震・火山活動はほとんど見られない。	ヨーロッパの大部分、アフリカ大陸、アメリカ東部、ブラジル、オーストラリア

❹火山地形 リンク p.121, 131, 133, 134, 137, 138, 140

分 類	特 徴	例
複成火山	ほぼ同一の場所で、何回もの噴火活動を繰り返して形成された火山。規模が大きい。	
楯状火山	粘性の低い溶岩(玄武岩質)によって形成される。傾斜がきわめて緩やかで、楯を伏せたような形の火山。	マウナロア山(ハワイ州)キラウエア山(ハワイ州)
成層火山	主に1か所の火口からの噴火が繰り返され、主として安山岩質の溶岩や火山灰・火山礫などの火山砕屑物が交互に積み重なって生じた円錐形の火山。	富士山(山梨県・静岡県)、羊蹄山・有珠山(北海道)、岩木山(青森県)、西之島(東京都)、桜島(鹿児島県)
溶岩台地	大量の溶岩流がつくる平坦な台地。割れ目噴火やいくつもの火口から粘性の低い溶岩(玄武岩質)が流出し、多数重なり合って形成される。	デカン高原(インド)コロンビア盆地(アメリカ)
カルデラ	爆発的な噴火や陥没によって生じた、直径が2km以上の大規模な環状の凹地。凹地を縁取る環状の山稜を**外輪山**、カルデラの内部に生じた小型の新しい火山を**中央火口丘**、外輪山の内側の平坦な部分を**火口原**、火口原の凹地に水をたたえて生じた湖を**火口原湖**という。	阿蘇(熊本県)、箱根(神奈川県・静岡県)、洞爺(北海道)、姶良(鹿児島県)、トバ(インドネシア)
単成火山	1日から数年にわたる1回のひと続きの噴火活動で形成された火山。規模は小さい。	
溶岩ドーム (溶岩円頂丘)	粘性の高い溶岩(デイサイト質~流紋岩質)が、地表に押し出されて形成されたドーム状の火山。地面は押し上げたが、溶岩自体は地表にでないものを潜在ドームという。	有珠山(小有珠、大有珠、昭和新山)(北海道)平成新山(長崎県)
火砕丘 (火山砕屑丘)	火口の周りに火山砕屑物が堆積した、円錐形に近い小さな丘状の火山。	ダイヤモンドヘッド(ハワイ州)、伊豆の大室山(静岡県)、阿蘇の米塚(熊本県)
マール	マグマ水蒸気爆発が起こり、爆発的な噴火によって生じた小規模の円形の火口で、多くは水をたたえている。周囲に火山砕屑物の顕著な高まりは見られない。	アイフェル地方(ドイツ)、一ノ目潟(秋田県)、鰻池(鹿児島県)、波浮港(伊豆大島)
その他 火口湖	火山の噴火口に水をたたえて生じた湖。	蔵王山の御釜(宮城県)、草津白根山の湯釜(群馬県)
堰止湖	溶岩流や火山噴出物、泥流などによって川の流れがせき止められ、生じた凹地に水がたまってできた湖沼。	富士五湖(山梨県)、中禅寺湖(栃木県)、桧原湖・小野川湖(福島県)
カルデラ湖	カルデラ内の低地(カルデラ床)の大半または全部を占める、円形や楕円形状の湖。	洞爺湖(北海道)、十和田湖(青森県・秋田県)

❺ 平野の種類 リンク p.16, 85, 91, 103, 104, 115, 133

分類		特徴	例
侵食平野	構造平野	●古生代や中生代といった古い地質時代に堆積した地層が，ほぼ水平の状態のまま侵食されて形成された平原。高度が低く，起伏がきわめて小さい広大な波状地，または平坦地となっている。 ●硬層と軟層が重なり合って緩傾斜している場合，硬層にくらべて軟層の方が侵食が進みやすい。このような侵食の違いで生まれた，比較的急な斜面(崖)と緩やかな斜面が交互に配列した地形を**ケスタ**という。	中央平原(アメリカ) 東ヨーロッパ平原 パリ盆地(フランス) ロンドン盆地(イギリス)
堆積平野	沖積平野	●河川の堆積作用によって形成された平野。侵食平野にくらべ，その規模はきわめて小さい。肥沃なため，古くから農耕に利用されてきた。 ●日本の平野のほとんどは沖積平野で，**谷底平野**や**扇状地**，**氾濫原**，**三角州**(デルタ)などの地形が見られる。	
	谷底平野	●山間などの狭い谷間に形成された平野で，河川の側刻作用(側方侵食)によって谷底が広がり，土砂が堆積して形成された。土砂供給量の多い河川の上流部山間のやや開けた谷間に広く見られる。 ●平地に乏しい山間部では，重要な生活の舞台となる。	宮川(岐阜県)，桂川(山梨県)，狩野川(静岡県)，豊川(愛知県)
	扇状地	●山地の谷間を流れてきた河川が，平地に出る谷の出口を**扇頂**として，砂礫を堆積してつくる扇形の地形。 ●水量の少ない河川は**扇央**で伏流し，**水無川**になることが多く，地下水も得にくいため畑や果樹園に利用されることが多い。伏流水が湧き出る**扇端**では，古くから集落が立地し，水田が開かれてきた。	甲府盆地(山梨県)，松本盆地(長野県)，山形盆地(山形県)，富山平野(富山県)
	氾濫原	●洪水時に河道からあふれ出した水が浸水する範囲の土地。扇状地より下流部のより平らな平野部分を指すことが多い。 ●河道に沿って砂などが堆積し，**自然堤防**と呼ばれる微高地をつくる。自然堤防の背後には，泥土などが堆積した水はけの悪い**後背湿地**が広がる。 ●自然堤防上は，比較的洪水の被害を受けにくく水はけがよいため集落が立地し，畑や果樹園などにも利用されてきた。 ●河川は**蛇行**(曲流)しやすく，また洪水をきっかけにしばしば河道を変えるため，河道の一部が切り離されると**三日月湖**(河跡湖)となって取り残される。	石狩平野(北海道) 津軽平野(青森県) 仙台平野(宮城県) 越後平野(新潟県) 濃尾平野(岐阜県・愛知県・三重県)
	三角州(デルタ)	●河川が河口部で流速を失い，運搬された泥土が堆積することで形成される，きわめて低平な地形。 ●河川による泥土の供給量と波や沿岸流の強さなどとの関係から，鳥趾状，カスプ状(尖状)，円弧状などさまざまな形状の三角州がつくられる。	ミシシッピデルタ(アメリカ) テヴェレデルタ(イタリア) ナイルデルタ(エジプト)
	台地	●更新世(258万～1万年前)につくられた扇状地や三角州などが，その後の地盤の隆起や海面の低下によって周囲よりも一段高い台地となった地形の総称。 ●台地の多くは乏水地であるため畑が多い。谷戸・谷津・谷地などと呼ばれる樹枝状の谷は，崖からの湧水や河川の水を利用できるため，主に水田に利用されている。	常陸台地(茨城県) 下総台地(千葉県) 武蔵野台地(埼玉県・東京都) 牧ノ原台地(静岡県)
	河岸段丘	河川に沿って見られる階段状の地形。地盤の隆起や海面の低下などにより，再び河川の侵食力が強まることで形成される。段丘面は旧河床である。	天竜川，片貝川，相模川，多摩川，信濃川

❻ 海岸の地形 リンク p.103, 135, 136, 139

分類		特徴	例
離水海岸		海面の相対的な下降(海退)によって生じた海岸。地盤の隆起や海面の低下によって海底の一部が離水して形成される。	
	海岸平野	海岸に沿った浅い海底の堆積面の一部が，地盤の隆起や海面の低下により海面上にあらわれ，形成された平野。海岸線に沿って浜堤や砂丘などの砂地形が見られる。遠浅のため，掘り込み港を設けるところが多い。	仙台平野(宮城県)，九十九里平野(千葉県)，アメリカの大西洋岸平野
	海岸段丘	海岸線に沿って見られる階段状の地形。海底に形成された海食台(海食棚)や海底の堆積面の一部が地盤の隆起や海面の低下により離水して陸地化し，地盤の隆起や海面の低下が繰り返されることで階段状の地形が形成される。	室戸岬(高知県)，鯵ヶ沢(青森県)，襟裳岬(北海道)
沈水海岸		海面の相対的な上昇(海進)によって生じた海岸。地盤の沈降や海面の上昇によって陸地の一部が沈水して形成される。	
	リアス海岸	山地が沈水して形成された，岬と入り江が複雑に入り組んだ海岸。平地に乏しく交通が不便なところが多いが，深く入り込んだ湾内は波が穏やかで水深が深く，漁港や真珠や牡蠣などの養殖場に利用される。津波の被害を受けやすい。	リアスバハス海岸(スペイン)，三陸海岸(岩手県・宮城県)，志摩半島(三重県)
	多島海	多くの島が散在する海域。起伏に富んだ陸地が沈水し，かつての山頂や尾根などが島となって形成される。	エーゲ海，瀬戸内海，松島湾(宮城県)
	フィヨルド(峡湾)	氷河の侵食作用により形成された**氷食谷**(U字谷)に，海面の上昇あるいは地盤の沈降によって海水が浸入して形成された奥深い入り江。氷河期に大規模な**氷床**(**大陸氷河**)や**山岳氷河**が発達した高緯度地方に多く分布する。	ノルウェー，チリ南部，ニュージーランド南島
その他	海岸砂丘	波に打ち上げられた砂が，海から陸へ向かう風によって運ばれ堆積して生じた小高い丘状の地形。砂の供給が多く，海から陸へ強い風がよく吹く地域に形成される。砂丘は風によって絶えず移動，変形する。	鳥取砂丘(鳥取県)，内灘砂丘(石川県)，庄内砂丘(山形県)
	砂嘴	波や沿岸流によって運ばれた砂礫が，海岸から鳥の嘴状に細長く突き出るようにして堆積した地形。	コッド岬(アメリカ)，三保松原(静岡県)
	砂州	対岸近くまで直線状にのびた砂礫の堆積地形。湾口をふさぎ，**潟湖**(ラグーン)を持つこともある。	天橋立(京都府)，サロマ湖(北海道)
	陸繋島	海岸近くの沖合いの島が砂州の発達により陸続きとなったもの。島をつないだ砂州を**陸繋砂州**(トンボロ)という。	江の島(神奈川県)，函館山(北海道)

❼ 氷河の地形 リンク p.28, 91, 103

分類		特徴	例
氷床(大陸氷河)		大陸を覆う規模の厚さと広がりを持つ氷河。更新世の寒冷な氷期には北ヨーロッパや北アメリカ北部に広く氷床が発達したが，現在では南極大陸とグリーンランドのみにある。氷床の一部が陸上からあふれ出て，海面上に張り出している氷体部分を**棚氷**という。	
山岳氷河		急峻な山岳地域に発達する氷河。降った雪はとけずに厚く堆積し，雪の重みで圧縮され密度を増した氷体は谷の中をゆっくりすべり落ちる(谷氷河)。	
	氷食谷	谷氷河が後退した後に見られる，氷食作用によってできた急な谷壁のU字型の谷。U字谷ともいう。	ヒマラヤ山脈，アルプス山脈，ロッキー山脈
	ホーン	氷食作用によってできた，鋭く尖った岩峰。尖峰ともいう。	マッターホルン(スイス・イタリア)，槍ヶ岳(長野県・岐阜県)
	カール	山岳氷河の侵食作用によって形成された，山頂近くに見られる半椀状の凹地。	アルプス山脈，飛驒山脈，木曽山脈，日高山脈

❽その他の地形 リンク p.29, 70, 90, 95, 127, 134

分類	特徴	例
乾燥地形	乾燥気候下で，激しい風化作用や風食作用などを受けて生じた地形。	
外来河川	湿潤な地域に水源を持ち，乾燥地域を貫流する河川。	ナイル川，ティグリス川，ユーフラテス川
内陸河川	外洋に注がず，内陸の低所に流水が集まる河川。	アムダリア川，シルダリア川，タリム川
ワジ(涸れ谷)	乾燥地域にあって，普段は涸れているが，まれに降る大雨のときに流水が見られる谷。	サハラ砂漠，アラビア半島
塩湖	塩分濃度の高い湖。塩湖の多くは蒸発の激しい乾燥地域にあって，流出河川を持たない**内陸湖**。	死海，カスピ海，アラル海
カルスト地形	雨水や地下水に含まれる炭酸ガス(二酸化炭素)により，石灰岩の主成分の炭酸カルシウムが溶食されることでできた地形。温暖・湿潤な気候下の石灰岩の台地や山腹に形成されやすい。	
タワーカルスト	石灰岩の岩塔・奇峰が林立する地形。熱帯・亜熱帯の湿潤な気候の地域に発達する。	コイリン(桂林，中国)
サンゴ礁	造礁サンゴを主体とする造礁生物によってつくられた，サンゴ石灰岩の岩礁。暖海域の水のきれいな浅海に発達する。	
裾礁	島や大陸の海岸に接して発達したサンゴ礁。沖縄など，日本のサンゴ礁のほとんどは裾礁である。	石垣島(沖縄県)，モーレア島(仏領ポリネシア)
堡礁	礁が島や大陸の沖合いに発達したサンゴ礁。海岸と礁の間に礁湖(ラグーン)が形成されている。	グレートバリアリーフ(大堡礁，オーストラリア)
環礁	中央に島がなく，環状(リング状)に発達したサンゴ礁。	ビキニ環礁(マーシャル諸島)，ツバル，モルディブ

❾気候区の特色と分布 リンク p.25~29, 77, 85, 95, 99, 104, 111, 115, 123

気候区	特徴	産業	分布
熱帯雨林気候 (Af)	年中高温多雨。気温の年較差にくらべて日較差が大きい。**スコール**により，毎日のように短時間に雨が強く降る。多種多層の常緑広葉樹(雨林)が発達。赤色のやせた土壌の**フェラルソル(ラトソル)**が分布。	キャッサバなどを栽培する**焼畑農業**や，天然ゴムやカカオなどの**プランテーション農業**が行われる。	赤道を挟んで緯度5 - 10°の地域。アマゾン盆地，コンゴ盆地，インドネシア，マレー半島南部
弱い乾季のある熱帯雨林気候(熱帯モンスーン気候) (Am)	**季節風(モンスーン)**の影響を強く受ける熱帯地域に分布する。雨季と弱い乾季があり，夏季の季節風が大量の雨をもたらす。フェラルソルや赤黄色土が分布する。	アジアでは稲作が盛ん。サトウキビやバナナ，茶などのプランテーション農業が行われる。	ブラジル北東部～ガイアナ，インド南西部，ミャンマー南部，フィリピン北部，フロリダ半島南部など
サバナ気候 (Aw)	雨季と乾季が明瞭。夏季は**赤道低圧帯(熱帯収束帯)**の影響で雨が多く，冬季は**亜熱帯高圧帯(中緯度高圧帯)**の影響で乾燥する。丈の長い草原にバオバブなどの樹木が生え，乾季には草は枯れ，樹木は落葉する。	焼畑農業のほか，綿花・コーヒー豆・サトウキビなどの農園が見られる。アジアの稲作期には大量の降雨がある。	熱帯雨林気候の周辺地域。デカン高原，ブラジル高原，インドシナ半島，オーストラリア北部など
砂漠気候 (BW)	降水量が極端に少なく，乾燥している。気温の日較差が大きい。河川のほとんどが**ワジ(涸れ谷)**となっている。**オアシス**周辺を除き，植物はほとんど見られない。アルカリ性の強い砂漠土が分布する。	オアシスでは小規模な農業や家畜の飼育が営まれる。**カナート(フォガラ)**と呼ばれる地下水路が建設されている。	サハラ・ゴビ・タクラマカン・カラハリなどの砂漠，アラビア半島，オーストラリア内陸部など
ステップ気候 (BS)	年降水量が250～500mm程度と少ない。年による降水量の変動が大きく，しばしば干ばつに見舞われる。丈の短い草原(ステップ)が広がる。比較的降水量の多い地域では，肥沃な黒土が分布する。	ウクライナや**グレートプレーンズ**などでは大規模な小麦栽培や牧畜。アジアやアフリカでは遊牧。	砂漠の周辺地域。ウクライナ，グレートプレーンズ，パンパ西部(**乾燥パンパ**)，カザフステップ
地中海性気候 (Cs)	冬は**偏西風**や温帯低気圧の影響で降雨に恵まれるが，夏は亜熱帯高圧帯に覆われ乾燥する。耐乾性のオリーブやコルクガシなどの**硬葉樹**が多い。地中海沿岸には石灰岩由来の**テラロッサ**が分布する。	**地中海式農業**が発達。オリーブやブドウ，柑橘類の栽培が盛ん。地中海沿岸では**移牧**が行われる。	地中海沿岸，カリフォルニア，チリ中部，オーストラリア南部，南アフリカ共和国南西部
温暖冬季少雨気候 (Cw)	夏季に雨が多く，冬季は乾燥する。インドから中国南部にかけては季節風による雨が多く，低地の夏は熱帯と同様に蒸し暑い。カシ・クス・シイなどの常緑の照葉樹が分布する。	農業に適し，米・茶・綿花・サトウキビ・小麦・トウモロコシなどの栽培が盛んである。	主として大陸東岸のサバナ気候の高緯度側。中国華南，インドシナ半島北部，ヒンドスタン平原など
西岸海洋性気候 (Cfb)	偏西風と暖流の影響を受け，年間を通して降水があり，夏季は涼しく，冬季も緯度のわりに温暖な海洋性の気候。ブナ・ナラなどの落葉広葉樹がよく育ち，針葉樹も見られる。主として肥沃な褐色森林土が分布。	小麦やジャガイモ，テンサイなどが栽培され，**混合農業**や**酪農**が発達。商工業も発達している。	西ヨーロッパ，カナダ西岸，ニュージーランド，チリ南部，オーストラリア南東部，南アフリカ南東部
温暖湿潤気候 (Cfa)	夏季は高温で降雨が多く，多湿。冬季は寒さが厳しい。東アジアでは季節風が卓越し，四季が明瞭。常緑広葉樹や落葉広葉樹と針葉樹の混交(合)林が見られる。主として肥沃な褐色森林土が分布。	東アジアの稲作地帯やアメリカのトウモロコシ地帯など，主要な農牧地域を形成。商工業も発達。	日本の本州の大部分，アメリカ中東部，中国東部，オーストラリア東部，アルゼンチン東部(**湿潤パンパ**)
冷帯(亜寒帯)湿潤気候 (Df)	年間を通して降水があり湿潤で，冬季は雪に覆われる。短い夏季には，月平均気温が10℃をこえる。北部には**タイガ**と呼ばれる針葉樹林帯が広がる。主に酸性でやせた**ポドゾル**が分布する。	南部では，夏季に春小麦やライ麦，ジャガイモなどを栽培。タイガ地帯では**林業**が盛ん。	カナダ～アラスカ，シベリア中部～ヨーロッパ東部・スカンディナヴィア半島，カムチャツカ半島，北海道
冷帯(亜寒帯)冬季少雨気候 (Dw)	冬季は乾燥し，寒さが厳しい。夏季は日照時間が長く，気温も比較的上昇する。気温の年較差が大きい，大陸性の気候である。北部にはタイガが広がる。土壌はポドゾルが分布する。	南部に大豆・コウリャン・春小麦・ジャガイモなどの畑作地域が広がる・林業が盛ん。	シベリア東部，中国東北地方，朝鮮半島北部
ツンドラ気候 (ET)	最暖月平均気温が10℃未満。降水量は少ないが，低温で蒸発量が少なく，**永久凍土**層があるため排水が悪い。低温のため樹木が育たないが，夏季には凍土の表面がとけ，地衣類やコケ類が育つ。ツンドラ土が分布。	先住民のイヌイットやサーミなどによるトナカイの遊牧，サケ・マス漁，アザラシなどの狩猟生活。	北アメリカ～ユーラシア大陸～グリーンランドの北極海沿岸
氷雪気候 (EF)	最暖月平均気温が0℃未満で，一年中雪や氷河に覆われている。非居住地域で，植生は見られない。	地下資源開発のための基地や，科学的な観測基地が置かれている。	南極，グリーンランド内陸部
高山気候 (H)	高山地域は高度が増すごとに気温が下がり(**気温の逓減**)，同緯度の低地より低温になる。低い気圧，強い日射と風，激しい気温の日較差などが特色。元々ケッペンの気候区分にはなく，後から追加された。	高度差を利用した農牧業が行われる。**ヤクやリャマ**，**アルパカ**など高地特有の家畜が飼育される。	アンデス山脈，ロッキー山脈，チベット高原，パミール高原，ヒマラヤ山脈

⑩世界の主な農牧業地域 リンク p.26, 32, 34, 78, 86, 92, 95, 99, 104, 105, 112, 116, 123, 128

区分		特徴	主な分布地域
自給的農業		農産物を主に自家消費するために行われる農業。	
	焼畑農業	●森林や草原を焼いて耕地をつくり，焼いた草木の灰を肥料にする。施肥や除草を行わないため，地力は2〜3年で衰え，次の地域に移動して新たに焼畑をつくる。土地生産性はきわめて低い。 ●キャッサバやタロイモ，ヤムイモ，陸稲，キビ，アワなどの自給作物が栽培される。	アフリカ中南部や東アジア，東南アジア，中央・南アメリカの熱帯地域
	遊牧	●水や草を求めて，家畜とともに集団で移動する牧畜。家畜は羊やヤギが多いが，ラクダ(西アジア〜北アフリカ)，ヤク(チベット)，馬(モンゴル)，トナカイ(シベリア，アラスカ〜カナダ北部)などもある。 ●住居は主に移動に便利な組み立て式のテントで，モンゴルのゲルや中国のパオ(包)などがある。	ユーラシア大陸内陸部〜西アジア・北アフリカにかけての乾燥地域，シベリア・アラスカ・カナダの極北地方
	オアシス農業	●乾燥地域のオアシスで行われる農業。ナツメヤシや綿花，小麦，トウモロコシ，米などが栽培される。 ●湧水や地下水，外来河川の水を利用するほか，地下水路のカナート(フォガラ)で水を引いて灌漑用水を確保する。	ユーラシア大陸内陸部〜西アジア・北アフリカにかけての乾燥地域
商業的農業		農産物を商品として販売することを目的に営まれる農業。都市や工業の発達にともなって農産物の需要が増大し，交通の発達などとともに広く営まれるようになった。地域の自然や社会的条件に応じて販売に有利な農産物を栽培するようになり，農業の地域分化が進んだ。	
	混合農業	●穀物や飼料作物の栽培と，肉牛や豚などの家畜の飼育を結びつけた農業。三圃式農業から発達した。 ●耕地では，小麦やライ麦，トウモロコシ，テンサイ，ジャガイモ，クローバー(牧草)などが輪作される。	西ヨーロッパ，アメリカのトウモロコシ地帯，アルゼンチンの湿潤パンパ
	地中海式農業	●夏季に乾燥し，冬季は温暖湿潤な地中海性気候の地域で営まれる農業。 ●夏季の乾燥に強いオリーブやブドウ，オレンジ類などの樹木作物と，冬季の降雨を利用した小麦や野菜が栽培される。夏季に家畜を高地の放牧地に移す移牧も行われる。	地中海沿岸地方，アメリカのカリフォルニア州，チリ中部，南アフリカ共和国南部
	酪農	●乳牛など搾乳用家畜を飼育し，生乳やバター，チーズなどの乳製品を生産・販売する農業。 ●市場に近い地域では生乳や生クリーム，遠隔地ではバターやチーズの生産に限られていたが，保冷車や冷蔵施設の発達により酪農地域は遠郊に拡大した。	北西ヨーロッパ，スイスやオーストリアの山岳地域，アメリカの五大湖周辺地域，オーストラリア南東部，ニュージーランド
	園芸農業	●大都市に出荷する野菜や花卉，果物を商業的・集約的に栽培する農業。 ●温室やビニールハウスなどの施設を利用した施設園芸や，温暖な気候を利用した促成栽培，冷涼な気候を利用した抑制栽培が行われている。	大都市近郊，アメリカ大西洋岸やフロリダ州，オランダ，日本の太平洋岸や高冷地
企業的農業		大きな資本と新しい農業技術を投入し大規模に農作物を生産する農業。経営規模が大きく，生産や販売の合理化・効率化を図り，労働生産性が高い。	
	企業的穀物農業	●広大な耕地で，トラクターやコンバインなどの大型機械を使って穀物生産を行う。土地生産性は低いが，労働生産性は高い。 ●単一栽培(モノカルチャー)が多く，穀物価格の変動を受けやすい。大豆やナタネの生産など，経営の多角化が進む。	北アメリカのプレーリー〜グレートプレーンズ，アルゼンチンの湿潤パンパ，オーストラリア南東部
	企業的牧畜	●半乾燥地域の大牧場で行われる大規模な牧畜。鉄道の発達や冷凍船の発明などにより飛躍的に普及した。 ●フィードロット方式での肥育が盛んだが，特定の家畜に依存するなど打撃を受けやすい面を持つ。	アメリカのグレートプレーンズ，オーストラリア内陸部，アルゼンチンの乾燥パンパ
	プランテーション農業	熱帯・亜熱帯地域の広大な農園で，安い労働力を使ってコーヒー豆や茶，サトウキビ，カカオ，ゴム，バナナなどを単一栽培する。	東南アジア，南アジア，中央・南アメリカ，アフリカの熱帯・亜熱帯地域

⑪主な農作物 リンク p.27, 29, 31, 58, 78, 86, 92, 99, 104, 124, 128

作物	原産地	特徴	作物	原産地	特徴
米	長江中・下流域	生育期に高温多雨なモンスーンアジアで世界の90%を生産。粘りの少ない長粒のインディカ種と粘りのある短粒のジャポニカ種に大別。	綿花	インド北西部，中央・南アメリカ	成長期は高温多湿，収穫期は乾燥する気候が適地。綿毛は繊維に，種子から綿実油を絞る。
小麦	西アジア	温暖〜冷涼な半乾燥地域に適し，世界で広く栽培される。冬小麦(秋〜初冬まき)と春小麦(春まき)がある。	コーヒー	エチオピア，コンゴ	熱帯の常緑小木で，生育期に高温多雨，結実期に乾季となる，排水良好な土地を好む。
トウモロコシ	中央アメリカ	生育期に高温多湿を好む。品種が多く，飼料用のほか，食用，搾油用，工業用と用途が広い。	茶	東アジア	高温多雨で，排水良好な土地が栽培適地。茶は若葉を加工したもので，発酵の度合いにより緑茶，ウーロン茶，紅茶などに分けられる。
ジャガイモ	アンデス地方	生育期間が短く，寒さに強い。食用やデンプンの原料として利用される。	カカオ	中央・南アメリカ	高温多湿の熱帯地域で生産。果実の種子(カカオ豆)がココアやチョコレートの原料になる。
大豆	東アジア	寒冷地から熱帯まで広く栽培される。搾油用のほか，食用や飼料用にも利用される。	オリーブ	地中海沿岸	乾燥，荒れ地に強いが，生育には十分な日照と適度な降水量が必要。果実からオリーブ油が採れ，ピクルスとしても食される。

⑫主な鉱産資源 リンク p.63, 100, 124, 128

鉱物名	特徴・用途	主な産地
鉄鉱石	●鉄分含有量によって，赤鉄鉱，磁鉄鉱，褐鉄鉱，菱鉄鉱などの種類がある。 ●鉄鋼の原料となり，あらゆる産業に不可欠な素材で，かつて「産業の米」と呼ばれた。	クリヴォイログ(ウクライナ)，ピルバラ地区(オーストラリア)，メサビ(アメリカ)，クルスク(ロシア)，カラジャス(ブラジル)，アンシャン・ターイエ(中国)
銅	●電導性が高く延性にすぐれ，加工しやすい。黄銅鉱や赤銅鉱などの種類がある。 ●腐食しにくいため，電線や電気機械・器具などに広く利用される。	ビュート・ビンガム(アメリカ)，チュキカマタ(チリ)，カッパーベルト(ザンビア，コンゴ民主共和国)，マウントアイザ(オーストラリア)
ボーキサイト	●茶褐色をした鉱石で，主に高温多湿の熱帯・亜熱帯に分布する。 ●アルミニウムの原料となり，建築材，自動車，航空機，アルミ箔など用途が広い。アルミニウム1tの製造に，約4tのボーキサイトと大量の電力が必要となる。	ゴヴ・ウェイパ・ダーリングレンジ(オーストラリア)，ビンタン島(インドネシア)，トロンベタス(ブラジル)，フリア(ギニア)

⑫主な鉱産資源(つづき)

鉱物名	特徴・用途	主な産地
金	装身具のほか、メッキや歯科医療材、貨幣、電気接点などの機械部品にも利用される。	ウィットウォーターズランド(南アフリカ共和国)、カルグーリー(オーストラリア)
ダイヤモンド	90%が切削・研磨剤としての工業用に、10%が宝飾品などの装飾用に利用される。	オラパ・ジュワネン(ボツワナ)、ミールヌイ(ロシア)、アーガイル(オーストラリア)
ウラン	多くは核燃料として原子力発電に利用される。	オリンピックダム(オーストラリア)、アサバスカ(カナダ)
ニッケル	レアメタルの1つ。ステンレス鋼や自動車、メッキ、蓄電池、IC材料などに使われる。	ノリリスク(ロシア)、サドバリ(カナダ)
コバルト	レアメタルの1つ。リチウムイオン電池や磁石などに使われる。	コンゴ民主共和国、中国、カナダ、ロシア、オーストラリア
チタン	レアメタルの1つ。強さや軽さ、耐食性、耐熱性などにすぐれ、チタン合金(建材・航空機・スポーツ用品など)や光触媒などに使われる。	オーストラリア、南アフリカ共和国、中国、カナダ
レアアース	レアメタルの1つで、17種類ある希土類元素の総称。電子機器などの精密機器産業に不可欠なほか、家電や自動車、発光ダイオード(LED)などにも使われる。	中国、オーストラリア、ロシア、アメリカ

⑬主な国境・領土問題 リンク p.20, 73, 93

紛争地域	対立国	背景
北方領土	日本、ロシア	第二次世界大戦後、日本が千島列島と南樺太の領有を放棄したことに対して、ロシアと日本で見解が異なり、日本は固有の領土としてロシアに返還を要求している。
竹島	日本、韓国	島根県隠岐諸島の北西に位置する無人島で、韓国が実効支配している。韓国名は独島。
尖閣諸島	日本、中国	沖縄県石垣市に属する無人島で、中国と台湾も領有を主張。中国名は釣魚島。中国は尖閣諸島周辺の領海などへの侵入を繰り返している。
南沙群島(スプラトリ諸島)	中国、(台湾)、ベトナム、ブルネイ、フィリピン、マレーシア	周辺海域に地下資源があり、周辺諸国が領有権を主張。中国は周辺海域を領海と主張し、一方的に岩礁を埋め立て人工島を形成。中国と沿岸国の間で武力衝突の危険性をはらむ。
カシミール地方	インド、パキスタン	1947年にイギリス領インドがインドとパキスタンに分離・独立する際、藩王と住民との両国への帰属の意志の違いから対立が発生した。インドとパキスタンの間では、この地をめぐる戦争が繰り返された。

⑭主な人種・民族問題 リンク p.73, 81, 100, 121

問題名	背景・概要
シンチヤンウイグル自治区分離・独立問題	シンチヤンウイグル自治区には、ムスリムのウイグルが多く暮らすが、現在は漢民族の人口が増加し、さまざまな場面で摩擦が生じている。中国当局のウイグルへの非人道的な弾圧が国際的にも問題となっている。
パレスチナ問題	1948年にユダヤ人が一方的にイスラエル建国を宣言し、アラブ諸国との間に戦争が勃発。94年にパレスチナ暫定自治政府が発足したが、現在も激しい対立が続く。
ルワンダ内戦	農耕民である多数派民族フツと牧畜民の少数派民族ツチが国家の主導権を争い抗争、隣国コンゴを巻き込み激化した。2002年、ルワンダとコンゴが平和条約締結。
ベルギー言語問題	北部ではオランダ語系のフラマン語、南部ではフランス語系のワロン語が用いられる。両地域との間には、言語の違いによる根深い対立がある。
ケベック分離・独立問題	カナダのケベック州はかつてフランスの植民地で、フランス系住民が大半を占める。分離・独立の可否を問う住民投票が実施されるなど、カナダからの分離・独立運動が根強い。

⑮主な国際機構・国家群 リンク p.20, 75, 87, 108, 129

(2023年11月現在)

名称	本部・設立年	加盟国・地域
国際連合(UN, United Nations)	ニューヨーク 1945年	バチカン市国・コソボ・クック諸島・ニウエを除く193か国
経済協力開発機構(OECD, Organisation for Economic Co-operation and Development)	パリ 1961年	米、加、英、仏、独、伊、ベネルクス3国、墺、デンマーク、ギリシャ、アイスランド、アイルランド、ノルウェー、スウェーデン、ポルトガル、スペイン、スイス、トルコ、日、フィンランド、豪、ニュージーランド、メキシコ、チェコ、ハンガリー、ポーランド、韓国、スロバキア、チリ、スロベニア、イスラエル、バルト3国、コロンビア、コスタリカの38か国
北大西洋条約機構(NATO, North Atlantic Treaty Organization)	ブリュッセル 1949年	米、加、英、仏、独、伊、ベネルクス3国、ノルウェー、デンマーク、アイスランド、ポルトガル、ギリシャ、トルコ、スペイン、チェコ、ポーランド、ハンガリー、バルト3国、ブルガリア、ルーマニア、スロバキア、スロベニア、アルバニア、クロアチア、モンテネグロ、北マケドニア、フィンランドの31か国
ヨーロッパ連合(EU, European Union)	ブリュッセル 1993年改称	仏、独、伊、ベネルクス3国、アイルランド、デンマーク、ギリシャ、スペイン、ポルトガル、オーストリア、フィンランド、スウェーデン、キプロス、マルタ、チェコ、ハンガリー、ポーランド、スロバキア、スロベニア、バルト3国、ルーマニア、ブルガリア、クロアチアの27か国
アジア太平洋経済協力(APEC, Asia-Pacific Economic Cooperation)	シンガポール 1989年	日、米、加、豪、ニュージーランド、ラオス・ミャンマー・カンボジアを除くASEAN 7か国、韓国、中国、メキシコ、チリ、ペルー、パプアニューギニア、ロシア、(台湾)、(ホンコン)の21か国・地域

名称	本部・設立年	加盟国・地域
東南アジア諸国連合(ASEAN, Association of South-East Asian Nations)	ジャカルタ 1967年	インドネシア、マレーシア、フィリピン、シンガポール、タイ、ブルネイ、ベトナム、ラオス、ミャンマー、カンボジアの10か国(2022年、東ティモールの加盟を原則承認)
独立国家共同体(CIS, Commonwealth of Independent States)	ミンスク 1991年	ロシア、ベラルーシ、モルドバ、アルメニア、アゼルバイジャン、カザフスタン、ウズベキスタン、タジキスタン、キルギスの9か国 ※トルクメニスタンは準加盟国
米国・メキシコ・カナダ協定(USMCA, the United States-Mexico-Canada Agreement)	2020年発効	アメリカ、カナダ、メキシコの3か国 ※1994年に発効した北米自由貿易協定(NAFTA)に代わる新協定
南米南部共同市場(MERCOSUR, Mercado Común del Sur)	モンテビデオ 1995年	アルゼンチン、ブラジル、ウルグアイ、パラグアイ、ベネズエラ、ボリビアの6か国 準加盟国として、チリ、ペルー、エクアドル、コロンビア、ガイアナ、スリナム ※ボリビアは批准待ち、ベネズエラは資格停止中
アフリカ連合(AU, African Union)	アディスアベバ 2002年改称	アフリカ54か国と西サハラの55か国・地域
石油輸出国機構(OPEC, Organization of the Petroleum Exporting Countries)	ウィーン 1960年	サウジアラビア、イラン、イラク、リビア、クウェート、アラブ首長国連邦、ベネズエラ、アルジェリア、ナイジェリア、アンゴラ、ガボン、赤道ギニア、コンゴ共和国の13か国

写真・資料提供者 (敬称略・五十音順)

朝日新聞フォトアーカイブ	キョーワズ珈琲㈱	ゼスプリ・インターナショナル・ジャパン㈱	東松山市
阿蘇火山博物館	キリンホールディングス㈱	竹原市役所	PIXTA
アフロ	Google	D.A.P.T.㈱	広島県立図書館
イオンモール㈱	黒潮町役場	㈱土直漆器	㈱BonZuttner
伊勢市役所	ゲッティ イメージズ	東京消防庁	㈱ヤクルト本社
㈱伊勢福	国土地理院	東京都生活文化局	夕張市農業協同組合
一般社団法人 長崎県観光連盟	国立研究開発法人	特定非営利活動法人 ACE	ユニフォトプレスインターナショナル
いの町紙の博物館	宇宙航空研究開発機構	独立行政法人 国際協力機構	㈱LIXIL
㈱岩鋳	時事通信フォト	トヨタ産業技術記念館	わかちあいプロジェクト
江戸切子協同組合	松竹	名古屋大学雪氷圏研究室	和歌山県庁
海上保安庁海洋情報部	新十津川町役場	箱根ジオミュージアム	p.17
共同通信イメージズ	住友化学㈱	PPS通信社	大日本沿海輿地全図：ColBase

●表紙デザイン	株式会社 第一クリエイツ
●本文デザイン・レイアウト	合同会社 ミカブックス
●イラストレーション	川辺一夫
●図版製作	有限会社 木村図芸社，有限会社 ジェイ・マップ

The content of this publication has not been approved by the United Nations and does not reflect the views of the United Nations or its officials.

CONNECT 地理総合

2022年1月10日　初版　第1刷発行
2024年1月10日　初版　第3刷発行

編著者　第一学習社　編集部
発行者　松 本 洋 介
発行所　株式会社　第一学習社
印刷所　大日本印刷株式会社

広　島：〒733-8521　広島市西区横川新町7番14号　☎082-234-6800
東　京：〒113-0021　東京都文京区本駒込5丁目16番7号　☎03-5834-2530
大　阪：〒564-0052　大阪府吹田市広芝町8番24号　☎06-6380-1391
札　幌：☎011-811-1848　仙 台：☎022-271-5313　新 潟：☎025-290-6077
つくば：☎029-853-1080　横 浜：☎045-953-6191　名古屋：☎052-769-1339
神　戸：☎078-937-0255　広 島：☎082-222-8565　福 岡：☎092-771-1651

訂正情報配信サイト 54111-03
利用に際しては，一般に，通信料が発生します。

https://dg-w.jp/f/651dc

書籍コード　54111-03
ISBN978-4-8040-5411-7

＊落丁，乱丁本はおとりかえいたします。

ホームページ　https://www.daiichi-g.co.jp/

世界の国々

グリーンランド
（デンマーク）

ノルウェー

アラスカ
（アメリカ合衆国）

アイスランド

カナダ

ハドソン湾

大西洋

アメリカ合衆国

モロッコ

アルジェリア

メキシコ

メキシコ湾

西サハラ

モーリタニア

マリ

ニジ

カーボベルデ

セネガル

ブルキナ
ファソ

ベナン

ナイジ

カリブ海

ガンビア

ギニアビサウ

ギニア

ガーナ

コート
ジボワール

トーゴ

赤道ギニア

ベネズエラ

ガイアナ

スリナム

（仏領）
ギアナ

シエラレオネ

リベリア

サントメ・プリンシペ

コロンビア

エクアドル

ペルー

ブラジル

ボリビア

パ
ラ
グ
ア
イ

チリ

アルゼンチン

ウルグアイ

1人あたりGNI（2022年）

13,845ドル以上（高所得国）

4,466～13,844ドル（高中位所得国）

1,136～4,465ドル（低中位所得国）

1,135ドル未満（低所得国）

データなし

黒字国名は国連加盟国（193か国）

赤字国名は国連未加盟国

※所得グループは世界銀行の区分に基づく
（2023年11月末現在，世界銀行資料）

◖グランドキャニオン（アメリカ）

中央アメリカ

0　　　　500km

バハマ

キューバ

メキシコ

ジャマイカ

ドミニカ共和国

セントクリストファー・
ネービス

ベリーズ

ハイチ

アンティグア・
バーブーダ

グア
テマ
ラ

ホンジュラス

ドミニカ国

エ
ル
サ
ル
バ
ド
ル

ニカラグア

セントルシア

バルバドス

セントビンセント・
グレナディーン諸島

グレナダ

コスタリカ

パナマ

トリニダード・トバゴ

コロンビア

ベネズエラ

◖キリマンジャロとアフリカゾウ（ケニア）